국어학개설

이 익 섭 저

學 硏 社

개정판 머리말

초판이 나온 지 14년이 흘렀다. 잠깐인 듯싶은데 헤아려 보니 어느새 그렇게 흘렀다. 판을 고치다 보니 그사이 유명(幽明)을 달리한 분도 여러분 계시고 정년퇴임으로 교단을 떠난 분도 여러분 계셨다. 아련한 소문으로만 전하던 만주나 중앙아시아 쪽 동포들의 이야기도 직접 현장을 둘러보고 전할 수 있도록 세상이 많이 바뀌어 있기도 하였다. 14년이란 세월이 결코 짧은 시간이 아니었다.

초판이 나온 후 여러분으로부터 분외(分外)의 격려와 호응을 받았다. 국어학개론서로 일찍이 이렇게 많이 읽힌 책은 없지 않았을까 한다. 그럴수록 내용을 계속 보완해 갔어야 했는데 그러지 못했다. 다음다음 일이 계속 줄을 서 있었던 것이다.

마상 손을 대고 보니 작은 일이 아니었다. 그사이 국내외로 새로 쏟아져 나온 저술들을 겉훑기만 하는 일도 여간 벅찬 일이 아니었다. 그 내용은 제대로 반영하지 못하더라도 옥석(玉石)을 가려 좋은 길잡이가 되는 업적들은 되도록 많이 제시하려 하였다. 특히 영미(英美) 양국에서 좋은 참고문헌들이 많이 나오고 있어 그것들을 최대한 소개하려 하였다.

국내 일각(一角)에서는 우리 학문의 독자성을 강조하고 서구(西歐) 일변도의 방법론에서 탈피할 것을 주장한다. 당연히 옳은 이야기다. 그러나 한편으로 그것은 경계해야 할 발언이기도 하다. 근래 각광을 받고 있는 것은 오히려 유형론(類型論)이다. 한 언어에서 발견되는 특징은 세계 여러 언어에서 발견되고, 각 언어가 겪는 변화도 대개 비슷한 순서를 따른다는 것이다. 초판에서도 그랬지만 이번에도 눈을 열고 마음을 넓혀야 한다는 정신으로 일관하였다. 튼튼한 이론(理論)의 기반 위에 설 때, 그리고 보편적 가치를 잃지 않을 때 국어학도 비로소 제 궤도를 바로 돌게 될 것이다.

개정 작업에 김창섭 교수와 박진호 군이 큰 몫을 해 주었다. 황선엽 군과 유필재 군도 큰 도움을 주었다. 새 세대와 일하며 이들의 공부가 얼마나 깊은지 우리 국어학계의 미래가 퍽 밝겠음을 깨닫게 되었다. 이번 개정 작업의 가장 큰 소득이라면 바로 이것일 것이다. 이들 외에도 여러 제자들이 교정 일을 도와 주었다. 또 학연사의 한점덕 대표와 직원들은 까다로운 일들을 한결같이 밝은 마음으로 열심히 해 주었다. 고맙고 고마울 뿐이다.

초판에 보내 주었던 성원을 다시 부탁드린다. 그리고 고쳤으면 하는 부분, 보충할 자료 등 무엇이든 수시로 보내 주고 일깨워 주면 고맙겠다. 전자우편도 있어 서로 이야기를 나누기도 쉬워졌지만 이야기를 많이 나누는 것이 바로 학계를 발전시키는 길이 아닐까 한다.

새천년 첫해 2월 7일

이 익 섭

초판 머리말

학계의 成果를 고루 담으면서 자기 목소리도 있을 만큼은 있는 좋은 槪說書를 하나 쓰고 싶었다. 국어학은 先學들의 志士的인 정열에 힘입어 일찌기 굳건한 地盤을 굳히고 있었다. 국어학만큼 뚜렷한 傳統을 세우며 활기 있게 발전해 온 분야도 드물 것이다. 그러나 언제부터인가 한편으로는 유행에 휘말리면서, 다른 한편으로는 安易함에 젖어 걸음이 더디어지고 균형 있는 발전도 아쉬워지게 되었다. 좋은 槪說書들이 활발히 개발되지 않는 일도 학계의 침체된 일면을 보는 듯하여 우리를 초조하게 하였다.

이 책은 이름 그대로 국어학 전반에 걸쳐 그 기초적 이론을 총괄한 입문서다. 그러나 이 책은 언어학개론에서 다룰 내용도 충분히 담으려 하였다. 국어학이 개별언어학이라고 하면서도 국어학개론과 언어학개론을 지나치게 분리시켜 생각하는 경향이 없지 않다. 언어학 일반의 視野에서 국어학을 바라보는 눈을 첫걸음부터 길러 주어야 한다고 믿는다.

이 책은 편협하게 어느 특정 모델이나 이론에 치우치지 않으려 하였다. 時俗에 빠져 앞 시대의 古典的인 이론에 대해서는 초보적인 것도 모르는 절름발이가 되어서는 안 된다고 생각한 것이다. 그렇다고 이것저것 분별 없이 잡다하게 나열하는 愚도 범하지 않으려 하였다. 개론서일지라도 전체를 꿰뚫는 줄기는 있도록 애썼으며, 무엇보다 모자라지 않고 넘치지 않도록 유념하였다.

이 책은 국어학 각 분야를 거의 비슷한 비중으로 다루었다. 그 결과 종래 소홀히 다루는 경향이 있었던 文字論과 方言論이 꽤 깊게 다루어졌다. 意味論이 그 특수성 때문에 疎略하게 다루어진 편이지만 역시 종래의 일반적인 경향으로 보면 적어도 어휘의미론은 깊게 다루어진 편일 것이다. 그동안의 국어학은 음운론과 문법론의 좁은 테두리에 지나치게 갇혀 있었던 것이 아닌가 한다. 마지막 장의 '국어학과 인접과학'도 그러한 생각에서 비교적 소상히 쓰려 하였다.

지금 내 앞에는 一石 선생님의 『國語學槪說』이 놓여 있다. 선생님께 직접 배우던 손때 고운 책이다. 목요일 오전까지 교양과목을 마치고 그 오후 구름다리를 넘어가 선생님의 따사로운 강의를 듣던 감개가 새롭다. 꼭 30년 전의 일이다. 공부를 하였으면 꽤 하였을 세월인데 이 책을 쓰면서 자신의 공부가 너무 얕음이 못내 부끄럽고 안타까웠다. 선생님을 비롯한 여러 은사님과 또 여러 同學들로부터 입은 실로 큰 學恩에 비해 이 책이 너무 초라하고, 또 자신의 목소리가 너무 작은 것은 어쩔 수 없는 일인 듯싶다. 다만 이 작은 책이 後學들에게 그분들의 숨결을 얼마간이라도 전하는 구실을 하였으면 한다.

많은 분들이 도와 주셨다. 이병근 교수는 음운론 편을 샅샅이 읽어 주셨고, 채완 교수와 이지양 군은 전체 내용을 검토하여 주었을 뿐만 아니라 성실히 교정까지 보아 주었다. 學硏社의 경창호 부장은 국어학에 남다른 애정을 보이며 이 책을 만드는 일에도 심혈을 기울여 주었으며, 임영숙 씨는 정성을 다하여 편집 일을 맡아 주었다. 진심으로 감사를 표한다. 아울러 더 좋은 책이 되도록 앞으로도 여러분들이 계속 일깨워 주시기 바란다.

1986년 7월 21일

李 翊 燮

차 례

제 3 장 문법론

제 4 장 의미론

제 5 장 문자론

제 6 장 국어사

제 1 장 국어와 국어학

국어학(國語學)이란 국어(國語)를 연구 대상으로 하는 개별언어학(個別言語學)이다. 따라서 국어학을 공부해 가려면 언어학이란 무엇이며, 그 연구 방법의 특색은 무엇인가, 그리고 그 연구 대상이 되는 언어란 무엇이며 그 언어의 하나인 국어란 또 무엇인가 등에 대한 기초적인 지식을 가지고 있을 필요가 있다. 이 장(章)에서는 서론(序論)으로서 이러한 기초적인 문제들을 개괄적으로 살펴보기로 한다.

1. 1 언어와 국어

국어와 한국어 국어(國語)란 글자 그대로 한다면 한 나라의 말이라는 뜻이다. 언어는 반드시 국가 단위로 나뉘어 있지는 않지만 대체로는 나라가 달라지면 언어도 달라지는, 즉 나라마다 그 나라 고유의 언어를 가지고 있는 것이 일반적이므로 국어는 그러한 각 나라

고유의 언어라는 뜻을 가질 법하다. 물론 한 나라에 여러 언어가 있을 때는 그 중 공용어(公用語)로 인정된 언어만을 국어(national language)라 한다. 각 나라 고유의, 공인(公認)된 노래나 꽃이나 기(旗)를 각각 국가(國歌), 국화(國花), 국기(國旗)라 함과 마찬가지다.

그러나 실제로 우리나라에서 쓰이고 있는 국어라는 용어는 '우리나라 말'이라는 한정된 뜻으로 쓰는 것이 일반적이다. 국어가 그 나라 고유의 언어라는 뜻으로 쓰인다면 '미국의 국어는 영어이며, 러시아의 국어는 러시아어요, 일본의 국어는 일본어다'와 같은 말을 써야 하는데 이럴 때 국어라는 용어는 좀 생소하게 들린다. 이는 '영국의 국화(國花)는 장미이며, 프랑스의 국화(國花)는 백합이다'라고 할 때의 국화(國花)나, '미국의 국기(國旗)는 성조기(星條旗)요, 일본의 국기(國旗)는 일장기(日章旗)다'라고 할 때의 국기(國旗)가 매우 자연스럽게 쓰이는 일과 대조적이다. 국어라는 용어가 그만큼 한정적(限定的)임을 알 수 있다.

'국어'의 이러한 특수한 용법은 이런 데서도 찾아볼 수 있다. 우리는 '무궁화를 가꿉시다'라든가 '아름다운 무궁화'라는 말을 '국화(國花)를 가꿉시다'나 '아름다운 국화(國花)'라는 말보다 많이 쓰고 그것이 더 자연스럽다. '애국가 봉창'이나 '휘날리는 태극기'가 '국가 봉창'이나 '휘날리는 국기'보다 더 널리 쓰이는 것도 마찬가지다. 그런데 '국어'의 경우에는 '한국어 사랑 나라 사랑'이라든가 '아름다운 한국어를 쓰자'보다는 '국어 사랑 나라 사랑'이나 '아름다운 국어를 쓰자'가 훨씬 자연스럽게 쓰인다.

이처럼 우리는 주로 '한국어'라는 뜻으로 '국어'를 쓰고 있다. 어느 나라의 언어이든 그 나라 고유의 언어라는 뜻으로보다 '우리나라의 말'이라는 뜻으로 '국어'를 쓰고 있는 것이다. 그로써 대부분의 경우 '국어'는 '한국어'라고 바꾸어 불러도 꼭 마찬가지의 뜻을 가진다.

'국어를 아끼자'는 '한국어를 아끼자'의 뜻이며, '국어사전'이라는 말은 '한국어사전'이라는 말과 같다.

별 문제가 아닌 듯하지만 '국어'가 national language의 뜻으로서가 아니라 Korean language의 뜻으로 쓰인다는 점은 정확히 인식할 필요가 있다. 국어국문학과를 영역(英譯)하면 Department of Korean Language and Literature이지 Korean 자리에 National이 들어가지 않는다. 우리는 자칫 어느 나라 사람이나 자기 나라 말을 국어라고 하겠지 하는 오해를 하여 우리가 '국어 작문'이나 '국어 문법'이라는 과목명(科目名)을 붙이듯 영국 사람들은 자기 나라 말의 작문이나 문법을 national language composition, national language grammar라 붙일 것이라고 생각하기 쉽다. 그러나 그들은 English composition, English grammar라고 할 뿐이다. 우리의 '국어 작문, 국어 문법'도 영역(英譯)하면 Korean composition, Korean grammar가 되어야 한다.

즉 흔히 서양 사람들이 말하듯 하면 '한국어'라고 불러야 할 것을 우리는 '국어'라고 부르고 있는 셈이다. 이것은 일본도 비슷하여 그들도 일본어를 '국어'라 부른다. 그리하여 한일합방(韓日合邦) 후 우리가 국어를 '국어'라 부르는 것을 금지시키고 '조선어'(朝鮮語)라 부르게 하고, 우리에게도 일본어를 '국어'라고 부르도록 강요했던 뼈아픈 역사도 겪게 되었다. 오늘날의 우리는 자유롭게 '국어'라는 용어를 써도 좋고, 또 좀더 객관성을 부여하여 '한국어'라 불러도 좋을 것이다.

한국어와 언어 세계에는 4,000개 내지 5,000개 정도의(가장 적게 잡아도 3,000개, 많이 잡으면 10,000개 정도의) 언어(language)가 있다. 한국어는 그 여러 언어 중의 하나다. 중국어, 일본어, 영어, 프랑스어, 독일어, 에스파냐어, 러시아어, 아랍어 등이 각각 하나의 언어이듯이 국어, 즉 한국어도 그들과 대등한 언어인 것이다.

언어들은 각각 그들 특유의 성질을 가지고 있다. 중국어에는 세계 어떤 다른 언어에도 없는 그 언어 고유의 성질이 있으며, 영어에는 영어대로 독일어에는 독일어대로 다 고유한 특질이 있다. 한국어에도 마찬가지로 한국어만의 독자성(獨自性)이 있다.

그러나 언어들은 공통점도 많이 가지고 있다. 어떤 언어에나 몇 개의 모음(母音)과 자음(子音)이 있다. 아무리 인종(人種)이 달라도 어떤 언어나 혀를 움직여 입으로 말을 하는 것부터가 큰 공통점일지 모른다. 모음과 자음의 수가 언어마다 다르고 그것을 발음하는 방식도 얼마간씩 차이가 있지만 모두 어떤 테두리 속에서의 차이일 뿐 각도(角度)를 달리해서 보면 오히려 공통점이 더 크다. 어느 언어에나 음절(音節)이라는 단위가 있고 또 단어(單語)라는 단위가 있다. 그리고 어떤 언어나 단어들로 문장(文章)을 만들어 쓴다. 모든 언어들이 가지고 있는 공통점을 언어의 보편성(普遍性)이라 하는데, 언어가 이러한 보편성을 가지고 있음은 마치 인종이 아무리 달라도 인간이라면 어느 인종의 인간이든 두 다리로 걷고 말을 하고 집을 짓고 음식을 만들어 먹으며, 기쁘면 웃고 슬프면 우는 등 갖가지 공통점을 가지는 것과 흡사하다고 할 수 있을 것이다.

결론적으로 국어는 어느 언어나 그러하듯 우리 국어만이 가지고 있는 개성(個性)과 독자성(獨自性)이 있는 한편 세계 여러 언어들이 공유(共有)하고 있는 보편성(普遍性)도 아울러 가지고 있다. 이 점 앞으로 국어학(國語學)을 공부하고 연구하는 데 매우 중요한 바탕이 되므로 철저히 인식해 두어야 할 것이다.

한국어의 분포 한국어는 한반도(韓半島) 전역(全域)이 그 본거지이지만 우리나라 사람들이 집단적으로 이주해 사는 만주, 시베리아, 일본, 미국 등에도 널리 퍼져 있다. 사용 인구도 1994년을 기준으로 보았을 때 남한(南韓)에 4,400만, 북한(北韓)에 2,300만으로 세계 13위(位)에 들 정도로 상당히 많다. 그리고 해외에서도 중국 194만, 일본 69만, 미국 166만, 러시아 국가연합 46만, 중남미 9만, 캐나다 7만, 기타 16만 등 많은 교포가 우리말을 지키려 애쓰고 있다. 특히 만주에서는 우리말로 가르치는 각급 학교가 따로 있고 한글로 된 신문과 우리말 방송이 있을 정도로 우리말이 잘 이어져 가고 있으며, 미국에서도 LA나 뉴욕 같은 곳은 많은 교민(僑民)이 집단적으로 살아서이겠지만 한글로 된 간판이 즐비한 Korea town을 형성할 정도다. 외국인들의 한국어 학습열도 점차 높아져 한국어는 이제 한반도 안의 언어만은 아니다.

국어는 흔히 단일 민족에 의한 단일 언어로 일컬어진다. 그만큼 국어는 우리가 한국인임을 일깨워 주는 가장 직접적이고 확실한 증거물이다. 외국의 길거리에서 만난 동양인을 한국인인지 아닌지 구별해 주는 것은 옷차림도 아니고 몸짓도 아니고 바로 국어인 것이다. 국어가 사멸(死滅)하고 우리가 다른 나라 말을 쓴다면 우리는 한민족(韓民族)의 가장 큰 개성(個性)과 독자성(獨自性) 하나를 잃는 꼴이 될 것이다. 우리는 국어를 과학적으로, 냉정하고 객관적인 태도로 고구(考究)하는 학도들이지만 이 우리 고유의 국어를 잘 보존하고 발전시켜 나가는 일에도 남다른 마음가짐을 가져야 할 것이다.

국어학과 언어학 국어학은 한국어를 연구 대상으로 하는 언어학이다. 따라서 국어학은 언어학의 테두리를 벗어날 수 없다. 전체적으로 언어학의 방법론 위에서 국어학이 이루어지는 것이다. 이는 우리나라 지질(地質)을 연구할 때 지질학(地質學)의 방법론 위에서 할 수밖에 없고 우리나라 식물(植物)을 연구하려면 식물학(植物學)의 테두리를 벗어날 수 없으며, 우리나라 사회구조(社會構造)를 연구하려 할 때 사회학(社會學)의 이론과 방법론에 의존하지 않을 수 없음과 마찬가지다. 물론 이러한 비유에는 지나친 면이 없지는 않다. 우리나라 지질(地質)이나 식물(植物)이 다른 나라의 것과 다르다 하더라도 한국어가 외국어와 다른 만큼 그 차이가 크지는 않기 때문이다. 가령 미국의 광물이나 식물을 분석한 방법론이 우리나라의 광물이나 식물을 분석할 때 그대로 적용되는 정도가 영어를 분석할 때의 방법론이 국어를 분석할 때 적용되는 정도보다 훨씬 높을 수 있을 것이다.

그러나 이는 정도의 차이일 뿐 근본적인 차이라고는 하기 어렵다. 지층(地層)이니 세포(細胞)니 하는 지질학이나 식물학의 용어가 우리나라 지질이나 식물을 다룰 때에도 그대로 쓰이듯이 자음(子音), 모음(母音), 단어(單語), 품사(品詞), 문장(文章) 등의 언어학 용어가 국어학에서도 그대로 쓰일 수밖에 없는 것이다. 국어의 어떤 특수한 현상을 기술(記述)하기 위해서 일반 언어학에서나 외국어를 분석할 때에는 쓰이지 않는 용어가 필요할 때가 있으나 전체적으로는 국어학이 국어를 분석 대상으로 하는 언어학임에는 변함이 있을 수 없다. 국어학도(國語學徒)는 동시에 언어학도(言語學徒)라는 사실도 따라서 늘 명심해 두지 않으면 안 된다.

1. 2 언어란 무엇인가

우리는 매일같이 말을 주고받으며 산다. 이 말을 달리 언어(言語)라고도 한다. 언어나 말이나 거의 마찬가지 뜻을 가지나 언어가 말보다 더 전문적인 술어(術語)로 쓰이는 편이다. 그래서 우리는 앞으로 '말'

과 '언어'를 거의 같은 뜻으로 자유롭게 바꾸어 가면서 쓸 때도 있지만 좀 엄격한 술어로서는 '말'보다 '언어'를 쓰고자 한다.

우리가 매일매일 언어 속에 파묻혀 살면서도 막상 '언어란 무엇인가'라는 질문을 받으면 그 대답이 용이하지 않다. 이 대답은 이 책을 한 권 다 배우고 나도 쉽게 나올 대답이 아닌지도 모른다. 여기에서는 언어를 어떤 한 문장으로 정의(定義)를 내리기보다는 그 대표적 특성을 몇 가지로 나누어 살펴보기로 하겠다.

동물의 언어 흔히 말은 인간의 전유물(專有物)이요 인간을 다른 동물과 구분짓는 기준이라고 말한다. 인간 이외의 그 어떤 동물도 말을 하는, 즉 언어를 가진 동물은 없다는 것이다. 그런데 가끔 '동물의 언어(animal language)', 또는 '꿀벌의 언어(bee language)' 등의 용어를 쓴다. 그러나 이 때의 '언어'는 사람의 언어에 유추(類推)해서 사람들의 언어와 비슷한 어떤 의사전달(意思傳達 communication)의 수단이라는 뜻으로 쓴, 확대된 의미로서의 '언어'일 뿐이다.

동물들도 자기들끼리 어떤 의사전달의 수단이 있음은 여러가지로 관찰되어 왔다. 개구리나 새들의 울음이 짝을 찾고 있다는 의사의 전달수단임이 밝혀진 것이 그 하나다. 일벌들이 꿀의 소재(所在)를, 즉 꽃이 있는 곳을 발견하면 벌집에 돌아와 8자(字) 모양으로 그 방향과 빠르기를 달리하면서 춤을 춤으로써 정확히 그 장소의 방향과 거리를 전달하는 일에 대해서도 깊은 연구가 이루어져 왔다. 그리고 타이의 원숭이(gibbon)들은 적어도 아홉 가지의 뚜렷이 구별되는 소리로 위험을 알리기도 하고, 집합하라는 명령을 내리기도 하고, 먹이를 찾았음을 알리거나 우애(友愛)를 표시하기도 한다고 한다.

창조성 그러나 동물들의 의사전달 수단은 인간의 언어와는 엄연히 구별된다. 가지수가 매우 한정되어 있고 새 상황에 대해 새 말을 만들어 내는 창조성(創造性)이 없다는 것이 우선 그러하다. 인간들의 언어는 새로운 사물이 생기면 새 단어를 만들고 새로운 상황이 생기면 지금까지 없던 문장을 만들어 쓴다. 가령 '컴퓨터', '인터넷', '유전자 조작' 또는 '미팅'이나 '왕따' 등은 모두 새로 만들어 쓰는 말들이며 '한국산 자동차가 미국과 유럽에 수출되기 시작하였다'는 말도 새 상황에 맞추어 새로 쓰는 말이다. 인간의 언어는 단어의 수(數)에도 이제는 더 이상 만들어 쓰면 안 된다는 한계가 없고, 또 그 단어들을 조합하여 만들어 내는 문장의 수(數)도 무한하다. 이를 흔히 언어의 창조성(創造性 creativity)이라고 하거니와 동물의 의사전달 수단은 유전적으로 물려받은 고정된 형식, 고정된 수(數)의 것이어서 창조성이 없음에 비해 인간의 언어는 창조성이 있음을 큰 특징으로 한다.

자의성 동물의 언어는 고정(固定)된 것이어서 어떤 소리는 필연적으로 어떤 한 가지 의미를 가질 수밖에 없다. 그러나 인간의 언어는 그렇지 않다. '셔볼'이라고 하던 것을 '서울'이라 할 수도 있고, '뫼'라고 하던 것을 '산', '차장'이라 하던 것을 '안내양'이라 할 수도 있다. 소리와 의미 사이에 어떤 필연적인 관계가 없다.

다시 말하면 코를 '코'라 하고 가슴을 '가슴'이라 하는 것은 우연적인 결합이다. 코를 '가슴'이라 해서는 안 될 이유도 없고, 가슴을 '코'나 '엉덩이'라고 해서 안 될 이유가 없다. 꼭 궁합(宮合)이 맞아서가 아니라 어떻게 하다가 우연히 코를 '코'라 부르게 되고 가슴을 '가슴'이라 부르게 된 것이다. 그렇기 때문에 '뫼'라고 부르던 것을 '산'이라 바꾸어 부를 수도 있게 되고, '배' 하나가 사람의 배(腹), 바다에 다니는 배(舟), 먹는 배(梨)를 가리킬 수도 있으며, 우리는 '희다'고 하는 것을 다른 나라 사람들은 '화이트'(white)라고 하기도 하고 또는 '블랑'(blanc)이라고도 한다.

언어의 소리와 의미 사이의 이와 같은 관계를 흔히 언어의 자의성(恣意性 arbitrariness)이라 한다. 자의적(恣意的)이란 임의적(任意的)이라고 바꾸어도 좋은데 어떻든 어떤 소리와 그 소리가 나타내는 개념 사이의 관계가 필연적이 아니고 우연적이라는 뜻이다. 반대의 경우로는 길의 방향을 나타내는 화살표나 일기예보에서 맑겠다는 것을 해 그림으로, 흐리겠다는 것을 구름 그림으로 나타내는 경우 등을 들 수 있다. 언어에도 종소리의 '땡땡'이나 웃음소리의 '하하', 또는 문자에서이지만 '一, 二, 三'과 같이 자의적이라고만 보기 어려운 예도 없지는 않다. 그러나 이러한 비자의적(非恣意的)인 경우는 드물 뿐 아니라 소리를 흉내내어 만듦으로써 필연성이 높음직한 의성어(擬聲語)에서조차도 가령 '꼬끼오'를 영어에서는 cock-a-doodle-doo라고 한다든가 '뻐꾸기'를 어떤 지역에서는 '쑤꾸기'라 하고 또 영어에서는 cuckoo라고 하는 식이어서 자의성은 인간 언어의 하나의 본질적 특성임에 틀림없다. 다음의 언어에 대한 한 정의(定義)를 보아도 언어의 자의성을 인간 언어의 기본적인 한 특성으로 다루고 있음을 볼 수 있다.

> 언어는 그것으로써 사회집단이 협동하는 자의적(恣意的)인 음성기호(音聲記號)의 체계다. (A language is a system of arbitrary vocal symbols by means of which a social group cooperates.)

사회적 약속 언어는 하나의 사회적(社會的)인 도구(道具)요 사회적인 제도(制度)다. 사람들은 언어를 사용하여 사회를 형성한다. 흔히 누구하고는 말이 통하고 누구하고는 말이 안 통한다고 하는데 이 때 '말이 통한다'는 것은 그 사람과는 가까워질 수 있다는 뜻일 것이다. 서로 말이 통하여야 가까워지고 그래야만 한 사회집단이 이루어질 것이다. 만일 이민(移民)을 갔다가 한국어를 다 잊어버린 몇 세대(世帶)가 자기 동네에 이사와서 산다고 할 때 그들은 그들끼리 잘 어울리고 이쪽 사람들과는 가까이 사귀기가 어려울 것이다. 이 점에서 언어는 사회(社會)를 형성하는 중요한 도구(道具)요 매체(媒體)다. 앞에서 본 언어의 정의(定義)에서 사회집단이 언어로써 협동하게 된다는 것도 이를 두고 하는 말이다.

언어는 또 사회적(社會的) 제도(制度)다. 어떤 사회에서 말을 어떻게 하라는 것이 정해져 있으면 사람들은 그것을 따라야 한다. 코를 '코'라고 부르도록 정해졌으면 누구나 '코'라고 해야지 혼자 유별나게 '귀'라고 한다든가 '발가락'이라고 해서는 안 된다. 이는 우리나라에서는 길에서 절을 할 때 허리를 굽히고 고개를 숙이는 것이 지켜지고 있는데 혼자서 두 손으로 귀를 잡고 혀를 날름거리는 것으로 절을 대신할 수 없음과 같다. 절을 어떻게 한다는 것도 하나의 사회적 제도요 언어도 역시 그러한 제도(制度)의 하나인 것이다.

앞에서 언어는 자의성(恣意性)을 가진다고 하였지만 그것은 그 말을 처음 만들 때의 이야기이지 한 개인 개인이 임의(任意)로 아무렇게나 말을 할 수 있다는 뜻은 아닌 것이다. 처음 정해질 때는 자의적으로 정해지더라도 그것이 정해지고 나면 사회적(社會的)으로 약속이 이루어져야 언어는 생명을 얻는다. 코를 누구나 '코'라고 해야 말이 통하고 의사가 소통되지 저마다 뿔뿔이 다른 말을 쓴다면 의사소통은 불가능하고 언어는 그 기능을 발휘하지 못할 것이다. 이 점에서 언어는 사회적 계약(契約 convention)이라고 할 수 있다.

생득과 학습 동물의 언어는 유전적으로 얻어진 극히 본능적이고 한정적인 것임에 비해 인간의 언어는 새로운 상황에 따라 얼마든지 새로운 말을 만들어 쓸 수 있는 창조성이 있음을 앞에서 지적하였다. 그리고 언어가 자의성을 가지고 있다는 점도 지적하였다.

이와 아울러 언어의 학습적(學習的)인 특성이 지적될 수 있다. 동물의 언어는 본능적이고 유전적이다. 새로 배워 후대(後代)에 물려주는 일이 없다. 침팬지에게 억지로 말을 가르쳐 보아도 그것을 다음 세대(世代)로 물려주지는 못한다고 한다. 반면 인간은 배우지 않으면 말을 하지 못하고, 또 배워서는 후대(後代)로 물려준다.

인간의 언어가 학습적(學習的)인 면이 큰 것은, 만일 늑대소녀처럼 아이가 태어나자마자 외따로 산속에서 동물들과 자란다면 아무 말도 못하는 현상에서도 찾아볼 수 있고, 또 같은 한국인이더라도 어렸을 때부터 한국말을 배우면 한국어를 쓰지만 어렸을 때부터 미국에 가서 영어만 배운 아이는 영어만 쓰는 현상에서도 찾아볼 수 있다. 태어난 후 후천적(後天的)으로 배움으로써 익히고 또 앞 세대(世代)의 언어가 다음 세대(世代)로 이어진다는 것이 인간 언어의 큰 특성 중의 하나다.

인간의 언어는 학습으로 이루어지기 때문에 또 축적되는 특성을 가진다. 동물의 언어는 몇 대(代)를 가도 제자리걸음이다. 그러나 인간의 언어는 여러 대(代)의 것이 자꾸 쌓이고 그것이 다시 다음 대(代)로 이어져서 축적되고 이로써 문화(文化)가 발전한다. 흔히 인간은 손과 말을 가졌기 때문에 오늘날의 문명(文明)을 쌓았다고 하는데 말이 있더라도 그것이 축적되고 다음 대(代)로 이어지는 성질이 없다면 문명(文明)의 발전이 어려울 것이다.

한편 인간의 언어가 학습적(學習的)이지만은 않다는 사고(思考)가 근래 크게 팽배하게 되었다. 말을 할 수 있는 소질(素質)을 미리 타고났으므로 말을 배울 수 있는 것이라는 언어의 생득적(生得的)인 면을 강조하게 된 것이다. 말을 할 능력을 타고나지 않은 동물에게 아무리 말을 가르쳐도 별무신통인 것을 보아도 인간이 말을 할 수 있는 능력을 타고난다는 사실은 언어의 특성을 이해하는 데 매우 중요한 대목이라 할 수 있다.

Chomsky와 같은 언어학자는 사람들이 타고나는 것은 말을 할 수 있는 소질일 뿐만 아니라 어떤 틀이라고 생각한다. 세계 어느 나라 사람이나 비슷비슷한 틀을 타고나는데 그것이 실제로 어떤 언어를 배우게 되는 환경에 놓이느냐에 따라 이 말을 배우게도 되고 저 말을 배우게도 된다고 생각한다. 그래서 우리가 타고나는 그 틀의 정체(正體)를 밝혀 낼 수만 있다면 세계 모든 언어를 지배하는 어떤 보편적(普遍的)인 문법을 수립할 수 있고 나아가서는 이 불가사의(不可思意)한 인간의 사고(思考)의 체계도 밝혀낼 수 있다고 주장한다.

우리가 타고나는 언어 습득의 틀의 정체는 우리에게는 너무 어려운 이야기이지만 어떻든 언어가 한편으로는 학습(學習)에 의해 습득되고 다음 대(代)로 이어지는 일면이 있는 반면 우리가 그럴 수 있는 능력을 생득적(生得的)으로 지니고 태어나는 일면이 있음은 의문의 여지가 없다.

음성언어와 문자언어 앞에서 본 언어의 정의(定義)에서도 드러나듯이 언어는 음성으로 된 기호의 체계다. 즉 언어는 말소리로 되어 있을 것을 그 한 요건(要件)으로 한다.

그러나 언어는 글로 된 것도 포괄하는 용어로 쓰기도 한다. 말을 시각적(視覺的)으로 바꾸어 놓은 글도 '문자언어'(文字言語 written language)라고 하여 언어라고 부르는 것이다. 그리고 언어가 이처럼 넓은 뜻으로 쓰이게 되니까 혼동을 피하기 위하여 입으로 하는 언어를 특별히 구별하여 부르고자 할 때는 '음성언어(音聲言語 spoken language)' 또는 '소리언어'라고 한다.

앞에서 '말'과 '언어'는 흔히 거의 같은 뜻으로 쓰인다고 하였는데 만일 언어를 문자언어까지 포괄하는 술어(術語)로 쓴다면 '말'보다 '언어'가 더 넓은 의미를 가지게 될 것이다. 전문적(專門的)인 술어

(術語)로서가 아닌 '말'은 일반적으로 음성언어만을 가리키기 때문이다. 영어에서는 이를 speech와 language로 구분하는 수가 많다. 즉 speech는 우리의 입을 통하여 하는 말임에 반해 language는 문자언어까지 포함하는 개념으로 쓰는 것이다. 각각 우리말의 '말'과 '언어'에 해당한다고 할 수 있을 것이다.

문자언어는 문명이 발달되면서 그 비중이 점차 커졌다. 문자(文字)가 없이 사는 미개사회에서의 언어 생활은 음성언어만으로 영위되겠지만, 오늘날 우리 주변을 살펴보면 신문, 잡지, 교과서, 소설, 시, 사전, 편지, 공문(公文) 등 입과 귀를 통해서가 아니라 눈을 통해서, 즉 문자언어에 의해 영위되는 언어 생활의 비중이 매우 높음을 알 수 있다. 사람에 따라서는 말하고 듣는 시간보다 쓰거나 읽는 시간이 더 많은 생활을 할 수도 있을 정도로 문자언어가 우리 언어 생활에서 차지하는 비중은 높다.

문자언어의 비중이 높아지고 그것이 또 문명사회(文明社會)의 상징인 데에다가 문자언어는 음성언어보다 더 정제(整濟)되고 세련된 면을 가진다. 또 음성언어는 눈 앞에서 곧바로 사라져 버리지만 문자언어는 오래 그 모습을 남긴다. 남길 뿐만 아니라 그 모습은 그야말로 음성언어보다 정제되어 있고 권위있는 모습이다. 이런저런 이유로 그리스 시대부터 20세기 초까지 언어학자들이 연구 대상으로 삼았던 것은 문자언어였다.

그러나 순위(順位)를 따지자면 음성언어가 문자언어보다 앞선다는 것은 의문의 여지가 없다. 문자(文字)가 없는 사회는 있어도 말이 없는 사회는 없다. 또 어린애들의 언어 습득 과정을 보아도 말을 먼저 배우지 글을 먼저 배우지는 않는다. 그리고 일반적으로 쓰고 읽기보다는 역시 듣고 말하는 일이 훨씬 많다. 이에 따라 근래에 와서는 언어학자가 일차적으로 다루어야 할 대상은 음성언어이어야 한다는 올

바른 인식을 하기에 이르렀다.

랑그와 파롤 언어를 랑그(langue)와 파롤(parole)로 구별하여 인식하는 일이 많다. 랑그와 파롤은 각각 악보(樂譜)와 구체적인 연주(演奏)에 비유된다. 가령 김동진 작곡의 '가고파'란 곡(曲)이 있다면 이 곡은 누가 노래를 부르느냐에 따라, 또는 같은 사람일지라도 부를 때마다 다 얼마간씩 차이가 날 것이다. 그러나 그것들은 '가고파'란 곡임에는 틀림없다.

언어도 이와 같은 구분이 가능하며 또 필요하다는 것이다. 가령 '차(車)'라는 단어가 있다고 하자. 사람마다 그 발음이 꼭 같다고는 말하기 어렵다. 'ㅊ'음(音)을 낼 때 혀를 입천장의 좀 앞쪽에 댈 수도 있고 좀 뒤쪽에 댈 수도 있을 것이다. 그리고 'ㅏ'도 입을 좀 많이 벌리고 발음하는 수도 있고 조금 덜 벌리고 발음하는 수도 있을 것이며, 때로는 더 짧게 발음하는 수도 있을 것이다. 그런데도 우리는 그것을 다 '차'라는 발음으로 듣는다. 이 때 실제로 발음되는 소리 '차'는 파롤이며, 그 여러 파롤에서 추출된, 말하자면 추상적(抽象的)인 '차'가 랑그인 것이다. 바꾸어 말하면 파롤은 개개인의 언어이며, 랑그는 그 사회의 언어, 그 사회에서 약속이 되고 공인된 언어라고 할 수 있다.

이렇게 언어를 랑그와 파롤로 구분하였을 때 언어학자가 주된 관심을 가지는 쪽은 말할 것도 없이 랑그다. 실제로는 개개인의 파롤에서 자료를 찾더라도 개인차를 제거하고 난 랑그를 분석의 대상으로 삼는 것이다.

이 랑그와 파롤의 구분과 비슷한 것으로 언어능력(言語能力 competence)과 언어수행(言語遂行 performance)의 구분이 있다. 사람들이 실제로 말하는 행위가 언어수행이고, 자기 모국어에 대해 사람들이 내

재적(內在的)으로 가지고 있는 지식(知識, knowledge)이 언어능력이라는 것이다. 언어수행은 부주의, 피로 등으로 인해, 또는 화가 너무 났다든가 술에 취했다든가 등의 이유로 실수를 할 수도 있는 상태인 데 반해, 언어능력은 이상적(理想的)인 상태일 때 사람이 가지고 있는 능력인 것이다.

여기에서도 언어학자가 관찰의 대상으로 삼아야 하는 것은 언어능력이라고 주장된다. 실제로 실현되는 모습이 아니고 어떤 추상적인 모습을 따로 분리하여 인식한다는 점에서 랑그—파롤의 구분과 능력(能力)—수행(遂行)의 구분은 공통된다. 랑그든 능력이든 우리가 다루는 언어는 얼마간 추상적인 존재라는 것을 바로 인식할 필요가 있겠다.

자연언어와 인공언어 인간의 언어를 특별히 자연언어(自然言語 natural language)라고 부르는 수가 있다. 이는 논리학자(論理學者)들이 만들어 쓰는, 또는 전자계산(電子計算)에서 쓰는, 기호로 된 언어를 인공언어(人工言語 artificial language) 또는 형식언어(形式言語 formal language)라고 하기 때문에 그와 구별하여 부르기 위해서다. 에스페란토(Esperanto)도 인공언어(人工言語)의 일종일 것인데 어떻든 인위적으로 만든 것이 아니고 사람이 태어나서 그 주위로부터 저절로 배우게 되는, 우리가 일상(日常) 쓰는 언어가 자연언어(自然言語)다. 일상언어(日常言語 ordinary language)라고 바꾸어 부를 수도 있을 것이다. 우리가 일반적으로 언어라고 할 때는 자연언어를 가리킨다. 그러니까 따로 구별할 필요가 없을 때에는 간단히 언어라고 하면 족하고 굳이 자연언어라는 용어를 쓸 필요까지는 없는 것이다.

언어라는 용어가 쓰이는 다른 예로서 몸짓언어(body language)니 손짓언어(sign language)니 하는 예를 들 수 있다. 오라고 손짓을 하거나 싫다고 고개를 젓거나 눈으로 윙크를 하거나, 또는 서양 사람들이 잘

하듯 가령 잘 모르겠다는 뜻으로 어깨를 으쓱하는 것 등은 역시 의사전달의 한 방식이다. 이처럼 의사전달의 수단으로 쓰이는 몸짓을 몸짓언어라 한다. 의사전달의 수단이라는 점에서 언어와 공통점을 가진다고 하여 언어라 부르는 것이다. 그러나 이것은 언어의 의미를 확대해서 적용한 것일 뿐, 그리고 편의상 그렇게 부르는 것이지 이러한 몸짓이 정상적인 언어일 수는 없을 것이다.

손짓언어는 우리가 흔히 수화(手話)라고 하는 것으로서 청각장애자를 위해 만든 손짓의 체계를 가리킨다. 수화는 언어의 한 대용물(代用物)일 뿐이다. 역시 편의상 언어라 부르는 것이지 진정한 언어일 수는 없을 것이다. 따라서 몸짓언어와 손짓언어는 언어의 영역 속에 들지 않는다. 앞에서 말한 논리학에서의 인공언어(人工言語)를 기호언어(記號言語 symbolic language)라고 하는 수도 있는데 sign language와 symbolic language를 혼동하지 않도록 주의해야 한다.

1. 3 국어학의 영역과 방법

국어학은 언어학과 꼭 마찬가지로 국어(즉 언어)를 어떤 각도(角度)에서 다루며 어떤 영역(領域)을 다루느냐에 따라 여러 갈래로 나누어 볼 수 있다. 국어를 전공하는 학자를 국어학자(國語學者)라 하고 그들의 전공을 포괄적으로 국어학(國語學)이라고 하지만, 좀더 구체적으로 전공(專攻)을 물으면 음운론(音韻論)이라든가 문법론(文法論)이라든가 또는 계통론(系統論)이니 방언(方言)이니 하는 대답을 하게 되는 것은 이 때문이다. 여기에서는 이러한 국어학의 하위 영역을 알아보고 또 국어학을 할 때 있을 수 있는 몇 갈래의 다른 연구 태도와 방법론을 살펴보기로 하겠다.

음운론과 문법론 및 의미론 한 언어에 대해 우리가 가장 먼저 관심을 갖는 분야는 그 언어의 구조(構造)다. 어순(語順)은 어떠하며 활용(活用) 방식은 어떠하며 어떤 자음(子音), 어떤 모음(母音)으로 그 언어가 이루어져 있느냐 등 그 언어의 구조 또는 조직(組織)에 대한 관심이 사람들이 한 언어에 대해서 가지는 일차적 관심이라 할 수 있다.

가령 우리가 독일어를 새로 배운다고 하자. 이 언어가 어떤 방언(方言)을 가지고 있다든가, 또 이 언어가 역사적으로 어떤 변천을 겪어 왔으며 영어나 프랑스어나 러시아어와 어떤 관계에 있다든가에 대한 지식부터 배우려 들지는 않을 것이다. 발음(發音)이 어떻고 격변화(格變化)가 어떻고 어순(語順)이 어떻다는 등의 독일어의 기본적인 구조부터 배워 갈 것이다. 또 가령 어떤 아메리카 인디언의 언어가 국어와 가까운 일면이 있다고 하면 우리는 무엇으로 그 가까움을 비교하려 할 것인가? 마찬가지로 어떠한 구조적 유사성(類似性)이 있는가를 일차적인 관심사로 할 것이다.

따라서 이러한 언어의 구조를 다루는 분야가 언어학(내지 국어학)의 가장 핵심적(核心的)인 분야를 이루는데 그것이 곧 음운론(音韻論 phonology)과 문법론(文法論 grammar)이다. 음운론은 자음(子音), 모음(母音), 액센트, 음장(音長), 음절(音節) 등 언어의 소리 쪽을 연구하는 분야이며, 문법론은 형태소(形態素), 단어(單語), 구(句), 문장(文章) 등 그 자체가 어떤 의미를 동반하고 있는 단위들을 다루는 분야다.

뒤에서 보게 되겠지만 문법론(文法論 또는 文法)이 넓은 의미로 쓰이면 음운론까지 포함한다. 『영문법』, 『독일어문법』 등의 책 이름에도 불구하고 음운론에 소속될 내용이 포함되는 것은 이 때문이다. 좁은 의미의 문법론은 흔히 형태론(形態論 morphology)과 통사론(統辭論 syntax)을 포함한다. 통사론은 문장론(文章論)이라고 하기도 한다.

음운론과 문법론만큼 언어학의 핵심부를 이루지는 못하지만 이들과 깊은 관련을 가지는 분야로 음성학(音聲學 phonetics)과 의미론(意味論 semantics)이 있다. 음성학은 인간의 발음기관(發音器官)은 어떻게 생겼으며 이들의 어떠한 작용으로 언어음(言語音)을 이루는 여러 음성(音聲)들이 산출되는가, 나아가 이것들이 공기를 통하여 전파될 때 음향학적으로 어떤 특성을 가지며 또 이들이 어떻게 청취(聽取)되는가 등 주로 자연과학적인 입장에서 음성(音聲)에 대한 연구를 하는 분야다. 음운론이, 이런 소리들이 한 언어에서 어떤 체계(體系)를 이루며, 어떤 의미(意味)를 나타내기 위하여 어떠한 작용(作用)을 하는가와 같은, 주로 그 기능적(機能的)인 측면을 관심사로 하는 것과 대조적이다.

그러나 학자에 따라서는 음성학을 음운론에 포함시켜 그 일부로 간주하기도 한다. 관점은 다르지만 다루는 단위가 같음을 중요하게 생각하는 것이다. 그런가 하면 음성학을 아예 언어학에서 제외시켜야 한다고 주장하는 학자도 있다. 그것은 순수히 자연과학적 방법론에 서기 때문에 인문과학의 일부가 될 수 없다는 것이다.

의미론(意味論)은 여러 언어 단위의 의미를 연구하는 분야다. 단어(單語)란 얼마만한 의미의 영역을 대표하는 단위인데 각 단어들이 어떻게 의미의 영역을 잘라 한 영역씩을 담당하게 되는가, 이들 단어들이 결합하여 복합어를 이루고 구를 이루고 문장을 이룰 때 의미의 영역은 어떻게 확대되고 변모되는가 등, 어떻게 보면 언어의 반쪽을 형성하고 있는 의미의 문제 모두를 관심사로 하는 분야가 의미론이다. 즉 언어를 '음성+의미'로 분석한다면 언어의 반(半)은 의미로 이루어져 있는 것이다. 그러나 종래의 의미론은 주로 단어의 의미 구명(究明)에만 한정되었고 그래서 어휘론(語彙論)이라는 이름 밑에서 의미가 연구되기도 하였다.

이상이 국어학(내지 언어학)의 하위 분야인데 이를 표로 보이면 다음과 같다. 학자에 따라 또는 학파에 따라 이 분류 체계는 얼마간씩 달라지지만 아래 표의 체계가 한 언어의 기본 구조를 다루는 분야의 가장 일반적인 분류 체계라 할 수 있다.

- 국어학
  - (음성학)
  - 음운론
  - 문법론
    - 형태론
    - 통사론
  - 의미론

공시론과 통시론 언어학은 언어 현상을 여러 시대(時代)에 걸쳐 사적(史的)으로 연구하느냐, 아니면 한 시대(時代)에 한정시켜 연구하느냐에 따라 통시언어학(通時言語學 diachronic linguistics)과 공시언어학(共時言語學 synchronic linguistics)으로 갈린다. 가령 국어의 모음조화(母音調和) 현상이 15 세기에는 어떠했는데 16 세기에는 어떠했다가 17 세기 이후에는 어떻게 변천했는가에 대한 연구는 언어 현상의 역사적 변천에 초점을 맞추는 연구로서 통시언어학에 속한다. 'ㅸ'이나 'ㆍ'가 어느 시기에 어떤 소리로 바뀌었다든가 국어의 과거시제(過去時制)가 어느 시기에 발달하기 시작했다든가 하는 연구도 마찬가지다. 말하자면 언어를 종적(縱的), 즉 통시적(通時的)으로 관찰하는 입장으로서 흔히 역사언어학(歷史言語學 historical linguistics)이라 부르기도 한다.

반면 공시언어학은 가령 현대국어라면 그 앞 시대의 국어와 관련시

킴이 없이 이 시대의 국어 모습만을 대상으로 연구하는, 말하자면 언어를 횡적(橫的)으로 연구하는 입장의 언어학이다. 앞에서 우리가 말한 『독일어문법』이니 『라틴어문법』이니 하는 저술들은 대개 이 공시언어학의 범주에 속할 것이다.

공시언어학은 현대어를 다루는 것이 대부분이겠지만 만일 1460년대 한 시기에 국한시켜 그 시대만의 국어를 그 앞뒤의 국어를 떠나서 다룬다면 이도 공시언어학에 속한다. 지난날의 언어를 다루더라도 횡적(橫的), 즉 공시적(共時的)으로 다루면 공시언어학의 영역에 속하는 것이다. 그러나 지난날의 언어를 공시적으로 연구하는 일은 드물기는 하다.

19세기에는 언어를 통시적으로 연구하지 않으면 언어학이 아니라고 할 정도로 통시언어학이 절대적인 지위에 있었다. 그러나 한 시기 한 시기의 언어가 잘 연구되어 있지 않다면 언어의 통시적인 연구는 좋은 성과를 얻을 수 없다. 선후(先後)를 따지자면 공시언어학이 통시언어학보다 먼저여야 한다. 이러한 관점에서 언어학의 주축은 공시적 연구로 바뀌게 되었다. 그러나 어느 시기의 언어 현상이든 그것은 오랜 역사의 산물(產物)인 만큼 지난날의 모습을 모르고서는 그 정확한 실체를 파악할 수 없는 경우도 많다. 그만큼 언어의 공시적 연구와 통시적 연구는 상호보완적 관계에 있다고 할 수 있다.

계통론 한 언어의 역사를 거슬러 올라가다 보면 그 언어의 조상(祖上) 문제에까지 관심이 미치게 된다. 즉 그 언어의 뿌리를 캐어 보고 싶어지는 것이다. 그리하여 그 언어가 기원적(起源的)으로 어디에서 어떠한 과정을 거쳐 내려왔는가를 캐게 된다. 그 결과 그 언어가 어떤 어족(語族)에 속하며 그 어족(語族)의 어떤 언어와 얼마만한 친족관계(親族關係)를 가지는가, 또 그 언어와 어느 시기까지 같은 언어이다가 어느 시기에 갈려 나왔는가 등을 밝히게 된다. 이처럼 한 언어의 기원(起源)을 캐는 연구를 계통론(系統論)이라고 한다.

그런데 한 언어의 계통(系統)을 캐려면 같은 어족(語族)에 속하는 언어들과 그 언어를 비교하지 않으면 안 된다. 가령 국어의 계통을 알려면 만주어나 몽고어, 또는 터키어 등과 비교하여 이들이 동일한 어족에 속한다는 것을 밝혀야 하고 또 이들이 분화(分化)되기 이전의 모습, 즉 공통조어(共通祖語)의 모습까지 재구(再構)하는 작업을 해야 한다. 따라서 한 언어의 계통론은 비교(比較)를 필수적으로 수반하게 되는데, 이처럼 다른 언어와의 비교를 통하여 그들의 계통을 밝히는 것을 목표로 하는 분야를 비교언어학(比較言語學 comparative linguistics)이라 한다. 계통론은 한 언어에 초점을 두고 부르는 용어임에 반해 비교언어학은 그러한 제약이 없는 용어라 할 수 있다. 그리하여 '국어계통론'이란 용어는 자연스러워도 '국어비교언어학'이란 용어는 어색하게 들린다. 그러나 계통론은 크게 보면 비교언어학에 속하며 또 비교언어학에 넣어 생각해야 할 것이다.

비교언어학(比較言語學)은 역사언어학(歷史言語學)과 밀접한 관계에 있다. 역사언어학을 넓은 뜻으로 쓰면 비교언어학을 그 속에 포함시켜도 좋을 것이다. 비교언어학도 결국은 언어를 통시적(通時的)으로 연구하는 분야이기 때문이다. 그러나 역사언어학은 주로 한 언어만을 대상으로 관찰하는 통시언어학임에 반해 비교언어학은 반드시 다른 언어까지 함께 관찰의 대상으로 삼는다는 점이 다르다. 이 때문에 이 둘은 어떤 한 이름으로 묶기보다는 비교역사언어학(比較歷史言語學) 또는 역사비교언어학(歷史比較言語學) 식으로 두 이름을 병렬(竝列)시켜 부르는 것이 일반적이다. 어떻든 비교언어학은 역사언어학의 일종이거나 그 방계(傍系)라고 보아 좋을 것이다.

자칫 한국어와 영어를 비교하는 연구를 비교언어학으로 잘못 생각하는 수가 있다. 계통상(系統上)으로 전혀 관계가 없는, 즉 친족관계(親族關係)가 없는 언어끼리의 비교는 비교언어학의 범주에 들지 않는다. 가령 영어의 구개음화와 국어의 구개음화를 비교 분석하였다면 이는 대조분석(對照分析 contrastive analysis)이라 불러 비교(比較)보다는 대조(對照)라는 용어를 씀이 옳거니와 어떻든 이러한 대조 연구는 비교언어학이 아닐 뿐만 아니라 그렇다고 대조언어학(對照言語學) 등의 어떤 한 분야를 따로 설정하는 일도 드물다.

문자론과 방언론 앞에서 언어를 음성언어(音聲言語)와 문자언어(文字言語)로 갈라서 논(論)한 바 있듯이 우리의 언어 생활은 문자(文字)에 의해서도 영위된다. 따라서 국어학자(내지 언어학자)는 문자에 대해서도 무관심할 수 없다. 세계의 문자에 어떤 것이 있으며 그들은 역사적으로 어떻게 발달되어 왔는가, 또 그들의 장단점(長短點)은 무엇이며 좋은 문자가 되려면 어떤 조건을 갖추어야 하는가, 그리고 이들 문자로써 이루어지는 표기법(表記法)은 어떤 원리로 만들어지며 어떤 원리에 의한 표기법이 좋은 표기법인가, 그리고 이 표기법으로 실현되는 문자언어는 음성언어에 비해 어떤 특징을 가지는가 등이 우리가 문자에 대해 가질 수 있는 중요한 관심사들이다. 이러한 관심사를 연구하는 분야를 문자론(文字論)이라 한다.

한편 국어학자(내지 언어학자)는 방언(方言)에 대해서도 관심을 가진다. 언어학의 대부분의 분야는 방언을 관심의 대상으로 하지 않는다. 대부분의 연구는 한 언어가 동질성(同質性 homogeneity)을 가진다는 전제(前提)에서 출발한다. 가령 우리가 『독일어문법』이라는 책으로 독일어를 공부한다면, 그 책은 독일 사람들은 어느 지방에서나 그렇게 말한다는 것을 전제로 독일어의 여러 규칙들을 우리에게 제시해 주는 것이다. 한국어의 모음체계(母音體系)는 이렇게 되어 있다고 말할 때도 마찬가지다. 우리나라 사람은 누구나 같은 모음체계를 가지고 있다는 전제 위에서 하는 말인 것이다.

그러나 세계 어떤 언어도 순수히 동질적(同質的)인 언어는 없다. 세대(世代)의 다름에 따라서도 얼마간씩 다르고 성별(性別)에 따라, 또는 직업(職業)에 따라 말이 얼마간씩이라도 달라지는 것이 일반적이다. 특히 지역(地域)에 따라 말이 달라지는 현상은 어느 언어 사회에서나 발견되는 보편적인 현상이다. 즉 어떤 언어나 얼마간씩 이질적(異質的)인 요소들의 집합인 것이다.

한 언어 안에서의 차이를 방언차(方言差)라 하는데 대부분의 언어학이 이 차이를 뛰어넘는 그 언어의 동질적인 모습을 다루는 데 반해 이러한 차이에 관심을 두는 분야가 곧 방언학(方言學 dialectology)이다. 언어의 이질적(異質的)인 측면을 중시하는 분야인 것이다. 그런데 독립된 학문일 때는 방언학(方言學)이라 부르면서 국어의 한 하위 분야로서는 방언론(方言論)이라는 용어가 많이 쓰인다. 어느 쪽이든 마찬가지 의미로 한 언어가 방언으로 분화되는 현상을 관심사로 하는 분야다.

응용언어학 언어학의 연구 결과를 어떤 실용적(實用的)인 문제에 적용하는 분야를 응용언어학(應用言語學 applied linguistics)이라 하여 순수히 학문적인 목적으로 수행하는 일반 언어학 분야와 구별하는 수가 있다. 그 중의 하나로 언어계획(言語計劃 language planning) 또는 언어정책(言語政策)을 들 수 있다. 표준어를 어떻게 정하며 또 어떻게 보급시킬 것인가 등이 언어정책의 대표적 일인데, 특히 한 나라에 공용어(公用語)가 여러 개 있다든가 소수민족(少數民族)이 각각 그들의 언어를 쓰고 있는 나라에서는 언어정책 문제가 크게 대두된다. 우리나라는 단일언어를 쓰는 단일민족이라서 이러한 문제는 없지만 표준어의 제정 및 보급을 비롯하여 외래어(外來語) 문제, 맞춤법 제정 등 국어정책론(國語政策論)의 이름 밑에는 해야 할 일이 실제로는 상당히 많다.

언어교육론(言語敎育論)도 응용언어학에 속하는 분야다. 언어교육론은 모어(母語 mother tongue)를 자기 나라 국민에게 어떻게 가르치느냐의 문제도 연구하지만 그 언어를 제2언어(second language)로 배우는 외국인에게 효율적으로 가르치는 문제도 다룬다. 우리 국어를 배우는 외국인의 수가 점차 늘어나고 있어 지금까지 거의 미개척 상태로 남아 있던 제2언어로서의 한국어 교육 문제도 이제 큰 연구과제가 되고 있다.

인간생활은 언어와 워낙 깊게 얽혀 있기 때문에 언어학의 지식이 응용될 수 있는 길은 얼마든지 확대되어 갈 수 있을 것이다. 응용언어학이라는 이름 밑에서 행해지는 일은 별로 없지만 문학 작품의 이해와 분석에도 언어학이 응용되고 한 민족의 뿌리를 캐는 데나 한 사회의 특성을 이해하는 데에도 언어학이 응용된다. 말더듬이의 교정(矯正) 등 언어치료에 언어학이 응용되기도 한다. 응용언어학은 이 용어를 쓰기에 따라서는 상당히 넓은 분야의 연구를 포괄할 수 있을 것이다.

참고

이 제1장은 序論에 해당되는 章으로서 언어 내지 국어의 전반적인 사항을 개략적으로 서술하였다. 너무 깊게 추구하려 하지 말고 가볍게 읽어 나가면 좋을 것이다. 그러나 좀더 깊은 내용을 알아 보려면 다음 참고문헌들을 참조하기 바란다.

언어 및 언어학의 전반적인 槪觀은 김방한의 『언어학의 이해』(1992)의 제1부(서론-인간과 언어), 文洋秀(외 9人)의 『現代言語學』(1977)의 제1장 (序論, 張奭鎭 집필), 허웅의 『언어학』(1981)의 제1장(말이란?), Robins의

General linguistics: An Introductory Survey(1979)의 제 9 장(Wider Perspectives), Lyons의 *Language and Linguistics*(1981)의 제 1 장(Language) 및 제 2 장(Linguistics), Aitchison의 *Teach Yourself Linguistics*(1992)의 제 1 부(Starting Out), Finegan의 *Language: Its Structure and Use*(1999)의 제 1 장(Language and Linguistics) 등에 잘 되어 있다. 특히 Wardhaugh의 *Investigating Language: Central Problems in Linguistics*(1993)는 언어학 전반에 걸쳐 다양한 主題를 다루고 있다. 그리고 Crystal의 *The Cambridge Encyclopedia of Language*(1997)와 Malmkjaer의 *The Linguistics Encyclopedia*(1991)에서도 이 章에서 다룬 여러 항목에 대한 유익한 내용을 볼 수 있다. 그리고 좀 색다른 것이지만 최근 언어의 본성에 대한 참신한 내용으로 큰 주목을 받고 있는 Pinker의 *The Language Instinct*(1994)에서도 언어에 대한 새로운 視野를 열어 보이는 흥미있는 내용을 많이 접할 수 있을 것이다. 번역서 김한영(외 2인)의 『언어 본능』(1998)도 나와 있다. 또 근래에는 http://www.english.harbrace.com/ling/ 이나 http://www.lsadc.org 등의 인터넷 사이트를 통해서도 많은 정보를 편리하게 얻을 수 있게 되었다.

세계 언어들의 사용자 수 및 그에 따른 순위에 대해서는 앞의 Crystal(1997)을 참조할 것. 거기에 따르면 중국어가 1위, 영어가 2위(공용어 사용자 수를 기준으로 하면 영어가 1위, 중국어가 2위), 스페인어가 3위, 힌두어가 4위, 아랍어가 5위 순으로 되어 있다. 한국어는 사용자 수 6,600만명을 기준으로 13위로 되어 있다.

랑그(langue)와 파롤(parole)은 Saussure(드골 대통령 때처럼 de Saussure라고 하는 것이 더 정확하고 또 그렇게 부르는 수도 있으나 흔히 de를 빼고 부른다)의 術語다. 영어로 번역할 때는 language와 speaking 정도로 하는데 그 본래의 뜻이 잘 구별되지 않아 영어로 된 책에서도 대개 langue, parole을 그대로 쓴다. 우리말로도 마땅한 譯語를 찾기 어려워 대개 랑그와 파롤이라는 術語를 그대로 쓰고 있다. 共時言語學과 通時言語學도 Saussure의 術語다. Saussure는 우선 共時態(synchronie)와 通時態(diachronie)를 설정하였다. 한 時期의 한 언어의 모습을 共時態라 하고, 이 언어가 繼起的인 시간의 軸을 따라 변화하는 전체적인 모습을 通時態라 한 것이다. 共時態를 연구하는 것이 共時言語學이요 通時態를 연구하는 것이 通時言語學인데, Saussure의 原典에서의 術語로는 각각 linguistique synchronique, linguistique diachronique이다. 原典을 읽으려면 *Cours de linguistique générale*(1916)를 읽어야 되지만 英譯本 *Cours in General Linguistics*(1959)를 읽는 편이 쉬울 것이다. Saussure의 유일한 著書(그나마 그 제자들이 강의 노트를 근거로 편집한)의 중심 言語理論에 대한 해설은 여러 곳에서 찾아볼 수 있는데 金芳漢의 『言語學論攷』(1970)의 제2장(現代言語學의 傾向) 및 李廷玟(외 2인)의 『言語科學이란 무엇인가』(1977)에 실린 洪在星의 "소쉬르 言語學의 몇 가지 概念"이 좋은 참고가 될 것이다. 언어능력과 언어수행은 Chomsky의 術語로서 變形生成文法을 다룬 입문서에서는 어디에서나 이 術語를 접할 수 있을 것이다.

언어의 恣意的인 면과 非恣意的인 면에 대한 논의도 Saussure(1916)에 뿌리를 둔 것이나 이에 대한 좀더 자세한 설명은 앞의 Finegan(1999)의 제1장에서 볼 수 있다. 비자의적인 기호는 말하자면 아이콘적인 표현(iconic expression)으로서 얼마간 이러한 아이콘적 요소가 포함된 기호를 구상기호(具象記號 representational sign)라 부른다는 것도 거기에서 볼 수 있다. 앞에 인용된 언어의 定義는 Bloch & Trager의 *Outline of Linguistic Analysis*(1942)의 것이다.

동물의 언어에 대한 좀더 자세한 내용은 김진우의 『언어』(1985) 제2장(동물의 언어), Hockett의 *A Course in Modern Linguistics*(1958)의 제64장(Man's Place in Nature), Fromkin과 Rodman의 *An Introduction to Language*(1998) 제11장(Animal Language), Akmajian(외 3人)의 *Linguistics*(1995)의 제2장(Animal Communication), Wardhaugh의 앞의 책(1993)의 제2장(Do only human talk?) 및 앞의 Crystal(1997)과 Malmkjaer(1991)의 해당 항목을 참조하기 바란다. 동물의 언어와 인간의 언어에 대한 차이에 대해서도 Hockett의 위의 책에 자세하게 설명되어 있다.

제 2 장 음 운 론

말을 구성하는 가장 중요한 요소는 소리다. 말에 쓰이는 소리를 음성(音聲 speech sound 또는 sound of speech) 또는 언어음(言語音)이라 한다. 바람 소리, 개 짖는 소리, 자동차 소리 등은 소리이기는 하되 음성은 아니며, 기침소리, 재채기 소리 같은 것은 사람의 소리이기는 하되 말에 쓰이는 소리가 아니므로 역시 음성이라 하지 않는다.

한 언어의 구조나 특성을 알고자 한다면 우선 그 언어에 쓰이는 음성의 특성부터 알아보아야 한다. 음성을 파악하는 길은 크게 두 가지가 있다. 하나는 자연과학적인 관점에서 그것이 어떤 발음기관의 어떠한 작용에 의하여 생성(生成)되며, 그것이 만들어 내는 음파(音波)의 특성은 어떠한가 등을 관찰하는 길이며, 다른 하나는 음성들이 그 언어에서 하는 기능(機能)을 중심으로 파악하는 길이다. 전자는 흔히 음성학(音聲學 phonetics)이라는 이름 밑에서 다루어지며 후자는 음운론(音韻論 phonology) 또는 음소론(音素論 phonemics)이라는 이름 밑에서 다루어진다. 그러나 이 책에서는 이 둘을 별개의 장(章)으로 나누지 않고 다같이 음운론의 이름 밑에서 다루어 나가고자 한다.

2. 1 발음기관

음성을 산출하는 데 쓰이는 신체의 각 부위를 발음기관(發音器官 vocal organ 또는 organ of speech)이라 한다. 실제로 발음에 동원되는 부위는 세밀히 나누면 100개도 넘는다고 한다. 그러나 흔히 그 중 몇 가지만을 발음기관이라 하는데 이를 먼저 그림으로 보이면 그림 2-1과 같다. 이 그림을 보며 발음기관을 하나씩 설명해 가기로 하겠다.

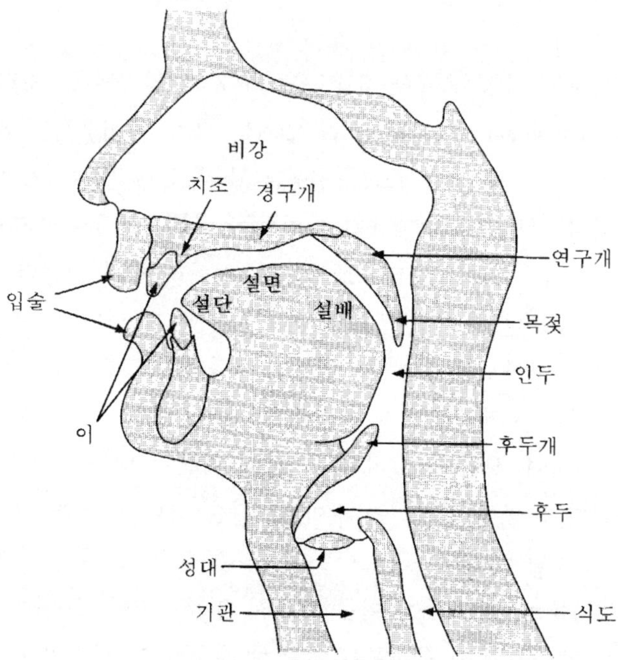

그림 2-1 발음기관

구강과 비강 음성이 만들어지려면 우선 허파, 즉 폐(肺 lung)에서 음성에 필요한 숨이 만들어져야 한다. 앞의 그림에는 없지만 허파는 음성의 발원지(發源地)로서 중요한 발음기관의 하나다. 음성에 필요한 숨은 평소 숨쉴 때보다 3~4배 더 많이 방출된다고 한다. 허파에서 음성에 필요한 기류(氣流 airflow 또는 airstream)를 만들어 그것을 일종의 풀무나 피스톤처럼 밀어올리는 것이다. 이러한 기류는 기관(氣管 trachea 또는 windpipe)부터 시작하여 여러 발음기관을 거치고 거쳐 입 밖에 이르는데 이 때 이 기류가 통과하는 길 중 특히 후두(喉頭 larynx) 위쪽을 발음통로(vocal tract)라 한다. 이를 흔히 성도(聲道)라고도 한다.

이 발음통로는 발음기관과 함께 음성을 이해하는 데 매우 중요한 몫을 한다. 음성을 만들어내는 발음기관의 일이란 결국은 이 발음통로의 모양을 조절하는 일이며, 음성의 성격은 대부분 이 발음통로의 모양에 의해 결정되기 때문이다. 따라서 발음기관과 발음통로는 같은 뜻으로 서로 뒤바뀌어 쓰이기도 하는데 그만큼 동전의 앞뒤와 같은 매우 밀접한 관계에 있다고 할 수 있다.

발음통로는 크게 입 쪽으로의 통로, 즉 구강(口腔 oral cavity 또는 oral tract)과 코 쪽으로의 통로, 즉 비강(鼻腔 nasal cavity 또는 nasal tract)으로 나뉜다. 후두에서 두 입술까지가 구강이며 목젖부터 콧구멍까지가 비강이다. 대부분의 음성은 구강에서 만들어지므로 발음기관의 작용은 주로 구강을 중심으로 기술하게 된다.

성 대 허파에서 기관을 통과한 기류는 성문(聲門 glottis)이라는 1차 관문(關門)을 만나게 된다. 성문은 두 개의 성대(聲帶 vocal cords) 사이를 말한다. 성대는 얇고 예민한, 말하자면 입술과 같은 두 개의 근육으로서(그 특징에 의해 vocal cords 이외에 vocal lips, vocal bands, vocal folds 등 여러가지 이름으로 불린다) 평소 숨을 쉴 때는 떨어져 호흡의 통로를 만들고 음식을 먹을 때는 통로를 막음으로써 허파로 이물질(異物質)이 들어가지 못하게 하는 일을 맡는데, 다른 한편으로는 발음기관으로서 음성의 성질을 결정하는 일에도 중요한 몫을 한다.

성대가 음성과 관련하여 하는 일 중 가장 중요한 일은 성대의 간격을 좁혀 성대를 빠르게 진동시키는 일이다. 이 성대의 빠른 진동을 성(聲 voice 또는 voicing)이라 하는데, 어떤 음성에 성(聲)이 섞여 있느냐 없느냐는 그 음성의 성격을 결정짓는 데 매우 중요한 의미를 가지는 것이다. 또 정상적인 말은 아니지만 속삭임(whisper)도 성대의 작용에 의한 것이며 남자의 음성보다 여자나 아이의 음성이 더 고음(高音)인 것도 성대의 길이가 달라 그 진동수가 다르기 때문인 것이다. 그리고 뒤에서 보듯이 'ㄲ, ㄸ'과 같은 된소리도 성대의 작용으로 이루어진다. 아래 그림 2-2가 이러한 성대의 여러 모습을 대강 보인 것인데 그만큼 성대는 매우 중요한 발음기관의 하나다.

목 밖에서 보면 남자의 경우 도톰하게 튀어나온 곳이 있다. 여기를 후골(喉骨)이라 하는데 이를 서양에서는 아담이 사과를 먹다 걸린 것이라 하여 '아담의 사과'(Adam's apple)라 한다. 전문적 용어로는 갑

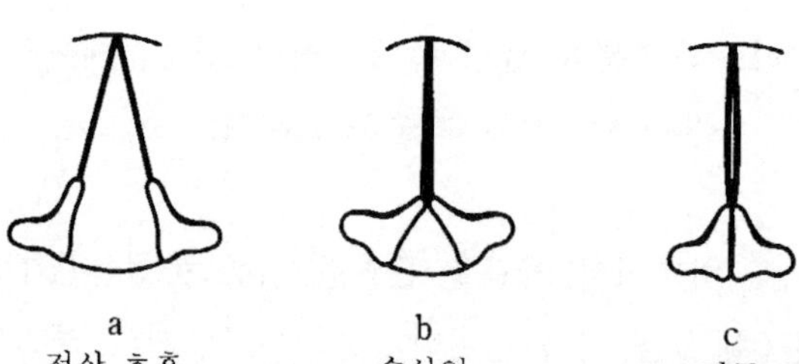

그림 2-2 성대의 모습(Heffner 1952: 22)

상연골(甲狀軟骨 thyroid cartridge)이다. 성대는 바로 여기를 기점으로 하여 안쪽으로 두 갈래로 뻗어 있다. 손가락을 가만히 대고 '아' 소리를 내 보면 거기가 떨리는 것을 느낄 수 있다.

이 성대를 중심으로 한 부위를 후두(喉頭)라 한다. 이 후두와 기관(氣管) 뒤쪽이 식도(食道 oesophagus)다. 후두 위에 후두개(喉頭蓋 epiglottis)라는 뼈가 있는데 이것은 후두와 식도가 동시에 열리는 것을 막아주는 일을 한다. 물을 마시면서 말을 하려 하면 사래에 걸리게 되는 것은 후두와 식도를 동시에 여는 무리에서 오는 현상인 것이다.

목 젖 성문(聲門)을 통과하여 나온 숨은 인두(咽頭 pharynx)로 나오게 된다. 인두 위에는 목젖(uvula)이 있다. 이 목젖은 숨을 입으로만 통과하게 하느냐 코로도 통과하게 하느냐를 조절하는 일을 한다. 목젖이 그림 2-1에서처럼 그대로 축 늘어져 있으면 숨이 코로 통과하지만 그것이 뒤로 밀려가 인두벽(咽頭壁)에 가 닿으면 코로 가는, 즉 비강(鼻腔)으로 가는 통로가 막혀 숨이 입으로만, 즉 구

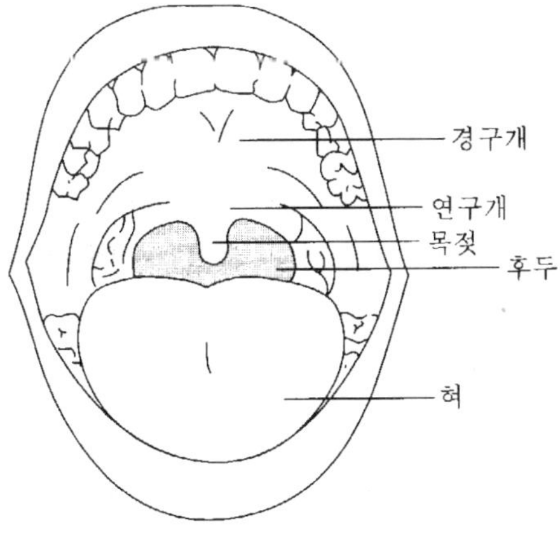

그림 2-3 구 강

강(口腔)으로만 통과하게 된다.

그림 2-3은 입을 크게 벌렸을 때의 모습인데 저 안쪽에 젖꼭지처럼 매달린 부분이 목젖이다. 거울을 들여다보면서 '아' 하고 소리를 내어 보면 그 목젖이 뒤로 밀려 들어가는 현상을 관찰할 수 있다. 반면 '앙'하고 소리를 내어 보면 목젖이 앞으로 나오는데(이내 혀에 가려 잘 안 보이지만) 이는 비음(鼻音)인 받침 'ㅇ'의 소리 일부가 비강을 통하여 코로 나가야 하므로 이 목젖이 그 길을 열어 주기 위함이다. 'ㄴ'이나 'ㅁ' 소리를 낼 때에도 꼭 마찬가지다. 목젖은 그만큼 비음을 낼 때 중요한 역할을 하는 발음기관이라 할 수 있다.

구 개　　목젖에서부터 윗잇몸까지 쭉 이어지는 부분이 입천장이다. 입천장은 가운데 높은 부분을 경계로 하여 그 앞쪽은 딱딱하고 그 뒤쪽은 여리다. 그리하여 그 앞쪽 부분을 경구개(硬口蓋 palate 또는 hard palate)라 하고 뒤쪽 부분을 연구개(軟口蓋 velum 또는 soft palate)라 한다. 앞에서 보았듯이 목젖은 따로 이름이 있고 또 독자적인 기능도 가지고 있지만 연구개라고 할 때는 목젖까지 포함하는 경우도 많다.

이, 잇몸과 입술　　입천장의 제일 앞부분은 잇몸으로 이어진다. 잇몸은 흔히 치조(齒槽 alveolar ridge)라 한다. 발음에 쓰이는 잇몸은 윗잇몸뿐이어서 치조라고 하면 아랫잇몸은 포함되지 않는 것이 일반적이다. 잇몸 앞에 이가 있고 그리고 입술이 있다. 발음에 쓰이는 이는 거의 윗니뿐이다.

혀　　혀는 발음기관 중 가장 큰 몫을 하는 기관이다. 혀라는 뜻의 단어 tongue이 말이라는 뜻도 되는데 이것으로도 혀가 말을 하는 데 얼마나 중요한 일을 하는가를 엿볼 수 있다.

혀는 각 부분이 발음에 매우 활발히 관여하기 때문에 여러 부위로 나누어 파악한다. 혀의 제일 앞쪽 끝을 설첨(舌尖 apex 또는 tip)이라 한다. 그리고 혀의 앞부분을 설단(舌端 blade)이라 한다. 설첨을 굳이 구분하지 않으려고 할 때는 설첨까지를 포함하여 설단이라 부르는 일도 많다. 입을 가만히 다물고 있을 때 설단은 윗잇몸에 닿는 부분이다. 그리고 이 때 경구개와 마주 닿는 혀의 부분을 설면(舌面 front)이라 하고 연구개와 마주 보는 혀의 부분을 설배(舌背 back)라 한다. 설면, 설배는 각각 전설(前舌), 후설(後舌)이라고도 한다. 혀의 제일 뒷부분, 인두와 마주 보는 부분을 설근(舌根 root 또는 radix)이라 하여 이름을 따로 붙이는 수가 있으나 이 설근 부분은 발음에 직접 관여하지는 않는다.

조음체와 조음점 이상에서 음성이 만들어지는 과정을 살펴보았는데 이 전 과정을 다시 크게 세 단계로 나누어 볼 수 있다. 첫째 단계는 허파에서 음성에 필요한 기류를 만들어내는 단계다. 이 단계를 기동(起動 initiation)이라 한다. 두번째 단계는 기류가 성문을 통과하면서 성대의 진동을 일으키는 단계다. 이 단계를 발성(發聲 phonation)이라 한다. 그리고 그 다음 마지막 단계가 조음(調音 articulation) 단계이다. 조음이란 성문을 통과한 기류가 구강과 비강에서 여러 발음기관의 작용으로 갖가지 음성으로 조정(調整)되는 현상을 가리킨다. 음성이 만들어지는 과정 중 가장 핵심적인 단계라 할 수 있으며 따라서 지금까지 앞에서 기술해 온 발음기관들이 거의가 이 조음에 참여하는 것들이었다.

조음(調音)에 참여하는 발음기관 중 입 안 아래쪽에 있는 아랫입술, 혀 등을 조음체(調音體 articulator)라 하고 그 조음체들이 가 닿는 입천장, 윗니, 윗잇몸, 윗입술 등을 조음점(調音點 point of articulation)이라 한다. 조음체란 그러한 일을 할 때 능동적으로 움직이는 부분이란 뜻이며, 조음점이란 스스로 움직이지 못하고 수동적으로 조음체의 상대역만 하는 부위(部位)라는 뜻이다. 조음체와 조음점을 각각 능동조음체(active articulator)와 수동조음체(passive articulator)로 부르기도 하는 것은 이 때문이다.

2. 2 음성의 분류

음성은 그 기준에 따라 여러가지로 분류할 수 있다. 숨이 성문(聲門)을 통과할 때 성대의 진동을 일으키느냐 않느냐에 따라 유성음(有聲音 voiced)과 무성음(無聲音 voiceless)으로 나누는 것이 그 하나다. 앞에서 밝혔듯이 성대의 빠른 진동을 성(聲)이라 하는데, 유성음은 그러한 성(聲)이 동반된 음성이고 무성음은 그러한 성(聲)이 동반되지 않는 음성이다. 'ㅏ, ㅓ, ㅗ, ㅜ, ㅡ, ㅣ'나 'ㄴ, ㄹ, ㅁ, ㅇ' 등이 유성음의 예들이며 어두(語頭)의 'ㄱ, ㄷ, ㅂ, ㅅ, ㅈ, ㅋ' 등이 무성음에 속하는 예들이다.

음성은 또 소리가 구강(口腔)을 통과하느냐 비강(鼻腔)을 통과하느냐에 따라 나누기도 한다. 대부분의 소리들은 구강을 통과하므로 이에 대해서는 따로 구강음(口腔音 oral)이라는 이름을 붙이지 않는 것이 보통이지만, 비강을 통과하는 소리에 대해서는 비음(鼻音 nasal)이라는 이름을 붙여 구별한다. 비강음(鼻腔音)이 더 정확한 이름이겠으나 흔히 비음으로 통한다. 국어의 'ㄴ, ㅁ, ㅇ'이 이 비음에 속하는 소리들이며, 프랑스어의 비모음(鼻母音)도 역시 비음의 일종이다.

그러나 음성의 가장 대표적인 분류는 자음(子音 consonant)과 모음(母音 vowel)으로 나누는 분류다. 이들은 성내를 통과한 소리가 구강에서 장애를 받느냐 받지 않느냐에 따라 구분되는 것인데 자음은 구강 어디에서 일단 완전히 막혔다가 나오든가 그렇지는 않더라도 통로가 아주 좁아져 발음기관들이 마찰을 일으킬 정도로 많은 장애를 받으면서 나오는 소리들이며, 모음은 그러한 장애 없이 자유롭게 통과해 나오는 소리들이다. 그 결과 모음은 단독으로 발음하기 쉬운, 그리고 마음껏 길게 발음할 수 있는 소리인 데 비해 자음은 그렇지 못하여 모음에 얹혀서 발음되는 성질을 가진다. 이 자음과 모음은 다시 여러 하위류(下位類)를 가지므로 각각 절(節)을 달리하여 좀더 상세히 살펴보기로 하겠다.

2.2.1 음성기호

국제음성기호 음성을 하나씩 구체적으로 가리킬 때는 음(音 sound)이라 한다. 이들 개개 음들의 성질은 음가(音價)로 집약되는데 음가는 음성기호(音聲記號 phonetic symbol 또는 phonetic alphabet)로 표시한다. 우리가 영어 스펠링의 발음을 볼라 사전에서 찾아보는 것이 바로 이 음성기호다. 발음부호(發音符號)라고도 하나 이것은 전문용어는 아니다.

음성기호로 가장 넓게 쓰이는 것은 국제음성기호(International Phonetic Alphabet)다. 흔히 줄여 IPA라 부른다. 지금은 영국에 본부를 두고 있는 국제음성학회(International Phonetic Association)에서 만든 것인데 로마자가 주축을 이루고 필요에 따라 특수한 문자와 부호가 동원되었다. 1888년에 처음 만들어진 이래 여러 차례 수정을 거듭해 온 것으로 이제 세계적 권위를 얻어 어느 나라에서나 대부분 이것을 따

THE INTERNATIONAL PHONETIC ALPHABET (revised to 1993, updated 1996)

CONSONANTS (PULMONIC)

	Bilabial	Labiodental	Dental	Alveolar	Postalveolar	Retroflex	Palatal	Velar	Uvular	Pharyngeal	Glottal
Plosive	p b			t d		ʈ ɖ	c ɟ	k ɡ	q ɢ		ʔ
Nasal	m	ɱ		n		ɳ	ɲ	ŋ	ɴ		
Trill	ʙ			r					ʀ		
Tap or Flap				ɾ		ɽ					
Fricative	ɸ β	f v	θ ð	s z	ʃ ʒ	ʂ ʐ	ç ʝ	x ɣ	χ ʁ	ħ ʕ	h ɦ
Lateral fricative				ɬ ɮ							
Approximant		ʋ		ɹ		ɻ	j	ɰ			
Lateral approximant				l		ɭ	ʎ	ʟ			

Where symbols appear in pairs, the one to the right represents a voiced consonant. Shaded areas denote articulations judged impossible.

CONSONANTS (NON-PULMONIC)

Clicks		Voiced implosives		Ejectives	
ʘ	Bilabial	ɓ	Bilabial	ʼ	Examples:
ǀ	Dental	ɗ	Dental/alveolar	pʼ	Bilabial
ǃ	(Post)alveolar	ʄ	Palatal	tʼ	Dental/alveolar
ǂ	Palatoalveolar	ɠ	Velar	kʼ	Velar
ǁ	Alveolar lateral	ʛ	Uvular	sʼ	Alveolar fricative

VOWELS

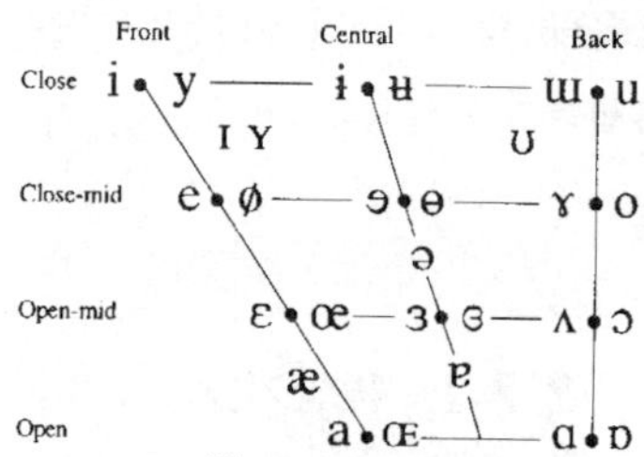

Where symbols appear in pairs, the one to the right represents a rounded vowel.

OTHER SYMBOLS

ʍ	Voiceless labial-velar fricative	ɕ ʑ	Alveolo-palatal fricatives
w	Voiced labial-velar approximant	ɺ	Alveolar lateral flap
ɥ	Voiced labial-palatal approximant	ɧ	Simultaneous ʃ and x
ʜ	Voiceless epiglottal fricative		
ʢ	Voiced epiglottal fricative		
ʡ	Epiglottal plosive		

Affricates and double articulations can be represented by two symbols joined by a tie bar if necessary. k͡p t͜s

DIACRITICS Diacritics may be placed above a symbol with a descender, e.g. ŋ̊

Voiceless	n̥ d̥	Breathy voiced	b̤ a̤	Dental	t̪ d̪
Voiced	s̬ t̬	Creaky voiced	b̰ a̰	Apical	t̺ d̺
Aspirated	tʰ dʰ	Linguolabial	t̼ d̼	Laminal	t̻ d̻
More rounded	ɔ̹	Labialized	tʷ dʷ	Nasalized	ẽ
Less rounded	ɔ̜	Palatalized	tʲ dʲ	Nasal release	dⁿ
Advanced	u̟	Velarized	tˠ dˠ	Lateral release	dˡ
Retracted	e̠	Pharyngealized	tˤ dˤ	No audible release	d̚
Centralized	ë	Velarized or pharyngealized	ɫ		
Mid-centralized	e̽	Raised	e̝ (ɹ̝ = voiced alveolar fricative)		
Syllabic	n̩	Lowered	e̞ (β̞ = voiced bilabial approximant)		
Non-syllabic	e̯	Advanced Tongue Root	e̘		
Rhoticity	ɚ a˞	Retracted Tongue Root	e̙		

SUPRASEGMENTALS

- ˈ Primary stress
- ˌ Secondary stress ˌfoʊnəˈtɪʃən
- ː Long eː
- ˑ Half-long eˑ
- ˘ Extra-short ĕ
- | Minor (foot) group
- ‖ Major (intonation) group
- . Syllable break ɹi.ækt
- ‿ Linking (absence of a break)

TONES AND WORD ACCENTS

LEVEL			CONTOUR		
e̋ or	˥	Extra high	ě or	˩˥	Rising
é	˦	High	ê	˥˩	Falling
ē	˧	Mid	e᷄	˧˥	High rising
è	˨	Low	e᷅	˩˧	Low rising
ȅ	˩	Extra low	e᷈	˧˦˧	Rising-falling
↓		Downstep	↗		Global rise
↑		Upstep	↘		Global fall

그림 2-4 국제음성기호

르고 있다. 그림 2-4에서 그 모습을 볼 수 있다.

음성기호는 [p], [e]와 같이 [ ]와 같은 괄호 속에 넣어 표시한다. 앞으로 이 책에서 [ㅂ], [ㅔ]처럼 한글을 [ ]에 넣어 표시하는 수가 있는데 이 때에도 'ㅂ', 'ㅔ'라는 글자가 아니라 그 발음을 나타낸다는 뜻이 담겨 있다.

음성기호의 이름 음성기호는 대부분 로마자로 되어 있기 때문에 보통 영어 자모의 이름으로 부른다. 즉 k는 '케이'라 읽으면 되고 u는 '유', y는 '와이'라 읽으면 되는 것이다. 그런데 음성기호에는 이들 로마자를 변형시킨 것도 있고 두 개를 묶은 것도 있어 그 독법(讀法)이 쉽지 않은 것이 있다. 또 그리스 자모도 있어 그리스 자모의 이름으로 불러야 할 것도 있고, 특수부호(diacritic)도 있어 따로 그 이름을 익혀야 할 것들이 있다. 여기서 그 중 대표적인 것 몇 가지만 보이면 다음과 같다.

ə : 슈와(schwa) ε : 엡실론(epsilon) ɑ : 필기체 A(script A)
č : 쐐기 c (wedge c) ɨ : 빗장 I(barred I) ø : 빗금 O(slashed O)
ɔ : 열린 O(open O) ʃ : 에쉬(esh) θ : 데타(theta)
ð : 에드(eth) ɣ : 감마(gamma) ɤ : 꼬마감마(baby gamma)
ɯ : 회전 m(turned script M) ɒ : 회전 필기체 A(turned script A)
ɰ : 긴다리 회전 M(turned m with long leg) ʎ : 회전 y(turned Y)
ɲ : 왼쪽 갈고리 N(N with leftward hook at left) ŋ : 엥(eng)
ʌ : 물구나무 V(inverted V) ʔ : 성문폐쇄음자(glottal stop)
œ : O-E조합자(O-E ligature) ʧ : t-에쉬조합자(t-esh ligature)
ɶ : 소대문자 O-E조합자(small capital O-E ligature)
˺ (p˺의) : 모서리표(corner) ʰ (pʰ의) : 위첨자 H(superscript H)
ː : 장음부호(lenth mark) ˊ : 고음악센트(acute accent)

2.2.2 자 음

자음은 앞에서 말하였듯이 기류(氣流)가 성문을 통과하여 입 밖에 나올 때까지 그 어디에선가 상당한 장애를 받고 나오는 소리다. 이 때 장애를 받는다는 것은 조음체와 조음점의 접촉에 의하여 생긴다. 따라서 자음은 우선 그 장애를 받는 자리, 다시 말하면 그 자음이 만들어지는 조음위치(調音位置 place of articulation)에 따라 분류할 수 있다. 그리고 다른 한편으로는 그 장애를 받는 방식, 다시 말하면 그 조음방식(調音方式 manner of articulation)에 따라 분류하는 길이 있다. 먼저 조음위치에 의한 자음의 종류부터 보아 가기로 한다.

양순음 두 입술이 맞닿아서 내는 자음을 양순음(兩脣音 bilabial)이라 한다. 간편히 순음(脣音 labial)이라 하기도 한다. 국어의 'ㅂ, ㅍ, ㅁ'이 여기에 속한다. 국어에는 없지만 영어의 [f]나 [v]와 같은 자음은 윗니와 아랫입술이 맞닿아서 내는 소리인데 이들은 순치음(脣齒音 labiodental)이라 하여 양순음과 구별한다.

치음과 치조음 설단(舌端)이 윗니 뒤쪽에 가 닿아서 내는 자음을 치음(齒音 dental)이라 하고 설단과 윗잇몸이 맞닿아 내는 자음을 치조음(齒槽音 alveolar)이라 한다. 이 두 가지 자음은 워낙 성질이 비슷하여 때로는 구분하지 않고 묶어서 치음이라 하는 수도 있다. 현대 국어의 'ㄷ, ㅌ, ㄴ, ㅅ'은 치조음으로 이해되고 있는데 훈민정음의 창제 당시에는 'ㅅ'을 'ㅈ, ㅊ'과 묶어 치음이라 불렀다.

국어에는 없지만 영어의 [θ], [ð]는 아래위의 이 사이로 혀끝을 내밀면서 내는 소리인데, 이들은 넓게 보면 치음의 일종일 것이나 엄격히 구분하고자 할 때는 치간음(齒間音 interdental)이라 부른다.

구개음 설면(舌面)이 경구개(硬口蓋), 즉 굳은 입천장에 가 닿아서 내는 소리를 구개음(口蓋音 palatal)이라 한다. 따라서 구개음의 '구개'는 경구개의 의미를 가지는 셈이다. 국어의 'ㅈ, ㅊ'이 여기에 속하며 'ㄴ, ㄹ, ㅅ' 등의 치조음도 '냐, 랴, 샤'와 같은 'j' 앞 환경에서는 각각 [ɲ], [ʎ], [ʃ]와 같은 구개음으로 실현된다. 경구개는 그 부위가 넓기 때문에 조음위치(調音位置)를 다시 세분하는 수도 있다.

연구개음 설배(舌背) 부분과 연구개(軟口蓋) 사이에서 나오는 소리를 연구개음(軟口蓋音 velar)이라 한다. 국어의 'ㄱ, ㅋ, ㅇ'이 여기에 해당한다. 입안에서 발음되는 자음 중에서는 가장 뒤쪽에서 발음되는 소리라 할 수 있다.

후 음 성문(聲門)에서 두 성대(聲帶)에 의해 만들어지는 자음을 후음(喉音 glottal)이라 한다. 더 정확히는 성문음(聲門音)이라 불러야 할 것이다. 국어의 'ㅎ'이 여기에 해당한다. 그리고 곧 후술하다시피 두 성대가 숨의 통로를 완전히 막았다가 터뜨리는 음(音)도 성문음에 속한다.

앞에서 두 성대의 진동을 성(聲)이라 하고 이것이 어떤 음성의 성질을 결정하는 데 관여한다고 하였었다. 그러나 이 성(聲)은 그 자체로서는 하나의 음성이 되지 않는다.

이상이 조음위치에 의한 자음의 종류들이다. 세계 여러 나라의 말을 모두 대상으로 하면 이상의 분류만으로는 부족하다. 다른 조음위치에서 나는 자음들이 더 있기 때문이다. 그러나 국어의 자음을 이해하는 데는 대개 이상의 것으로 충분하다. 다음은 조음방식(調音方式)

에 의한 자음의 종류를 살펴보기로 하겠다.

폐쇄음 자음(子音)은 모두 장애를 받는 소리라고 하였지만 그 중 가장 큰 장애를 받는 소리는 나오던 기류(氣流)가 일단 완전히 막혔다가 나오는 소리다. 이처럼 조음체와 조음점 사이에서 숨이 한 번 완전히 막혔다가 터져나오는 자음을 폐쇄음(閉鎖音 stop 또는 plosive)이라 한다. 양순음 'ㅂ, ㅍ'은 두 입술을 다물어 숨을 완전히 막았다가 터뜨리는 소리이며, 연구개음 'ㄱ, ㅋ'은 혀(설배)를 연구개에 밀착시켜 숨을 완전히 막았다가 터뜨리는 소리다. 국어의 'ㅂ, ㅃ, ㅍ, ㄷ, ㄸ, ㅌ, ㄱ, ㄲ, ㅋ' 등이 여기에 속한다.

폐쇄음 중 특이한 것으로 성문폐쇄음(聲門閉鎖音 glottal stop)이 있다. 성문폐쇄음은 두 성대가 맞닿아 성문(聲門)을 완전히 막았다가 터뜨리는 소리인데 [ʔ] 또는 [']와 같은 발음기호로 표시된다. 그 혼자서는 독립되어 발음되기 어렵고 대개 다른 자음이나 모음에 얹혀 실현되는데 특히 자음과 결합하여 경음(硬音), 즉 된소리를 만드는 데 많이 쓰인다. 국어의 'ㄲ, ㄸ, ㅃ'은 글자 모양으로는 'ㄱ+ㄱ=ㄲ' 처럼 평음(平音)이 두 개 모여 이루어진 소리 같지만 사실은 'ㄱ+ʔ', 'ㄷ+ʔ'과 같이 평음에 성문폐쇄음이 결합하여 이루어진 소리다. 함경도방언에서 '아이 가겠소'(아니 가겠소)라고 할 때의 '아'에는 이 성문폐쇄음이 나타나나 표준국어에서는 이 소리가 모음 앞에 나타나는 일이 없다. 훈민정음의 'ㆆ'자(字)는 바로 이 성문폐쇄음에 해당하는 글자였던 것으로 해석되는데 그러나 그 글자는 곧 쓰이지 않게 되었다.

폐쇄음은 숨이 완전히 막히는 과정이 있기 때문에 보통은 그 때 압축된 기류가 한꺼번에 터져 나가는 과정, 즉 파열 과정이 있다. 폐쇄음을 파열음(破裂音)이라 부르는 일도 있는 것은 이 때문이다. 즉 폐쇄음은 세 단계의 과정이 있다. 숨이 아직 장애를 받지 않고 자유로이 나오는 제1의 과정, 그 숨이 폐쇄되는 제2의 과정, 그리고 그 숨이 파열되는 제3의 과정이 그것이다. 이것을 그림으로 보이면 다음과 같다.

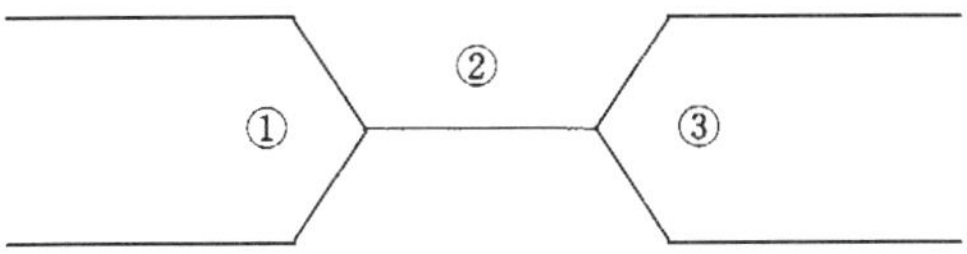

그림 2-5 폐쇄음의 세 과정

그런데 폐쇄음은 때로 제3의 과정, 즉 파열의 과정이 마저 실현되지 않고 끝나는 수가 있다. '입, 떡' 등의 받침 'ㅂ, ㄱ' 등이 그러하다. 이러한 폐쇄음을 특별히 불파음(不破音 unreleased)이라 하여 구별하여 부르는 수가 있다. 미파음(未破音)이라고도 한다. 국제음성기호도 불파음을 따로 나타내려 할 때는 [p˺], [t˺], [k˺]처럼 폐쇄음 기호 오른쪽 어깨에 특수부호(diacritic) ˺를 덧붙여 쓴다.

마찰음 두 발음기관의 사이를 완전히 막지 않고 아주 좁은 통로만 남겨 놓게 되면 그 사이를 억지로 빠져 나가는 기류는 마찰을 일으키게 된다. 이처럼 발음기관 안에서 마찰에 의하여 만들어지는 자음을 마찰음(摩擦音 fricative 또는 spirant)이라 한다. 국어의 'ㅅ, ㅆ, ㅎ' 등이 이에 속한다. 'ㅅ, ㅆ'은 혀끝과 윗잇몸 사이의 기류가 마찰을 일으키며 내는 소리며 'ㅎ'은 두 성대가 좁혀져 그 사이를 나오는 기류가 마찰을 일으키며 내는 소리다.

파찰음 처음에는 폐쇄음처럼 폐쇄되는 과정을 가지나 파열되는 과정에서 폐쇄음처럼 한꺼번에 터지지 않고 마찰음처럼 마찰을 일으키는 자음을 파찰음(破擦音 affricate)이라 하여 폐쇄음이나 마찰음과 구별한다. 파찰음은 말하자면 폐쇄음과 마찰음의 두 가지 특징을 함께 지닌 자음이다. 그리하여 이 파찰음의 발음기호는 폐쇄음 기호와 마찰음 기호를 결합하여 쓰는 일이 많다. 국어의 'ㅈ, ㅉ, ㅊ'이 파찰음에 속하는데 'ㅈ'에 해당하는 발음기호로 [tʃ]를 쓰는 것이 그것이다. 그러나 미국 쪽에서는 일반적으로 이 기호 대신 각각 [č]를 쓰고 있다.

파찰음과 마찰음을 묶어 치찰음(齒擦音 sibilant)이라 부르는 일도 많다. 쉿쉿거리는 소리(hissing)라는 공통점을 가진다고 하여 묶는 것인데 일단 마찰을 동반하는 음이라는 공통점도 있거니와 실제로 이들은 뒤에서 보듯이 한데 묶여 움직이는 경우가 많다.

비 음 비강(鼻腔)으로 통하는 통로가 열린 상태에서 나는 자음을 비음(鼻音 nasal)이라 한다. 비음을 낼 때 구강(口腔)에서의 상태는 폐쇄음 때와 일치한다. 가령 국어의 비음에는 'ㅁ, ㄴ, ㅇ'이 있는데 'ㅁ'을 낼 때의 두 입술의 상태는 'ㅂ'을 낼 때와 꼭 마찬가지다. 두 입술을 꼭 다물어 숨의 통과를 차단하는 것이다. 이 때문에 비음을 비강폐쇄음(鼻腔閉鎖音 nasal stop)이라고도 한다.

그러나 'ㅁ'을 발음할 때는 코로 숨을 계속 내보내는 것이 'ㅂ' 때와 다르다. 그리하여 'ㅂ' 때는 입 안의 공기가 압축되어 그것이 터질 때는 세게 터지는데 'ㅁ' 때는 숨의 일부가 코로 계속 나가고 있기 때문에 두 입술을 뗄 때 그 터짐이 그처럼 세지 않다. 'ㄴ, ㅇ'도 'ㄷ, ㄱ'과 비교하여 마찬가지 특성을 가진다.

코로 기류가 통하는 음으로는 비모음(鼻母音)도 있는데 흔히 비음이라고 하면 비모음은 포함시키지 않는다. 비모음은 따로 비모음이라고 하기 때문에 비음은 말하자면 비자음(鼻子音)인 셈이다.

유 음 국어의 '달, 활동' 등의 받침 'ㄹ'은 혀끝을 윗잇몸에 댐으로써 가운데 쪽은 숨의 통로를 막고 그 양쪽으로 기류를 내보내는 소리다. 이처럼 가운데 통로가 막히고 혀 양쪽 통로로 나오는 소리를 설측음(舌側音 lateral)이라 하고 발음기호로는 [l]을 쓴다.

그런데 이 [l]과 비슷한 소리로 [r]이 있다. 이 두 音의 차이는 [l]은 혀 끝이 잇몸에 오래 지속적으로 닿아 있는 데 반해 [r]은 그 닿는 시간이 그렇게 지속적이지 않다는 것이다. 단 한번 빨리 대었다 떨어지는 경우도 있고, 그 동작을 연속적으로 여러 번 하는 경우도 있다. 국어의 '다리, 얼음' 등의 'ㄹ'은 단 한 번 살짝 대었다 떨어지는 경우인데 이를 특별히 설타음(舌打音 flap) 또는 탄설음(彈舌音)이라 한다. 발음기호로 [r]도 쓸 수 있으나 엄격히는 [ɾ]을 쓴다. 그리고 혀끝을 잇몸에 연속적으로 대었다 떨어뜨렸다 하는 것은 실제로는 혀끝과 잇몸 사이로 기류를 내보내는 현상과 그것을 막는 동작이 반복되는 현상으로서 혀끝이 바르르 떠는 동작으로 나타난다. 이렇게 하여 나오는 [r]은 혀가 떨리는 소리라 하여 설전음(舌顫音 trill)이라 한다.

그러니까 국어의 'ㄹ'은 정확히 설측음이라고만 할 수도 없고 설타음이라고만 할 수도 없다. 음절말에서는 설측음, 다른 환경에서는 설타음인 것이다. 전통적으로는 [l]과 [r]을 묶어서 자음 중 장애를 적게 받아 잘 흐르는 소리라 하여 유음(流音 liquid)이라 불러 왔는데, 국어의 'ㄹ'은 이 점에서 유음이라 부르는 것이 더 편리한 면이 있다.

경음과 격음 지금까지의 분류에서는 다루지 않았던 것으로 평음(平音)과 경음(硬音 또는 된소리) 및 격음(激音 또는 거센소리)의 분류도 중요하다. 경음은 평음에 성문폐쇄음 [ʔ]가 동반된 소리이며, 격음은 평음에 성문마찰음 [h]가 동반된 소리다. 따라서 경음을 발음할 때는 성대가 긴장되는 것을 느낄 수 있으며, 격음을 발음할 때는 입 가까이 손바닥이나 종이를 대어 보면 바람이 이는 것을 알 수 있다. 이러한 바람을 기(氣 aspiration)라 하는데 따라서 격음은 더 전문적인 용어로는 유기음(有氣音 aspirate)이라 부른다. 그리고 경음은 성문화음(聲門化音 glottalized 또는 glottalic)이라 부르기도 한다. 음성기호로는 경음은 [k'], [t'], [p']나 [kˀ], [tˀ], [pˀ], 격음은 [kʰ], [tʰ], [pʰ]가 널리 쓰인다.

앞에서도 지적하였듯이 한글로는 된소리를 'ㄲ, ㄸ, ㅃ'처럼 써서 마치 평음이 두 개 겹친 소리인 듯한 인상을 주지만 이들이 '평음 + ʔ'으로 이루어진 소리임을 바로 인식할 필요가 있다. 그리고 유기음도 한글로는 'ㅋ, ㅌ, ㅍ'처럼 써서 이들 소리에 'ㅎ'음이 동반된 것을 바로 알기 어려운데 'ㄱ→ㅋ, ㄷ→ㅌ, ㅂ→ㅍ'에서 보이는 덧붙은 획이 결국 기(氣)를 나타내는 것이라 이해하면 흥미로운 바가 있다.

국어는 이 세 가지의 구별이 매우 엄격한 점이 그 중요한 특징의 하나라고 할 만큼 어느 언어에서보다 폐쇄음, 마찰음, 파찰음에서 보이는 이들의 구별이 중요한 뜻을 가진다. 영어 등의 언어에서는 이들의 구별 대신 'p — b', 't — d', 'k — g', 's — z'와 같은 무성자음(無聲子音) 대 유성자음(有聲子音)의 구별이 엄격하나 국어에서는 그러한 구별은 잘 되지 않는다. 글자를 만들 때 'ㄱ—ㅋ—ㄲ, ㅂ—ㅍ—ㅃ'를 구별하여 만들면서 [g]나 [b], [d]에 해당되는 글자를 따로 만들지 않은 것은 물론 이 때문이다.

여기에 하나 덧붙여 둘 것이 있다. 국어의 평음 'ㄱ, ㄷ, ㅂ'에 해당하는 음성기호가 [g], [d], [b]가 아니고 [k], [t], [p]라는 것이 그것이다. 영어의 k, t, p가 유기음이어서 우리에게 'ㅋ, ㅌ, ㅍ'로 들리고 g, d, b가 오히려 우리 귀에는 'ㄱ, ㄷ, ㅂ'에 가까운 소리로 들리기 때문에 음성기호로도 그렇게 짝이 되는 것으로 생각하는데 그렇지 않다. [k], [t], [p]는 유기음이 아닌 평음을 대표하는 음성기호요 [g], [d], [b]는 유성폐쇄음을 대표하는 음성기호여서 국어의 'ㄱ, ㄷ, ㅂ'은 바로 [k], [t], [p]에 해당하는 것이다.

[g], [d], [b]는 어두를 기준으로 보면 국어에는 없는 소리다. 굳이 가까운 것을 찾자면 이것들은 'ㄱ, ㄷ, ㅂ'보다는 'ㄲ, ㄸ, ㅃ'에 가깝다. 영어 화자들은 우리가 '바'라고 하면 절대로 [ba]로 듣지 않으면서 '빠'라고 하면 오히려 [ba]에 가까운 소리로 듣는 것이다. 우리가 bus, dam, gum 등을 '뻐스, 땜, 껌'으로 받아들이는 것은 이 때문이다. 그 점에서 '뻐스'라고 하던 것을 '버스'로 맞춤법을 바꾼 것은 재고(再考)의 여지가 많다 할 것이다.

자음분류표 이상으로 자음을 조음위치(調音位置)와 조음방식

표 2-1 자음 분류표

조음방식 \ 조음위치		순 음	치조음	구개음	연구개음	후 음
폐쇄음	평 음	ㅂ p	ㄷ t		ㄱ k	
	경 음	ㅃ p'	ㄸ t'		ㄲ k'	
	격 음	ㅍ p^h	ㅌ t^h		ㅋ k^h	
파찰음	평 음			ㅈ č		
	경 음			ㅉ č'		
	격 음			ㅊ $č^h$		
마찰음	평 음		ㅅ s			ㅎ h
	경 음		ㅆ s'			
비 음		ㅁ m	ㄴ n		ㅇ ŋ	
유 음			ㄹ r			

(調音方式)에 따라 각각 따로 분류하여 보았는데 실제에 있어서는 각 자음은 동시에 이 두 분류에 속하게 된다. 한 예로 'ㅂ'은 양순음이면서 동시에 폐쇄음이며, 'ㅇ'은 연구개음이면서 동시에 비음이다. 따라서 이들을 부를 때는 이 두 가지를 결합하여 각각 양순폐쇄음(兩脣閉鎖音), 연구개비음(軟口蓋鼻音)과 같은 방식으로 부른다. 이를 국어에 적용하여 자음의 분류표를 만들면 표 2-1과 같다. 여기에 병기(竝起)한 음성기호는 대표음을 보인 것으로 거의 IPA인데 다만 파찰음은 미국 쪽에서 통용되는 것을 따랐다.

2.2.3 모 음

모음은 앞에서 지적하였듯이 공기의 흐름이 장애를 받지 않을 정도로 발음통로가 비교적 넓게 열린 상태에서 나는 소리다. 따라서 모음은 자음과는 달리 정확히 어떤 조음체(調音體)와 어떤 조음점(調音點)의 작용으로 발음된다는 식으로 기술하기가 어렵다. 그 때문에 모음은 흔히 어떤 모음을 낼 때의 혀의 모양을 관찰하여 그 혀의 가장 높은 점을 잡아 그것으로써 모음의 발음 위치로 삼는 방식을 취한다. 모음의 음가(音價)는 주로 혀의 위치 여하에 따라 달라지는 입 안의 모양에 따라 결정되므로 이를 그 모음을 낼 때의 혀의 가장 높은 점으로 파악하려는 것이다. 물론 입안의 모양은 입술의 모양에 의해서도 영향을 받으며 따라서 모음의 성격을 파악할 때는 입술의 모양도 고려한다. 그러면 먼저 혀 모양으로 모음의 발음 위치를 잡는 방법부터 알아보기로 하자.

기본모음 모음의 발음 위치는 흔히 그림 2-6과 같은 사각형에 넣어 표시한다. 이 사각형을 흔히 모음사각도(母音四角圖 vowel

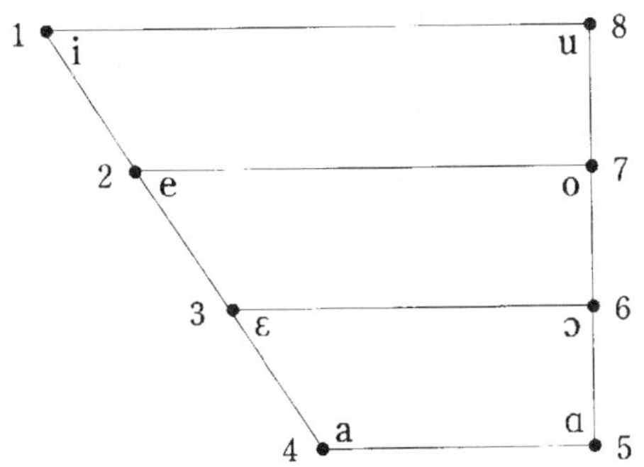

그림 2-6 기본모음도

quadrilateral), 또는 모음도(母音圖 vowel chart)라 한다. 이 모음도는 8개의 모음 위치를 이은 그림인데, 이 여덟 모음을 모든 모음의 기준이 되는 모음이라 하여 기본모음(基本母音 cardinal vowel)이라 한다.

기본모음은 영국의 음성학자 Daniel Jones가 창안한 것으로 8개의 모음에는 1번부터 8번까지의 번호가 붙어 있다. 이 중 먼저 기준이 된 것은 1번과 5번이었다. 1번 [i]는 혀를 최대한 올리고 또 최대한 앞으로 내밀었을 때의 모음으로 잡은 것이며, 5번 [ɑ]는 1번과 정반대로 혀를 최대한 낮추고 또 최대한 뒤쪽으로 뺐을 때의 모음으로 잡은 것이다.

2번의 [e], 3번의 [ɛ], 4번의 [a]는 대개 1번과 5번 사이를 음향적 인상으로 4등분한 위치에서 나는 모음들인데, 이를 달리 이해하면 4번 [a]는 혀의 위치가 제일 낮으면서 제일 앞인 모음이며 2, 3번은 1번과 4번 사이를 3등분한 각 위치에서 나는 모음이라 할 수 있다. 6번의 [ɔ], 7번의 [o], 8번의 [u]도 같은 방식으로 이해할 수 있다. 즉 8번은 혀의 위치가 가장 높으면서 가장 뒤인 모음이며 6, 7번의 모음은 5번과 8번 사이를 3등분한 각 위치의 모음들이다.

그림 2-7은 기본모음을 발음할 때의 혀의 위치를 보이는 그림이다.

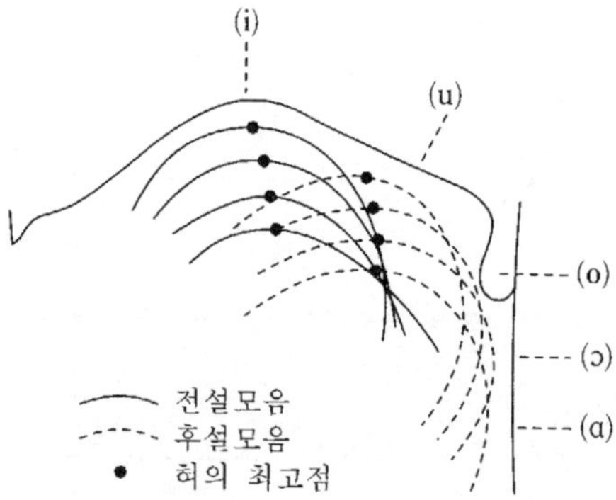

그림 2-7　기본모음의 혀 위치 (Catford 1994: 133)

1번, 4번, 5번, 8번을 발음할 때의 사진을 X-ray로 찍고 나머지는 등분(等分)되는 자리에 표시한 것이다. 기본모음사각도는 바로 이것을 사각도에 옮긴 것이다.

2차 기본모음　　기본모음에는 앞의 8개 외에 다시 8개의 모음이 추가되어 있다. 이를 2차 기본모음(secondary cardinal vowel)이라 한다. 그리고 이 2차 기본모음과 구별할 필요가 있을 때는 앞의 8개 기본모음을 1차 기본모음(primary cardinal vowel)이라 한다.

2차 기본모음도 뒤의 그림 2-8에서 볼 수 있듯이 9번에서 16번까지 번호가 붙어 있어 1차 기본모음 8개와 하나씩 짝을 이루고 있는데 1차 기본모음과 혀의 위치는 똑같으면서 다만 각각 입술의 둥글기에서 차이가 나는 것들이다. 즉 1차 기본모음에서는 1번에서 5번까지는 입술을 편평하게 해서 내는 평순모음(平脣母音)들인데 9번에서 13번까지의 2차 기본모음 [y], [ø], [œ], [Œ], [ɒ]는 입술을 앞으로 내밀어 둥글게 되는 원순모음(圓脣母音)들이며, 반대로 1차 기본모음의 6번, 7번, 8번은 원순모음들인데 반해 2차 기본모음 14번, 15번, 16번의 [ʌ], [ɤ], [ɯ]는 평순모음들인 것이다. 좀더 정확히 말하면 1

차 기본모음에서는 1번에서 입술 모양이 가장 편평하고 번호가 많아질수록 덜 편평해지다가 6번부터 둥글어지기 시작하여 8번에서 가장 둥글게 되는데 2차 기본모음은 정반대의 현상을 보이는 모음들인 것이다.

국어의 모음 앞에서 본 기본모음은 실제로 어느 한 언어의 모음을 기준으로 한 것이 아니라 세계 여러 언어, 여러 방언의 모음을 기술할 때의 기준이 될 모음을 이상적으로 설정해 놓은 것이다. 따라서 구체적으로 어떤 언어의 모음이 어떤 음가(音價)를 가지는가, 그래서 그것이 이 모음사각도(母音四角圖)의 어느 자리에 해당하는가 하는 문제는 언어마다 사정이 다를 수밖에 없다. 따라서 국어의 모음들이 정확히 이 모음사각도의 어느 자리에 놓이는 것들인지도 따로 분석해 보아야 한다.

그런데 국어 모음의 위치는 아직까지 확정적으로 정리되어 있지는 않은 상태다. 'ㅣ', 'ㅔ', 'ㅐ' 및 'ㅜ', 'ㅗ'는 각각 기본모음 [i], [e], [ɛ], [u], [o]와 거의 같은 자리에서 발음되는 것으로 인식되고 있다. 그런데 'ㅏ'와 'ㅓ'에 대해서는 의견들이 좀 갈리는데 'ㅏ'는 [a]와 [ɑ]의 중간쯤에서, 'ㅓ'는 [ʌ]보다 좀 앞쪽에서 나는 것으로 인식되고 있다. 그리고 'ㅡ'는 종래 중설모음 [ɨ]에 가까운 것으로 인식되어 왔으나 근래에 오면서는 평순후설고모음 [ɯ]로 보는 견해가 일반적이다.

한편 'ㅟ'와 'ㅚ'가 단모음으로 실현될 때는 각각 기본모음 [y]와 [ø]에 가까운 것으로 보고 있다. 실제로 'ㅟ'는 'ㅣ'를 발음할 때의 혀 위치를 유지하면서 입술만 내밀어 둥글게 하면 'ㅟ'가 되고, 'ㅚ'도 마찬가지로 'ㅔ'를 발음할 때의 혀 위치를 유지하면서 입술만 내밀어 둥글게 하면 그대로 제 음(音)이 만들어지는 것을 확인할 수 있다.

모음의 분류 앞에서 말한 것처럼 모음은 혀의 위치와 입술의 모양으로 그 성격이 결정된다. 따라서 모음을 분류할 때는 이 두 가지 기준에 의하여 결정한다. 혀의 위치는 다시 그 높낮이와 그 전후(前後) 위치로 나누어 파악한다.

모음은 먼저 혀의 높낮이에 의해서 고모음(高母音 high vowel), 반고모음(半高母音 mid-high vowel), 반저모음(半低母音 mid-low vowel), 저모음(低母音 low vowel)으로 구분한다. 고모음은 혀의 위치가 가장 높은, 다시 말하면 혀를 입천장에 가장 가까이 가지고 가는 모음이다. 그리고 저모음은 그 반대다. 반고모음과 반저모음 사이에 [E]로 대표되는 중모음(中母音 mid vowel)을 하나 더 설정하는 수도 있다. 그런데 반고모음과 반저모음을 묶어 중모음이라고도 한다. 이러한 체계에 따라 반고모음을 상중모음(上中母音 higher-mid vowel 또는 upper-mid vowel), 반저모음을 하중모음(下中母音 lower-mid vowel), 이들 사이의 중모음을 중중모음(中中母音 mean-mid vowel)이라고도 한다.

고모음을 발음하려면 입을 그만큼 좁게 벌리게 되며 저모음을 내려면 입을 그만큼 많이 벌리게 된다. 이 때문에 모음을 분류할 때 혀의 높이 대신 입을 벌린 크기, 즉 개구도(開口度)에 의해 이름을 붙이는 수도 있다. 고모음, 저모음 따위 대신 폐모음(閉母音 close vowel), 반폐모음(半閉母音 half-close vowel), 반개모음(半開母音 half-open vowel), 개모음(開母音 open vowel)으로 부르는 것이 그것이다.

혀의 전후(前後) 위치에 의해 모음을 나눌 때는 전설모음(前舌母音 front vowel), 중설모음(中舌母音 central vowel), 후설모음(後舌母音 back vowel)으로 삼분(三分)한다. 모음사각도에서 i와 a를 잇는 선 위에 놓이는 모음이 전설모음이고 u와 ɑ를 잇는 선 위에 놓이는 모음이 후설모음이다.

중설모음(中舌母音)은 아래 그림의 가운데에 있는 삼각형 안에서 발음되는 모음이다. 이 삼각형은 아래쪽의 사각형(ɛ, a, ɔ, ɑ 로 이루어지는 사각형)의 중심점에서 i—a선(線)과 u—ɑ선에 각각 평행되는 두 선을 그으면 만들어진다. 중설모음에는 고모음으로 평순의 [ɨ]와 원순의 [ʉ]가 있고 반고모음으로 [ə]가 있다. Daniel Jones는 이것들도 기본모음에 넣을 수 있을 가능성을 비쳤으나, 그리고 [ɨ]와 [ʉ]에 각각 17번과 18번의 번호를 붙이는 경우도 있으나 오늘날까지 일반적으로 중설모음은 기본모음에 넣지 않고 있다. 그만큼 중설모음은 전설모음이나 후설모음에 비해 주변적이라 할 수 있다. 실제로 그 수도 적고 여러 언어에 쓰이는 활용도도 낮은 편이다.

이상에서 살펴본 모음의 분류를 다시 모음사각도로 보이면 그림 2-8과 같다. 그림 2-8에는 반영되어 있지 않지만 모음은 입술의 모양에 의해서도 분류된다. 모음을 입술 모양으로 나눌 때에는, 원순성(圓脣性 lip rounding)만을 기준으로 삼는다. 즉 입술을 앞으로 쭉 내밀면 입술 모양이 둥글어지는데(따라서 입술의 모양은 곧 입술의 위치이기도 하다) 이처럼 입술이 둥글어지는 모음을 원순모음(圓脣母音 rounded vowel), 그렇지 않은 모음을 비원순모음(非圓脣母音 unrounded

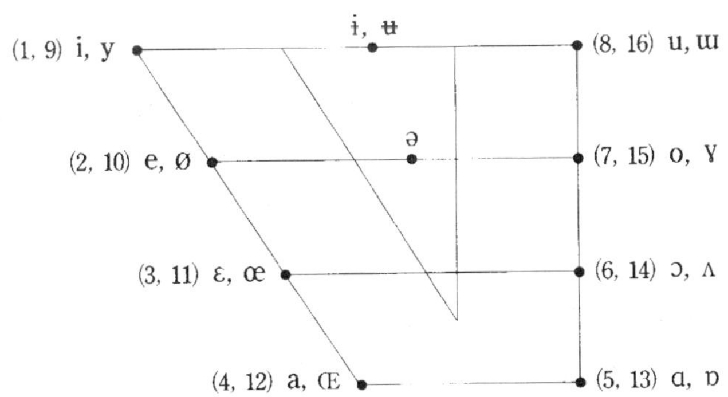

그림 2-8 기본모음과 중설모음

vowel)이라 한다. 비원순모음은 편의상 흔히 평순모음(平脣母音 spread vowel)이라고도 부른다.

그런데 원순모음이라고 하여도 그 원순성의 정도가 다 같은 것은 아니며 평순모음도 입술이 펴지는 정도가 다 같지는 않다. 앞에서도 지적하였듯이 모음사각도에서 보면 앞쪽은 [y]의 원순성이 가장 크고 [ø], [œ]로 내려갈수록 차례로 작아지며, 뒤쪽은 [u]의 원순성이 가장 크고 [o], [ɔ]로 내려갈수록 차례로 작아진다. 이것은 평순의 정도로 보아도 마찬가지여서 [i]가 입술을 편평하게 펴는 정도가 가장 크고 [e], [ɛ], [a]로 갈수록 줄어 5번 [ɑ]에 이르면 편평하지도 않고 둥글지도 않은 단계에 이른다. 이 때문에 원순성에 의해 모음을 분류할 때 중립모음(中立母音 neutral vowel)을 하나 더 두어 평순모음, 원순모음과 함께 셋으로 나누는 수도 있다. 그러나 원순성의 유무(有無)만을 기준으로 원순모음과 비원순모음으로 나누는 것이 일반적이며, 전술한 대로 이 때 비원순모음은 편의상 평순모음으로 바꾸어 부르기도 한다.

이상으로 세 가지 기준에 의하여 모음을 분류하여 보았는데, 각 모음은 이 세 기준에 의한 분류가 동시에 적용되기 때문에 어떤 모음이든 세 가지로 된 이름을 붙일 수 있다. 가령 [i]는 평순전설고모음(平脣前舌高母音), [o]는 원순후설반고모음(圓脣後舌半高母音)과 같은 이름이 붙을 수 있는 것이 그것이다. 이것을 표로 보이면, 그리고 거기에 국어 모음을 배당시켜 보면 표 2-2와 같이 된다.

반모음과 이중모음 지금까지 음성을 자음과 모음으로 구분하여 기술하여 왔지만 음성 중에는 그 중간적인 성질을 가진 것도 있다. 이른바 반모음(半母音 semivowel)이 그것이다. 반모음은 처음 시작은 모음처럼 하지만 모음과는 달리 혼자 음절을 이루지도 못하고

표 2-2 모음 분류표

혀의 전후 위치 / 입술의 모양 / 혀의 높이	전설모음		중설모음		후설모음	
	평순	원순	평순	원순	평순	원순
고모음	ㅣ i	ㅟ y	ɨ	ʉ	ㅡ ɯ	ㅜ u
반고모음	ㅔ e	ㅚ ø	ə			ㅗ o
반저모음	ㅐ ɛ				ㅓ ʌ	
저모음	a		ㅏ		ɑ	

또 지속성도 없어 곧바로 다른 모음 자리로 옮겨 가는 성질을 가지고 있다. 이러한 성질 때문에 반자음(半子音)이라고 불러도 좋을 음(音), 다시 말하면 자음과 모음에 각각 한 쪽 다리를 걸치고 있는 전이음(轉移音 transition sound)이다. 마치 방언에서 두 방언의 경계에 있는 전이지대(轉移地帶)와 비슷한 위치에 있는 음인 것이다. 그러나 반모음을 어느 한 쪽에 넣을 때는 자음으로 분류된다.

대표적 반모음으로 국어의 'ㅑ[ja]', 'ㅛ[jo]', 'ㅘ[wa]', 'ㅝ[wɔ]' 등에 나타나는 [j]와 [w]가 있는데 [j]는 [i] 부근 즉 경구개 쪽에서 나는 소리라 하여 구개반모음(palatal semivowel)이라 하고(이 구개반모음의 음성기호로 [j] 대신 [y]를 쓰는 일도 많은데(이 때에는 기본모음 9번은 [ü]로, 10번은 [ö]로 대체한다) 혼동이 없도록 조심해야 한다), [w]는 [u] 부근, 즉 연구개 부근에서 나는데 이 소리를 낼 때는 입술도 앞으로 내밀므로 양순연구개반모음(labial-velar semivowel 또는 labio-velar semivowel)이라 한다. 그리고 국어의 '의'도 반모음 [ɰ]와 [i]가 결합한 이중모음인데 [ɰ]는 [ɯ] 자리, 즉 연구개 부근에서 시작하는 소리이므로 연구개반모음(velar semivowel)이라 한다.

반모음과 결합된 모음을 이중모음(二重母音 diphthong 또는 gliding

vowel)이라 하여 단독으로 된 단모음(單母音 monophthong 또는 pure vowel)과 구별한다. 반모음은 다른 모음에 얹혀 이중모음을 만드는 데에만 쓰이는 음이므로 반모음은 말하자면 오로지 이중모음을 위해 있는 존재라 할 수 있다.

이중모음은 반모음과 모음의 결합음이기 때문에 입 모양도 처음과 끝이 달라진다. 처음에는 반모음의 입 모양이다가 나중에는 모음의 입 모양으로 끝나는 것이다. 국어의 'ㅚ'를 단모음 [ø]로 발음하는지 이중모음 [we]로 발음하는지를, 또는 'ㅟ'를 단모음 [y]로 발음하는지 이중모음 [wi]로 발음하는지를 알아보려고 할 때 그 입 모양을 보고 구별해 내는 것도 이 때문이다. 이중모음을 모음사각도에 그려 넣으려면 점 하나로 표시하지 못하고 화살표를 사용하게 된다.

반모음은 그 성질이 특이하여 별명이 많다. 활음(滑音 glide)이라 하는 것이 그 하나다. 곧바로 다른 모음으로 연결되는 모습이 미끄러지는 듯하다고 해서 활음이라고 하는 것이다. 한편 입천장에 아주 접근하여 나는 소리라 하여 반모음을 접근음(接近音 approximant)의 일종으로 분류하기도 한다. 앞에서 말한 전이음(轉移音)도 별명이라면 별명일 것이다.

2.2.4 음 절

자음이나 모음과 같은 음성(音聲) 단위보다 한 단계 더 큰 단위로서 음절(音節 syllable)이 있다. 모음은 거의가 스스로 한 음절을 이루나 자음은 대개 모음과 결합하여야만 한 음절을 이룬다. 자음이든 모음이든 혼자서 음절을 이룰 수 있는 음은 성절음(成節音 syllabic)이라 한다. 국어의 경우는 모음만이, 또 모든 모음이 성절음이며 자음이 성절음이 되는 일은 없다.

그러므로 국어 음절의 형성 방식은 매우 간단하다. 음절의 수는 모음의 수와 일치하며 한 모음은 그 앞뒤의 자음과 함께 한 음절을 이루는 것이다. '이, 옥, 곰, 값(갑)'은 한 음절이며 '아가, 고기, 국가, 국물, 책값' 등은 두 음절인 것과 같이 음절 구성 방식이 매우 간단하다. 다만 맞춤법상 '책이, 값을, 웃어라'처럼 받침을 올려 쓰는 경우 음절의 경계가 맞춤법과는 달리 '채-기, 갑-슬, 우-서-라'처럼 그어진다는 점은 유의하여야 할 것이다.

개구도와 공명도 그러나 음절이 정확히 어떻게 형성되는가를 좀더 철저히 분석하기 위해서는 자음이나 모음을 발음할 때 입을 벌리는 정도, 즉 개구도(開口度 aperture)나, 그 소리들이 동일한 조건, 즉 같은 크기, 같은 세기, 같은 길이로 발음되었을 때 얼마나 더 멀리 들리는가를 가리키는 공명도(共鳴度 sonority)를 근거로 하여 음절의 경계 등을 분석해 보아야 한다. 개구도와 공명도는 거의 평행적이어서 입을 많이 벌리고 발음하는 소리일수록 그만큼 멀리 들리는 관계에 있다. 먼저 개구도는 흔히 다음 표에서와 같은 Saussure 의 7단계의 분류를, 공명도는 Jespersen 의 8단계의 분류를 채택하여 쓴다.

이 중 어느것을 기준으로 하여도 대개 결과는 비슷한데 음절을 분석하는 방법의 하나는 다음과 같다. 자음과 모음이 모여 있을 때 이웃한 두 음성이 개구도나 공명도로 보아 어느쪽이 더 크고 어느쪽이 더 작은가를 따져 만일 뒤쪽이 더 크면 <, 더 작으면 >와 같은 부등호(不等號)를 매겨 나간다. '동대문'을 예로 보면 다음과 같이 될 것이다.

< > > < > < > >

ㄷ ㅗ ㅇ ㄷ ㅐ ㅁ ㅜ ㄴ

여기서 음절을 이루는 음(音)은 < >와 같은 모양의 오른쪽 >이 놓이는 음이다. 위에서 보면 'ㅗ, ㅐ, ㅜ'가 그러한 음에 해당한다. 이처럼 음절을 이루는 중심음(中心音)을 음절핵(音節核 syllabic nucleus)이라 하는데 위에서 보면 국어에서는 모음만이, 또 모음은 전부 음절핵이 됨을 알 수 있다. 그리고 음절의 경계는 > <와 같은 모양을 이루는 두 음 사이가 된다. 위의 예에서는 '동-대-문'과 같은 음절의 경계를 찾을 수 있다.

음절의 구성을 분석해 보는 다른 한 방법으로는 개구도(開口度)나 공명도(共鳴度)에 의해 도표 모양으로 만들어 보는 방법이 있다. 가령 '동대문'을 개구도에 의해 그림 2-9와 같은 그림으로 그려 보는 방식이 그것이다. 이렇게 그림으로 그려 보면 ⊓ 와 같은 봉우리(peak)가 나타나는데 이것이 음절핵이 된다. 앞의 방법보다 더 시각적인 장점이 있다. 그러나 더 번잡스럽고 또 음절의 경계를 나타내 주지 않

표 2-3 개구도에 의한 음성 분류

개구도	음 성	개구도	음 성
0.	p, b, t, d, k, g	3.	l, r
1.	f, v, θ, ð, s, z,	4.	i, u, y
	ʃ, ʒ, ç, j, x, ɣ	5.	e, o, ø
2.	m, n, ŋ	6.	a

표 2-4 공명도에 의한 음성 분류

공명도	음 성	공명도	음 성
1.	p, t, k, f, s, ç, x	5.	r
2.	b, d, g	6.	y, i, u
3.	v, z, ɣ	7.	ø, o, e
4.	m, n, ŋ, l	8.	ɔ, æ, ɑ

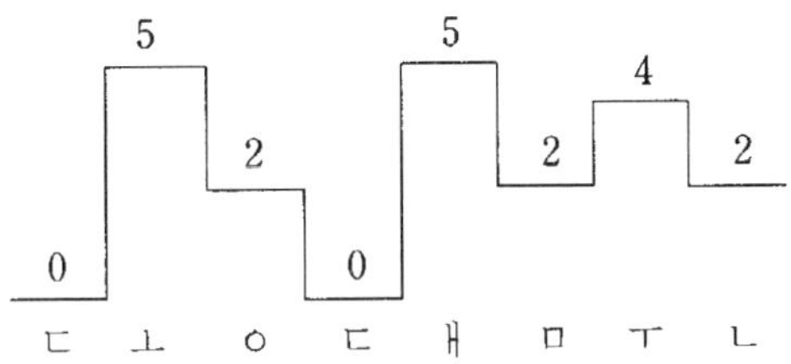

그림 2-9 '동대문'의 개구도 분석

는다는 단점이 있어 음절을 분석해 보는 방법으로는 앞의 방식이 더 효율적이라고 할 수 있다.

음절과 관련하여 훈민정음(訓民正音)을 창제할 때 초성(初聲), 중성(中聲), 종성(終聲)을 구분하였던 것은 주목할 만하다. 흔히 음절의 구조를 음절핵을 중심으로 그 앞에 붙는 음을 기동음(起動音 onset), 그 뒤에 붙는 음을 종결음(終結音 coda)이라 하는데 초성, 중성, 종성은 이것과 너무도 잘 일치하기 때문이다.

그런데 이 세 요소 간의 관계는 흔히 다음 왼쪽 그림처럼 이해하려 하는데 오른쪽 그림이 음절구조를 더 정확히 보이는 것이라고 생각된다. 즉 음절은 처음부터 삼등분된다기보다는 우선 초성과 나머지 부분으로 나뉘고 그 나머지 부분이 다시 음절핵(중성)과 종성으로 나뉘는 것으로 보는 것이다. 이는 중국 운학(韻學)에서 음절을 자모(字母)와 운모(韻母)로 이분(二分)하였던 것과도 일치한다. 운모에 해당하는 부분을 영어로는 rhyme이라 하는데 아직 마땅한 역어(譯語)가 없

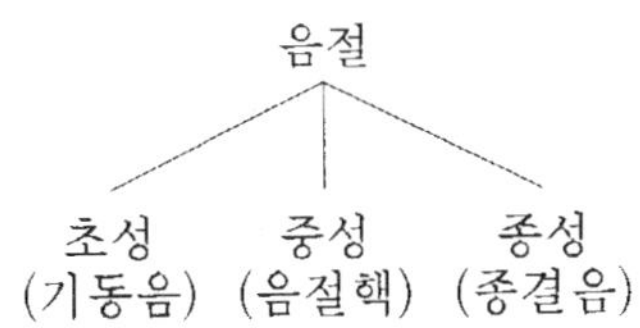

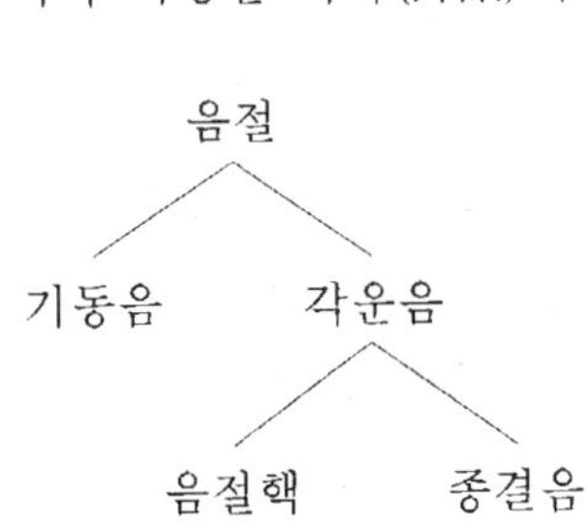

다. 운모(韻母)라고 할 수도 있겠으나 각운음(脚韻音) 정도로 부를 수 있을 듯하다.

음절(音節)은 우리의 언어 생활에 매우 중요한 단위다. 우리가 자음과 모음을 따로 분석해 내기는 하지만 우리가 일상생활에서 적용하는 최소의 단위는 오히려 음절이다. 동서양을 막론하고 사람의 이름이든 사물의 이름이든 우리는 최소 한 음절은 되는 이름을 짓는 것이 그 한 예다. 로마자의 B니 S니 하는 자음 글자의 이름도 [bi]니 [es]와 같은 한 음절 이상의 이름으로 부르고 [b]나 [s]와 같은 자음 하나의 이름으로 부르지 못하는 것도 우리 일상생활에서의 최소 단위가 자음이나 모음과 같은 음이 아니고 음절이기 때문일 것이다. 특히 국어에서는 한글을 'ㅂㅗㅁㄴㅏㄹ'처럼 풀어쓰지 않고 '봄날'처럼 음절 단위로 묶어서 쓰는 방식을 채택하고 있기 때문에 음절이 더욱 중요한 단위의 구실을 하고 있다고 할 수 있다.

2.2.5 운율적 자질

말을 이루는 요소 중에는 자음과 모음 이외에 그 자음과 모음들을 얼마나 길게 내고 크게 내며, 또는 높게 내느냐 등의 요소도 있다. 이들은 그 단독으로 독립하여 쓰이지 않고 주로 모음에 얹혀서 나타나는데 이러한 음의 장단(長短 length), 고저(高低 pitch), 강약(強弱 stress)을 운율적 자질(韻律的資質 prosodic feature)이라 한다. 자음과 모음은 하나씩 이어지며 계기적(繼起的)으로 실현되어 하나씩 끊어낼 수 있다고 하여 분절음(分節音 segment)이라 하는 것과 구별하여 운율적 자질들은 이들에 얹혀서 그것들과 동시에 실현되기 때문에 끊어낼 수 없다 하여 초분절음(超分節音 suprasegmental)이라 하기도 한다.

악센트(accent)라는 용어도 널리 쓰이는데 이 용어는 그 용법이 그리 엄격하게 제한되어 있지 않다. '경상도 악센트'라고 할 때처럼 어느 방언의 특색을 가리키기도 하고 우리가 '영어의 악센트'라고 할 때처럼 음의 강약(stress)을 가리키기도 한다. 그리고 음의 고저(pitch)에만 이 용어를 적용하여 고저악센트(pitch accent)라는 용어도 널리 쓰인다. 여기서는 운율적 자질이 변별적 기능을 가질 때의 음의 고저와 강약을 묶어서 악센트(accent)라 하고 그 각각을 고저악센트(pitch accent), 강약악센트(stress accent)라 부르고자 한다.

고저악센트 소리의 높낮이를 고저(高低)악센트라 하는데 이것은 소리의 진동의 빠르기에 비례한다. 즉 주어진 시간의 진동수, 즉 주파수(周波數)가 많으면 많을수록 그만큼 소리가 높아진다. 어느 말이나 음의 고저가 없을 수는 없지만 그 말에 작용하는 중요도는 말에 따라 다 다르다. 우리나라 안에서도 함경도나 경상도의 방언에서는 고저악센트만의 차이로 '손'(手)과 '손'(客)처럼 단어의 뜻이 달라질 정도로 그 역할이 크지만 서울말 등에서는 그렇지 않은 것이 그 한 보기다.

고저악센트는 한 음절에 놓이는 소리의 높낮이만을 가리킨다. 만일 어떤 소리의 높낮이가 문장 전체에 놓이면 그것은 억양(抑揚 intonation)이라 부른다. 가령 '태산이 높다 하되 하늘 아래 뫼이로다'와 같은 시조(時調)를 읊어보면 계속 높낮이가 생기는 것을 알 수 있는데 그것이 바로 억양인 것이다. 억양은 문장 끝에도 나타난다. '명희가 왔어요'를 의문문으로 말할 때와 서술문으로 말할 때의 문장 끝의 소리가 상승(上昇)과 하강(下降)으로 구별되는데 그것이 바로 문장 끝 억양이다. 이 문장 끝의 억양을 특별히 문말음조(文末音調 terminal contour)라고 하고 그 앞의 문장 안에 나타나는 억양을 고저조(高低調 pitch level)라 하여 구별하여 인식하는 경우가 많다. 그리하여 문말음조(文

末音調)는 ↓ ↑ 또는 ↘ ↗와 같은 화살표로써 하강조(下降調)인가 상승조(上昇調)인가를 나타내고, 문장 안의 고저조(高低調)는 다음에서 보듯 번호로 나타내든가 상대적 높이를 보이는 선(線)으로써 나타내며 아니면 악보와 비슷한 모양으로 나타낸다.

(1) I'm going home.

(2) [2]I'm going [3]home[1]. ↓

(3) 학교에 가실겁니까?

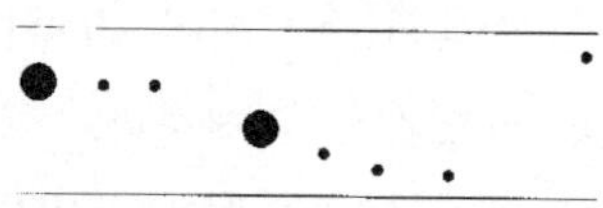

강약악센트 음파(音波)의 진폭(振幅)이 크면 그만큼 소리가 강하게 나고 작으면 그만큼 약하게 나는데, 이 소리의 강약이 모음에 놓이면 그것을 강약(強弱)악센트라 한다. 국어에도 음(音)의 강약이 놓이기는 하나 그 작용이 그리 크지 않아 그것으로써 단어의 뜻이 달라지는 일은 없다. 그리하여 음의 강약에 대한 한국 사람들의 분별력은 그리 크지 않다. 그러나 영어 등에서는 강약악센트의 역할이 매우 커서 가령 America 라는 발음을 들어 보면 me 에 워낙 강한 악센트를 두는 바람에 A는 거의 안 들릴 정도로 발음하는가 하면, export 를 명사로 쓸 때는 ['ekspɔːrt]처럼 e에, 동사로 쓸 때는 [eks'pɔːrt]처럼 por 에 강세(強勢)를 두어 구별하는 것처럼 강약악센트로써 단어의 뜻을 바꾸기도 한다.

악센트 표시는 고저악센트나 강약악센트나 마찬가지인데 그 악센트가 놓이는 모음 위에 '´'와 같은 부호로써 표시하거나 그 악센트가 놓이는 음절 앞에 'ˈ'와 같은 부호로써 표시하는 것이 일반적이다. 그리고 악센트가 고(高)와 저(低), 강(強)과 약(弱)으로 이분(二分)만

되지 않고 중간 단계가 더 있어 삼분(三分)이나 사분(四分)이 될 때는 '``', '^'와 같은 기호를 더 동원하여 쓰며, 고저악센트의 경우는 억양에서처럼 번호를 매기는 방식을 동원하기도 한다.

음 장　　운율적 자질(韻律的 資質)에는 악센트 이외에 길이를 결정하는 요소인 음의 장단(長短), 곧 음장(音長)이 있다. 자음에도 장단(長短)이 있을 수 있으나 운율적 자질로서의 음장을 말할 때는 대개 모음의 길이를 가리키는 것이 일반적이다. 국어의 '눈'이 [nun]으로 발음되면 얼굴의 눈(眼)을, [nu:n]으로 발음되면 하늘에서 오는 눈(雪)을 가리키는데 이 때의 음장(音長)은 결국 모음 'ㅜ'의 길이로 나타난다. 장모음(長母音)은 앞에서처럼 점 두 개를 찍어 [u:] [a:] [i:]처럼 나타내는데 중간 단계를 설정하여 세분할 때는 [u·] [a·] [i·]처럼 점 하나를 찍어 표시한다.

2.3 음 소

이 장(章)에 들어와서 지금까지는 주로 생리학적인, 또는 물리학적인 관점에서 음성들의 특징을 분석하여 보았다. 그것은 말하자면 음성학(音聲學)의 소관이었다. 여기에서는 음운론(音韻論)의 입장에서 그 음성들의 특성을 살펴보기로 하겠다.

2.3.1 음소의 특성

최소의 짝과 음소　　음운론의 단위는 음성(音聲 sound)이 아니고 음소(音素 phoneme)다. 음소는 흔히 의미 분화를 일으키는 최소의 단위로 규정된다. 가령 '달'과 '발'을 비교하여 보면 'ㅏㄹ'이라는 조건은 같은데 다만 'ㄷ'과 'ㅂ'이라는 음의 차이에 의해서 두 단어의 뜻이 달라진다. 이처럼 어떤 한 가지 음의 다름만으로 뜻이 달라진 두 짝을 최소대립어(最小對立語 minimal pair)라 한다. 그리고 이러한 최소의 짝을 만든 두 음을 각각 음소(音素)라 한다. 따라서 국어에서는 'ㄷ'과 'ㅂ'이 각각 별개의 음소가 된다.

음성학에서 'ㄷ'이나 'ㅂ'을 파악할 때는 그 생리학적인, 또는 물리학적인 특성은 따져도 그것이 위에서처럼 의미를 분화시키는 기능이 있느냐 없느냐는 관심사로 하지 않는다. 음운론에서는 특히 어떤 특정 언어에서 각 음소들을 관찰하며, 그 언어에서 그것들이 어떤 체계 위에서 어떤 규칙들을 이루는가를 관찰한다. 음소는 이처럼 어떤 특정 언어와 관련되기 때문에 음성학적으로는 분명히 구별되는 두 음(音)이 음운론적으로는 전혀 구별되지 않는 수가 많다. 한 예로 [l]과 [r]은 분명히 다른 음이다. 그리고 이것은 영어에서는 light와 right, 또는 free와 flee에서 보듯이 다른 소리로, 더 정확히는 다른 음소로 인식된다. 그러나 국어에서는 가령 '라디오(radio)'의 'ㄹ'을 [l]로 발음하든 [r]로 발음하든, 또는 '라이터(lighter)'의 'ㄹ'을 [l]로 발음하든 [r]로 발음하든 다 같은 소리로 들린다. 즉 한국어라는 특정 언어에서는 [l]과 [r]은 다른 소리, 더 정확히는 다른 음소로 인식되지 않는 것이다.

변별과 대립 이처럼 음성적으로 다른 두 소리가 어떤 특정 언어에서 언중(言衆)들에게 다른 소리로 인식되고 또 의미를 분화시키는 기능을 가지면 그 두 음은 그 언어에서 변별적(辨別的 distinctive), 또는 대립적(對立的 contrastive)이라 한다. 국어에서 [l]과 [r]은 대립적이지 않으며 비변별적이다. 그리고 국어에서는 '동 — 똥 — 통'과 같은 최소대립어(最小對立語)에서 확인되듯이 'ㄷ'과 'ㄸ'과 'ㅌ'은 변별적이며 따라서 각기 별개의 음소다. 그러나 영어에서는 이들이 비변별적이다. 한국 사람들이 '동'이라고 하든 '똥'이라고 하든, 또는 '통'이라고 하든 그들은 꼭같은 말로 알아들을 뿐만 아니라 이들을 구별해 발음할 줄도 모른다. 그리고 stone의 t를 'ㄷ, ㄸ, ㅌ' 어느 소리로 발음하여도 '돌'이라는 뜻이 달라지지 않는다. 반복하지만 음소는 이처럼 어떤 특정 언어와 깊게 관련되어 있는 단위다.

특정 언어란 한 언어 안의 방언(方言)에까지 확대될 수도 있다. 우리나라 안에서도 'ㅐ'와 'ㅔ'가 변별되지 않는 지역이 많으며(젊은 세대로 갈수록 그러한 지역이 더 많아진다) 심지어 'ㅡ'와 'ㅓ'를 변별하지 못하는 지역도 있다. 그러한 지역(또는 세대)에서는 따라서 'ㅐ'와 'ㅔ', 그리고 'ㅡ'와 'ㅓ'가 각각 별개의 음소 자격을 가지지 못한다.

이 음 이상에서 보아 한 음소(音素) 속에는 음성적으로는 구별되는 음(音)이 몇 개 포함될 수 있으리라는 짐작이 간다. 실제에 있어 이런 경우는 많다. 국어의 'ㄹ'은 음절 끝, 즉 자음 앞이나 휴지(休止) 앞에서는 [l]로 실현되고 모음 사이에서는 [r]로 실현된다. 이럴 때 음절 끝이니 모음 사이니 하는 것을 환경(環境 environment)이라 하는데 한 음소에 속하는 두(또는 그 이상의) 음이 나타나는 환경은 서로 뒤바뀌지 않는 성질을 가진다. 다시 말하면 국어에서 'ㄹ'이 모음 사이에서 [l]로 실현되거나 음절 끝 환경에서 [r]로 실현되는 일은 없다. 이럴 때 [l]과 [r]은 상보적 분포(相補的 分布 complementary distribution)를 가진다고 말한다. 그리고 이처럼 한 음소를 이루면서 서로 상보적인 분포를 가지는 음들을 그 음소의 이음(異音 allophone)들이라 한다.

국어 음소들의 대표적 이음(異音)으로 폐쇄음들의 이음을 들 수 있다. 국어의 폐쇄음 'ㄱ, ㄷ, ㅂ'은 모음 사이에서나 유성자음(有聲子音)과 모음 사이에서는 [koŋgi](공기), [talda](달다), [pabo](바보)에서처럼 [g], [d], [b] 등의 유성자음으로 나타난다. 즉 국어의 'ㄱ, ㄷ, ㅂ'은 유성음(有聲音) 사이에서 [g], [d], [b]로 실현되며 그 나머지 환경에서는 [k], [t], [p]의 무성음(無聲音)으로 실현된다. 따라서 [k]와 [g], [t]와 [d], [p]와 [b]는 각각 'ㄱ, ㄷ, ㅂ'의 이음(異音)들인 것이다.

다른 한편으로 'ㄱ, ㄷ, ㅂ'은 음절말 위치에서는 파열의 단계가 생략된 불파음(不破音)으로 실현된다. 즉 '발'의 'ㅂ'은 터지는 단계까지 있는 [p]이지만 '집'의 'ㅂ'은 입을 다문 채 끝나는 불파음 [p˺]인 것이다. 이렇게 보면 이들 폐쇄음에는 이음(異音)들이 하나씩 더 있음을 알 수 있다. 'ㅂ'을 예로 보면 그 이음으로 [p]~[p˺]~[b]의 세 음이 있는 것이다.

그런데 한 음소에 속하는 이음(異音)들 간의 차이는 일반 언중(言衆)에게는 잘 느껴지지 않는다. 이음(異音)들 간의 변이(變異)는 대개 환경에 따라 자동적으로 일어나기 때문이다. 이런 점으로 보아 음소(音素)란 그 언어의 토박이 사용자들이 한 가지 음(音)이라고 인식하는 최소의 음(音)이라고 정의하여도 좋을 것이다.

음소를 음성과 특별히 구별하기 위해서 /ㅂ/, /ㅗ/ 또는 /p/, /o/와 같이 표시하는 수가 있다. 흔히 [ㅂ], [ㅗ] 또는 [p], [o]로 표시되는 음성과 달리 음소 단위임을 분명히 하기 위해서인 것이다. 이는 /karpi/와 [kalbi]에서처럼 단어의 표기에도 적용된다.

운 소 우리는 앞에서 자음과 모음처럼 쉽게 쪼갤 수 있는 요소도 있지만 음장(音長)처럼 모음 등에 얹혀 나타나서 쉽게 쪼개지지 않는 요소도 있음을 보았다. 이처럼 쪼개지기 어려운 운율적(韻律的) 자질이 음소의 자격을 가지는 수가 있다. '눈'(眼)과 '눈:'(雪)에서처럼 이들이 단어의 의미를 바꾸는 기능을 가질 때가 그러하다. [nun]과 [nu:n]에서 나머지는 다 동일한데 다만 음장(音長)만의 차이에 의해 두 단어가 뜻이 달라지고 최소의 짝이 된 것이다. 따라서 여기에서 장음과 단음은 변별적이며 이들은 별개의 음소 자격을 가질 수 있다. 그러나 이 경우 단음은 흔히 따로 음소로 표시하지 않고 장음만 음소로 표시하는 것이 자음과 모음의 경우와 다르다. 고조(高調)와 저조(低調)에 의해 최소의 짝이 성립할 때 고조(高調)에만 음소의 표시를 하는 것도 마찬가지다.

음장(音長)과 같은 운율적 자질로 이루어진 음소를 특별히 운소(韻素 prosodeme)라고 하여 일반 음소와 구별하여 부르는 수가 있다. 그리고 운율적 자질을 초분절음(超分節音)이라고 불렀던 것과 마찬가지로 이들을 초분절음소(超分節音素 suprasegmental phoneme)라 부르는 수도 있다. 자음과 모음은 쉽게 분할되는 음소, 즉 분절음소(分節音素 segmental phoneme)인 데 반해서 이들은 분할을 초월하는 음소라는 뜻이다.

2.3.2 변별자질

음성자질 앞에서 음소는 일반 언중이 구별해낼 수 있는 최소의 음이라고 하였다. 그러나 조금만 들여다 보면 어떤 음이나 단일한 요소로 이루어져 있지 않다는 것을 알 수 있다. 당장 [ㄱ]와 [ㅋ]를 비교해 보면 비록 언중들은 [ㅋ]를 더 쪼갤 수 없는 한 음으로 인식하고 있지만 그 속에는 [ㄱ]와 어떤 다른 요소가 복합되어 있다. 훈민정음을 창제할 때 이미 이것을 바로 분석하여 글자 모양에 반영하였거니와 음성기호로도 [k^h]라고 표기하여 'ㅋ'이 'ㄱ'에 [h]로 표기되는 기(氣)가 복합된 것임을 보여 주고 있다.

그런데 [ㄱ]도 다시 더 작은 요소들로 쪼갤 수 있다. 앞에서 자음을 분류하면서 [ㄱ]가 연구개음이면서 폐쇄음이고 또 동시에 평음에 속함을 본 바 있다. 이것은 달리 말하면 [ㄱ]는 연구개음이라는 요소, 폐쇄음이라는 요소, 평음이라는 요소가 결합하여 이루어진, 즉 그러한 여러 구성요소들이 복합된 음이라는 뜻이다. 모음의 경우도 가령 [ㅜ]라면 고모음이라는 요소, 후설모음이라는 요소, 원순모음이라는 요소로 쪼개질 수 있는 것이다.

이처럼 한 음을 이루고 있는 음성적 성질들을 음성자질(音聲資質 phonetic feature)이라 한다. 어떤 음으로 하여금 폐쇄음이 되게 하는 성질, 원순음이 되게 하는 성질 등이 모두 음성자질인 것이다. 음성자질은 음성기호를 나타낼 때 쓰는 것과 같은 괄호 [ ]로써 나타낸다. 그리고 +와 −를 이용하여 [원순음], [비원순음] 대신 [+원순음], [−원순음]과 같은 방식을 취한다. [−원순음]은 곧 비원순음이라는 뜻이다. 이때 일반적으로 [원순음] 대신 [원순성]이라고 하여 '성(性)'을 붙여 쓴다. 그러나 [ ] 없이 쓸 때에는 '성'이 필요하겠으나 그렇지 않을 때는 [ ]가 이미 자질을 나타내므로 [원순음]을 '원순음을 만드는 자질' 또는 '원순 자질'로 읽으면 될 것이다. 그리고 [+원순음]은 '원순음을 만드는 자질을 가진 음, 즉 원순음', [−원순음]은 '원순음을 만드는 자질이 들어 있지 않은 음, 즉 비원순음'으로 읽어도 좋을 것이다.

변별자질 음성자질 중 어떤 것은 그 자질의 유무에 의해 별개 음소(音素)가 되게 하는 것이 있고 그렇지 않은 것이 있다. 국어에서 /k/와 /k^h/는 별개 음소이므로 이때 [유기음]은 음소를 가르는 기능이 있는 것이다. 이처럼 음소 분립(分立)에 관여하는 음성자질을 변별자질(辨別資質 distinctive feature)이라 한다. 음운자질(音韻資質 phonological feature)이라고도 한다.

어떤 음성자질이 변별자질이 되고 안 되는 것은 언어에 따라 다르다. 국어에서는 [유기음]이 변별자질의 자격을 가지나 영어에서는 /k/와 /k^h/, 또는 /p/와 /p^h/가 한 음소로 묶이므로 그렇지 못하다. 반면 영어에서는 /k/와 /g/, 또는 /p/와 /b/가 각각 별개 음소이므로 [유성음]이 변별자질의 자격을 가지나 국어에서는 그렇지 않다.

변별자질이 되지 못하는 음성자질은 사실 그 언어에서는 군더더기에 불과하다. 그래서 이러한 음성자질을 잉여자질(剩餘資質 redundant feature)이라 한다. 음성의 성질을 결정하는 데는 다같이 결정적 역할을 하는 자질들이면서도 언어에 따라 변별자질이 되기도 하고 잉여자질이 되기도 하는 것이다. 그리고 이러한 차이 때문에 언어마다 음운 구조가 달라지는 것이다.

변별자질과 음소 음소가 더 이상 쪼개지지 않는 최소의 단위가 아니라 그 속에서 다시 몇 개의 변별자실을 분석해 낼 수 있다면 음소란 바로 그러한 변별자질들의 집합이라고 할 수 있다. 말하자면 음성 분석의 최소 단위는 음성자질이고 그 음성자질 중 변별자질들의 집합이 곧 음소라는 것이다.

그런데 이때 변별자질을 어떻게 분류하고 그 중 어떤 것을 동원할 것인가에 대해서는 견해가 조금씩 갈린다. 가장 일반적인 변별자질의 목록을 몇 가지 보면 [성절음], [자음], [공명음], [유성음], [비음], [원순음], [설정음], [전방음], [고설음], [저설음], [후설음] 등 여러가지가 있다.

이 중 [자음]이나 [유성음], [비음], [원순음] 등은 이미 음성 분류 때 기준으로 삼았던 것이므로 새로울 것이 없다. 그리고 [고설음(高舌音 high)], [저설음(低舌音 low)], [후설음(後舌音 back)]도 각각 고모음, 저모음, 후설모음 등을 분류할 때의 자질들이다. 나머지는 새로운 것들인데 먼저 [성절음(成節音 syllabic)]은 음절을 이루는 힘이 있는가 없는가를 구별하는 자질로서 국어의 경우 모음은 [+성절음]에 속하고 자음은 [−성절음]에 속한다. [공명음(共鳴音 sonorant)]은 장애음(障碍音 obstruent)에 대립되는 것으로서 구강에서 장애를 많이 받는 폐쇄음, 마찰음, 파찰음이 [−공명음]에 속하고, 모음을 비롯하여 유음, 비음은 [+공명음]에 속한다. [설정음(舌頂音 coronal)]은 혀끝을 위쪽으로 올려 발음하는 성질을 기준으로 하는 자질인데 입천장 가운데쪽의 치조음, 경구개음이 [+설정음], 가장자리의 순음과 연구개음이 [−설정음]에 속한다. [전방음(前方音 anterior)]은 조음위치가 입천장 앞쪽인가 뒤쪽인가를 기준으로 삼는 것인데 치조음과 그 앞쪽의 순음이 [+전방음]이고 경구개음, 연구개음이 [−전방음]이다.

변별자질의 목록에 올라 있는 것은 이 이외에도 더 있는데 어떻든 이처럼 여러 변별자질로 한 음소를 기술하면 그 음소의 특성을 명료히 드러낼 수 있고 또 음소들 간의 관계도 더 체계적으로 밝힐 수 있다. 반모음이면 반모음, 유기음이면 유기음의 특징을 변별자질과 관련시켜 가령

반모음 : [−성절음, −자음]

이라고 표기해 놓으면 더욱 분명해지고, 또 여러 음을 한자리에 모아 +와 −로 변별자질들을 표시해 놓고 보면 그것들이 왜 자연스럽게 한 무리를 이루는가도 쉽게 설명할 수 있게 되는 것이다. 그리고 동

화(同化)나 중화(中和)와 같은 음운규칙도 변별자질을 이용하면 한결 간명하게 기술할 수 있어 변별자질은 특히 근래에 오면서 매우 큰 비중을 차지하게 되었다.

2.3.3 국어의 음소체계

음소는 서로 대립되고 변별적임으로써 비로소 그 존재가 성립되는 단위들이다. 그러므로 음소는 따로따로 개별적으로 존재하기보다는 늘 다른 음소들과 긴밀한 관계를 맺고 있으며 따라서 전체적으로 한 체계를 이룬다. 여기에서는 국어의 자음체계(子音體系), 모음체계(母音體系) 및 운소체계(韻素體系)를 간략히 정리해 보고자 한다.

자음체계 국어의 자음체계는 앞(2.2.2)에서 본 표 2-1의 자음분류표의 그것과 일치한다. 다만 반모음을 자음에 넣어 체계를 만들면 /j/, /w/, /ɰ/가 추가되는 것이 다를 뿐이다.

이들 중 반모음 /ɰ/는 좀 특이하다. 겨우 '의' 하나에만 나타나고 그것도 '긔, 늬, 희'처럼 앞에 자음이 놓이면 제 소리를 내지 못하고 탈락해 버리는 것이 우선 그러하다. 그리고 '와'나 '야'의 경우는 앞부분의 [w]와 [j]가 반모음이고 뒷 부분의 [a]가 성절음(成節音)이라는 것이 분명한데 '의'의 경우는 음성적으로 그것이 뚜렷지 않다. 그래서 뒤쪽의 'ㅣ'를 반모음 [j]로 해석하는 일도 많다.

'의'를 [ɯj]로 처리하면 /ɰ/라는 특이한 음소를 따로 설정하지 않아도 되는 이점이 있다. 그러나 이번에는 국어의 나머지 이중모음들은 모두 성절음이 뒤쪽에 있는 상향이중모음(上向二重母音)들인데 유독 '의'만 하향이중모음(下向二重母音)이 되어 국어 이중모음의 틀이 깨어진다는 문제가 생긴다. 이래저래 '의' 및 /ɰ/는 말썽꾸러기인 셈이다.

그러나 음성적으로 안정성이 더 적고 활음적인 성격이 더 강한 것은 아무래도 앞쪽이다. 또 '긔, 늬, 희'가 '그, 느, 흐'로 바뀌지 않고 '기, 니, 히'로 바뀌는 것도(이것은 방언에서 '과자, 사과'의 '과'가 '고'로 되지 않고 '가'로 되는 현상에서도 마찬가지다) '의'에서 'ㅣ'가 성절음이기 때문인 것으로 풀이된다. 따라서 '의'는 역시 /ɯj/보다는 /ɰi/로 보는 것이 더 온당해 보인다. 그렇더라도 /ɰ/가 특이한 반모음임에는 변함이 없다.

국어의 자음체계에서 또 하나 특기할 점은 앞(2. 2. 2)에서도 지적한 바 있지만 폐쇄음과 파찰음이 평음(平音), 경음(硬音), 격음(激音)으로 변별되는 매우 질서정연한 체계를 갖추고 있다는 점이다. 이들의 대립은 변별자질이 어느 한 곳에만 적용된 것이 아니고 마치 'ㄱ : ㅋ : ㄲ = ㄷ : ㅌ : ㄸ = ㅂ : ㅍ : ㅃ = ㅈ : ㅊ : ㅉ'과 같은 비례식(比例式)을 세우듯 체계를 이루고 있음이 특징이다.

이제는 좀 낡은 개념이지만 이처럼 동일 범주의 음운에 체계적으로 적용되는 변별자질을 상관표지(相關標識 correlation mark)라 하고 이 상관표지들로 이루어지는 대립 전체를 상관(相關 correlation) 이라 한다. 상관은 자연히 다음과 같은 묶음으로 나타나는데 이러한 묶음을 상관속(相關束 bundle of correlation)이라 부른다. 그리고 이 상관속은 세 음소로 이루어져 있기 때문에 삼지적 상관속(三肢的 相關束)이라 부른다. 국어의 마찰음은 'ㅅ'과 'ㅆ'의 대립만 있기 때문에 이지적 상관속(二肢的 相關束)을 가짐이 이들과 구별된다.

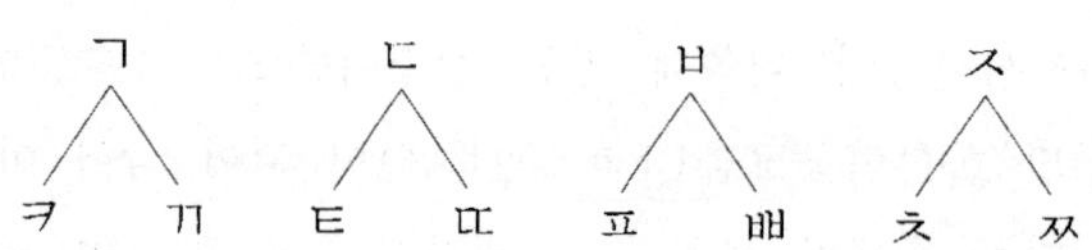

모음체계 국어의 모음체계는 현재 꽤 유동적인 모습을 보이고 있나. 사음의 경우는 방인에 따라 'ㅅ'과 'ㅆ'이 한 음소로 묶이는 일이 있기는 하나 지역에 따라서나 시대에 따라 차이가 거의 없는데 모음은 그렇지 않은 것이다. 근래에는 서울에서조차 'ㅐ'와 'ㅔ'의 변별력(辨別力)이 없어져 가고 있으며 'ㅚ'와 'ㅟ'도 단모음(單母音)으로서의 생명력을 다해 가고 있다. 특히 'ㅢ'는 이중모음으로서의 지위가 전체적으로 매우 불안한 상태에 있다. 이에 따라 이중모음(二重母音)의 수(數)도 지역에 따라, 세대에 따라 다 달리 나타난다.

1989년에 공포된 「표준발음법」을 따르면 국어의 단모음은 최대한 10개까지 가능한데 이로써 체계를 세우면 다음 표 2-5와 같다.

표 2-5 국어의 단모음 체계

혀의 전후 위치 / 입술의 모양 / 혀의 높이	전설모음		후설모음	
	평순	원순	평순	원순
고모음	ㅣ	ㅟ	ㅡ	ㅜ
중모음	ㅔ	ㅚ	ㅓ	ㅗ
저모음	ㅐ		ㅏ	

그리고 이를 바탕으로 한 이중모음의 체계를 보이면 다음 표 2-6과 같다. 만일 'ㅐ'와 'ㅔ'의 대립이 없는 경우라면 'ㅙ'와 'ㅞ'도 하나로 묶일 것이다. 또 'ㅚ'와 'ㅟ'가 이중모음으로 실현되는 경우라면

표 2-6 국어의 이중모음 체계

j계 이중모음	ㅑ ㅕ ㅛ ㅠ ㅒ ㅖ
w계 이중모음	ㅘ ㅝ ㅙ ㅞ
ɰ계 이중모음	ㅢ

'ㅚ'는 'ㅔ'에 합류될 것이며 'ㅟ'는 wi로서 w계 이중모음이 하나 추가될 것이다.

이중모음은 그 하나씩을 별개의 음소로 처리하기보다는 대개 반모음과 단모음으로 분리하여 파악하는 길을 택한다. 이는 'ㅋ, ㅌ' 등을 'ㄱ+ㅎ', 'ㄷ+ㅎ' 등으로 분리하여 'ㅋ, ㅌ' 등을 두 개의 음소로 처리하기보다(그러는 처리 방안도 없지 않으나) 'ㅋ, ㅌ' 등을 각각 독립된 별개의 음소로 처리하는 것과 대조적이라면 대조적이다. 그리하여 국어의 모음 음소의 체계와 수(數)를 말할 때는 단모음(單母音)만을 대상으로 하는 것이 보통이다. 그러나 반모음이 모든 단모음과 결합하는 것은 아니며 또 그 결합하는 내용이 시대에 따라 다르고 방언에 따라 다르므로 이중모음이 구체적으로 어떠어떠한 것이 있는지는 국어의 모음체계를 파악할 때 따로 파악해 보아야 한다.

운소체계 앞에서 몇 번 언급하였지만 국어에는 음장(音長)이 하나의 음소 자격을 가진다. 이것을 기호로 표시하려면 /:/ 정도가 될 것이다.

그런데 이 음장(音長)은 제1음절에서만 변별적이라는 제약을 가진다. '거짓말'이나 '싸락눈'에서처럼 '말'이나 '눈'이 제1음절에 있지 않을 때는 애초에 가지고 있던 장음(長音)을 잃어버리게 되는 것이다. '군밤'이나 '4배(倍)'의 '밤'이나 '배(倍)'도 마찬가지다. 그리고 제1음절에서조차도 젊은 세대로 내려갈수록 음장(音長)의 변별력(辨別力)이 점차 약해져 가는 경향이 있다. 그만큼 음장(音長)은 현대국어에서 그 지위가 불안한 음소라고 할 수 있다.

방언에 따라서는 음장 이외에 고조(高調)와 저조(低調) 등 성조(聲調 tone)의 대립을 가지는 방언도 있다. '손'(客)과 '손'(手), '우리'(짐승의)와 '우리'(we), '울리다'(사역형)와 '울리다'(피동형) 등에서 고조와 저조에 의해 어의(語意)가 분화(分化)되는 방언이 있는 것이다. 그런데 대체로는 성조가 있는 방언에는 음장이 없고 음장이 있는 방언에는 성조가 없다. 모음에서와 마찬가지로 방언마다 운소체계가 다름을 보여 주는 것이다.

연접(連接 juncture)이 운소(韻素)의 하나로 인정되는 수도 있다. 다음 예문 (1)의 영어 예를 보면 세 말은 다른 조건은 다 같은데 그 이음새를 어디에다 두느냐에 의해서만 그 의미가 달라진다. 즉 이 세 말은 그 이음새에 의해 의미 분화를 일으킨 최소의 짝들인 것이다. 예문 (2)에서도 마찬가지다. 따라서 여기서 이음새는 변별적이며 하나의 음소의 자격을 가지는 것으로 해석하는 것이다.

(1) a. / náit + rèjt / (night rate)
b. / náj + trèjt / (Nye trait)
c. / náitrèjt / (nitrate)

(2) a. 강원도 + 산(山) 나물
b. 강원도산(產) + 나물

이 음소는 흔히 /+/와 같은 기호로 표시하며 이를 특히 개연접(開連接 open juncture)이라 부른다. 숨을 쉴 정도의 완전한 휴지(休止 pause)는 아니지만 어떻게든 약간의 간격을 두고 이어붙이는 특징이 곧 연접(連接)이다.

2.4 음운규칙

음소들이 모여서 음절을 이루고 단어를 이루고 이들이 다시 문장을 이루어 나갈 때 음소들은 그 놓이는 자리에 따라 어떤 제약을 받기도 하고 상호간에 어떤 영향을 주고받기도 한다. 여기에서는 이러한 현상을 음운규칙(音韻規則 phonological rule)이라는 이름 밑에서 몇 가지 보아 가기로 하겠다.

2.4.1 분포의 제약

음소에 따라서는 그 놓이는 자리가 큰 제약을 받는 수가 있다. 모든 음소가 아무 자리에나 자유롭게 분포될 수 있는 것이 아니며 또 아무 음소와 어울리는 것도 아니다. 이는 어떤 시대에 관계없이 그 음소가 가지고 있는 음성적 특수성 때문에 일어나는 수도 있고 한 시대 한 언어의 일시적인 현상일 수도 있다. 현대국어를 대상으로 하여 국어 음소가(또는 음성이) 가지는 분포상의 제약을 몇 가지 간추려 보기로 하자.

어두 및 음절초에서의 제약 국어에는 [ŋ]으로 시작되는 단어가 없다. 즉 [ŋ]은 어두(語頭), 더 나아가 음절 첫머리라는 환경에는 분포될 수 없는 제약을 가지고 있다. 영어에도 ng으로 시작되는 단어가 없는데 이 현상은 여러 언어에 공통되는 현상으로 보인다.

국어에서는 'ㄹ'도 어두(語頭)에 분포되기 어렵다. '라디오, 로케트, 레코드' 등의 외래어나 '라면' 등의 신조어(新造語)가 있기는 하나 전래적(傳來的)인 단어로서 'ㄹ'로 시작되는 단어는 찾기 어렵다. 그리고 'ㄴ'도 만일 뒤에 'ㅣ'나 'ㅑ, ㅕ, ㅛ, ㅠ' 등의 모음이 올 때는 어두에 오기 어렵다. 중세국어(中世國語)에서는 '님금, 닢, 녀름' 등의 단어에서 보듯 그러한 제약이 없었는데 현대국어에는 이들이 모두 '임금, 잎, 여름'으로 바뀌었다. 'ㄴ'의 어두에서의 분포에 새로운 규칙이 생긴 것이다. 역시 '뉴스' 등의 외래어가 있고 '냠냠' 등의 예외가 있지만 '남녀, 앞니'의 '녀, 니'가 어두로 나가면 '여성, 이빨'로 되듯이 이 제약이 상당히 규칙적임을 알 수 있다.

국어는 어두에 자음을 하나밖에 허용하지 않아 두 개나 그 이상의 자음이 동시에 어두에 올 수 없다는 제약도 가지고 있다. 영어에서는 spring, skin, print에서 보듯 어두에서 자음이 두 개나 세 개가 잇달아 분포될 수 있는데 우리가 이것들을 옮겨 적을 때 '스프링, 스킨, 프린트'처럼 애초에 없던 'ㅡ'를 덧붙이는 것은 바로 이러한 제약에서 연유하는 것이다.

이상에서 본 것처럼 국어에는 어두에서 많은 제약을 보이는데 이 때문에 일찍부터 이 현상을 두음법칙(頭音法則)이라 하여 왔다. 두음법칙은 다른 알타이어에서도 발견되는 것으로 알려져 있다.

음절말에서의 제약 음절말(音節末) 위치도 음운 분포에 몇 가지 제약을 준다. 음절말에서도 자음이 하나밖에 올 수 없다는 것이 그 하나다. 표기상으로는 '닭, 값, 흙탕물, 없다'처럼 음절 끝에 자음을 두 개 겹쳐 쓰지만 발음에 있어서는 이들은 모두 '닥, 갑, 흑, 업'과 같이 자음 하나밖에 허용하지 않는다.

음절말에서는 자음이 하나밖에 분포될 수 없을 뿐만 아니라 그 자리에 올 수 있는 음소도 한정되어 있다. 즉 음절말, 다시 말하면 받침자리에 올 수 있는 자음은 'ㄱ, ㄴ, ㄷ, ㄹ, ㅁ, ㅂ, ㅇ'의 일곱 자음뿐이다. 표기상으로는 '밭, 앞, 옷, 빛, 꽃, 있다, 부엌, 밖' 등에서처럼 다른 여러 자음이 쓰이고 있으나, 실제 발음에서 이들은 각각 '받, 압, 옫, 빋, 꼳, 읻다, 부억, 박' 등으로 발음되어 앞의 일곱 자음의 어느 하나로 실현된다. 그리하여 음절말 위치에서 'ㄺ, ㅄ' 등의 두 자음이 올 수 없을 뿐만 아니라, 한 개의 자음도 어느것이나 올 수 있는 것이 아니어서 결국 음절말 위치에 올 수 있는 자음은 앞의 일곱 자음뿐이라는 결론이 된다.

비음 및 'ㄹ' 앞에서의 제약 음절말에 오는 일곱 개의 자음 다음에 비음(鼻音)이 오면 그 일곱 개의 자음의 수는 다시 줄어들어야 한다. 비음 'ㄴ, ㅁ'('ㅇ'은 음절 첫머리에 놓일 수 없으므로 이 자리에 올 수 없다) 앞에는 폐쇄음 'ㄱ, ㄷ, ㅂ'이 올 수 없기 때문이다. 역시 표기상으로는 '국물, 먹는다, 닫는다, 앞문, 입는다' 등이 존재하지만 이 자리에서의 'ㄱ, ㄷ, ㅂ'은 예외 없이 각각 'ㅇ, ㄴ, ㅁ'으로 발음되어 폐쇄음이 비음 앞에 이웃해 분포될 수 없음을 보여준다.

그런데 뒤에 오는 자음이 'ㄹ'일 때는 그 앞에 오는 음절말 자음이 더 큰 제약을 받는다. 'ㄹ' 앞에는 'ㄹ' 이외의 어떠한 음절말 자음도 허용하지 않는 것이 그것이다. '알락달락, 흘러서, 달력' 등의 결합은 가능하여도 '신라, 천리' 등의 음절말 'ㄴ'은 필수적으로 'ㄹ'로 바뀌어 이 자리에서 'ㄴ'은 허용되지 않는다. 그리고 '종로, 감리교'에서는 뒤쪽 'ㄹ'이 'ㄴ'으로 바뀌어서 어떤 식으로든 이들의 결합이 허용되지 않음을 보여준다. '독립, 십리'의 'ㄹ' 역시 'ㄴ'으로 바뀌는 것을 볼 수 있는데 이런 점으로 보면 이들 결합의 제약은 'ㄹ' 앞에 어떤 자음이 분포되지 못한다고 하기보다는 'ㄹ'은 'ㄹ' 이외의 자음 뒤에는 분포되지 못한다고 기술하는 것이 더 정확할지 모른다.

이중모음 앞에서의 제약 이중모음 'ㅒ, ㅖ, ㅢ' 앞에는 자음이 잘 분포되지 않는다. 표기상으로는 '계산, 계절, 혜택, 희망, 무늬' 등의 예가 있으나 실제로 이 단어들에서의 'ㅖ, ㅢ'는 'ㅔ'와 'ㅣ'로 발음된다. 'ㅒ'앞에는 '걔(그애)'와 '쟤(저애)' 정도의 예가 있을 뿐인데 그나마 이들 단어에서조차도 이중모음의 실현은 그리 명백하지 않다.

이중모음 'ㅑ, ㅕ, ㅛ, ㅠ' 앞에는 'ㅅ, ㅆ, ㅈ, ㅉ, ㅊ' 등의 이른바 치찰음(齒擦音 sibilant)이 분포되기 어려운 제약도 있다. 근대국어(近代國語)까지만 하여도 '쇼쥬, 긔챠, 셔울, 죠그만, 쵸' 등의 단어가 많이 쓰였으나 오늘날에는 이 환경에서의 'ㅑ, ㅕ' 등은 모두 'ㅏ, ㅓ'로 바뀌어 이제 치찰음과 'ㅑ, ㅕ' 등이 결합되는 예는 찾아보기 어렵게 되었다. '지어, 치어' 등의 준말인 '져, 쳐'조차도 대개 '저, 처'로 발음되고 있는 실정이다.

2.4.2 중 화

앞에서 음절말 위치에 올 수 있는 자음은 일곱 개뿐이라고 하였다. 이것은 물론 국어의 자음들이 음절말 위치에서 불파음(不破音)으로 실현되는 일과 관련된다. 앞에서는 폐쇄음의 불파음만 다루었지만 국어에서는 폐쇄음 이외에도 마찰음, 파찰음, 비음, 유음 등이 모두 음절말에서는 파열이나 마찰의 단계를 수행치 않는다. '밤'의 'ㅁ'도 가령 프랑스어의 madame의 발음이 파열되는 것과는 날리 불파 상태로 끝나는 것이다. '잎, 꽃'의 'ㅍ'이나 'ㅊ'이 영어의 belt나 much의 t나 ch처럼 파열을 일으키며 발음된다면 국어의 음절말 위치에 오는 자음이 그처럼 한정되는 일이 없을 것이다. 어떻든 음절말에 오는 자음이 이처럼 제한되어 있음으로써 그 일곱 자음 이외의 자음이 이 자리에 오게 되면 그 일곱 자음 중의 어느 한 자음으로 바뀌지 않으면 안 된다. 위의 '잎'의 'ㅍ'은 'ㅂ'으로, '꽃'의 'ㅊ'은 'ㄷ'으로 바뀌는 것이 그 일례다.

그런데 그 자리에 나타날 수 없다는 'ㅍ'이나 'ㅊ'을 '잎'이나

'꽃'에 쓰는 이유는 무엇일까? 이에는 기본형(基本形 basic allomorph)이라는 개념의 이해가 필요하다. 다음 장(章)에서 우리는 형태소(形態素 morpheme)의 개념을 배우게 되는데 '잎'이나 '꽃'처럼 어떤 의미를 나타내는 것으로서 더 이상 쪼개면 제 의미가 없어지는, 따라서 더 이상 작게 쪼갤 수 없는 최소(最小)의 의미 단위를 형태소라 한다. 그런데 이 형태소는 주위 환경에 따라 소리가 얼마간씩 바뀔 수 있다. '잎'을 예로 든다면 '잎이'에서는 '잎'으로 발음되지만 '잎도'에서는 '입', '잎만'에서는 '임'으로 발음된다. 그렇다고 이 때의 '잎, 입, 임'을 별개의 단어, 또는 별개의 형태소라고 할 수 는 없다. 겉모습이 좀 달라졌어도 결국은 한 몸인 것이다. 이럴 때 세 개의 겉모습 중 어느것이 이 형태소의 본래의 모습인가를 정(定)할 필요가 있게 된다. 이 때 뽑힌 것을 기본형(基本形)이라 한다. 나머지는 이 기본형이 잠시 모습을 바꾼 것이라 해석하는 것이다. '잎'이나 '꽃'의 경우 비록 음절말 위치에서는 'ㅍ'과 'ㅊ'이 제 모습을 드러내는 일이 없지만 그것이 본래의 모습이라고 보기 때문에 그 모습을 살려 표기하는 것이다.

그러니까 기본형으로 보면 음절말에 올 수 있는 자음은 일곱 자음만이 아니다. 그런데 그 자리에 일곱 자음밖에 올 수 없다는 것은 그 환경에서의 분포상의 제약에 말미암은 것이라 해석할 수밖에 없다. 한 예로 음절발의 'ㅂ'은 '집(家), 입더라'의 'ㅂ'처럼 기본형에서도 'ㅂ'이던 것도 있지만 '잎과, 덮더라'처럼 기본형에서는 'ㅍ'이던 것도 있는 것이다.

이처럼 애초 대립되던 음소들이 특정 환경에서 그 대립을 상실하게 되는 현상을 중화(中和 neutralization)라 한다. 국어에서의 중화는 위에서 본 것처럼 음절말(즉 받침) 위치에서 나타나서 종래는 이를 '받침 법칙(法則)'이라 부른 적도 있다. 일찍이 법칙(法則)이라는 이름을 붙였을 정도로 중화는 국어의 음운 현상 중 그 비중이 매우 큰 현상이다.

국어의 중화 중 앞에서 본 'ㅍ'과 'ㅂ' 사이의 중화나 'ㅋ'과 'ㄱ' 사이의 중화는 간단하지만 'ㅅ, ㅈ, ㅊ, ㅌ' 등과 'ㄷ' 사이의 중화는 주의를 요한다. '옷, 빛, 꽃, 밭' 등의 받침이 모두 'ㄷ'과 중화를 일으키는 것이다. 이들이 음절말에서 'ㄷ'으로 실현되는 것은 '옷 안에, 꽃 안에' 등을 빨리 발음해 보면 확인할 수 있다. '안'은 모음으로 시작되는 단어지만 '을, 으로, 에' 등의 조사와는 달리 '오사네, 꼬차네' 등으로 받침을 내려 발음하지 않는다. '옷, 꽃'의 'ㅅ, ㅊ'을 받침으로 발음하는 관계로 이 'ㅅ, ㅊ'은 일단 'ㄷ'으로 발음되는데, 그 다음에 이를 빨리 읽어 '안'과 붙여 읽으면 '오다네, 꼬다네'가 되는 것이다.

받침 'ㅎ'도 '놓고, 놓더라'와 같은 경우에는 아니지만 '놓는다'와 같은 경우는 'ㄷ'과 중화를 일으키는 것으로 해석된다. 그만큼 실제 발음에서의 음절말 'ㄷ'은 기본형의 여러 다른 자음의 중화된 모습일 수 있다는 것을 유의할 필요가 있다.

'ㄷ'과의 중화를 규칙으로 표시하면 다음과 같이 할 수 있다. 이것은 앞에 있는 자음들이 자음 앞과 휴지(休止) 앞에서는 (즉 음절말 위치에서는) 'ㄷ'으로 바뀐다는 것을 공식화한 것이다. 앞의 자음들에 'ㅎ'을 포함시키면 '놓더라, 놓고'가 '녿더라, 녿고'가 되어야 하므로 'ㅎ'의 경우는 따로 취급하여야 할 것이다. 'ㅍ'이 'ㅂ', 또는 'ㅋ'이

$$\left\{\begin{array}{c} \text{ㅅ} \\ \text{ㅆ} \\ \text{ㅈ} \\ \text{ㅊ} \\ \text{ㅌ} \end{array}\right\} \rightarrow /\text{ㄷ}/ \;—\left\{\begin{array}{c} C \\ \# \end{array}\right\}$$

C= 자음
#= 휴지(休止)

'ㄱ'과 중화를 일으키는 현상도 마찬가지로 위의 방법으로 표시할 수 있을 것이다.

2.4.3 동 화

성질이 먼 두 음(音)이 서로 영향을 주고받아서 아주 같아지거나 비슷해지는 현상을 동화(同化 assimilation)라 한다. 다시 말하면 a라는 음(音)과 b라는 음(音)이 만났을 때 다음의 어느 하나와 같이 되는 현상을 말한다.

(가) a+b→a+a(또는 a′)
(나) a+b→b(또는 b′)+b

여기서 보면 동화에 몇 가지 종류가 있을 수 있음을 짐작할 수 있다. 하나는 앞의 (가)에서처럼 앞엣것이 뒤엣것에 영향을 주어 뒤엣것을 앞엣것에 가깝게 이끌어가는 경우와, 이와 반대로 (나)에서처럼 뒤엣것이 앞엣것을 동화시킨 경우를 구분하는 길이 있을 수 있을 것이다. 흔히 전자를 순행동화(順行同化 progressive assimilation), 후자를 역행동화(逆行同化 regressive assimilation)라 한다. 순행동화는 앞의 음(音)의 잔영(盞影)이 남아있다가 뒤에 오는 소리에까지 영향을 미치는 경우며, 역행동화는 뒤에 올 소리를 머리에 미리 떠올림으로써 앞 소리가 그 영향을 입어서 일어나는 현상이다. 순행동화의 예로서 '칼날→칼랄'이나 '기쁘다>기뿌다' 등의 예를 들 수 있고 역행동화의 예로서는 뒤에서 볼 구개음화(口蓋音化), 움라우트, 비음화(鼻音化) 및 '신라→실라'의 예를 들 수 있다.

앞에서 보면 a+b→a+a처럼 두 소리가 완전히 같아지는 경우가 있는가 하면 a+b→a+a′처럼 비슷해지는 경우가 있는데 여기서도 전자를 완전동화(完全同化 complete assimilation), 후자를 부분동화(部分同化 partial assimilation)라 구분할 수 있다. '신라→실라'나 '믿는나→민는다'는 전자의 예이며, '먹는다→멍는다'나 '손잡이→손잽이'는 후자의 예다.

동화(同化)는 또 서로 영향을 주고받는 두 음(音) 사이에 제3의 음(音)이 개재(介在)되어 있느냐 아니면 바로 인접해 있느냐에 따라서 분류할 수도 있다. 자주 쓰이는 이름은 아니지만 후자는 인접동화(隣接同化 contiguous assimilation 또는 juxtapositional assimilation), 전자는 원격동화(遠隔同化 distant assimilation)라 한다.

동화(同化)는 이처럼 여러가지 방식으로 일어나는데, 국어에 이러한 동화들이 구체적으로 어떠한 음(音)들 사이에서 나타나는지를 몇 가지만 좀더 구체적으로 살펴보기로 하자.

구개음화 구개음이 아닌 자음이 뒤에 오는 모음 'ㅣ'나 'j'의 영향을 받아 구개음으로 바뀌는 현상을 구개음화(口蓋音化 palatalization)라 한다. '밭이→바치, 같이→가치, 굳이→구지' 등이 그 일례다. 방언에 따라서는 '길>질, 기름>지름, 겨>제, 겨누다>저누다, 키(箕)>치, 끼다>찌다' 등의 현상도 보여 주는데 이 역시 훌륭한 구개음화의 예들이다. 그리고 지난날 국어가 겪어 온 '뚷다>좋다, 뎌>저, 티다>치다, 텬디>천지'의 변화도 구개음화에 말미암은 것이다.

방언에서 나타나는 '힘>심, 형>성, 흉>숭' 등의 현상도 구개음화다. 이때의 'ㅅ'은 구개음 [ʃ]이기 때문이다. 그리고 언중들은 의식하지 못하지만 '냠냠'의 'ㄴ'이나 '오륙도'의 'ㄹ'도 각각 구개음 [ɲ]와 [ʎ]로 실현되므로 'ㅣ'와 'j' 앞에서의 구개음화는 그 적용 범위가 상당히 넓은 편에 속한다.

구개음화는 뒤에 오는 음이 앞의 음에 영향을 주었기 때문에 역행동화(逆行同化)며, 두 음 사이에 다른 음이 끼어 있지 않으므로 인접동화(隣接同化)에 속한다. 또 동화되는 자음이 구개음이 되어 'ㅣ'나 'j'로 가까워지기는 했지만 'ㅣ'나 'j'로까지 바뀐 것은 아니므로 부분동화(部分同化)다.

여기서 구개음이 아닌 자음들이 'ㅣ'나 'j' 앞에서 구개음 'ㅈ, ㅊ, ㅉ'으로 바뀌는 것이 어째서 동화(同化)인가를 잠시 생각해 볼 필요가 있다. 이 현상을 동화(同化)로 해석하는 것은 'ㄷ, ㅌ, ㄸ'과 'ㅣ' 및 'j' 사이의 관계보다, 또는 'ㄱ, ㅋ, ㄲ'과 'ㅣ' 및 'j' 사이의 관계보다, 'ㅈ, ㅊ, ㅉ'과 'ㅣ' 및 'j' 사이의 관계가 더 가깝다는 것을 전제로 한다. 그러면 어째서 'ㅣ'나 'j'는 다른 자음들보다 구개음과 더 가까운 음인가? 우리는 저 앞에서 전설모음(前舌母音) 'ㅣ'가 발음되는 위치가 경구개(硬口蓋 즉 구개음의 발음 위치) 아래이며, 'j'도 혀와 입천장 사이의 거리가 조금 더 좁혀지기는 하여도 같은 위치에서 발음되는 반모음임을 지적한 바 있다. 즉 자음 중 모음 'ㅣ'와 가장 가까운 위치에서 발음되는 자음은 구개음이다. 구개음화(口蓋音化)는 'ㅣ'나 'j'가 먼 거리에 있는 자음을 자기와 가까운 자리에서 나는 자음으로 바꾼 현상이며 따라서 동화(同化) 현상인 것이다.

현대국어에서 구개음화가 일어날 법한 조건을 갖추었으면서도 구개음화가 일어나지 않는 경우가 꽤 있다. '디디다, 견디다, 느티(나무), 띠' 등이 그러하다. 이들은 역사적으로 '드듸다, 견듸다, 느틔, 띄'처럼 모음이 'ㅣ'가 아닌 'ㅢ'였던 단어들로서 구개음화가 휩쓸던 시기에는 이들은 구개음화의 조건을 갖추고 있지 않았기 때문인 것으로 해석된다. 즉 구개음화의 물결이 지나가고 난 다음에 'ㅢ'가 'ㅣ'로 바뀌는 변화를 겪었기 때문에 구개음화의 화(禍)를 면한 것이라 풀이하는 것이다. 이것은 뒤에서 규칙의 적용 순서 문제를 다룰 때 다시 이야기될 것이다.

움라우트 뒤에 오는 모음 'ㅣ'나 'j'의 영향으로 그 앞의 모음 'ㅏ, ㅓ, ㅗ, ㅜ' 등이 'ㅐ, ㅔ, ㅚ, ㅟ'로 바뀌는 현상을 움라우트(umlaut) 또는 ㅣ역행동화(逆行同化)라 한다. '아비→애비, 손잡이→손잽이, 먹이다→멕이다, 토끼→퇴끼, 죽이다→쥑이다, 학교→핵교, 구경→귀경' 등이 그 예다. 이들은 ㅣ역행동화라는 이름대로 역행동화이며 또 대개 두 모음 사이에 제3의 음인 자음이 하나 개입되어 있으므로 원격동화(遠隔同化)다.

움라우트는 후행(後行)하는 모음 'ㅣ'가 자기와 먼 거리에 있는 모음을 가까이에서 발음되는 모음으로 바꾸는 현상이다. 가령 '죽이다→쥑이다'에서 후설모음(後舌母音) 'ㅜ'를 'ㅣ'와 동일한 위치에서 발음되는 'ㅟ'로 바꾼 것은 두 모음의 거리를 크게 단축한 것이다. 'ㅓ'를 'ㅔ'로 바꾸는 경우나 'ㅏ'를 'ㅐ'로 바꾸는 경우도 거의 마찬가지다. 이처럼 발음의 거리를 가깝게 한다는 것은 발음 위치상 비슷한 성질의 음으로 만든다는 것이므로 움라우트도 대표적인 동화(同化)의 하나다.

움라우트가 반영된 어형(語形)은 표준어로 인정하지 않고 있지만 '올창이→올챙이'처럼 역사적으로 이른 시기에 굳어진 어형(語形)들은 표준어로 인정되어 있다. 현대국어에서는 대체로 남부로 갈수록 '밥이→뱁이, 바람이→바램이'처럼 명사와 조사 사이에서도 움라우트 현상이 나타날 정도로 그 도(度)가 심하게 나타난다. 그렇더라도 '보리→뵈리, 손이→쇤이' 등의 현상을 보이는 방언은 없어 그 적용 범위가 복잡함을 볼 수 있다.

비음화 앞에서 후행(後行)하는 자음이 비음(鼻音)일 때는 그 앞에 오는 자음이 큰 제약을 받는다는 것을 밝혔었다. 그러한 제약에도 불구하고 두 형태소가 연결되다 보면 서로 이웃해 나타날 수 없는 두 자음이 만나는 경우가 있다. 이 때 만일 비음 앞에 폐쇄음이 오면 그 폐쇄음은 비음의 영향을 받아 비음으로 바뀐다. '믿는다→민는다, 업는다→엄는다, 먹는다→멍는다'나 '겉문→걷문→건문, 앞날→압날→암날, 부엌문→부억문→부엉문' 등이 이 예에 속한다. 이처럼 폐쇄음이 후행하는 비음에 동화되어 비음으로 바뀌는 동화(同化)를 비음화(鼻音化)라 한다. 후행하는 음이 영향을 주는 것이므로 역행동화(逆行同化)이며 두 음이 바로 연결되어 있으므로 인접동화(隣接同化)다. 그리고 위에서 보듯 일부는 완전동화며 일부는 부분동화다. 비음화(鼻音化)는 ㅣ역행동화(逆行同化)나 구개음화(口蓋音化)와는 달리 이 조건에 있는 경우는 예외 없이 일어나기 때문에 절대동화(絕對同化 absolute assimilation)라 하기도 한다.

비음화(鼻音化)는 '독립→독닙→동닙, 십리→십니→심니' 등에서처럼 후행자음이 'ㄹ'이던 것이 일단 'ㄴ'으로 바뀐 다음에 일어나기도 한다. 이 때 'ㄹ'이 'ㄴ'으로 바뀌는 것은 앞에서 말했듯이 'ㄹ'은 'ㄹ' 이외의 자음 다음에는 놓일 수 없는 제약 때문이다.

설측음화 앞의 비음화(鼻音化)와 아주 비슷한 동화(同化)로서, 'ㄹ'과 'ㄴ'이 만났을 때 'ㄹ'의 영향으로 'ㄴ'이 'ㄹ'로 바뀌는 설측음화(舌側音化)가 있다. '천리→철리, 논리→놀리, 진로→질로, 편람→펼람'처럼 역행동화(逆行同化)가 그 주종(主宗)을 이루지만 '칼날→칼랄, 실낱같이→실랕가치, 불능→불릉, 찰나→찰라'처럼 순행동화(順行同化)로도 이루어진다.

'ㄴ'과 'ㄴ'이 만나서 두 'ㄴ'이 다 'ㄹ'로 바뀌는 현상, 가령 '관념→괄렴, 안녕→알령' 등은 결과로는 설측음화(舌側音化)처럼 보이나 'ㄴ'과 'ㄹ'이 만난 경우가 아니어서 설측음화라 할 수 없다. 아마 설측음화에 유추(類推)되어 중간에 '괄렴, 알령' 등의 단계를 거쳐 일어난 현상일 것이다. 오늘날 '곤란'으로 쓰고 있는 것도 어원적으로는 '곤난'(困難)인데 '관념, 안녕'과는 달리 발음이 '골란'으로만 나기 때문에 현실을 존중한 것이며, '관념, 안녕'을 '괄렴, 알령'으로 발음하는 것은 정상적이지 않다고 해석하여 표준발음으로 인정하지 않은 것이다.

모음조화 국어에 앞 음절의 모음과 뒷 음절의 모음이 동계(同系)의 모음끼리 어울리는 현상이 있음은 일찍부터 알려져 왔다. 이처럼 앞뒤 음절에 동계(同系) 모음끼리 나타나는 현상을 母音調和(vowel harmony)라 한다. '사각사각'과 '서걱서걱' 또는 '촐랑촐랑'과 '출렁출렁'은 좋은데 '사걱사걱'과 '서각서각', 또는 '촐렁촐렁'과 '출랑출랑'은 성립되지 않는 것이 바로 모음조화 현상이다. '파랗다, 퍼렇다'는 되는데 '퍼랗다, 파렇다'는 안 되는 것도 마찬가지다.

모음조화도 일종의 동화(同化)로 해석된다. 앞 음절의 모음이 뒷 음절의 모음을 자기 계열로 이끌어간 것으로 해석할 수 있기 때문이다. 그러나 모음조화는 앞에서 본 동화(同化)들과는 구별되는 점도 있다. 앞엣것들은 기본형으로 보아 어떤 음이던 것을 동화에 의해 다른 음으로 바꾸는 것이라는 해석이 가능한 현상들이었다. 그러나 모음조화의 경우는, 가령 '출렁출렁'에서 '렁'이 애초 '랑'이던 것이 앞의 '출'의 'ㅜ' 때문에 '렁'으로 바뀌었다고 해석하기는 어려운 점이 있다. 처음부터 짝지어 만난 것이지 기본형이 주위 환경 때문에 동화를 입은 경우는 아닌 것이다. 모음조화는 이 점에서 동화라면 특이한 동화인 셈이다.

모음조화에서 동계(同系)의 모음이라 할 때 무엇을 기준으로 동계

(同系)라 하느냐는 언어에 따라, 시대에 따라 일정하지 않다. 현대국어에서는 'ㅏ'와 'ㅗ'가 양모음계(陽母音系)로 묶이고 나머지는 음모음계(陰母音系)로 묶이는 특징을 보인다. 이것은 활용(活用)에서 '보아라, 보았다, 갔다(←가았다), 주어라, 주었다, 섰다(←서었다), 그었다, 피었다, 뛰었다, 되었다' 등에서 그 일단을 볼 수 있다. 그러나 현대국어에서의 모음조화는 '밥은 ~ 법은, 막ᄋᆞ니 ~ 먹으니'까지 모음조화가 지켜졌던 중세국어(中世國語)에 비하면 훨씬 엄격하지 못하다. 심지어 '잡어라, 잡었다'와 같이 모음조화 파괴 현상을 보여 준다. 다만 의성의태어(擬聲擬態語)에서의 모음조화는 아직도 꽤 철저하게 지켜져 어감(語感)의 분화에 크게 기여하고 있다.

2.4.4 생략과 첨가

생 략 형태소 중의 어떤 음(音)이 그 형태소에서 떨어져 나가는 현상도 흔히 볼 수 있는 현상인데 이를 생략(省略), 또는 탈락(脫落 deletion 또는 loss)이라 한다.

솔나무→소나무
말＋소→마소
딸＋님→따님
달＋달＋이→다달이
멀＋나＋멀＋ㄴ→머나먼
알＋니→아니
알＋시＋-ㄴ다→아신다

등에서 'ㄹ'이 탈락하는 현상이 그 좋은 예다. 역사적으로도 '알ᄑᆞ다'의 'ㄹ'이 탈락하여 오늘날의 '아프다'가 된 예 등이 있다.

위에서 보면 'ㄹ'이 자주 탈락하는 성질이 있음을 보게 되는데 국어의 'ㅎ'도 그러한 성질을 가지고 있다. '놓아라 → 노아라 → 놔라'에서 보아도 그렇고 역사적으로 'ㅎ' 받침을 가졌던 '하ᄂᆞᆯㅎ, ᄯᅡㅎ, 나라ㅎ'이 오늘날 모두 그것을 잃어버린 것도 그러한 사실을 보여 준다.

생략(省略)은 단어의 첫머리에서 일어날 수도 있고 그 끝이나 중간에서 일어날 수도 있다. 이를 어두음생략(語頭音省略), 어말음생략(語末音省略), 어중음생략(語中音省略)으로 구별하여 부르는 수가 있다. 중세국어에서 'ᄡᆞᆯ, ᄡᅵ'의 어두음(語頭音) 'ㅂ'은 오늘날 '좁쌀, 볍씨'에 그 자취가 남아 있듯이 발음이 되었던 것으로 추정되는데 후세에 탈락하고 말았다. 어말음생략(語末音省略)의 예로서는 '거우루>거울, 고마>곰'처럼 어말(語末)의 모음이 탈락한 예나, 앞에서 예시하였던 '하ᄂᆞᆯㅎ>하늘, 나라ㅎ>나라' 등의 예를 들 수 있다. 그리고 어중음생략(語中音省略)의 예로는 앞에서 보았던 '알ᄑᆞ다>아프다'나 '기ᄅᆞ마>길마'와 같은 역사적인 변화의 예도 있고 '쓰어라 → 써라, 푸었다 → 펐다'와 같은 현대국어에서의 예도 있다.

생략(省略) 중 같거나 비슷한 음(音)이나 음절 하나를 탈락시키는 현상이 있는데 이를 특별히 동음생략(同音省略 haplology)이라고 하여 구별하여 부르는 수가 있다. 오늘날 '이르러, 이르니, 이르면'의 중세국어에서의 활용형(活用形)은 '니를-'을 어간으로 하여 '니르러, 니르르니, 니르르시고'였는데 '르르'처럼 같은 소리가 겹친 경우에는 '르' 하나를 탈락시켜 버렸다. '동양, 평양'에서 앞 음절 말의 'ㅇ' 하나를 탈락시키고 '도양, 펴양'으로 발음하는 것도 동음생략의 일종일 것이다. 이 현상은 동음(同音) 중복에서 오는 단조로움을 깨고 발음하기도 쉽게 하려는 현상으로 해석되는데 전체적으로 생략은 발음에 드는 노력을 줄이려는 현상일 것이다.

첨 가 생략과는 정반대되는 현상으로 없던 음(音)을 덧붙이는 현상이 있다. 이를 첨가(添加 insertion 또는 addition)라 한다. '고치다'를 '곤치다'로 말하는 방언이 있는데 여기에 'ㄴ'이 삽입된 것은 바로 첨가의 예일 것이다. 오늘날의 '던지다'도 그 고형(古形)인 '더디다'와 비교해 보면 'ㄴ'이 삽입된 첨가 현상의 결과임을 볼 수 있다.

'소+아지'처럼 모음이 직접 만나는 현상을 모음충돌(母音衝突 hiatus)이라 하는데 이 상태는 발음하기가 빽빽하므로 어떤 조처를 취하는 수가 많다. '소+아지>송아지, 죠히>조이>종이'처럼 두 모음 사이에 자음을 삽입시키는 첨가 현상은 그러한 거북한 상태를 해소하는 조처의 하나라 할 수 있다. '되었다'가 '되였다'로 발음되는 것도 모음충돌을 해소하기 위하여 두 모음 사이에 반모음(半母音) 'j'를 삽입한 일종의 첨가 현상으로 해석된다.

2.4.5 축약 및 기타

음소(音素)들이 이웃하는 음소와 영향을 주고받으면서 일으키는 현상 중 가장 흔히 볼 수 있는 것을 앞에서 대략 살펴보았다. 여기에서는 그것들보다는 드물게 보는 현상이지만 역시 중요한 음운 현상들에 속하는 현상을 몇 가지만 더 간추려 보고자 한다.

축 약 두 음(音)이 한 음으로 통합되는 현상을 축약(縮約 contraction)이라 한다. 사적(史的)으로 '개'는 '가히>가이>개'의 과정을 밟아 된 것인데 여기에서 'ㅏ'와 'ㅣ'의 두 모음이 'ㅐ'의 한 모음으로 줄어든 것은 곧 축약의 예다. '보이다→뵈다', '(오줌을) 누이다→뉘다'도 같은 현상이며 '세우다, 태우다'의 '세, 태'도 '서-이우-다, 타-이우-다'의 '서+ㅣ'와 '타+ㅣ'가 축약된 결과로 분석된다.

두 모음이 위에서처럼 단모음(單母音)으로 줄지 않고 앞의 모음이 반모음(半母音)으로 바뀌면서 이중모음(二重母音)으로 되는 현상도 흔히 축약의 일종으로 다룬다. '보-아라→봐라, 주-어라→줘라'의 'ㅗ'와 'ㅜ'가 반모음 'w'로 바뀌면서 'ㅗ+ㅏ'가 'ㅘ'로, 'ㅜ+ㅓ'가 'ㅝ'로 준 것이라든가 '피-어서→펴서, 하-시-었-다→하셨다'에서 'ㅣ'가 반모음 'j'로 바뀌면서 'ㅣ+ㅓ'가 'ㅕ'로 줄어든 것이 그 예들이다.

음운도치 한 단어 안에 있는 두 음소, 또는 두 음절이 서로 자리를 바꾸는 현상을 음운도치(音韻倒置 metathesis)라 한다. 어떤 방언에서는 '거품'을 '버쿰'이라고 하는데 이는 'kɔpʰum'에서 'k(ㄱ)'와 'p(ㅂ)'가 서로 자리를 바꾼, 즉 음운도치의 결과일 것이다. 오늘날의 '배꼽'은 그 고형(古形) '빗복'으로부터 '복'의 'ㅂ'과 'ㄱ'이 자리를 바꾸어 '빗복>빗곱>배꼽'의 과정을 거쳐 형성된 것으로 이해되고 있다.

음운도치는 대체로 처음에는 부주의한 말에서 일어난 현상이던 것이 새로움을 주는 매력 때문에 굳어진 현상으로 해석된다. 흔히 농담으로 '밥에 입 들어간다'는 말을 하지만 실제로 부주의로 인해 이렇게 순서를 뒤집어 말하는 경우가 꽤 많다. 가령 '받아 갔니?'라고 할 것을 '갇아 밨니?'라고 잘못 말하는 경우가 그것이다. 음운도치는 실제로는 꽤 많은 현상인데 그것이 새 언어 형태로 굳어지는 일은 그리 흔하지 않다.

이 화 서로 같거나 비슷한 소리의 하나를 다른 소리로 바꾸는 현상을 이화(異化 dissimilation)라 한다. 이는 동화(同化)와 대립되는 현상인데 발음의 단조로움을 깨려는 심리가 작용하는 것으로 풀이된다. 중세국어의 '붚, 거붑'이 오늘날 '북, 거북'으로 바뀐 것은 대표적인 이화의 예다. 'ㅂ' 하나를 'ㄱ'으로 바꿈으로써 두 'ㅂ'에서 오는 단조로움을 깬 것이다.

이화(異化)는 음운도치와 마찬가지로 그리 자주 일어나는 현상이 아니다. 두 현상 모두, 어떤 음과 어떤 음이 만나면 반드시 어떤 현상이 일어난다는 엄격한 규칙이 없고 같은 조건에 있는 단어 중에서도 특정 단어에만 일어나기 때문이다.

참고

한국어를 대상으로 음성학과 음운론을 고루 자세하게 다룬 저술은 의외로 드물다. 李基文 · 金鎭宇 · 李相億의 『國語音韻論』(1984), 허웅의 『국어음운학』(1985), 정연찬의 『개정 한국어음운론』(1997), 李秉根 · 崔明玉의 『국어음운론』(1997), 배주채의 『국어음운론개설』(1996) 등이 그중 좋은 참고서가 될 것이다. 그리고 음성학 쪽으로는 이호영의 『국어음성학』(1995)이 우리나라 최초의 본격적 개설서로서 새로운 연구 성과를 많이 제공해 준다. 국어 억양을 분석한 그림은 여기서 가져온 것이다.

음성학과 음운론의 기초적 사항은 우선 언어학개론류에서 읽는 편이 좋을 것이다. 최근의 것으로는 Akmajian(외 3인)의 *Linguistics*(1995)의 제3장(Phonetics and Phonetic Transcription)과 제4장(Phonology), Fromkin and Rodman의 *An Introduction to Language*(1998)의 제6장(Phonetics)과 제7장(Phonology), Finegan의 *Language: Its Structure and Use*(1999)의 제3장(The Sounds of Language: Phonetics)과 제4장(The Sound System of Language: Phonology)이 읽을 만하다. 음절구조 분석은 Fromkin and Rodman (1998)과 Finegan(1999)를 참조한 것이다. 좀 다른 이야기이지만 이들 개론서들에서 한결같이 음성학과 음운론을 형태론(및 통사론)보다 뒤에 배치하고 있음도 음미해 볼 점이라고 생각된다.

발음기관을 비롯하여 調音音聲學의 기초적인 지식에 대해서는 이 방면의 古典인 Daniel Jones(1881-1967)의 *An Outline of English Phonetics*(1957)를 참조할 것. 특히 基本母音의 개념은 이 책에서 비롯되는 것으로서 어느 책에서보다 자세한 내용을 소개해 준다. 그러나 근래에는 Daniel Jones가 제안한 기본모음을 얼마간씩 수정해 쓰고 있음도 주의할 필요가 있다. Daniel Jones는 애초 2차 기본모음에는 번호를 붙이지 않았다. 그리고 12번에는 2차 기본모음을 배당하지 않았다(IPA에서도 한참은 이 체계를 따랐다). 기본모음에 중성모음 [ɨ], [ʉ] 및 나아가서는 [ə]를 추가할 수 있음을 비추기는 하였으나 적극성을 보이지 않았는데 이 점은 오늘날에도 달라지지 않은 듯하다.

Daniel Jones는 母音四角圖도 아래 오른쪽 그림과 같은 것을 채택해 썼다. 기본모음의 혀 위치를 정확히 그리면 아래 왼쪽 그림처럼 럭비공과 비슷한 모양이 되는데 그것을 그리기에 편하도록 사각형으로 바꾸면 이런 사각형이 된다는 것이다. 그런데 그것조차 비대칭형이어서 불편하다고들 하는 일선 교사의 이야기를 듣고 脚註에서 한 대안으로 제시한 것이 그림 2-6인데 오늘날은 이것을 표준으로 쓰게 되었다. Daniel Jones는 이 사각형은 i—u선과 a—ɑ선이 수평이고 u—ɑ선이 수직이며 i—u, u—ɑ, a—ɑ선이 각각 4 : 3 : 2의 비율을 가지는 것이라는 것까지 밝혀 놓고 있다.

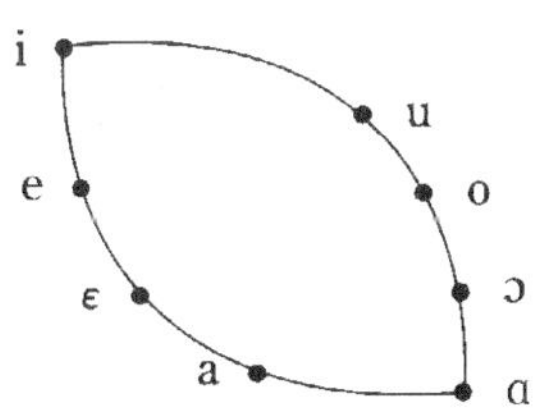

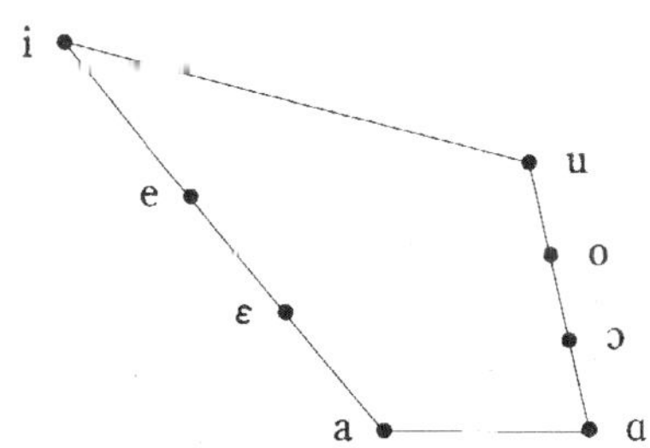

IPA의 모음 기호도 기본모음의 것을 대개 그대로 가져다 쓰는데 이에 대해서는 *Handbook of the International Phonetic Association: A Guide to the Use of the International Phonetic Alphabet*(1999)를 참조할 것. IPA에 대한 전반적인 해설을 볼 수 있어 언어학도라면 한 권씩 갖추어야 할 책이라 할 만하다.

음성학 전반에 대한 것으로는 Ladefoged의 *A Course in Phonetics*(1993), Catford의 *A Practical Introduction to Phonetics*(1988), Clark and Yallop의 *An Introduction to Phonetics and Phonology*(1995), MacKay의 *Phonetics: The*

Science of Speech Production(1987), Laver의 *Principles of Phonetics*(1994) 등이 가장 기본적인 안내서라 할 만하다. 이 외에 Crystal의 *A Dictionary of Linguistics and Phonetics*(1997)도 음성학 용어들이 명료하게 정리되어 있어 편리하며, Pullum and Ladusaw의 *Phonetic Symbol Guide*(1996)는 각종 음성기호의 모양과 용법을 정밀하게 해설해 주어 유용하다. 음성기호의 이름은 여기서 가져온 것이다.

음성기호의 명칭과 관련하여 '요드(yod)'와 '램더(lambda)'에 대해서도 언급해 두는 것이 좋을 듯하다. 요드는 주로 게르만어학자들이 쓰는 용어로서 'j'로 대표되는 음운단위를 가리키는 이름이요 'j'의 글자 이름은 아니다. 한편 램더는 로마자 'l'에 해당하는 그리스 자모 λ의 이름으로 이것은 IPA에 들어 있지 않다. 미국에서 IPA의 [dl] 대신 쓰는 일이 있고 한때 Boas 등이 IPA의 [ʎ](즉 [l]의 구개음) 代用으로 쓸 것을 제안한 바 있으나 채택되지 않았다. 따라서 국어의 구개음 'ㄹ'을 램더로 표기하는 일은 피하여야 할 것이다. 국어로마자표기 중 ŏ, ŭ의 특수부호를 흔히 반달표라 부르는데 原名은 breve라는 것도 알아 두는 것이 좋겠다. IPA에서는 특별히 짧은 발음을 나타내는 기호인데 그 점에서 국어의 'ㅓ', 'ㅡ'를 'ㅗ', 'ㅜ'와 구별하기 위한 기호로 이 부호를 채택한 것은 적절치 못한 면이 있다.

음운론 분야로는 Hyman의 *Phonology: Theory and Analysis*(1975), Lass의 *Phonology: An Introduction to Basic Concepts*(1984), Katamba의 *Introduction to Phonology*(1989) 및 앞의 Clark and Yallop(1995) 등이 모두 좋은 안내서들이며 Collinge의 *An Encyclopaedia of Language*(1990)와 Malmkjaer의 *The Linguistics Encyclopedia*(1991)에서도 음성학과 음운론에 해당하는 항목에서 간결하게 잘 정돈된 내용을 볼 수 있다. Sloat, Taylor and Hoard의 *Introduction to Phonology*(1978)는 음성학과 음운론을 고루 쉽게 서술하고 있어 역시 유익하다. 변별자질에 관해서는 Chomsky and Halle의 *The Sound Pattern of English*(1968), Hyman의 앞의 책(1975), Kenstowicz의 *Phonology in generative Grammar*(1993) 및 Durand의 *Generative and Non-Linear Phonology*(1990)의 번역서인 문양수의 『생성 · 비단선 음운론』(1994) 등을 참조하기 바란다. 앞에서 변별자질의 이름으로 [ ] 속에 넣어서 부를 때는 [비음성] 내신 [비음]으로 부를 것을 제안했는데(아예 '음'도 빼고 [비강], [성(聲)], [전설] 식으로 불러도 좋을 것이다) 영어에서도 [ ]에 넣을 때는 [nasal], [front], [voiced]라고 할 뿐 [ ] 없이 쓰는 nasality, frontness, voicing과 같은 용어를 쓰지 않음을 눈여겨 볼 필요가 있을 듯하다. 相關은

전통적인 개념으로 오래전부터 널리 쓰여 온 술어인데 의외로 마땅한 해설이 드물다. 韓汶熙 역『音韻論』(1984)에 비교적 자세한 설명이 있다.

인터넷에서도 http : // www. arts. gla. ac. uk / IPA / ipa. html에서 IPA 관련 자료를 볼 수 있으며, 또 http : // www. phon. ucl. ac. uk / home / wells / cassette. htm에서는 IPA의 발음을 수록한 TAPE이나 CD를 구할 수 있다. 그리고 http : // www. humnet. ucla. edu / linguistics / vowels and consonants / contents. html에서는 발음기호에 해당하는 발음도 들을 수 있어 유용하게 활용할 수 있다.

제 3 장 문 법 론

음운론은 음소(音素)이든 음절(音節)이든 어떤 의미를 가지고 있지 않은 언어 단위를 다루는 분야였다. 그러나 문법론에서 다루는 언어 단위들은, 이들을 문법단위(文法單位 grammatical unit)라 하는데, 모두 의미를 가지는 단위다. 형태소(形態素), 단어(單語), 구(句), 절(節), 문장(文章) 등 문법단위들은 어느것이나 의미를 가지고 있다. 이것이 음운론과 문법론의 기본적인 차이이기도 하다.

이 장(章)에서는 이러한 문법 단위를 중심으로 하여 이들이 가지는 일반 특성과 국어의 대표적인 문법 현상들을 살펴보기로 하겠다.

3.1 형태소

최소의 의미 단위 문법 단위 중 최소 단위는 형태소(形態素 morpheme)다. 문법 단위는 의미를 가지는 언어 단위이므로 형태소는 따라서 의미를 가지는 언어 단위 중 가장 작은 언어 단위인 셈이다. 형태소는 흔히 최소(最小)의 유의적 단위(有意的 單位 minimal meaningful unit)라고 정의된다.

여기서 가장 작다든가 최소라든가 하는 말은 더 이상 쪼개면 그 의미가 없어지는, 따라서 더 이상 쪼갤 수 없는 크기라는 뜻이다. 가령 '흙'을 '흐'와 'ㄺ', 또는 '흘'과 'ㄱ'이나 'ㅎ'과 '읅'으로 쪼갠다면 그 각각은 전혀 의미가 없는 단순한 소리 내지 소리군(群)이 되거나, 적어도 '흙'과는 전혀 관련이 없는 의미를 가지는 조각들이 된다. 그러면 '흙'은 의미를 가지는 단위로서는 최소의 단위요, 따라서 '흙'은 하나의 형태소라고 판정하는 것이다. '코, 얼굴, 구름, 나무, 저고리, 도토리, 비둘기, 코스모스' 등도 더 이상 쪼갤 수 없는 최소의 의미 단위이므로 역시 형태소들이다.

형태소가 유의적 단위, 즉 의미를 가지는 단위라고 할 때의 의미란 보통 국어사전에서 정의하는 의미와 같다. 국어사전에서는 '흙, 얼굴, 나무' 등의 어휘로서의 의미를 비롯하여 '책을, 밥을, 사람을'의 '을'이 목적어를 만들어 주는 의미를 가지고 있고, '뛰어라, 먹어라, 읽어라'의 '-어라'가 명령을 나타내 주는 의미를 가지고 있음을 규정해 주고 있다. 즉 여기에서의 의미는 어떤 문법적 일을 하느냐 하는 문법적 의미까지를 포함한다.

국어사전에서는 '읽어라, 읽으면, 읽고, 읽었다'의 '읽-'을 따로 떼어 그 의미를 정의하지는 않는다. 그러나 이 '읽-'에 '讀'이나 'read'의 의미가 있다는 것은 쉽게 찾아낼 수 있다. 사전에서 '읽다'를 표제어(標題語)로 내세워 정의하는 것은 하나의 관습일 뿐 '읽다'의 정의나 '읽-'의 정의는 결국 같아질 수밖에 없을 것이다.

의미를 가지는 언어 단위에는 형태소 이외에 단어, 구, 문장 등도 있다. '밝은 웃음'도 의미를 가지는 단위요, '코웃음, 진흙, 앉아라'

나 '저것이 도서관이다'도 다 마찬가지다. 그러나 이것들은 최소의 유의적 단위는 아니다. 다 나시 쪼갤 수 있는 것들이다. '밝은 웃음'은 우선 '밝은'과 '웃음'으로 쪼갤 수 있고 그것은 다시 '밝-'과 '-은', '웃-'과 '-음'으로 쪼갤 수 있다. 나머지들도 마찬가지다. 따라서 이들은 형태소가 아니다. 형태소는 의미를 가지는 단위이되 최소의 유의적 단위인 것이다.

이형태 형태소는 그 놓이는 환경에 따라 음상(音相 phonemic shape)을 달리하는 일이 많다. '흙'을 예로 들면 '흙이, 흙으로'에서는 '흙'으로 발음되지만 '흙도, 흙바람'에서는 '흑'(방언에 따라서는 '흘')으로 발음되며 '흙만으로, 흙먼지' 등에서는 '흥'으로 발음된다. '책을, 흙을'의 '을'이 '노트를, 모래를'에서는 '를'이 되는 것도 마찬가지 예다.

한 형태소가 주위 환경에 따라서 이처럼 음상을 달리하는 일을 교체(交替 alternation) 또는 변이(變異 variation)라 한다. 그리고 이 교체에 의해 달라진 한 형태소의 여러 모양을 각각 그 형태소의 이형태(異形態 allomorph) 또는 변이형(變異形 variant)이라 한다.

여기서 형태(形態 morph)라는 개념도 아울러 알아 두는 것이 좋겠다. '을'이나 '를'이 한 형태소로 묶이는지 묶이지 않는지를 불문(不問)에 붙이면 이들은 각각 형태라고 부를 수 있다. '흙'이나 '흑'도 마찬가지로 그 각각을 형태라 부를 수 있다. 결국 형태도 의미를 가지는 최소의 단위다. 다만 형태는 그와 꼭같은 의미를 가지는, 그래서 그와 함께 한 형태소로 묶일 다른 형태가 더 있을 수 있는지를 굳이 염두에 두지 않고 부르는 이름임에 비해서 형태소는 이들 형태를 다 묶은 단위라는 뜻이 담긴 이름이라는 것이 다를 뿐이다. 다시 말하면, 만일 '을'을 형태라 할 때는 '를'과의 관계를 고려하지 않고 하는 말임에 반해 그것을 한 형태소라 할 때에는 그 속에 '를'도 포함시켜 말하는 것이며, '흙'도 마찬가지로 한 형태라 할 때는 나머지 이형태(異形態)를 염두에 두지 않는 데 반해 그것을 형태소라 할 때는 그 속에, 주위 환경에 따라 달라지는 모습인 '흑'이나 '흥'까지 포함시켜 말하는 것이다.

기본형 한 형태소에 여러 이형태가 있을 때 그 중 대표를 하나 정하여 나머지 이형태의 대표로 삼는 수가 있다. 이 대표 이형태를 기본형(基本形 basic allomorph)이라 한다. 기본이형태(基本異形態)라고 하는 것이 더 정확하겠으나 흔히 이렇게 줄여 부른다. 한 형태소에 여러 이형태가 있을 때 그 한 형태소를 표시하기 위하여 그 이형태 하나 하나를 다 밝혀 /을~를/, 또는 '을/를'로 표시하는 수가 있다. 그러나 기본형을 정하여, 만일 '을'을 기본형으로 삼았다면 '을' 하나만 써서 이 형태소를 표시하면 한결 간편하게 된다. 기본형임을 특별히 밝히기 위해 {을}, {흙}처럼 { } 속에 넣어 표시하는 방안이 꽤 널리 쓰이고 있으나 반드시 이 기호로 표시해야 한다는 제약은 없다.

여러 이형태 중 어느것을 기본형으로 정하느냐에는 몇 가지 기준이 있다. 앞에서 교체는 형태소가 그 환경에 의해 음상(音相)을 바꾸는 일이라 하였다. 만일 어느 하나를 기본형으로 정하고 나머지 이형태가 그 기본형으로부터 이러이러한 조건 때문에 교체된 것이라고 합리적으로 설명할 수 있다면 이 방향에서 기본형을 정하여야 한다. '흙'이 '흙도'에서 'ㄹ'이 탈락하여 '흑'이 되고, '흙만'에서는 '흙만→흑만→흥만'의 과정을 거쳐 'ㄱ'이 다시 'ㅇ'이 되는 현상은 국어의 음운규칙에 의해 순리적으로 설명된다. 그런데 만일 '흥'을 기본형으로 삼고 이것이 '도' 앞에서 '흑'이 되고 '을'이나 '에서' 앞에서

'흙'으로 바뀌었다고 설명하는 일은 성립하지 않는다. 따라서 이 때는 '흙'을 기본형으로 삼아야 한다.

그런데 '을'과 '를'은 어느쪽에서 어느쪽으로 교체되었다고 설명하는 것이 분명히 더 합리적이라고 말하기 어렵다. 주격조사(主格助詞) '이'와 '가'처럼 음상이 비슷하지 않을 때는 더욱 그러하다. 이 때는 통계적으로 어느 하나가 월등히 우세하면 그쪽을 기본형으로 잡으면 좋다. 그런데 '을'과 '를'도 마찬가지지만 '이'와 '가'는 하나는 자음(받침) 다음에, 하나는 모음 다음에 쓰이는데 국어의 명사 중 받침으로 끝나는 것과 모음으로 끝나는 것의 수(數)가 그리 큰 차이가 없어서 '이'와 '가', 또는 '을'과 '를' 중 어느것이 결정적으로 빈도가 더 높다고 말하기 어렵다. 이럴 때는 둘 중 임의로 어느 하나를 기본형으로 정하면 된다.

상보적 분포 음소와 이음의 관계에서도 마찬가지였는데 한 형태소에 두 이형태가 있다면 그들이 분포되는 환경은 서로 겹치지 않는 특성을 가진다. 가령 이형태 a가 x(가령 모음 뒤)라는 환경에 분포되고 이형태 b는 y(가령 자음 뒤)라는 환경에 분포된다면 a가 y 환경에 분포된다든가 b가 x 환경에 분포되는 일은 없다는 것이다. 실제로 '을'과 '를'을 예로 보면

* 책를 읽었다, * 밥를 먹어라
* 잡지을 읽었다, * 국수을 먹어라

와 같은 쓰임은(별표 *는 정상적인 문장이 아니라는 것을 뜻한다) 있을 수 없다. 이처럼 두(또는 그 이상의) 형태가 놓이는 환경이 서로 배타적이어서 겹치는 일이 없으면 그 분포를 상보적 분포(相補的 分布 complementary distribution)라 한다.

한 형태소에 속하는 이형태들은 의미가 같다. '책을 읽었다'의 '을'과 '잡지를 읽었다'의 '를'이 다른 의미를 가졌다고 말할 수는 없다. '음악을 듣지요'의 '듣-'과 '음악을 들어요'의 '들-'도 마찬가지다. 한 형태소란 이처럼 같은 의미를 가지면서 상보적 분포를 가지는 이형태들의 집합이라고 고쳐 말할 수 있다.

자립형태소와 의존형태소 형태소는 혼자서 독립해서 단어가 될 수 있는 것도 있고, 반드시 어떤 다른 형태소와 결합하여야만 단어가 되는 형태소도 있다. 앞의 '흙, 코, 얼굴, 나무' 등은 그 혼자서 단어가 되는 형태소들이다. '어느, 무슨, 벌써, 무척, 또' 등도 마찬가지다. 이처럼 단독으로 단어가 될 수 있는 형태소들을 자립형태소(自立形態素 free morpheme)라 한다.

반면 '읽어라'의 '읽-'은 '읽으니, 읽고, 읽는다, 읽었다, 읽게'처럼 반드시 어떤 다른 형태소와 결합하여야만 문장에 쓰일 수 있고 단어 행세도 할 수 있다. 이와 같은 형태소들은 의존형태소(依存形態素 bound morpheme)라 한다. 국어의 동사나 형용사의 어간이나 어미는 모두 의존형태소들이다. 그리고 접두사와 접미사들도 대표적인 의존형태소의 예에 속한다.

자립형태소는 별다른 표시를 하지 않지만 의존형태소는 '-어라, -으니, -고'나 '읽-, 춥-, 깨끗-'처럼 하이픈을 써서 표시한다. 하이픈이 있는 쪽에 반드시 다른 형태소가 결합하여야 함을 뜻하는 것이다. '읽었다, 읽겠다, 읽으시면'의 '-었-, -겠-, -으시-' 등은 양쪽에 하이픈을 두는데 이는 그 양쪽에 동시에 어떤 다른 형태소가 결합되어야 단어가 되어 문장에 쓰일 수 있기 때문이다.

어휘형태소와 문법형태소 형태소는 어휘형태소(語彙形態素

lexical morpheme)와 문법형태소(文法形態素 grammatical morpheme)로 분류하기도 한다. 실질적 개념을 지닌 형태소인가 아니면 문법적 관계만을 나타내 주는 형태소인가를 가르는 것인데 '많다, 많으니, 많고'를 예로 보면 어간 '많-'은 '多'라고 하는 실질적 의미를 가지고 있는 데 반하여 '-다, -으니, -고'는 그러한 의미는 없고 다만 문법적 관계를 나타내 주는 의미밖에 없다. 이 때 '많-'을 어휘형태소, '-다, -으니, -고'를 문법형태소라 하는 것이다. 국어의 조사, 어미, 접미사들은 대표적 문법형태소들이고 명사, 관형사, 부사를 비롯하여 동사, 형용사의 어간들은 어휘형태소들이다. 문법형태소는 그리 엄격한 용법이 요구되는 자리가 아니면 문법형태(文法形態)라는 이름으로도 쓰인다.

3.2 단 어

단어(單語 word)는 형태소보다 일반적으로 더 널리 알려진 언어 단위로서 문법론에서 큰 비중을 차지하는 단위다. 여기에서는 단어란 무엇인가, 즉 단어의 정의(定義)를 살펴본 다음 단어들이 어떤 요소(형태소)들로 이루어지는가를 중점적으로 살펴보고자 한다.

형태소와 단어 앞에서 '흙, 나무, 코, 얼굴, 저고리, 코스모스' 등을 형태소라고 하였다. 이들은 그대로 단어이기도 하다. 그러나 모든 형태소가 그대로 단어가 되는 것은 아니다. 단어는 '최소'이어야 한다는 제약을 받지 않는다. '진흙, 나뭇잎, 코웃음' 등은 더 작게 쪼갤 수 있어서 최소의 유의적(有意的) 단위가 아니며 따라서 형태소들이 아니지만 이들은 모두 단어이기는 한 것이다.

단어는 대체로 자립형식(自立形式 free form)이어야 한다는 제약을 받는다. 자립형식이란 다른 요소와의 결합 없이 문장에 나타날 수 있는 언어 형식을 가리킨다. 자립형태소(自立形態素)와 비슷하나 다만 '최소'라는 제약을 받지 않는다. '읽어라'나 '크게 읽어라', 또는 '비가 온다'나 '뛰는 가슴' 등이 모두 자립형식이기는 하나 자립형태소는 아니다. 단어는 원칙적으로는 자립형식이어야 한다는 조건을 갖추어야 하므로 '흙, 얼굴'처럼 자립형태소는 그대로 단어가 될 수 있지만 '읽-'이나 '푸르-', 또는 '-어라'나 '-고'와 같은 의존형태소는 훌륭한 형태소이기는 하지만 단어는 될 수 없다.

이처럼 형태소와 단어는 겹치는 부분도 있지만 그렇지 않은 부분도 많다. 형태소가 동시에 단어인 경우가 있어 둘의 크기가 같을 때도 있지만 단어가 형태소보다 더 작을 경우란 없기 때문에 대체로 단어가 형태소보다는 큰 단위라고 할 수 있다. 즉 많은 경우에 단어는 형태소가 몇 개 모여 이루어진다. '읽-어라'는 2개, '읽-겠-다'는 3개, '읽-으시-겠-다'는 4개의 형태소로 이루어졌으며, '코-웃-음'은 3개, '코-웃-음-치-겠-구나'는 6개의 형태소로 이루어진 것이 그 한 예다.

단어의 특성 단어는 자립형식 중에서는 가장 작은 단위다. '비가 온다'나 '넓은 교실'은 각각 자립형식이지만 최소의 자립형식은 아니다. '비가'와 '온다'로 쪼개어도 그 각각이 역시 자립형식이기 때문이다. '넓은 교실'도 마찬가지다. 이처럼 몇 개의 자립형식이 모여 이루어진 큰 자립 형식들은 일반적으로 단어가 아니다. 그래서 단어는 흔히 최소의 자립형식(minimal free form)이라 정의된다.

그러나 최소의 자립형식이라는 조건만으로 단어를 다 규정짓기는 어렵다. '책-상, 나팔-꽃, 어깨-동무' 등은 '책'과 '상', '나팔'과 '꽃', '어깨'와 '동무' 등으로 쪼개어도 그 각각이 자립형식이다. 그러면서도 '책상, 나팔꽃' 등은 단어인 것이다.

단어는 그 내부에 휴지(休止 pause)를 둘 수 없다는 특성을 가진다. '얼굴'의 '얼'과 '굴' 사이에 숨을 넣어 발음하는 일이란 없다. 그런데 '책상'도 '책'과 '상' 사이에 휴지를 두고 발음하지는 않는다. '나팔꽃'의 '나팔'과 '꽃' 사이도 마찬가지다. 따라서 '책상'이나 '나팔꽃'은 비록 최소 자립형식은 아니지만 단어로 인정된다.

휴지를 둘 수 없으면 대개 분리성(分離性 isolability)도 없다. 분리성이란 다른 단어가 사이에 끼어들 수 있는 성질을 말한다. 만일 '가을 하늘' 사이에 '가을 저녁 하늘'처럼 '저녁'이 들어갈 수 있으면 '가을 하늘'은 분리성을 가진다. 그런데 '나팔꽃'은 그렇지 못하다. 단어는 그 내부에 휴지를 둘 수 없으며 다른 단어를 끼워 넣을 수 있는 분리성도 가지지 않는 것이다. 그리고 단어 내부가 이렇다는 것은 단어와 단어 사이에는 휴지도 둘 수 있고 분리성도 있다는 뜻이다. '우리 모교의 전통'은 실제로 말할 때는 숨을 쉬지 않고 단숨에 말하는 것이 보통이지만 하려고 마음만 먹으면 '우리', '모교의', '전통'을 각각 끊어서 말할 수 있으며 그 사이에 '우리 <u>이</u> 모교의 <u>빛나는</u> <u>오랜</u> 전통'처럼 다른 단어도 첨가해 쓸 수 있다. 그러므로 단어란 그 내부 안에는 휴지도 둘 수 없고 분리성도 없으며, 동시에 다른 단어와의 경계에는 휴지도 둘 수 있고 분리성도 있는 언어 형식이라 요약할 수 있을 것이다.

그러나 어떤 언어 형식이 단어인가 아닌가를 가려내는 일은 그리 단순하지 않다. 최소의 자립형식이냐 아니냐라든가 휴지 및 분리성이 있느냐 없느냐와 같은 기준이 강력한 기준이기는 하지만 이들 기준만으로는 판정하기 어려운, 이쪽 저쪽의 경계에 있는 단어들이 꽤 있기 때문이다. 국어의 '것, 때문, 수, 줄' 등의 형식명사(形式名詞)는 자립형식이라고 말하기도 어렵고 가령 '알 것 없다, 알 수 없다'의 '알'과 '것' 또는 '알'과 '수' 사이에 휴지를 두거나 다른 단어를 두기도 어렵다. 그러나 이들 형식명사는 일반 명사와 그 문법적 성질이 매우 비슷하기 때문에 단어로 인정하지 않기가 어렵다.

조사(助詞) '을/를, 이/가, 에, 처럼' 등도 중간적인 존재들로서 단어로 인정하려면 거기대로 어려움이 있고, 단어로 인정하지 않으려면 거기에도 어려움이 따른다. 조사가 단어가 아니라면 어미라고 하여야 하는데 국어의 조사는 독일어 등의 명사에 붙는 어미들보다 독립성이 커서 대체로 단어로 처리하고 있으나, 단어라면 얼마간 불완전한 단어임에 틀림없다.

단어는 언어 단위 중 가장 기본적인 단위로서 사전(辭典)도 단어 단위로 만들고, 아이들이 처음 모어(母語)를 배울 때나 우리가 외국어를 배울 때에도 단어를 단위로 배우기 시작한다. 그러면서도 막상 무엇이 단어냐고 정밀히 그 기준을 세우려면 그처럼 어렵다. 아직 그 정확한 정의가 없는 것이 단어의 또 하나의 특성이라고 해야 좋을지 모른다.

어휘소와 어형 단어라는 용어 대신 어휘소(語彙素 lexeme)를 쓰는 일도 있다. 형태소가 구체적으로는 여러 이형태의 모습으로 나타나는 것들을 묶는 개념이듯이 가령 '뛰다'를 예로 보면 '뛰어라, 뜁니다, 뜁니까, 뛰자, 뛰었다, 뛰면, 뛰는'처럼 여러 다른 모양으로 실현되는데 이 모두를 묶는 추상적인 단위를 어휘소라 하고 이들 각각을 이 어휘소의 어형(語形 word form)이라 하는 것이다.

물론 우리는 '뛰어라'를 따로 떼어 놓고 한 단어라 할 수도 있고, '뛰는'을 놓고 한 단어라고 할 수도 있다. 그런데 이 둘이 각각 별개의 단어라고는 보기 어렵다. 가령 우리가 책을 읽다가 '뛰면'이나 '뛰겠으니'와 같은 낯선 단어를 만나 그 뜻을 알기 위해 사전을 찾아 본다면 우리는 '뛰면'이나 '뛰겠으니'를 찾지 않는다. 어지간한 지식이 있는 사람이라면 누구나 '뛰다'를 찾게 될 것이다. 이 때의 '뛰다'가 곧 어휘소다. '뛰면, 뛰겠으니'를 비롯하여 '뛴다, 뛰어라, 뛰고, 뛰는, 뛰었다' 등의 온갖 어형을 다 포괄하는 추상적인 대표를 '뛰다'로 잡고 이것을 사전에 표제어로 올린 것인데 이것이 곧 어휘소인 것이다.

많은 경우 어휘소는 단어로 바꾸어 부를 수 있다. 그러나 형태 대신 형태소의 개념이 필요하듯이 어형을 거느리는 추상체로서의 어휘소가 유용하게 쓰일 때가 있고, 또 이러한 어휘소의 개념이 단어의 한 특성을 이해하는 데에도 도움을 준다.

어기와 접사 앞에서 보았듯이 단어는 형태소 하나로 이루어지기도 하고 형태소가 몇 개 모여 이루어지기도 한다. 여기서 단어를 이룰 때 어떠한 역할을 하느냐에 따라 형태소를 분류해 놓을 필요가 있다. 우선 어기(語基 base)와 접사(接辭 affix)로 나눌 수 있다. 어기는 단어의 중심부를 형성하는 형태소이며, 접사는 늘 단어의 주변부 노릇밖에 하지 못하는 형태소를 가리킨다.

어기라는 용어 대신 어근(語根 root)이라는 용어를 쓰는 수도 있다. 그러나 어근은 어기 중 어미와 직접 결합될 수 없고 또 자립형식도 아닌 것만을 국한하여 지칭하는 용어로 쓰면 유용하다. '깨끗-하다, 조용-하다, 급(急)-하다'의 '깨끗, 조용, 급(急)' 등이 이 좁은 의미로서의 어근에 속한다. 국어에 들어와 있는 많은 한자 형태소(漢字 形態素), 가령 '학교(學校), 독서(讀書), 인물(人物)'의 '학(學), 교(校), 독(讀), 서(書), 인(人), 물(物)' 등도 각각 이 좁은 의미의 어근의 좋은 예들이다.

접사(接辭)는 반드시 어기(語基)와 결합하여야 문장에 나타날 수 있는 의존형태소인데, 그 어기의 앞에 놓이느냐 뒤에 놓이느냐에 따라 접두사(接頭辭 prefix)와 접미사(接尾辭 suffix)로 나뉜다. '맨-몸, 왼-손, 풋-나물, 빗-나가다' 등의 '맨-, 왼-, 풋-, 빗-' 등이 접두사의 예들이며, '잠-보, 덮-개, 넓-이, 자랑-스럽-다, 웃-어라, 웃-고'의 '-보, -개, -이, -스럽-, -다, -어라, -고' 등이 접미사의 예들이다.

접사의 한 종류로서 언어에 따라서는 어기의 한 가운데를 파고드는 접요사(接腰辭 infix)도 있다. 아메리카 토인어(土人語) 중의 하나인 Yurok어(語)에서 들이나 밭을 뜻하는 sepolah의 복수형 segepolah의 ge나 Sundan어의 gɣlis(예쁘다)로부터 gumɣlis(건방지다)라는 파생어를 만들어내는 um 등이 그 한 예다. 그러나 국어에는 접요사가 없다. 가끔 '콧물, 바닷가'의 사이ㅅ이나 '암캐, 수컷'의 'ㅎ', 또는 '좁쌀, 입쌀'의 'ㅂ' 등을 접요사로 오해하는 수가 있으나, 이들은 두 어기 사이에 놓이는 것들이지 한 어기 사이를 파고드는 것은 아니므로 접요사일 수 없다. 게다가 위의 'ㅎ'이나 'ㅂ'은 한 형태소의 일부이지 그 자체로 형태소의 자격을 가지지 않으므로 더욱이 접요사가 될 수 없다.

접사는 굴절접사(屈折接辭 inflectional affix)와 파생접사(派生接辭 derivational affix)로 나누기도 한다. 파생접사는 어기에 결합하여 새 단어를 만들어내는 접사로서 국어의 모든 접두사는 이 파생접사에 속한다. 그리고 접미사 중에 '잠-보, 덮-개, 넓-이, 자랑-스럽-다'의 '-보, -개, -이, -스럽-' 등도 전형적인 파생접사들이다.

굴절접사는 새 단어를 만들어내는 힘은 없고 다만 한 단어의 어미변화(語尾變化)를, 즉 굴절(屈折 inflection)을 담당하는 접사로서 흔히 어미(語尾 ending)라고 부른다. 어미란 단어의 끝 쪽에 붙는 특성 때문에 붙여진 이름인데 대부분의 언어에서 굴절접사는 접미사뿐이고 접두사는 없기 때문에, 즉 굴절접두사는 없고 굴절접미사만 있기 때문에 굴절접미사라는 뜻의 어미라는 술어가 널리 쓰이게 된 것이다. '뛰-ㄴ다, 뛰-고, 뛰-니, 뛰-어라'는 앞에서 보았듯이 한 어휘소에 속하는 어형(語形)들로서 이들의 '-ㄴ다, -고, -니, -어라'는 모두 '뛰다'라는 단어의 굴절을 담당하는 어미들이다. 이 때 어미를 직접 취하는 어기 '뛰-'를, 어미를 직접 취하지 못하는 어근과 구분하여 어간(語幹 stem)이라 부른다.

조어법 여기에서는 한 단어가 몇 개의 형태소로 이루어졌으며 또 어떤 성질의 형태소로 이루어졌느냐로써, 즉 단어의 구성 방식에 의해서 단어의 구조를 파악하는 길을 살펴보기로 하겠다.

단어의 구조를 파악할 때의 한 단계는 단어를 '어간+어미'로 쪼개는 일이다. 앞에서도 보았듯이 한 단어의 어간이 여러 어미를 취하는 일을 굴절(屈折 inflection)이라 한다. 그리고 이 굴절 현상을 분석하고 체계화하는 분야를 굴절론(屈折論)이라 하여 단어를 문법적으로 다룰 때의 한 분야로 삼는다.

한편 단어의 구조를 파악할 때의 또 한 단계는, 단어에서 어미는 완전히 제거한 다음 그 어간의 구조만 분석하는 단계다. 한 단어의 어간이 형태소 하나나 몇 개로 이루어지는 일을 조어(造語 word-formation)라 하고 이 조어의 방식, 즉 조어법(造語法)을 분석하고 체계화하는 일을 조어론(造語論)이라 하여 굴절론과 함께 단어를 문법적으로 다루는 양대(兩大) 분야로 삼는다. 여기에서는 굴절론은 뒤로 미루고 먼저 국어의 조어법(造語法)을 살펴보기로 하겠다.

한 단어가, 정확히는 그 단어의 어미 부분을 제거한 부분이 몇 개의 형태소로 이루어졌으며 그 형태소의 성격이 어떤 것이냐에 따라 단어를 분류하면 다음과 같이 할 수 있다.

- 단어
  - 단일어
  - 합성어
    - 복합어
    - 파생어

단일어(單一語 simple word)는 형태소 하나로 이루어진 단어를 말한다. 다음의 (1a, b)가 그 대표적 예들이다. (1c)의 단어들은 비록 두 형태소로 이루어져 있지만 조어법을 문제삼을 때에는 어미는 빼고 어간만 대상으로 하여야 하므로, 그 어간이 형태소 하나로 이루어진 이들 용언들도 단일어에 속한다.

(1) a. 코, 눈, 얼굴, 이마, 부엌, 치마, 저고리, 책, 방, 법, 포도, 라디오, 코스모스
   b. 어느, 무슨, 온, 아직, 꼭, 또, 하물며, 어서
   c. 춥다, 작다, 넓다, 예쁘다, 가깝다, 뛰다, 읽다, 때리다, 감추다, 가르치다

합성어(合成語 composite word 또는 complex word)는 두 개나 그 이상의 형태소로 이루어진 단어인데 위의 표에서 보듯이 여기에는 복합어(複合語 compound word)와 파생어(派生語 derived word)가 있다. 복합어는 어기나 단어끼리 만나 이루어진, 다시 말하면 그 구성요소의 어느 쪽도 접사가 아닌 합성어이며, 파생어는 그 구성요소의 어느 한 쪽이 접사인 합성어를 말한다.

(2) a. 손목, 눈물, 할미꽃, 어깨동무, 잘못
   b. 날뛰다, 얽매다, 검붉다, 굳세다, 알아보다, 돌아가시다, 앞지르다, 자리잡다, 뒤보다, 손쉽다, 남부끄럽다, 욕하다

등이 대표적인 복합어의 예들이다. (2b)의 단어들은 어미를 뺀 부분이 두 개의 어기들로 이루어져 있으므로 훌륭한 복합어들이다.

파생어는 접두사에 의한 것과 접미사에 의한 것이 있다. 다음의 (3a)가 전자의 예며 (3b)가 후자의 예다.

(3) a. 맨손, 군소리, 풋사랑, 시누이, 빗나가다, 새파랗다
 b. 잠보, 점장이, 일꾼, 덮개, 넓이, 높이, 조용히, 자랑스럽다, 이롭다, 정답다

국어의 접미사는 그 수효가 매우 많고 그 기능도 다양하여 국어에는 접두사에 의한 파생어보다 접미사에 의한 파생어가 훨씬 많다.

(4) 지붕, 이파리, 끄트머리, 미덥다, 거멓다, 고프다

등의 단어에서도 '-웅, -아리, -으머리, -업-, -엏-, -브-' 등의 접미사가 결합되어 있음을 보는데, 그만큼 접미사는 잘 드러나지 않는 데까지 깊게 파고들어 새 단어를 만드는 일에 활발히 참여하고 있다.

3.3 품 사

단어를 그 문법적 성질을 기준으로 몇 갈래로 나누어 이해하는 일은 한 언어의 문법 구조를 이해하는 데 큰 도움을 준다. 단어를 문법적 성질로 나눌 때 가장 널리 쓰이는 분류가 품사 분류(品詞 分類)다. 품사(品詞 parts of speech)란 단어를 그 문법적 성질에 따라 분류한 한 갈래 한 갈래를 가리킨다. 품사는 곧 단어들의 유(類 word-class)인 것이다. 여기에서는 품사는 구체적으로 어떤 기준에 의하여 분류되며

국어의 품사에는 어떤 종류가 있는지를 간략히 살펴보기로 하겠다.

품사 분류의 기준　　품사는 단어를 문법적 성질로 나눈 유(類)라고 할 때, 문법적 성질은 크게 두 가지로 나눌 수 있다. 그 하나는 형태(形態 form) 면에서의 성질이며 다른 하나는 직능(職能 function) 면에서의 성질이다. 여기에서 형태(形態)란 다른 말로 굴절(屈折)을 가리킨다. 어떤 단어가 어미를 취하여 굴절을 하면 굴절어(inflected word)라 하고 그렇지 않은 단어를 비굴절어(uninflected word)라 하는데, 단어를 품사로 나눌 때에는 우선 그 단어가 굴절하는 단어인지 아닌지를 가려 분류하고, 그런 다음 굴절하는 단어는 그 굴절 방식이 같은지 다른지에 따라 다시 품사를 나누어야 한다. 형태상의 성질이란 이와 같은 굴절상의 특징을 가리킨다.

한편 직능(職能)이란 한 단어가 문장 안에서 하는 일, 다시 말하면 한 문장 안에서 한 단어가 다른 단어와 맺는 관계를 가리킨다. 예를 들면

(1) 새 도로가 많이 생겼다.

에서 네 단어 '새, 도로, 많이, 생겼다'를 보면 이들이 이 문장 안에서 하는 일은 각각 다르다. '새'는 '도로'를 꾸미는 일을 하고 '도로'는 그 '새'의 꾸밈을 받는다. '많이'와 '생겼다'의 관계도 비슷하다. 그러나 '많이'는 '생겼다'를 꾸밀 수 있어도 '도로'는 못 꾸미며, 마찬가지로 '새'는 '도로'는 꾸밀 수 있어도 '생겼다'는 꾸밀 수 없다. 이처럼 단어들이 문장 안에서 다른 단어와 얽히는 관계가 곧 직능이다.

직능은 위에서 보았듯이 단어에 따라 몇 가지로 달리 나타나므로 품사 분류는 이 직능에도 크게 의존하게 된다. 특히 굴절을 하지 않

는 단어들은 전적으로 이 직능에 의존할 수밖에 없으며, 굴절을 하는 단어들도 한편으로는 그 굴절상의 특징에 의존하지만 다른 한편으로는 이 직능상의 성질에 의존하여 품사를 정하게 된다.

품사 분류의 기준으로 의미(意味 meaning)가 동원되기도 한다. 여기에서의 의미란 '사물의 이름을 가리킨다'라든가 '사물의 동작을 나타낸다'라든가 등의 의미를 뜻하는데, 문법적 성질이 같은 단어들은 대개 의미면에서도 공통점을 가지기 때문에 이러한 의미상의 특징을 품사 분류의 기준으로 삼는 것이다. 그러나 품사는 어디까지나 문법적 성질이 어떻게 다른가를 기준으로 나누어 놓는 어류(語類 word-class)이므로 이 의미는 보조적인 기준으로만 써야 한다. 만일 의미만 가지고 품사를 나눈다면 세계 모든 언어의 품사는 같아지고 말 것이다. 그런데 품사는 언어마다 얼마씩 다르다. 그것은 언어마다 단어들의 문법적 성질이 얼마씩 다르기 때문이며 각 언어의 품사가 의미에 의해서만 분류되는 것이 아님을 말해 주는 것이다.

이상의 분류 기준에 의해 국어의 품사를 나누어 보면 크게는 다음의 (2a)처럼 여섯 품사로 나누며, 작게는 (2b)처럼 아홉 품사로 나눈다.

(2) a. 명사, 동사, 관형사, 부사, 감탄사, 조사
b. 명사, 대명사, 수사, 동사, 형용사, 관형사, 부사, 감탄사, 조사

이들의 차이는 대명사와 수사를 명사와 구분하여 독립된 품사로 설정하느냐 아니면 그것들을 명사 속에 소속시키느냐에 따라, 또 형용사를 동사와 분리시켜 독립된 품사로 설정하느냐 아니면 둘을 묶어 동사 하나로 하느냐에 따라 생긴 것이다.

이들 이외에도 지정사(指定詞)를 따로 설정하는 일도 있고 존재사

(存在詞)를 따로 설정하는 일도 있다. 반면 조사를 인정하지 않는 체계도 있다. 그러나 가장 일반적인 분류는 위의 (2a)와 (2b) 중의 어느 하나이거나 또는 그 둘의 중간 단계의 어떤 체계라고 할 수 있다. 이제 이들 각 품사의 특성을 하나씩 간략히 보기로 하겠다.

명 사 명사(名詞)는 뒤에 격조사(格助詞)를 취할 수 있으며 그 앞에 관형사를 비롯한 관형어가 놓일 수 있는 단어들로서 주로 사물의 명칭을 나타내는 품사다. 뒤에 격조사를 취할 수 있는 것이 명사의 큰 특징이지만 '합격하였음을 알려야겠다'의 '합격하였음'과 같은, 명사 아닌 동사의 명사형(즉 품사로는 동사) 다음에도 격조사가 오므로 격조사를 후속시킨다는 조건은 명사됨의 충분조건이 되지 못한다. 오히려 앞에 관형어를 둘 수 있다는, 즉 관형어의 꾸밈을 받을 수 있다는 특성이 명사 고유의 특성이라 할 만하다. 앞에서 본 '합격하였음'과 같은 동사의 명사형은 예문 (4)에서 보듯이 부사어의 꾸밈을 받지 (3)의 명사들처럼 관형어의 꾸밈은 받지 못하는 것이다.

(3) a. 훌륭한 재주를 가지셨군요.
　　b. 지구의 앞날이 걱정됩니다.
(4) a. 훌륭히 합격하였음을 알려야겠다.
　　b. 너무 일찍 나오기가 미안하였다.

명사 중 다음 예문의 '것, 데, 수, 바, 자(者)' 등을 불완전명사(不完全名詞), 또는 형식명사(形式名詞)라 하는데 이들이 명사 자격을 인정받는 것은 이들이 뒤에 격조사를 취하며 그 앞에 관형어를 취하고 있기 때문이다.

(5) a. 너는 아는 <u>것</u>이 많구나.

b. 더 높은 데로 가자.
c. 도무지 일어설 수가 없었어.
d. 내가 들은 바에 의하면 네가 옳았다.
e. 약한 자(者)를 돕고 싶은 것이 인지상정(人之常情)이다.

이들 명사를 불완전하다거나, 또는 실질성(實質性)이 적고 형식성(形式性)이 많다고 하는 이유는, 이들이 단독으로 쓰이지 못하고 또 문장의 첫머리에 놓일 수 없을 뿐만 아니라, 일반 명사들처럼 어떤 실질적인 의미를 직접 나타내지 못하고 '일, 곳, 능력, 내용, 사람, 마음' 등의 의미를 간접적으로 나타내 주기 때문이다. 그럼에도 이들은 일반 명사와 마찬가지로 관형어의 꾸밈을 받으며 또 격조사를 취한다는 특성 때문에 명사로 인정받고 있다.

이것은 명사라는 품사가 어떤 문법적 성질로 규정된다는 것을 뜻한다. 흔히 명사를 정의할 때 '사물의 이름을 나타내는 말'이라고 하는데 이것은 명사 및 품사의 본질에 잘 맞지 않는 정의라고 하지 않을 수 없다. 앞의 형식명사들이 사물의 명칭을 나타내는 단어들이라고 해서 명사의 자격을 얻는 것은 아닌 것이다. 더구나 가령

(6) 모든 ¤를 버렸다.

에서 ¤가 어떤 단어인지 구체적으로 전혀 알 수가 없는 데도 우리는 이 단어가 명사라는 사실만은 알 수 있다. 이것은 ¤가 사물의 이름을 나타내는 단어라는 것을 알기 때문이 아니요 이 단어가 '모든'이라는 관형사의 꾸밈을 받고 '를'이라는 격조사를 취하고 있다는, 이 단어의 문법적 성질에 의해서다. 명사를 비롯하여 모든 품사는 이처럼 그 문법적 성질로 나뉘는 단어의 종류임을 확실히 인식해 둘 필요가 있다.

대명사와 수사 흔히 대명사(代名詞)는 명사를 대신하는 말, 수사(數詞)는 수(數)나 차례를 나타내는 말이라고 정의된다. 그러나 이러한 정의는 앞에서 보았듯이 품사의 본질에 잘 맞지 않는 정의다. 이들이 명사와 구별되는 어떤 문법적 성질을 제시해 주어야 이들이 각각 별개의 품사로 독립될 수 있을 것이다. 그러나 지금까지 대명사와 수사를 따로 설정하는 어떤 문법서(文法書)에서도 명사가 가지고 있지 않은 이들만의 독자적 문법적 특성을 제시한 일은 없다. 의미에 의존하거나 아니면 어떤 기술(記述)의 편의를 위해서 이들 품사를 독립시켜 왔다고 할 수 있다.

대명사와 수사가 명사와 구별될 문법적 성질을 가졌을 가능성이 전혀 없지는 않다. 가령 관형어의 꾸밈을 받는 일이 이것들에서는 명사에서처럼 자유롭지 못하다. '*어느 너, *어느 그분, *어느 아홉'이 그 일례다. 이것은 수사에서 더욱 심하여 '웃는 너, 부지런한 그분'은 가능하나 '*웃는 아홉, *부지런한 이백'은 성립하지 않는다. 그러나

(7) a. 수(數)는 고금동서에 관계 없이 일정하다. 어제의 다섯이 오늘의 다섯과 다를 수 없고 동양의 셋이 서양의 셋보다 많을 수도 없다.
b. 이 셋이 그 일을 다 해 냈다.
c. 저 둘은 단짝이다.

의 예에서 보듯이 수사도 관형어의 꾸밈을 전혀 못 받는 것은 아니다. 특히 위의 b와 c의 '셋, 둘'처럼 그만한 수의 사람(또는 개나 소 등의 동물)을 가리키는 수사는 꽤 자유롭게 관형어의 꾸밈을 받는다. 따라서 관형어의 수식을 자유롭게 받지 못한다는 조건만으로 이들의 품사로서의 독립성을 주장하기는 어려운 점이 있다.

수사는 다음 예문에서처럼 명사의 앞에 놓이기도 하고 그 뒤에 놓

이기도 하는 특이한 문법적 성질을 가지고 있기도 하다.

(8) a. 다섯 학생이 함께 여행을 떠났다.
b. 학생 다섯이 함께 여행을 떠났다.

이러한 성질은 수사 전반에 걸쳐 자유롭게 실현되는 것은 아니지만 (가령 '*다섯 장미'나 '*일곱 여학생, *집 다섯을' 등은 성립하지 않는다) 수사 고유의 성질이며 이로써 수사를 독립된 품사로 분립시킬 수 있을지도 모른다.

그러나 전반적으로 대명사와 수사를 명사에서 분리시켜 독립된 품사로 내세울 근거는 아직까지 충분히 찾아내지 못한 상태에 있다. 대명사나 수사를 따로 떼어 기술(記述)해야 할 경우가 있고 또 그러는 것이 문법 기술에 편익을 주는 경우가 많지만, 그럴 때의 대명사나 수사가 반드시 명사와 대등한 자격의 품사로서의 대명사나 수사인 것은 아니다. 명사를 하위분류하여 본명사(本名詞), 대명사(代名詞), 수사(數詞)로 나누는 수가 있는데 대명사, 수사는 이처럼 명사의 한 하위류일 수도 있는 것이다. 어떻든 대명사나 수사가 명사와 대등한 자격의 품사로 분립되려면 앞으로 그 근거가 더 정밀히 찾아지지 않으면 안 된다.

동사와 형용사 동사(動詞)는 활용어미를 취하는, 특히 명령형어미와 청유형어미를 취할 수 있는 단어로서 주로 사물의 움직임을 나타내는 단어들이다. '뛰다, 떠나다, 웃다, 믿다, 생각하다, 연구하다, 알다, 모르다, 미루다, 닮다, 늙다, 보이다, 세우다' 등이 그 예다.

형용사(形容詞)는 역시 활용어미를 취하나 명령형어미나 청유형어미 등은 취하지 못하며 주로 사물의 상태나 성질을 나타내는 단어들이다. '높다, 길다, 빠르다, 많다, 춥다, 붉다, 싱겁다, 가볍다, 조용하다, 화려하다, 안타깝다, 부지런하다' 등이 그 예다.

동사와 형용사는 묶어서 용언(用言)이라 부르는 일이 많다. 명사, 대명사, 수사를 묶어 부르는 체언(體言)에 대(對)되는 용어로서 한 문장의 서술어 쪽을 담당하는 품사라는 뜻으로 붙여진 이름이다. 묶여서 한 이름으로 불릴 만큼 동사와 형용사는 공통점이 많다. 다음 동사의 '앉-'과 형용사의 '많-'의 어미 변화를 비교하여 보아도 그 공통점이 큼을 엿볼 수 있다.

(9) a. 앉-아서, 앉-으니, 앉-으면, 앉-고, 앉-지, 앉-아요, 앉-았-다, 앉-겠-다, 앉-더-라
b. 많-아서, 많-으니, 많-으면, 많-고, 많-지, 많-아요, 많-았-다, 많-겠-다, 많-더-라

그러나 동사와 형용사는 앞에서 말하였듯이 얼마간 다른 어미를 취하기도 한다. 역시 동사 '앉-'과 형용사 '많-'으로 비교해 보면 다음과 같다.

(10) a. 앉-아라, 앉-게, 앉-으십시오, 앉-자, 앉-읍시다
b. *많-아라, *많-게, *많-으십시오, *많-자, *많-읍시다

즉 동사는 명령형어미와 청유형어미를 취할 수 있는데 형용사는 그럴 수 없다. 부정형(否定形)에서도 마찬가지로 '앉지 말아라, 앉지 말자'는 성립되는데 '*많지 말아라, *많지 말자'는 성립하지 않는다. 형용사가 어미변화, 즉 활용의 범위가 그만큼 좁은 것이다.

그리고 동사와 형용사는 다음과 같은 어미변화의 차이도 보여 준다.

(11) a. 앉는다, 앉는구나, 앉느냐, 앉는
b. 많다(*많는다), 많구나(*많는구나), 많으냐(*많느냐), 많

은(*많는)

(12) a. 뛴다, 뛰는구나, 뛰느냐, 뛰는
b. 희다(*휜다), 희구나(*희는구나), 희냐(*희느냐), 흰(*희는)

즉 형용사는 동사와는 달리 '-는다/-ㄴ다'와 '-느냐'를 취하지 못하며, 또 동사가 현재형 관형사형 어미로 '-는'을 취하는 데 반해 형용사는 '-은/-ㄴ'을 취한다.

이의 이해를 위해 여기에서 '늙은 사람'의 '늙은'의 품사를 생각해 보기로 하자. '젊은 사람, 늙은 사람'이라 할 때 '젊은'과 '늙은'의 품사는 같을 것처럼 보인다. 그래서 '늙은'도 형용사라고 생각하는 경향이 있다. 그러나 '젊는다'나 '젊지 말자', '젊는'은 성립되지 않지만 '늙다'는 다음 예문에서 보듯 동사로서의 활용을 하고 있다. '늙다'는 엄연히 동사인 것이다.

(13) a. 생각보다 빨리 늙는구나.
b. 우리는 늙지 맙시다.
c. 공부하는 즐거움에 늙는 줄도 모른다.

(13)과 같은 경우의 '늙다'는 동사라 하더라도 '늙은 사람'의 '늙은'은 동작이 아니라 상태를 나타내므로 형용사라고 주장하는 경우도 있고, 그래서 국어사전 중에는 '늙다'가 동사도 되고 형용사도 되는 것으로 처리한 것도 있다. 그러나 '죽은 사람', '썩은 새끼', '지나간 세월'의 '죽은, 썩은, 지나간'이 형용사일 수 없는 것과 마찬가지로 '늙은'도 여전히 동사인 것이다. '낡은 사람과 새 사람'의 '낡은'에 대해서도 똑같은 이야기가 적용될 수 있다.

이상에서 동사와 형용사는 형태상으로 엄연히 구별되는 점이 있음을 볼 수 있다. 그런데 이러한 차이가 그들간의 공통점에 비하여 그리 큰 것이 아니라고 생각할 수도 있고 그만하면 결정적으로 큰 것이라고 생각할 수도 있다. 동사와 형용사를 별개의 품사로 가르는 것은 이 차이가 충분히 크다고 하는 판단에 근거한 것이며, 이들을 일단 동사라는 품사로 묶고 그 하위류로서 동작동사(動作動詞)와 상태동사(狀態動詞)로 나누는 것은 이들의 공통성을 더 크게 평가한 것이다.

어떻든 동사와 형용사는 그 차이가 뚜렷이 있지만 공통점이 더 많은 것만은 사실이다. 직능상으로도 이들은 차이가 거의 없다. 타동사(他動詞)는 목적어를 가지므로 형용사와 직능상으로 차이를 가지지만 자동사(自動詞)는 그렇지 못하다. 문장의 서술어가 된다든가 활용어미에 의해 관형어, 부사어 등이 되는 일 등 동사와 형용사는 한데 묶어 생각하는 것이 편리한 경우가 많다.

관형사와 부사 관형사(冠形詞)와 부사(副詞)는 격조사나 어미를 취하지 못하면서 뒤에 오는 단어를 수식 한정하는 단어들이라는 점에서 공통성을 가진다. 그러나 관형사는 명사를 꾸미며 부사는 주로 동사와 형용사 및 부사를 꾸미는 점에서 엄연히 구별된다. 즉 직능이 다르며 따라서 별개의 품사로 구분된다.

(14) 어느 시대의 무슨 작품을 가장 잘 이해하겠느냐?
(15) 이 사람 저 사람의 말이 다 옳은 것 같다.
(16) 모든 권세를 깨끗이 버리고 훨씬 더 넓은 새 세계를 설계하고 싶다.

에서 '어느, 무슨, 이, 저, 모든, 새' 등은 관형사의 예요, '가장, 잘, 다, 깨끗이, 훨씬, 더' 등은 부사의 예다. 모두 뒤에 오는 단어를 한정하고 꾸미되 그 대상의 종류가 달라, 관형사는 '시대, 작품, 사람, 권세, 세계' 등의 명사를 꾸미고 있고, 부사는 '잘, 이해하다, 옳다, 버리다, 더, 넓다'와 같은 동사, 형용사 및 부사를 꾸미고 있다.

비록 뒤에 오는 단어를 한정하고 꾸미는 직능을 보이더라도 그 단어가 격조사나 어미를 취할 수 있는 단어라면 관형사나 부사가 될 수 없다. 관형사나 부사는 그만큼 비굴절어(uninflected word)라는 조건이 중요하다. 즉,

(17) a. 뛰는 놈 위에 나는 놈 있다.
b. 젊은 사람들의 씩씩한 모습.
c. 아홉 식구를 거느리는 가장(家長)의 책임.

의 '뛰는, 나는, 젊은, 씩씩한, 아홉, 가장(家長)의' 등은 모두 그 뒤에 오는 명사를 꾸미고 있고 이 점에서는 관형사와 다를 바가 없지만, 이들은 모두 어미나 격조사를 취하고 있거나 취할 수 있는 것들이므로 관형사가 아니다.

종종 (17c)의 '아홉'을 수관형사(數冠形詞)라고 하여 관형사로 다루는 일이 있는데 이는 품사의 본질을 모르는 태도다. 만일 이 '아홉'이 관형사라면 '시골 풍경, 누나 얼굴, 한라산 꼭대기'의 '시골, 누나, 한라산'도 모두 관형사일 것이며, 결국 모든 명사, 모든 수사는 각각 명사, 수사이면서 동시에 관형사가 되어야 할 것이다. 이런 품사분류법이란 있을 수 없다. 당장 뒤의 명사를 꾸미는 구실을 하더라도 그 단어들이 격조사나 어미를 취할 능력이 있는 단어라면 관형사로 처리하여서는 안 된다. 더구나 '아홉 식구'의 '아홉'과 같은 용법은 어떤 특수한 용법이 아니고 수사 모두가 가지고 있는, 또 명사도 아울러 가지고 있는 국어 체언의 일반적 특성이므로 그것은 어디까지나 수사로서의 용법으로 이해하여야 한다.

다만 기원적으로 활용형(活用形)이지만 그 용언으로서의 특성을 잃고 관형사로 굳어진 단어들은 있다. '다르다, 갖다'의 활용형이 화석화(化石化)된 '다른, 갖은' 등이 그 예다.

(18) 다른 나라 사람들은 우리나라 사람들과 좀 다른 점이 있다.

에서 앞의 '다른'은 other의 뜻으로 different의 뜻을 가진 뒤의 '다른'이나 '다르고, 다르니, 다르다'처럼 '매우, 몹시, 훨씬, 조금, 좀' 등의 부사의 꾸밈을 받지 못한다. '갖은 고생, 갖은 양념'의 '갖은'은 어간 '갖-'의 나머지 활용형은 거의 사어화(死語化)하고 '갖은'만 명맥을 유지하면서 관형사로 굳어진 경우다. 어떻든 이런 특수한 경우가 아니면 관형사는 어미를 취하지 않는다는 특성을 가지는 품사다.

부사의 경우도 흡사하다. 다음 예문의 '아름답게, 빠지도록, 어디에'는 비록 뒤에 오는 동사를 꾸미지만 부사일 수 없다. 이들은 어미를 취하고 격조사를 취하는 단어들이기 때문이다.

(19) a. 아침 이슬이 아름답게 빛나는구나.
b. 눈이 빠지도록 기다렸다.
c. 어디에 가든 사람뿐이다.

그러나 다음 예문들의 '높이, 길이, 빨리, 가벼이' 등은 부사들이다. 왜냐하면 이들은 비록 '높-, 길-, 빠르-, 가볍-'과 같은 형용사에서 온 것이기는 하지만 이들에 결합된 '-이'가 어미가 아니고 파생접사며, 따라서 이들은 형용사에서 부사로 파생된 단어들이지 그 형용사의 활용형이 아니기 때문이다.

(20) a. 저 연이 가장 높이 떴다.
b. 길이 남을 불후의 명작.
c. 빨리 읽고 가벼이 잊어버려라.

부사에는 이른바 접속부사(接續副詞)라고 불리는 부류도 있다. '그리고, 그러나, 그러니, 그러면, 혹은' 등이 그것이다. '그러나, 그러니, 그러면' 등은 기원적으로 '그렇-' 혹은 '그러-'라는 어간의 활용형일 것이나 역시 부사로 굳어진 것으로 해석되는 단어들이다. 이들을 접속사(接續詞)라 하여 독립된 품사로 분류하는 수도 있으나 국어 문법에서 접속사를 따로 설정하는 일은 드물다. 이들이 부사라면 어떤 한 단어보다는 후속하는 문장 전체를 꾸미는 부사라 할 수 있다.

개방 품사류와 폐쇄 품사류 국어의 품사에는 앞에서 본 것 이외에 감탄사(感歎詞)와 조사(助詞)가 있다. 조사는 뒤에서 따로 이야기하겠으므로 여기에서는 생략하겠다. 감탄사는 품사 중 가장 간단한 품사로서 흔히

(21) a. 와, 저 사람들 좀 봐.
b. 어머, 이게 누구야?
(22) a. 여보, 나 물 좀 줘.
b. 응, 아홉 시에 만나자.

의 '와, 어머'처럼 "놀라움이나 감탄을 나타내거나" '여보, 응'처럼 "부르고 대답하는 데 쓰이는 말"이라고 정의한다. 그러나 감탄을 나타낸다거나 부르고 대답하는 말이라는 것은 역시 문법적 성질을 나타내는 것은 아니어서 감탄사의 올바른 정의라 하기 어렵다. 이 식으로 하면 "형, 나 좀 봐"의 '형'이나 "영희야, 어디가니?"의 '영희야'도 감탄사가 되어야 할 문제를 일으키는 것이다. 감탄사는 관형사나 부사처럼 어미변화를 하지 않는다. 그러면서 관형사나 부사처럼 바로 뒤에 오는 어떤 단어를 꾸미지도 않는다. 문장의 다른 성분과 그리 밀접한 관계를 갖지 않는 것이다. 따라서 "어미변화를 하지 않으면서 문장의 다른 단어들과 직접적인 관계를 가지지 않는 단어들"이 곧 감탄사라고 할 수 있다.

그런데 감탄사는 전부 합쳐 보아도 그 개수(個數)가 많지 않다. 그

리고 현재 쓰이고 있는 감탄사 이외의 새 감탄사가 생겨날 가능성도 크지 않다. 이는 관형사나 대명사도, 또 조사도 비슷하다. 품사 중에는 이처럼 그 개수가 더 늘어나기 어려운 종류가 있다. 이러한 품사를 폐쇄 품사류(閉鎖品詞類 closed part-of-speech class)라 한다. 이에 비해 명사, 동사, 형용사와 같은 품사는 애초에 수효가 많을 뿐 아니라 새로운 단어가 계속 추가될 수 있는데 이러한 품사를 개방 품사류(開放品詞類 open part-of-speech class)라 한다.

품사와 문장성분 품사와 관련하여 문장성분(文章成分)의 개념도 이해해 둘 필요가 있다. 문장성분이란 어떤 단어가 문장 안에서 어떤 구실을 하느냐에 따른 유(類 class)로서 국어의 문장성분으로는 주어(主語), 서술어(敍述語), 목적어(目的語), 보어(補語), 관형어(冠形語), 부사어(副詞語), 독립어(獨立語) 등이 있다.

문장성분은 어떤 면에서는 품사와 일치하는 면이 있지만 품사는 앞에서 보았듯이 어떤 본성(本性)을 기준으로 나누는 유(類)인 데 반해 문장성분은 문장에서 당장 어떤 구실을 하느냐에, 그 현장성(現場性)에 기준을 맞춘 유(類)라고 할 수 있다. 관형사는 관형어로밖에 쓰이지 못하고 부사는 부사어로밖에 쓰이지 못하여 이 때에는 품사와 문장성분이 매우 밀접한 관계를 가진다. 감탄사도 독립어로만 쓰인다. 그러나 다음 예문에서 보듯이 품사에 따라서는 조사(조사는 독자적으로 문장성분이 되지 못한다)나 어미의 도움을 받아, 또는 그 놓이는 자리에 따라 여러가지 문장성분으로 쓰임을 볼 수 있다.

(23) a. 저 남자 정말 잘 생겼지? 〈주어〉
b. 저 남자 좀 봐. 〈목적어〉
c. 남자 마음, 여자 마음. 〈관형어〉
d. 남자에게도 눈물이 있다. 〈부사어〉

e. 저 사람이 바로 그 남자다. 〈서술어〉
f. 남자들아, 이 말만은 잊지 말자. 〈독립어〉

(24) a. 너는 아직 젊구나. 〈서술어〉
b. 젊은 사자들. 〈관형어〉
c. 젊게 살자. 〈부사어〉
d. 아직 젊었음을 기쁘게 여겨라. 〈목적어〉

우리는 뒤(3. 5)에서 이 문장성분이 '주어, 서술어' 등의 이름 대신 '명사구(NP), 동사구(VP)' 등의 이름으로 불리는 것을 보게 된다. 문장성분에서도 '관형어'나 '부사어'는 이미 품사 이름을 빌려 부르고 있는데 그것이 주어, 서술어에까지 확대된 것이라 할 수 있다. 그러나 주어, 서술어의 용어는 어느 경우에나 유용하다 하지 않을 수 없다.

3. 4 굴절과 문법범주

앞에서 어간(語幹)에 여러 어미(語尾)가 결합하는 현상, 즉 한 단어의 어미변화를 굴절(屈折 inflection)이라 한다고 했다. 굴절에 명사의 굴절과 용언의 굴절이 다 있을 때에는 앞엣것을 곡용(曲用 declension), 뒤엣것을 활용(活用 conjugation)이라 하여 구별한다. 그리고 어미도 명사에 붙는 어미를 곡용어미(曲用語尾), 용언에 붙는 어미를 활용어미(活用語尾)라 하여 구별한다.

국어의 경우 곡용이 있느냐 없느냐는 오랫동안 논란의 대상이 되어 왔다. 국어의 조사를 단어로 인정하지 않고 곡용어미로 보아 곡용을 인정하는 견해가 있는가 하면, 조사를 어미로 인정하지 않고 단어로 보는 견해도 있었던 것이다. 이 책에서는 대체로 조사를 좀 불완전한 점은 있으나 단어로 보는 입장을 취하였다. 따라서 국어에는 곡용은 없고 활용이 국어의 굴절을 대표한다는 입장을 취하고 있다.

그러나 조사를 어미와 묶어 문법 현상을 기술하는 것이 편리할 때가 많다. 품사를 분류할 때에 단어를 일단 굴절하는 단어와 굴절하지 않는 단어로 양분(兩分)한다고 하였는데, 이 때에도 명사는 부사나 관형사와 함께 비굴절어로 묶기보다는 조사를 취하는 점을 취하여 용언과 함께 굴절하는 단어로 묶는 것이 더 자연스럽다. 그리하여 명사가 조사를 취하는 현상을 여기에서는 잠시 용언의 굴절과 묶어 생각하기로 하겠다.

문법범주와 굴절 우리가 언어로 표현하며 사는 세계에는 의미적으로 묶이고 구분되는 범주들이 있다. 남성(男性)과 여성(女性), 단수(單數)와 복수(複數), 또는 과거(過去), 현재(現在), 미래(未來)와 같은 것이 그것이다. 이와 같이 의미적으로 묶이는 범주를 의미범주(意味範疇 semantic category) 또는 개념범주(概念範疇 conceptual category)라 한다. 그리고 이러한 의미범주가 일정한 문법적 장치에 의해 구분될 때는, 다시 말하면 일정한 문법형태소(文法形態素)로 구별되어 나타날 때는 그것을 문법범주(文法範疇 grammatical category)라 한다.

여기에서 중요한 것은 어떤 언어에 어떤 문법범주가 있으려면 그것을 담당하는 문법형태소가 있어야 한다는, 그러한 문법적 장치가 있어야 한다는 점이다. 의미범주로서 단수와 복수의 구별이 없는 언어는 없을 것이며, 남성과 여성의 구별이 없는 일도 상상키 어렵다. 그러나 모든 언어에 남성, 여성을 문법적으로 구별해 주는 장치가 있는 것은 아니며, 단수와 복수의 구별을 위한 문법적 장치가 어느 언어에나 있는 것은 아니다. 가령 언어에 따라서는 '책상'이나 '한강' 등 모든 명사를 성(性)으로 구별하여 'le, la' 또는 'der, die, das'와 같은 관사(冠詞)로 구별하나 우리말에서는 이를 구별해 줄 문법형태소가 전혀 없고 따라서(사실 '책상', '한강'이 남성인지 여성인지에 대한 개념부터 없다) 국어에는 문법범주로서의 성(性 gender)은 없다. 또 영어에서는 'book'과 'books', 또는 'glass'와 'glasses'에서 보는 바와 같이 단수, 복수를 어미와 같은 문법형태소로 구별하여 나타내므로 수(數 number)라는 문법범주를 가진다. 반면 국어에서는 사과를 한 개 먹었든 여러 개를 먹었든 똑같이 '사과를 맛있게 먹었다'라고 말하고 '책 아홉 권 샀다'고 할 때에도 그 책이 복수임을 구별해 주는 형태소가 쓰이지 않는다. 즉 국어에 수라는 문법범주가 없는 것이다.

문법범주는 어느 언어에서나 대체로 굴절, 즉 어미변화에 의해 실현된다. 대표적인 문법범주로는 격(格 case), 수(數 number), 인칭(人稱 person), 성(性 gender), 시제(時制 tense), 상(相 aspect), 서법(敍法 mood), 태(態 voice), 비교(比較 comparison) 등이 있는데 어떤 언어에 이 중의 어떤 문법범주가 있다는 것은 일반적으로 그러한 문법범주를 실현시켜 주는 굴절접사(屈折接辭), 즉 어미(語尾)들이 따로 있다는 것을 뜻한다. 여기에서는 국어에서는 어떤 어미들에 의해 어떤 문법범주가 실현되는지를 간략히 살펴보기로 하겠다. 앞에서 말하였듯이 조사도 여기에서는 일단 어미로 다룬다.

격과 조사 명사가 문장 중의 다른 단어와 가지는 관계를 나타내는 문법범주를 격(格 case)이라 하는데 국어의 조사(助詞), 정확히는 그 중에서 격조사는 바로 이 격 범주를 나타내는 것으로 해석된다. 그리하여 격조사는 어떤 격을 나타내느냐에 따라 주격조사(主格助詞), 처격조사(處格助詞) 등의 이름을 붙여 부르고 있다. 대표적인 격조사와 그 이름을 보이면 다음과 같다.

(1) a. 해가 벌써 중천에 떴구나. 〈주격조사〉
b. 방학 동안 무슨 책을 읽겠니? 〈대격조사〉
c. 오후 다섯 시에 과 사무실에서 만나자. 〈처격조사〉
d. 산으로 갈까, 바다로 갈까? 〈향격조사〉
e. 붓으로 쓴 글씨와 만년필로 쓴 글씨. 〈구격조사〉
f. 책과 씨름을 하며 여름을 보냈다. 〈공동격조사〉
g. 상아탑의 주인공들과의 대화. 〈속격조사〉

국어의 격조사에는 이들 이외에도 상당히 더 있다. 주격조사에도 '이'와 '께서'가 있으며, 처격조사에도 '에게, 한테, 더러' 등이 더 있고, 공동격조사로 '하고'도 널리 쓰인다. 그리고 '수돌아, 명희야'의 호격조사(呼格助詞) '아/야'도 있다. 어떻든 이들 조사는 그 앞의 명사(및 명사구)와 그 뒤의 어떤 단어(주로 용언) 사이의 격(格)을 나타내 주는 구실을 담당한다.

국어의 조사에는 이들 격조사 이외에 특수조사(特殊助詞)도 있다. 이들은 격을 나타내 주는 일을 하지 않고, 또 명사에만 결합되는 것이 아니라 부사나 용언의 활용형 등에도 결합되어 격조사와 판연히 구별되는 성질을 가지고 있다. 특수조사라 하여 격조사와 구분함은 이 때문이다. 대표적인 것으로 '만, 도, 은/는, 조차, 마저, 까지, 부터, 이야말로' 등이 있는데 '만'을 예로 그 쓰임을 보면 격조사와의 차이를 곧 알 수 있다.

(2) a. 오직 합격만이 나의 목표였다.
b. 그분은 조국의 광복만을 바라며 일생을 마쳤다.
c. 올여름에는 도서관에서만 살아야겠어.
d. 우선 붓으로만 써 보아라.
e. 많이만 주십시오.
f. 앉아 있지만 말고 무슨 대책을 좀 세워 보아라.

즉 위 예문들에서 '만'은 격(格)을 결정하는 데는 전혀 관여하지 않는다. 다만 영어로 번역한다면 only 정도로 될 어떤 의미를 추가하는 일만 담당하고 있다. 따라서 국어의 조사가 격 범주를 담당한다고 할 때의 조사는 엄격히 말하면 격조사에 국한한다.

어미의 종류 용언의 굴절을 담당하는 활용어미(活用語尾)는 조사(助詞)보다 훨씬 여러가지 문법범주를 담당하는데 그것들을 보기에 앞서 이들을 몇 가지로 분류해 놓는 것이 좋을 듯하다. 어미는 그 분포에 따라 다음과 같이 나눌 수 있다.

- 어미
  - 선어말어미
  - 어말어미
    - 종결어미
    - 비종결어미
      - 연결어미
      - 전성어미
        - 명사형어미
        - 관형사형어미
        - 부사형어미

어말어미(語末語尾 final ending)는 그 어미로써 한 단어가 끝나는 어미며, 선어말어미(先語末語尾 prefinal ending)는 그 뒤에 반드시 다른 어미(즉 어말어미)가 와야만 하는 어미를 말한다. '뛰는, 뛰고, 뛰면, 뛰어라, 뛴다'의 '-는, -고, -면, -어라, -ㄴ다' 등은 그것으로써 '뛰다'라는 단어의 어형이 마무리되었으므로 어말어미들이며, '뛰었다, 뛰겠다, 뛰더라, 뛰신다'의 '-었-, -겠-, -더-, -시-' 등은 그 뒤에 다시 어말어미가 오므로 선어말어미들인 것이다.

어말어미는 그 어미로써 한 문장이 끝나느냐 않느냐에 따라 다시 나뉜다. '뛴다, 뛰어라, 뛰게, 뛰세, 뛰자, 뜁니다'의 '-ㄴ다, -어라, -게, -세, -자, -ㅂ니다'처럼 그것으로 한 문장이 끝나는 어미들은 종결어미(終結語尾)요, '뛰면, 뛰는'처럼 그렇지 않은 어미들은 비종결어미(非終結語尾)다. 종결어미는 따라서 어말어미이면서 동시에 문말어미(文末語尾 sentence final ending)라고도 할 수 있다.

비종결어미 중 연결어미(連結語尾)는 다음 예문 (3)에서처럼 한 문장을 다른 문장에 접속시켜 주는 일을 수행하는 어미, 다시 말하면 앞 문장을 접속절(接續節)로 만들어 주는 어미를 가리킨다. 전성어미(轉成語尾)는 용언으로 하여금 명사, 관형사와 같은 일을 하게 하는 어미라는 뜻인데 구체적으로 한 문장을 한 단어에 대당(對當)되는 절로 바꾸어 다른 문장에 내포(內包)시키는 일을 맡아하는 어미다. 이때 한 문장을 (4a)에서처럼 명사에 대당되는 절(즉 명사절)로 바꾸는 어미를 명사형어미(名詞形語尾)라 하고, (4b)에서처럼 관형사에 대당되는 절(즉 관형절)로 바꾸는 어미를 관형사형어미(冠形詞形語尾)라 한다. 부사형어미(副詞形語尾)는 (4c)에서처럼 한 문장을 부사에 대당되는 절로 바꾸는 어미를 말한다.

(3) a. 드디어 여름이 가고 가을이 왔다.
  b. 날씨가 선선해지니 역시 책이 잘 읽힌다.
(4) a. 부모는 누구나 자식들이 훌륭히 되기를 원한다.
  b. 네가 웃는 모습이 보고 싶구나.
  c. 연기가 나가도록 창문을 좀 열어라.

이상에서만 보아도 국어의 활용어미는 그 종류가 매우 많고 그 하는 일도 매우 다양함을 알 수 있다. 어미라고 하면 혼자 단어도 되지 못하는, 겨우 단어의 일부밖에 되지 못하는 매우 미미한 존재라고 생각하기 쉽지만 이들이 맡아하는 문법 기능은 여간 중요한 것들이 아니다. 다음에 그 중요한 몇 가지들을 간추려 보기로 하겠다.

선어말어미의 기능 선어말어미는 종래 보조어간(補助語幹)이라 불러 오던 것들이다. '-겠-'을 예로 보면 '뛰겠나, 뛰겠으니, 뛰겠으면, 뛰겠고, 뛰겠니, 뛰겠지'처럼 마치 '뛰겠-'까지가 어간처럼 활용한다. 이러한 특성을 들어 보조어간이란 용어를 썼던 것인데 '뛰겠-'까지가 어간은 아니므로, 즉 '-겠-'은 새로운 어간을 만드는 요소가 아니라 어미이므로 요즈음은 보조어간이란 용어 대신 선어말어미란 용어를 쓰고 있다. 만일 '뛰겠-'까지가 어간이라면 '뛰겠다, 놀겠다, 웃겠다, 화려하겠다' 등은 '뛰다, 놀다, 웃다, 화려하다' 등과 함께 별개의 단어로 사전에 등록시켜야 할 것이다. 그런데 '-겠-'이나 '-았-'이나 '-시-'나 모두 거의 모든 어간에 자유롭게 나타나 활용의 일부를 담당하지, 파생접미사들처럼 일부 어간에만 결합되어 새 어간, 즉 새 단어를 만들어내는 일은 하지 못하므로 그럴 수 없다.

선어말어미가 하는 일의 하나는 시제(時制 tense) 범주를 나타내 주는 일이다. 시제란 어떤 상황의 시간적 위치를 구별해 주는 문법범주로 국어의 과거시제(過去時制)는 '-았/었-'에 의해 실현되고 대과거시제(大過去時制)는 여기에 다시 '-었-'이 하나 더 결합됨으로써 실현된다. 그리고 회상시제(回想時制)도 '-더-'에 의해 실현되어 국어의 중요한 시제들이 모두 선어말어미에 의해 실현됨을 보게 된다.

(5) a. 어제는 종일 신문만 읽었어요.
    b. 그 당시엔 이리로 전차(電車)가 다녔었지.
(6) a. 창호는 공부를 참 잘하더라.
    b. 창호는 공부를 참 잘하였더라.
    c. 창호는 공부를 참 잘하겠더라.

서법(敍法 mood)도 선어말어미에 의해 실현된다. 서법이란 내용이 꽤 복잡하여 그 범위를 정하기도 어려운 문법범주다. 흔히 명제(命題

proposition)에 대한 화자(話者)의 심리적 태도를 나타내 주는 문법범주라고 정의된다. 명제의 참(truth)에 대해 화자가 얼마나 경도(傾倒)되어 있고 얼마나 책임을 지느냐에 의해 구분되는 의미범주를 양태(樣態 modality)라 하는데 이것이 어미와 같은 문법형태소로 구현되는 것이 곧 서법이라고 이해하면 조금은 쉬워질지 모르겠다. 어떻든 다음 예문 (7)에서처럼 추측, 의지 및 능력을 나타내는 '-겠-'은 대표적 서법형태소의 하나다. 그리고 구어체(口語體)에는 별로 쓰이지 못하고 고풍스러운 문어체(文語體)에 주로 쓰이지만 예문 (8)에서 보듯 '-겠-'과 매우 유사한 의미로 쓰이는 '-리-'도 있다.

(7) a. 지금 진해에는 벚꽃이 한창이겠다.
b. 이 개는 적어도 사흘 전에 죽었겠어요.
c. 이번에는 꼭 이기고야 말겠어요.
d. 나 혼자서는 도저히 못 들겠다.

(8) a. 그럼 오늘은 이만 쓰고 내일 다시 쓰리다.
b. 이분이 아니면 누가 이 엄청난 일을 할 수 있었으리요?

앞에서 본 회상시제의 '-더-'는 한편으로 서법 형태소로 해석되기도 한다. '-더-'는 화자가 과거 어느 시점에 현장에서 직접 체험하고 깨달은 일을 옮겨와 이야기하는 방식인 만큼 반드시 과거와 얽혀 있고 그 점에서 시제의 하나로 인정된다. 그러나 '-더-'는 과거에 겪은 일을 단순히 서술하는 것이 아니라 자기가 현장에서 직접 겪고 깨달았다고 하는 의미도 담고 있는데 이 점은 화자의 주관적인 태도가 드러나는 것이어서 서법적인 기능이라 보는 것이다.

이상의 시제(時制)나 서법(敍法) 계열의 선어말어미와 구별되는 계열의 선어말어미로서 '-시/으시-'가 있다. '-시/으시-'는 주어를 높이는 데 쓰이는, 이른바 주체경어법(主體敬語法)의 선어말어미다.

주체경어법이란 주어에 쓰인 인물이 존귀(尊貴)하여 그에 대한 존대를 문법형태소로 나타내 주는 경어법으로서 그 서술어의 어간에 '-시/으시-'를 결합함으로써 성립된다. 중세국어(中世國語) 때에는 객체경어법(客體敬語法)의 선어말어미 '-숩/숩/줍-'이 있어 주어의 행위가 미치는 대상을 높이고 주어의 행위를 겸양시키는 일을 담당하였으나 오늘날에는 이들 어미가 쓰이지 않고, 또 뒤에서 보듯이 상대경어법(相對敬語法)은 어말어미에 의해 실현되므로 현대국어의 경어법에 쓰이는 선어말어미는 '-시/으시-'뿐인 셈이다.

(9) a. 너희 할머니는 어느 절에 다니시니?
b. 어느분이 너의 담임 선생님이시지?

문말어미의 기능 문장 끝에 쓰이는 종결어미, 즉 문말어미는 크게 두 가지 일을 동시에 담당한다. 그 하나는 앞에서 말한 대로 상대경어법(相對敬語法)을 결정해 주는 일이다. 상대경어법이란 말을 듣는 상대방(相對方), 즉 청자(聽者)를 어느 정도로 예우(禮遇)할 것인가를 문법형태소에 의해 나타내 주는 체계로서 흔히 '해라체, 반말체, 하게체, 하오체, 해요체, 합쇼체'의 여섯 등급으로 나눈다.

(10) a. 비가 그쳤다. / 그쳤니?
b. 비가 그쳤어. / 그쳤어?
c. 비가 그쳤네. / 그쳤나?
d. 비가 그쳤소. / 그쳤소?
e. 비가 그쳤어요. / 그쳤어요?
f. 비가 그쳤습니다. / 그쳤습니까?

문말어미의 기능 중의 다른 하나는 문장형(文章型 sentence type)을 결정짓는 일이다. 문장형은 문장의 유형(類型), 또는 문장의 종류라고도 하는데 흔히 평서문(平敍文), 의문문(疑問文), 명령문(命令文), 청유문(請誘文)으로 나누고, 때로는 여기에 감탄문(感嘆文), 약속문(約束文)을 더하기도 한다. 그런데 영어 등에서는 의문문을 만들 때에는 어순(語順)이 바뀐다든지 명령문에서는 주어가 생략되어야 한다든지의 복잡한 절차가 있으나 국어에서는 오직 문장 끝의 어미 하나로써 이 모든 문장형이 결정된다.

(11) a. 여학생들은 의자에 앉는다.
b. 여학생들은 의자에 앉니?
c. 여학생들은 의자에 앉아라.
d. 여학생들은 의자에 앉자.
e. 여학생들은 의자에 앉는구나.
f. 우리 여학생들은 의자에 앉으마.

그런데 문말어미의 기능은 앞의 두 가지로 끝난다고 보기 어렵다. 문말어미가 상대경어법 형태소로서의 기능 이외에는 문장형을 구분하는 기능뿐이라고 한다면, 평서문이면 평서문, 의문문이면 의문문에 쓰이는 어미가 각각 한두 개면 족할 것이다. 그런데 그렇지가 않다. 여러 종류의 어미가 있을 뿐 아니라 그 의미가 다 조금씩 다르다.

(12) a. 그놈 참 똑똑해.
b. 그놈 참 똑똑하지.
c. 그놈 참 똑똑하네.
d. 그놈 참 똑똑하군.
e. 그놈 참 똑똑하다구.
f. 그놈 참 똑똑하다니까.

(13) a. 과연 가야 하니?
b. 과연 가야 할까?
c. 과연 가야 하는가?

예문 (12)에 쓰인 문말어미는 모두 평서문 어미들이다. 이들이 문장형을 구분하는 일만 한다면 평서문 어미가 이렇게 여러 개가 있을 필요가 없을 것이다. 이들 어미는 평서문을 만든다는 공통된 기능 외에 각각 그들 고유의 의미를 가지고 있다. 가령 '-지'는 이미 알려진 얘기를 한다는 투가 있고 '-네'는 새로 알게 됐다는 뜻이 담겨 있으며 '-군'은 혼자 하는 말이라는 분위기를 풍긴다. 말하자면 서법(敍法) 범주에 속하는 의미들을 보여 주는 것이다. 이는 예문 (13)에서도 같은데 이 점에서 문말어미는 서법 형태소로서의 기능도 가지고 있다고 보아야 한다. 다만 서법이라면 추측법, 가정법 식으로 어떤 명칭이 붙어야 하는데 문말어미가 나타내는 서법이 몇 가지로 나뉘고 그것들에 어떤 명칭이 붙을 수 있을지는 쉽게 대답하기 어렵다.

3.5 구 성

우리는 앞에서 최소의 문법 단위인 형태소가 모여 단어를 이루고, 또 단어와 단어가 모여 새로운 단어, 즉 복합어를 이룸을 보았다. 그런데 이처럼 문법 단위가 모여 더 큰 문법 단위를 이루는 일은 여기에 그치지 않는다. 단어가 모여 구(句)를 이루고 구가 모여 절(節)이나 문장(文章)도 이루는 것이다.

구성과 구성요소 이처럼 보다 작은 문법 단위들이 모여 이루어진 큰 문법 단위를 구성(構成 construction)이라 한다. 그리고 이 구성에 참여한 보다 작은 문법 단위들을 그 구성의 구성요소(構成要素 constituent) 또는 성분(成分)이라 한다. '읽었다'는 형태소 '읽-, -었-,

-다'의 세 구성요소가 모여 만들어진 구성이며, '어느 시골 의사의 이야기'는 '어느, 시골, 의사, 의, 이야기' 등의 구성요소로 이루어진 구성이다.

단어나 구나 문장은 꽤 엄격한 한계가 있는 문법 단위들인데 구성은 꽤 포괄적인 용어라 할 수 있다. 단일어가 아니라면 단어도 구성이 될 수 있고, 구도 구성이며 문장도 구성이 되기 때문이다. 문법 단위가 몇 개 모여서 이루어진 언어 형식을 포괄적으로 묶어 부르는 이름이 필요할 때 쓰이는 것이 곧 구성인 셈이다.

구성 중 대표적인 것의 하나는 구(句 phrase)다. 구는 단어들이 모여 이루어진, 단어보다 더 큰, 그러나 주술구성(主述構成), 즉 주어(主語)와 서술어(敍述語)가 갖추어진 구성이 아닌 언어 형식을 말한다. 흔히 명사구(名詞句), 동사구(動詞句), 부사구(副詞句)처럼 품사 이름을 붙여 부르는데 이는 그 구가 하는 일이 궁극적으로 이들 품사와 같음에 근거한 것이다. 다음 예문 (1)의 a는 명사구, b는 동사구, c는 부사구의 예들이다.

(1) a. 넓은 강의실, 진리의 탐구, 직업과 세계관
    b. 생각하며 살자, 열심히 뛰었다, 바다로 가자
    c. 더욱 부지런히, 훨씬 더 멀리, 그토록 많이

대표적 구성의 다른 하나는 절(節 clause)이다. 절은 구와 마찬가지로 단어들의 집합으로 이루어진, 단어보다 큰 언어 형식이나 주어와 서술어를 갖추고 있다는 점이 구와 다르다. 그리고 주어와 서술어를 갖추고 있는 점에서는 문장과 같으나 예문 (2)에서 보듯 절은 그 자체로 독립된 문장을 이루지 못하고 더 큰 어떤 문장의 일부를 이루고 있다는 점이 다르다. 절에 대해서는 뒤(3.6)에서 다시 다루기로 하겠다.

(2) a. 날씨가 선선해지니 확실히 공부가 잘 된다.
b. 그 때 형은 군인이었고 나는 중학생이었다.

구와 절 다음으로 대표적인 구성은 문장(文章 sentence)이다. 문장은 어떤 더 큰 구성의 일부가 아닌, 구성 중 가장 큰 구성이며, 언어 형식 중 가장 큰 언어 형식이다. 그리고 문법 단위 중에서도 가장 큰 문법 단위다.

문장은 주어와 서술어를 갖추고 있는 것이 원칙이나 때로 이런 것을 생략할 수도 있다. 주어와 서술어가 갖추어져 있지 않더라도 그 마지막의 억양이 일반 문장과 같은 것이면, 비록 소문(小文 minor sentence)이니 불완전문(不完全文)이니 하는 이름으로 구별하여 부르기는 하여도 역시 문장으로 간주한다. 다음 예문 (3)의 a, b, c도 따라서 모두 문장이다.

(3) a. 너는 몇 살이니?
b. 아홉 살.
c. 벌써?

직접구성요소 형태소가 모여 단어를 이룰 때든 단어가 모여 구나 문장을 이룰 때든, 구성요소가 모여 하나의 구성을 이룰 때에 그 구성요소들이 묶이는 방법은 평면적(平面的)이기보다 층위적(層位的)이다. 가령 '푸른 가을 하늘'이란 구성을 이룰 때 '푸른'과 '가을'과 '하늘' 세 구성요소 사이의 관계는 다음 (4a)와 같은 평면적 구조를 가지는 것이 아니라 (4b)와 같은 층위적 구조(層位的 構造 hierarchical structure)를 가진다. 왜냐하면 '푸른'은 '가을'을 꾸미지 않고 '가을 하늘' 전체를 꾸미기 때문이다. 그리하여 '가을 하늘'이 먼저 묶이고 그것이 다시 전체적으로 '푸른'과 묶이는 것이다.

(4) a.

<table>
<tr><td>푸른</td><td>가을</td><td>하늘</td></tr>
<tr><td colspan="3">푸른 가을 하늘</td></tr>
</table>

b.

<table>
<tr><td rowspan="2">푸른</td><td>가을</td><td>하늘</td></tr>
<tr><td colspan="2">가을 하늘</td></tr>
<tr><td colspan="3">푸른 가을 하늘</td></tr>
</table>

이처럼 구성요소가 구성을 이룰 때에는 층위가 나타나는 것이 일반적이고 이 때문에 어떤 구성의 구조를 바로 파악하려면 이 층위의 구조를 바로 분석하여 그 묶임의 순서를 바로 알아야 한다. 이 때 도입되는 개념이 직접구성요소(直接構成要素 immediate constituent, 줄여서 IC)다. 직접구성요소란 직접성분(直接成分)이라고도 하는 것으로 어떤 구성을 일단 둘로 쪼갰을 때의 그 각각을 말한다. '푸른 가을 하늘'의 직접구성요소는 '푸른'과 '가을 하늘'이다. 다시 '가을 하늘'의 직접구성요소는 말할 것도 없이 '가을'과 '하늘'이다. IC 분석, 즉 직접구성요소 분석은 앞의 (4b)처럼 하여도 좋지만 흔히 다음의 어느 한 가지 방법으로 한다.

(5) a. (푸른 (가을 — 하늘))
b. [푸른 [가을 — 하늘]]
c. 푸른 ‖ 가을 | 하늘
d. 푸른 가을 하늘

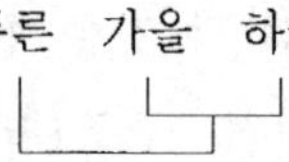

e.

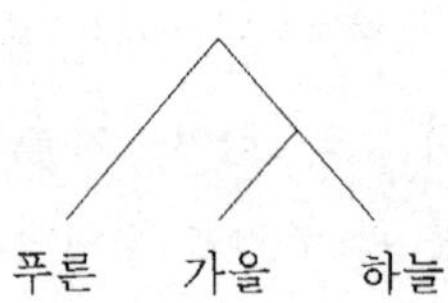

이 중 d와 e는 매우 비슷한 방식이나 e는 이른바 나무그림(tree diagram)으로서 요즈음에 오면서 점차 넓게 쓰이고 있다. 그리고 a와 b는 괄호짜기(bracketing)로서 간편한 이점(利點)이 있어 역시 널리 쓰인다.

어떤 구성이 '가을 하늘'처럼 두 개의 구성요소만으로 이루어져 있다면 IC 분석은 굳이 필요하지 않다. 그러나 그 구성이 세 개나 그 이상의 구성요소로 이루어졌다면 그 세 개가 앞 (4a)에서와 같은 평면적 구조로 이루어지지 않는 것이 일반적이기 때문에 직접구성요소의 개념이 매우 필요하게 된다. 만일 '푸른 가을 하늘'의 직접구성요소를 '푸른 가을'과 '하늘'로 잘못 분석한다면 하늘이 푸른 것이 아니고 가을이 푸르다는 뜻이 되고 만다. 그만큼 직접구성요소 분석은 그 구성의 구조를 바로 인식하는 가장 기초적인 절차이며, 그 구성의 의미를 바로 파악하는 필수적인 작업이라 할 만하다.

IC 분석은 모든 구성에 유용하므로 합성어, 구, 문장 등의 분석에 두루 이용할 수 있다. 가령 '금목걸이'의 직접구성요소는 '금'과 '목걸이'인데 이것을 잘못 '금목'과 '걸이'로 분석한다면 사람의 목이 금으로 되었다는 뜻이 될 것이다. 또 '맨손체조'는 '맨손'과 '체조'로 분석되어야지 이것을 '맨'과 '손체조'라고 한다면 '맨-'이라는 접두사가 신체의 일부가 아닌 '체조'와도 결합하는 꼴이 되고 의미도 엉뚱해질 것이다. 이들을 그림으로 보이면 (6)과 같은데 IC 분석은 이처럼 합성어의 구조를 파악하는 데에 매우 유익하다.

(6) a. b.

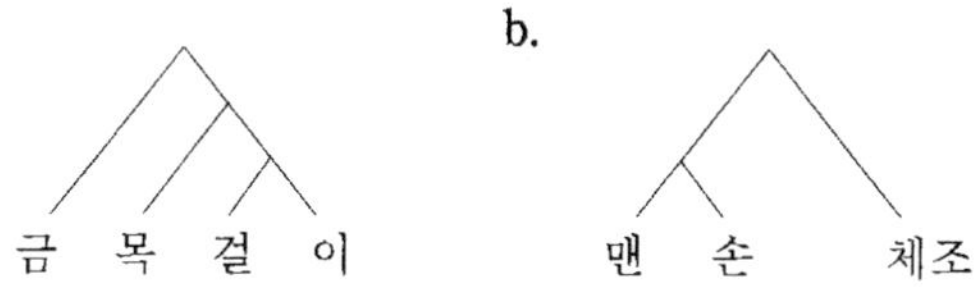

어떤 구성이 중의성(重義性 ambiguity)을 가진 것이면 그 IC 분석은 두 가지로 나뉜다. 가령 '노란 고추의 씨'는 고추는 빨간데 그 씨가 노랗다는 뜻일 수도 있고, 그와는 달리 화초 고추의 경우이겠지만 고추의 색깔이 노랗다는 뜻일 수도 있다. 만일 '이 노란 고추의 씨는 유난히 까맣구나'와 같은 글이라면 후자의 뜻이 분명하다. 따라서 '노란 고추의 씨'의 IC 분석은 만일 그 앞뒤에 어떤 말이 덧붙지 않았다면 다음의 두 가지가 다 가능할 것이다.

(7) a. [[노란 — 고추의] 씨]
b. [[노란] [고추의 — 씨]]

비슷한 예로 '게으른 거북이와 토끼'를 들 수 있다. 이것도 중의성을 가지는 구성인데, 만일 '게으른'이 거북이만 꾸민다면 그 IC 분석은 [[게으른 — 거북이와] 토끼], 또는 다음의 (8a)처럼 될 것이며, 그렇지 않고 '게으른'이 토끼까지 꾸민다면, 다시 말하면 게으른 것이 거북이뿐만 아니라 토끼까지라면 그 IC분석은 [게으른 [거북이와 토끼]], 또는 (8b)처럼 될 것이다.

(8) a.

b.

IC 분석은 이처럼 구성의 중의성을 해결하는 데에도 유용하다. 다음 문장을 '많은'과 '그녀의'에 초점을 두고 IC 분석을 하면서 이 문장이 두 가지로 해석될 가능성을 밝혀 보기 바란다.

(9) a. 사람들이 많은 도시를 다녀 보면 재미있는 일을 많이 겪는다.
b. 그녀의 옷에 대한 대단한 관심

구성요소와 형식류 구나 문장을 이루는 구성요소에는 명사, 명사구, 명사절 등의 이름을 붙일 수 있다. 명사, 동사 등의 품사를 단어들의 유(類)라 하여 어류(語類 word-class)라 하였는데, 문법적 성질이 같은 것끼리 묶은 유(類)이되, 그것이 단어에 국한하지 않고 구나 절까지 포괄되는 것일 때는 형식류(形式類 form-class)라는 포괄적인 이름으로 부른다. 말하자면 문장 안에서 하는 일이 같은 것끼리 묶은 것이 형식류인데 주어, 서술어, 목적어, 관형어, 부사어 등의 이른바 문장성분(文章成分)은 대표적인 형식류일 것이며, 품사를 비롯하여 명사구, 명사절, 동사구, 동사절 등도 역시 훌륭한 형식류들이다.

어떤 구성을 직접구성요소로 분석할 때 분석 자체에 끝나지 않고 그 직접구성요소에 이런 형식류의 이름을 붙이면 그 구성의 구조와 성격을 파악하는 데 한결 큰 도움을 받는다. 다시 '푸른 가을 하늘'을 예로 보이면 다음과 같다. 여기에서 N은 명사, NP는 명사구, Det는 관형어를 가리킨다.

(10) a.
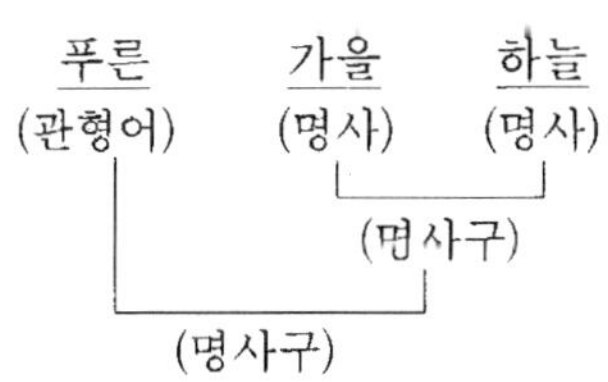

b. NP〔Det 푸른 NP〔N 가을 N 하늘〕〕

c.
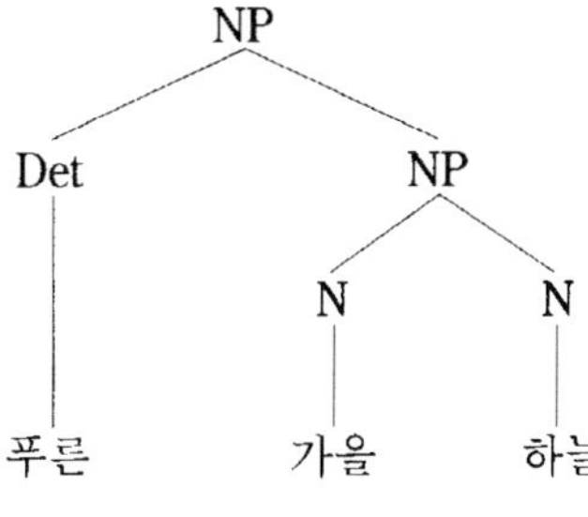

이처럼 구성요소에 이름을 붙일 때 전통적인 방식과 근래 흔히 쓰이는 방식에는 얼마간의 차이가 있다. 종래에는 가령 명사나 명사구가 있다면 그것이 그 문장에서 어떤 문장성분 노릇을 하느냐에 따라 주어, 목적어 또는 주어구, 목적어구 등의 이름으로 불렀다. 또 주어, 서술어가 한 단어로 되어 있지 않고 그 문장 전체의 주어, 서술어로 쓰였을 때는 주부(主部), 술부(述部) 등의 이름으로 구분하여 불렀다. 그러나 요즈음은 간편하게 이들을 모두 명사구(NP), 동사구(VP) 등으로 부르는 경향이 있다. 이는 나무그림을 그리는 일과 관련되는데, 나무그림의 어느 가지에 그 명사구가 매달려 있는가를 보면 그것이 주어로 쓰이고 있는지 목적어로 쓰이고 있는지를 저절로 알 수 있기 때문이다. 다음 (11a)는 전통적인 방식의 이름 붙이기며 (11b)는 근래 흔히 쓰이는 이름 붙이기 방식이다.

(11) a.

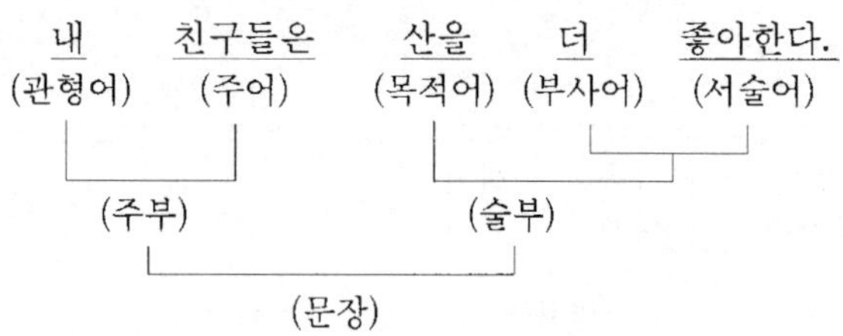

b.

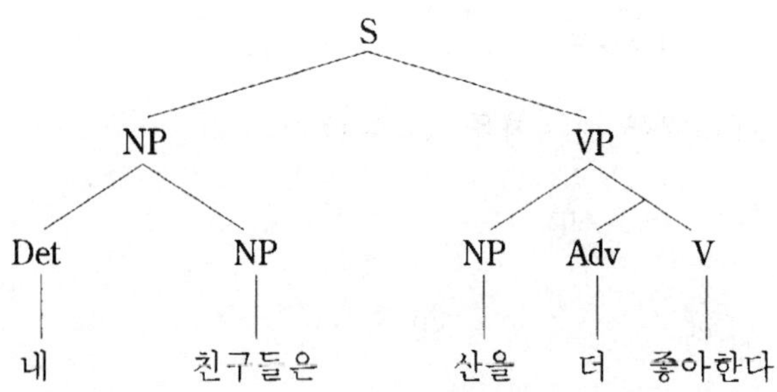

조사와 어미의 구성 국어의 구성을 분석할 때 우리가 어려

움을 만나는 경우의 하나는 그 구성에 조사나 어미가 포함되어 있을 때다. 명사 하나에 조사가 결합되어 있을 때는 어려울 것이 없지만, '가을 하늘을'이나 '푸른 가을 하늘을'처럼 명사구에 조사가 결합된 경우는 그리 단순하지 않기 때문이다. 언뜻 생각하기에는 조사 '을'은 '하늘'만을 지배하는 것 같다. 그러나

(12) a. 푸른 가을 하늘을
b. 푸른 가을 하늘이
c. 푸른 가을 하늘에서
d. 푸른 가을 하늘의

등을 보면 조사는 그 앞의 명사구 전체를 지배하는 것으로 해석됨 직하다. 그리하여 '푸른 가을 하늘을'은 다음의 (13b)보다 (13a)와 같은 구조를 가지는 것으로 분석하는 것이 더 타당해 보인다.

(13) a.
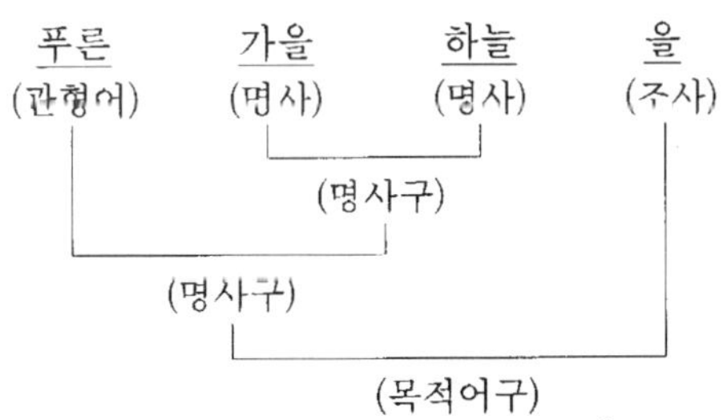

b.
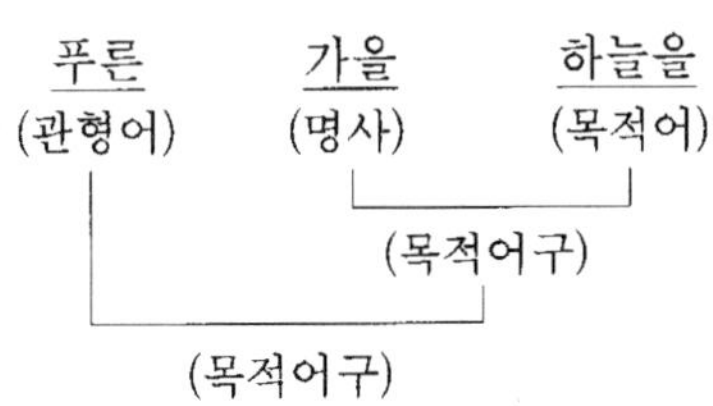

만일 b에서처럼 '하늘을'을 먼저 묶으면 '푸른'이나 '가을'이 명사를 꾸미는 것이 아니라 목적어를 꾸민다고 하는 부적절한 기술을 해

야 한다. '하늘을'이 '하늘이'라면 이번에는 관형어가 주어를 꾸민다고 해야 하고, 또 '하늘에서'라면 이번에는 또 부사어를 꾸민다고 해야 하므로 더더욱 어지러워진다.

그런데 어미의 경우는 더욱 복잡하다. 특히 '비가 오는 소리가 참 좋구나'의 '비가 오는'처럼 더 큰 문장에 내포된 절(즉 내포문)에 쓰인 어미가 그러하다. 흔히 어미는 그 어미가 결합된 동사에만 소속되어 있는 것으로, 즉 그 동사의 어간하고만 관계를 맺고 있는 것으로 생각하기 쉬우나 '비가 오는'의 '-는'은 '비가 오-' 전체를 지배한다고 보아야 문장 구조가 더 쉽게 풀리는 면이 많다.

(14)

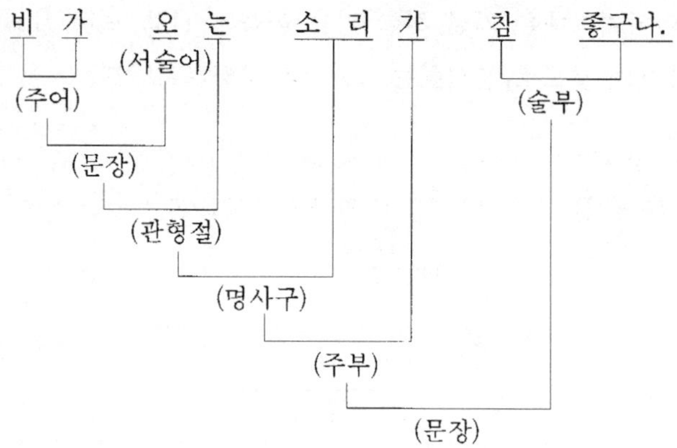

만일 이렇게 하지 않고 '오는'을 먼저 묶고 그것을 관형어라고 한다면 '비가'라는 주어는 관형어의 주어라는 뜻이 되므로 이상해진다. 그러나 (14)처럼 분석하면 이번에는 '오-'라는 어간이 서술어가 된 셈이어서 부자연스러운 점이 생기는데 이것은 이 환경에서 '온다'의 종결어미를 생략하는 어떤 절차가 작용하였다는 해석을 하면 될 것이다.

그런데 내포문의 어미를 이처럼 그 앞에 오는 문장 전체를 지배하는 것으로 보면, 이것이 내포문뿐만 아니라 모든 문장에 확대될 가능성은 없을까 하는 문제가 제기된다. 가령 '비가 오는'의 여러 다른 모습인

(15) a. 비가 오-ㄴ다.
b. 비가 오-니?
c. 비가 오-는구나.
d. 비가 오-겠-다.

등을 보면 '비가 오-는'의 '-는'이 그 앞의 문장 전체를 지배하듯이 '-ㄴ다, -니, -는구나, -겠-다'들도 마찬가지로 그 앞의 문장 전부를 지배한다고 하지 못할 이유가 없어 보이는 것이다. 만일 그렇다면 국어 문장의 IC 분석은 문장(또는 절)의 종결어미, 즉 문말어미와 그 나머지 부분으로 나누는 결과가 될 것이다. 이 문제는 국어 문법을 어떻게 체계화하느냐 하는 아주 근본적인 문제와 관련되어 매우 어려운 문제인데 우리의 한 과제라 하지 않을 수 없다.

3. 6 문장의 접속과 내포

문장 중에는 '비가 온다'나 '나는 오늘 처음으로 전철을 탔다'처럼 주어, 서술어가 겨우 하나씩인 간단한 문장도 있지만 이보다는 이같은 문장들이 몇 개씩 모여 이루어진 더 길고 더 복잡한 문장이 훨씬 많다. 주어와 서술어가 하나씩인, 즉 주술구성(主述構成)이 하나뿐인 문장을 단문(單文 simple sentence)이라 하는데 여기에서는 이런 단문들이 모여 어떻게 더 크고 더 복잡한 문장들이 만들어지는가에 대해

알아 보기로 하겠다.

무한한 수의 문장 한 언어의 문장의 수(數)는 무한(無限)하다고들 한다. 단어의 수가 한정되어 있다 하더라도 그 단어들을 조합하여 만들어낼 수 있는 문장의 수에는 끝이 있을 수 없다는 것이다. 이를 이해하려면 먼저 문장의 길이에 제한이 없다는 사실을 알 필요가 있다. 만일 앞이 아주 아주 길고 그 끝이

(1) …불쌍한 노인이 살고 있었다.

로 끝나는 문장이 있어 이것이 지금까지 나타난 우리말의 최장(最長)의 문장이라고 하자. 우리는 여기에 몇 마디를 어디에고 덧붙일 수 있을 것이다. '노인' 앞에 '눈 먼'이나 '허리 굽은'을 덧붙일 수도 있을 것이며 '살고' 앞에 '조용히'나 '외로이' 또는 '행복하게' 등을 덧붙일 수도 있을 것이다.

그러나 그보다도 '살고 있었다'를 '살고 있었고'로 고치면 그 뒤에 '그 이웃에는 비슷한 나이의 노파가 한 분 살고 있었다'를 덧붙일 수 있을 것이다. 그러고도 문장은 이것으로 더 이상 늘어날 수 없다는 어떤 제약을 받지 않는다.

(2) …불쌍한 노인이 살고 있었고, 그 이웃에는 비슷한 나이의 노파가 한 분 살고 있었으며, 또 그 이웃에는 젊은 총각이 홀로 살고 있었다.

식으로 문장은 계속 길어질 수 있을 것이다. 이러한 성질이 이른바 언어의 창조성(創造性 creativity)이다. 언어의 창조성이란 우리들이 매일같이 쓰는 문장이 이미 이 세상에 한번 나타났던 것에 국한하지 않고 지금까지 한번도 없던 문장일 수 있는 특성을 가리키는데 예문 (2)

는 바로 그 창조성의 일단을 보여 주는 예인 것이다.

이처럼 문장이 더 크고 복잡한 문장으로 끝없이 확대되어 나길 수 있는 것은 문장들이 여러 개 결합하여 더 큰 문장을 만들 수 있기 때문이다. 몇 개의 문장들이 결합하여 이루어진 문장을 합성문(合成文)이라고 한다면 지금까지의 가장 긴 문장도 다시 다른 문장과 결합하여 보다 긴 합성문을 만들어낼 수 있는 것이다. 다음 (3)에서 그러한 예를 하나 더 보기로 하자.

(3) a. 나는 텐트를 쳤다.
 b. 나는 텐트를 치고, 창호는 기타를 쳤다.
 c. 나는 텐트를 치고, 창호는 기타를 치고, 영숙이는 노래를 불렀다.
 d. …영숙이는 노래를 부르고, 태남이는 휘파람을 불었다.
 e. …태남이는 휘파람을 불고, 정혜는 밥을 지었다.
 f. …정혜는 밥을 짓고, 숙희는 하늘을 바라보며 시상(詩想)에 잠겨 있었다.
 g. …숙희는 하늘을 바라보며 시상에 잠겨 있었고, 피코니는 마음껏 아름다운 목소리를 자랑하고 있었다.

다음 예문은 문장이 끝없이 확장될 수 있음을 앞에서와는 또다른 면에서 보여 준다.

(4) 닭을 쫓는 개를 따라가는 할머니를 귀찮게 하는 아가를 붙잡으려는 어머니를 보고 웃고만 서 있는 언니를 나무라시는 아버지를 무서운 표정으로 쳐다보는 동생을 귀엽게 바라보는 나의 모습을 상상해 보시라.

좀 억지로 만든 문장이지만 예문 (4)는 문장이 그 안에 그 문장의 구성요소로서 더 작은 문장을 얼마든지 새끼칠 수 있음을 훌륭히 보여 준다. 문장이 그 길이가 무한일 수 있고 동시에 그 수도 무한인 것은 무엇보다 이상에서처럼 문장이 반복(recursion)의 성질을 가지고 있음에 말미암는다고 할 수 있다.

접속과 내포 앞에서 보았듯이 문장은 보다 작은 문장을 구성요소로 하여 끝없이 새로이 탄생하는데 이렇게 작은 문장이 모여 더 큰 문장이 만들어지는 방식은 크게 두 가지로 나눌 수 있다. 그 하나는 예문 (3)에서 보는 방식인 접속(接續 conjoining)이요, 다른 하나는 예문 (4)에서와 같은 방식의 내포(內包 embedding)다. 접속은 두 문장이 대등한 자격으로 결합하는 방식이요, 내포는 한 문장이 다른 문장의 한 구성요소(構成要素)로, 다시 말하면 그 문장성분의 하나로 파고드는 방식이다. 내포는 포유(包有)라고도 한다.

(5) a. 나는 텐트를 치고, 정혜는 밥을 지었다.
　b. 창호는 국어학이 전공이며, 나는 현대문학이 전공이다.
(6) a. 우리는 형이 오기를 기다린다.
　b. 우리 팀이 승리하였음을 빨리 알려야겠다.
(7) a. 학생들이 등교하는 모습이 참 보기 좋구나.
　b. 우리들이 그토록 자주 드나들던 음악감상실이 불에 탔다.
(8) a. 우리는 모두 허리가 끊어지도록 웃었다.
　b. 아무런 목표도 없이 국문과에 온 학생은 없을 것이다.

앞의 예문 (5)가 접속에 의해 만들어진 전형적인 예다. 여기에서는 '나는 텐트를 친다(치고)'가 '정혜는 밥을 지었다'의 한 부분으로, 즉 그 문장의 어떤 문장성분으로 참여한 것이 아니고 그와 대등한 지위로 참여한 것이다. 이를 나무그림으로 보이면 다음 그림 (9)와 같다. 이 그림의 뜻은 (5a)는 '나는 텐트를 쳤다'라는 문장(S)과 '정혜는 밥을 지었다'는 문장(S)이 접속소(接續素 conjuntion)인 연결어미 '-고'

에 의해 대등한 자격으로 묶여 더 큰 문장으로 만들어졌다는 뜻이다.

(9)

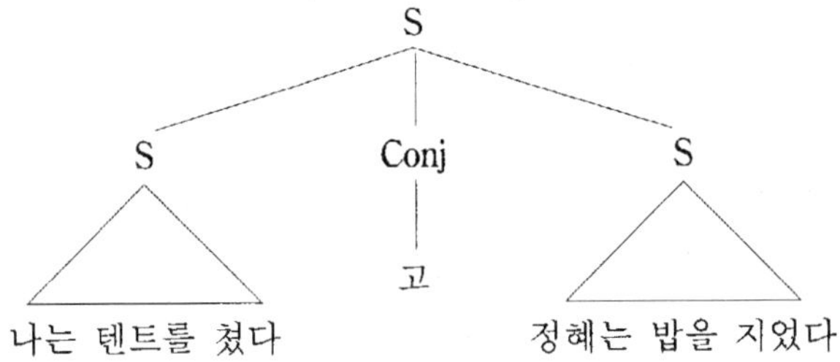

한편 앞의 예문 (6)～(8)은 내포에 의해 만들어진 예문들인데 여기에서는 가령 (6a)를 예로 보면 '형이 온다(오기를)'가 '우리는 X를 기다린다'라는 문장의 한 부분으로, 즉 목적어라고 하는 한 문장성분으로 참여하고 있음을 볼 수 있다. 다시 말하면 '형이 온다'는 문장이 '그것'이나 '때'와 같은 명사의 자격으로 바뀌어, 그처럼 자격을 낮추어 다른 문장의 한 성분으로 편입하는 방식으로 참여하고 있는 것이다. 이를 나무그림으로 보이면 아래 (10)과 같다.

여기에서 '형이 온다(오기를)'처럼 편입해 들어가는 문장을 내포문(內包文 embedded sentence)이라고 한다. 성분문(成分文 constituent

(10)

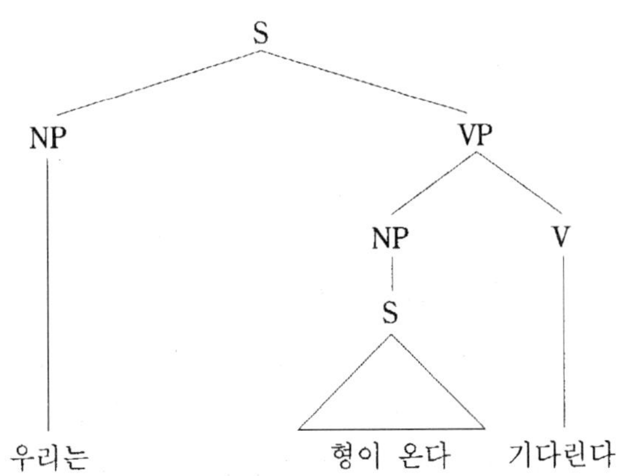

sentence)이라고도 부른다. 그리고 내포문을 포유(包有)하는 상위의 문장을 모문(母文 matrix sentence)이라 하는데 성분문은 이 모문의 한 성분, 즉 한 구성요소라는 뜻이다.

기저문과 절 앞의 나무그림 (9)와 (10)에서 보면 접속되는 문장과 내포되는 문장이 각각 '나는 텐트를 쳤다'와 '형이 온다'와 같은 온전한 모습의 문장으로 나타나 있다. 이는 '나는 텐트를 치고'나 '형이 오기를'이 더 큰 문장의 일원이 되기 위해 현재 그러한 모습을 하고 있지만 근원적으로는 그와 같은 온전한 모습의 문장이었음을 보여 주는 것이다. 이러한 애초 모습의 문장을 기저문(基底文 underlying sentence)이라 하는데 (9)와 (10)의 나무그림은 그 기저문을 보여 주는 것이다.

접속이나 내포에 참여하는 문장이 근원적으로 문장이기 때문에 내포문, 성분문 등에서처럼 이들을 문장으로 부르는데 전통적으로는 이 경우 절(節 clause)이라는 용어를 써 왔다. 주어와 서술어를 갖추었지만 다른 문장의 일부인 점이 문장과는 다르기 때문이다. 거기에 따르면 내포문, 성분문 대신 내포절(內包節), 성분절(成分節)이란 용어도 쓸 수 있을 것이며 이렇게 부르는 것이 더 편리할 때가 많다. 다만 모절(母節)이란 용어는 일반화되어 있지 않다.

절(節)은 특히 내포문(내포절)을 기술할 때 유용하다. 앞의 예문 (6a)의 '형이 오기를'은 목적어 구실을 하는 절이라고 하여 흔히 목적절(目的節)이라고 부른다. 이를 목적문(目的文)이라고 하면 비록 그것이 근원적으로 문장이라고 해도 생경(生硬)하게 들린다. 주절(主節)에 비해 주문(主文) 역시 부자연스럽다. (6a)의 '형이 오기' 및 (6b)의 '우리 팀이 승리하였음'의 명사절(名詞節), '학생들이 등교하는' 등의 관형사절(冠形詞節), (8)의 '허리가 끊어지도록' 등의 부사절(副詞節)

의 경우도 마찬가지다.

앞(3.4)에서 국어의 활용어미를 그 분포와 기능에 따라 분류하면서 비종결어미를 연결어미(連結語尾)와 전성어미(轉成語尾)로 나누고 전성어미는 다시 명사형어미, 관형사형어미, 부사형어미로 나눈 바 있다. 여기서 보면 그 분류가 접속 및 내포와 깊이 관련됨을 볼 수 있다. 예문 (5)의 접속은 연결어미에 의해 이루어지고, 예문 (6)~(8)의 내포는 전성어미에 의해 이루어지고 있는 것이 그것이다.

여기에서 우리는 어미의 분류를 접속 및 내포와 관련되는 이름으로 바꾸어 부를 수도 있음을 깨닫게 된다. 즉 연결어미 대신 접속어미(接續語尾)라는 이름이 가능할 것이며, 전성어미 대신 내포어미(內包語尾) 또는 포유어미(包有語尾)라는 용어가 가능할 것이다. 나아가 명사형어미, 관형사형어미, 부사형어미도 각각 명사화어미(名詞化語尾), 관형사화어미(冠形詞化語尾), 부사화어미(副詞化語尾)라고 하는 것이 이 어미들의 기능에 더 부합하는 이름일 것이다. 다만 이때 연결어미 모두를 접속어미로 바꾸어 부를 수 없음을 곧 뒤에서 보게 된다.

종속절과 부사절 단문(單文)들이 모여 이루어진 문장을 전통문법에서는 중문(重文 compound sentence)과 복문(複文 complex sentence)으로 구분하였다. 중문은 앞의 예문 (5)처럼 두 문장(절)이 대등한 관계로, 즉 둘이 대등절(對等節 coordinate clause)로서 결합되는 문장이다. 따라서 중문은 대등문(對等文 coordinate sentence)이라고도 한다. 그리고 복문은 두 문장(절)이 하나는 상위(上位)의 지위에 서고 다른 하나가 하위(下位)의 지위에 서서 결합되는 문장이다. 이때 상위에 서는 절을 주절(主節 main clause 또는 superordinate clause), 하위에 서는 절을 종속절(從屬節 subordinate clause)이라 한다.

여기서 종속절은 결국 앞의 예문 (6)~(8)의 내포문(내포절)과 같은 개념임을 볼 수 있다. 주절은 또한 모문(母文)과 같은 개념이다. 그렇다면 복문도 예문 (6)～(8)과 같은, 내포에 의해 이루어진 문장들이라고 바꾸어 부를 수 있다. 이렇게 되면 용어만 바뀔 뿐 그 내용에서는 엇갈림이 없어 편리한 점이 많다. 우리도 지금 이 체계를 따르고 있다.

그런데 우리나라 전통문법에서는 종속절을 예문 (6)과 (7)의 명사절이나 관형사절은 포괄하지 않는 개념으로 써 왔다. 다음 예문 (11)이 전형적인 종속절로 이루어진 복문들로서 이 종속절들은 내포절이라고 하기에는 주절의 한 성분으로 편입되는 성격이 약하다고 본 것이다. 사실 이들은 주절과 대등하지는 않아도 병치(倂置)된 형국인 것이다. 말하자면 종속절은 대등절과 내포절의 중간 성격의 절이며 따라서 예문 (11)이 이루어진 방식은 접속과 내포 양편에 걸쳐 있는 방식이라 할 면이 있다.

그러나 종속절은 역시 내포절이며 이들의 결합 방식은 역시 내포의 일종이라고 해석하여야 할 것이다. 예문 (8a)나 (8b)를 보면 내포절이 각각 '실컷', '맹목적으로'와 같은 부사어 자리에 쓰인 것을 볼 수 있고, 또 예문 (12)를 보면 전형적인 종속절도 모문 속으로 파고드는 성질이 있음을 볼 수 있기 때문이다. 그리고 그보다도 종속절과 부사절을 따로 가르는 체계는 아무래도 이상하기 때문이다. 결국 국어에는 부사절이 있을 뿐 그와 대립되는 종속절은 없다는 결론이 된다. 그렇다면 종래의 연결어미 중 많은 부분은 부사형어미(부사화어미)로 이름이 바뀌어야 할 것이다.

(11) a. <u>네가 기타를 치면</u> 우리도 노래를 부르겠다.
b. <u>가을이 되니</u> 책이 확실히 잘 읽힌다.
c. <u>열 길 물 속은 알아도</u> 한 길 사람 속은 모른다.

(12) a. 우리도 <u>네가 기타를 치면</u> 노래를 부르겠다.

b. 책이 확실히 가을이 되니 잘 읽힌다.
c. 한 길 사람 속은 열 길 물 속을 알아도 모른다.

명사화 내포문 중 명사절과 관형사절에 대해서 조금 더 보기로 한다. 이들 중 명사절을 만들어내는 절차를 요즈음은 흔히 명사화(nominalization)라 부르고 아울러 이 때 쓰이는 명사형어미를 명사화소(名詞化素 nominalizer)라고 부른다. 그러니까 예문 (7)의 '-기'와 '-음'은 명사화소인 것이다. 이들 어미가 하는 일은 하나의 문장(즉 기저문)을 일단 명사 상당(相當)의 절로 바꾸는 일이므로 이 용어들은 매우 적절하다고 할 수 있다. 이미 몇 번 설명이 되었지만 명사화의 절차를 다시 한 번 그림으로 보이면 다음과 같다.

(13) 방이 좁-다 〈기저문〉
↓ 〈명사화〉
방이 좁-음 〈명사절〉

명사화에 의해 일단 명사의 자격을 얻은 명사절은 조사를 취할 자격이 있고 따라서 어떠한 조사를 취하느냐에 따라 주어, 즉 주절이 될 수도 있고 목적어, 즉 목적절이 될 수도 있고 나아가서는 부사절이 될 수도 있다. 이 때의 부사절은, 영어의 전치사구나 전치사절 식의 이름을 따서 오히려 조사절(助詞節)이라고 부르면 좋을 절로서, 어미에 의한 부사절과는 구별해야 할 것이다.

(14) a. 방이 좁음이 걱정이다.
b. 방이 좁음을 걱정하지 말아라.
c. 방이 좁음에도 걱정들을 하지 않는구나.

명사화가 어떨 때 '-기'에 의해 이루어지고, 어떨 때 '-음'에 의해 이루어지는지의 문제는 매우 미묘하다. 대체로 이들의 선택은 이들 뒤에 놓이는 모문의 서술어에 의해 결정되되 그 명사절의 일이 기정적(旣定的)인 것이면 '-음'을, 미정적(未定的)인 것이면 '-기'를 취하는 경향을 보인다.

(15) a. 여름이 되었음이 확실하다.
 b. 이 품질의 우수성이 듣던 대로임을 알겠다.
(16) a. 여름이 오기를 손꼽아 기다리고 있다.
 b. 나는 말도 하기 싫다.

관계화와 보문화 한편 관형사절을 이루는 절차는 앞의 명사화에 맞추어 관형사화(冠形詞化)라 불러도 좋을 것이다. 그러나 관형사화는 그 관형사절과 그 관형사절의 꾸밈을 받는 명사, 이른바 머리명사(head noun)의 관계에 따라 관계화(關係化 relativization)와 보문화(補文化 complementation)로 나누어 부르는 것이 일반적이다. 국어에서는 관계화에 관여하는 어미나 보문화에 관여하는 어미가 다 같이 관형사형어미 '-는, -은, -을, -던' 등이어서 이들 어미가 때에 따라서는 관계화소(關係化素 relativizer) 노릇도 하고 보문화소(補文化素 complementizer) 노릇도 하는 셈이다.

관계화에 의해 만들어진 절을 관계문(關係文 relative sentence)이라 하고 보문화에 의해 만들어진 절을 보문(補文 complement)이라 한다. 만일 그 절이 수식하는 머리명사를 스스로 내포하고 있으면 관계문이고 그렇지 않으면 보문이다. 예를 들면

(17) a. <u>내가 읽던</u> 책이 없어졌다.
 b. <u>우리들을 긴 잠에서 깨어나게 해 준</u> 선각자(先覺者)의 가르침을 되새기자.
(18) a. <u>어제 우리 학교가 우승한</u> 사실이 신문마다 대서특필(大書特

筆) 되었다.

b. 비가 오는 소리가 참 좋구나.

c. 현수가 결혼했다는 소식 들었니?

에서 (17a)의 '내가 읽던'은 '내가 책을 읽었었다'라는 문장에서 온 것으로 해석되고 (17b)의 관형사절도 '선각자의 가르침이 우리들을 긴 잠에서 깨어나게 해 주었다'에서 온 것으로 해석되므로, 즉 관형사절에 그 절의 수식을 받는 머리명사가 내포되어 있으므로 관계문이다. 반면 (18a)의 관형사절은 '어제 우리 학교가 우승하였다'에서 온 것으로 해석되는데 여기에는 이 절의 수식을 받는 명사인 '사실'이 들어 있지 않으며 (18b)의 '비가 오는'의 원문장(즉 기저문)인 '비가 온다'에도 이 절의 수식을 받는 명사 '소리'가 들어 있지 않으므로 이들은 보문인 것이다. 국어에서는 관계문이나 보문이 거의 똑같은 절차를 밟아 이루어지는 관계로 이들을 굳이 구별할 필요가 없는 면도 있다. 다만 관계화에서는 피수식 머리명사와 동일한 명사를 삭제해야 하는 절차가 하나 더 있으므로 관계문이 보문보다 그만큼 복잡한 절이라 할 수 있을 것이다. 이를 간략히 도해하면 각각 다음과 같다.

(19) 내가 책을 읽-었었다. 〈기저문〉
↓ 〈관계화〉
내가 (책을) 읽-던 〈관계문〉

(20) 비가 오-ㄴ다. 〈기저문〉
↓ 〈보문화〉
비가 오-는 〈보 문〉

그러나 관계문이든 보문이든 이들은 결국 관형사가 쓰일 자리에 한 문장이 적절한 규칙의 절차를 밟아 한 단어 대신 들어가는 절, 즉 관형사절임에는 차이가 없다. 이를 나무그림으로 그 기본적인 틀만 보이면 다음 (21)과 같다. 여기에서 Det는 관형어를 가리킨다.

(21)

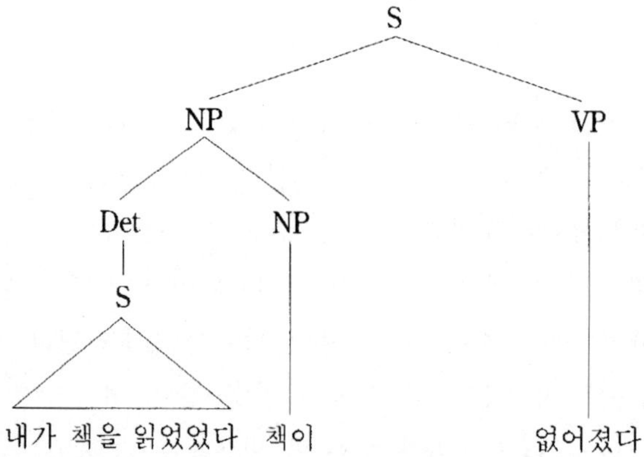

(22)

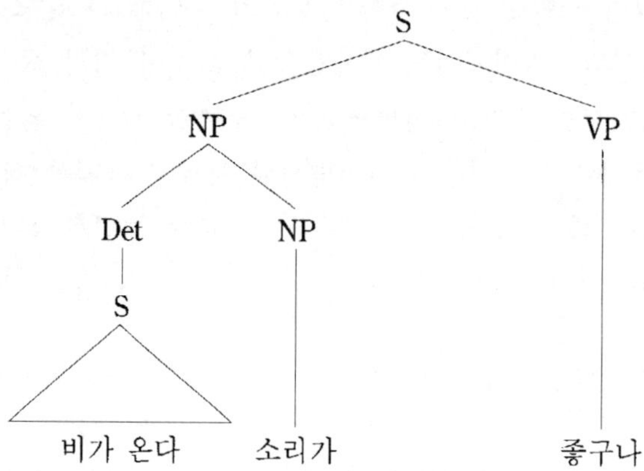

관계화와 보문화에 관여하는 어미들은 관형사절(즉 관계문과 보문)을 만들어 내는 기능뿐만 아니라 이들 문장의 시제를 동시에 담당한다. 동사의 경우 '-는'은 현재, '-은'은 과거, '-을'은 미래나 추측, '-던'은 회상 또는 과거미완(過去未完)의 시제를 나타내는 것이 그것이다. 이들 어미를 다시 쪼개어 어느 부분까지는 관계화나 보문화를 담당하는 부분이고 어느 부분부터는 시제를 담당하는 부분이라고 분석해 내는 일이 얼마는 가능할 듯도 하다. 그러나 아직까지 그리 만족스러운 결과가 얻어지지 않아 대체로 그러한 분석을 하지 않고 한 어미가 두 가지 기능을 동시에 수행하는 것으로 이해하고 있다.

참고

이 제3장 문법론에 대한 좀더 자세한 내용은 李翊燮 · 任洪彬의 『國語文法論』(1983)과 이익섭 · 채완의 『국어문법론 강의』(1999), 이익섭 · 이상억 · 채완의 『한국의 언어』(1997)를 참조하기 바란다. 본장의 내용은 대개 이 책들의 내용 중 기초적인 것을 간추린 것이다. 이 외에 권재일의 『국어통사론』(1992), 민현식의 『국어문법 연구』(1999)와 학교문법 중심의 해설서인 남기심 · 고영근의 『표준국어문법론』(1993)도 많은 참고가 될 것이다.

문법론에 대한 개괄적인 내용을 간결하게 잘 다룬 언어학개론류로는 최근의 것으로 Akmajian(외 3인)의 *Linguistics*(1995), Fromkin and Rodman의 *An Introduction to Language*(1998), Finegan의 *Language: Its Structure and Use*(1999) 등이 있고, 최근 것은 아니어도 Lyons의 *Language and Linguistics*(1981) 및 *Introduction to Theoretical Linguistics*(1968) 등은 권위가 있는 참고문헌이다. Langacker의 *Language and Its Structure*(1968)도 간결하여 개론서로서 읽기 좋다. 시대가 좀 지났으나 Hockett의 *A Course in Modern Linguistics*(1958)는 시대를 초월하는 좋은 개론서라 할 만하다. 접요사의 예는 Robins의 *General Linguistics*(1979)에서 인용한 것인데 이 책도 균형 잡힌 좋은 입문서다. Morenberg의 *Doing Grammar*(1997)는 아주 쉽게 잘 쓴 것이어서 한번씩 읽어 두면 좋겠고, Hurford의 *Grammar: A Student's Guide*(1994)도 기초적인 개념에 대한 설명이 잘 되어 있어 가장 먼저 읽을 만한 책이다. 그리고 Trask의 *A Dictionary of Grammatical Terms in Linguistics*(1993)는 문법 術語에 대한 定義가 간결하게 잘 되어 있어 늘 옆에 두고 보아야 할 사전이라 할 만하다.

형태론이나 그 중 조어법에 대한 내용을 중점적으로 다룬 문헌으로는 우선 Bybee의 *Morphology*(1985)와 Katamba의 *Morphology*(1993)가 간명하고 평이하여 좋은 길잡이가 된다. Matthews의 *Morphology*(1991)와 Bauer의 *Introducing English Morphology*(1988)도 널리 읽히는 책이다. 통사론 방면으

로는 대부분 최신 이론 중심의 것이어서 쉽게 접근할 만한 것이 많지 않다. Brown and Miller의 *Syntax: A Linguistic Introduction to Sentence Structure*(1991), Thomas의 *Beginning Syntax*(1993), Palmer의 *Grammatical Roles and Relations*(1994), Greenbaum의 *An Introduction to English Grammar*(1991), Huddleston의 *Introduction to the Grammar of English*(1984) 등이 그 중 친절한 안내서 구실을 해 줄 것이다. 그리고 형태론 분야와 통사론 분야에 걸쳐 Comrie의 *Language Universals and Linguistic Typology: Syntax and Morphology*(1989)와 세 권으로 된 Shopen의 *Language Typology and Syntactic Description*(1985)에 실린 논문들에서 이 제3장에서 다룬 여러 주제에 대한 종합적이고 깊이 있는 내용을 볼 수 있다.

그리고 이 책에서도 얼마간 활용한, 그러나 대체로는 오히려 피해 가려고 한 새 문법이론인 生成文法에 대한 좀더 자세한 내용은 남기심 · 이정민 · 이홍배의 『언어학개론』(1977), 김진우의 『언어』(1985), 양동휘의 『문법론』(1994)과 『지배 · 결속 이론의 기초』(1989) 및 Radford의 *Transformational Grammar*(1988)나 그 번역서인 서정목 · 이광호 · 임홍빈의 『변형문법』(1990), Sells의 *Lectures on Comtempory Syntactic Theories*(1985)나 그 번역서인 이기용 · 이환묵 · 전병쾌의 『현대문법이론 강의』(1990) 등에서 볼 수 있다. 좀더 최근의 것으로는 Napoli의 *Syntax: Theory and Problems*(1993)와 Cook and Newson의 *Chomsky's Universal Grammar: An Introduction*(1996) 등을 읽으면 좋을 것이다.

이 제3장의 내용 중 한두 가지에 대해서는 몇 가지 해설이 더 필요할 듯하다. 먼저 語根(root)이라는 용어의 문제다. 語根은 학자에 따라 여러가지 용법으로 쓰이는데 그 중 대표적인 것은 造語 과정에서 가장 근원이 되는 형태소를 가리키는 용법일 것이다. '몰이꾼'에서 '몰-'을 어근이라 하는 경우가 그것이다. 그런데 이러면 국어에 그 수효가 유난히 많은 '깨끗, 심심, 무던, 急, 足, 動' 등을 따로 부를 이름이 없게 된다. 이 책에서와 같은 용법은 Hockett(1958)에서 볼 수 있는데 국어의 기술에 매우 유용하여 著者는 오랫동안 이 용어를 써 오고 있다.

construction은 그리 자주 쓰이지도 않고 또 그리 엄격하게 쓰이는 術語도 아니나 정확히는 어떤 문법형식의 구조 내지 유형을 가리키는 경우와 그러한 유형의 구체적인 구나 문장을 가리키는 두 가지 용법이 있다. Hockett(1958)은 construction을 전자의 의미로 쓰고 후자를 constitute로 구분하였는데 이를 '構成'과 '構成體'로 구분하여 부를 수도 있을 것이다. 여기에서는 엄격한 구분을 피하고 대체로 후자의 뜻으로 '構成'만을 취하였다.

compound를 이 책에서와 달리 合成語라고 번역해 쓰는 일이 많아 이 점도 주의를 환기해 둘 필요가 있겠다. 複合語와 合成語가 서로 뒤바뀐 용법으로 쓰이고 있는 것이다. 굳이 그 正統性을 캔다면 일찍이 『한글맞춤법 통일안』에서 줄곧 '複合名詞' 등의 용어를 써 왔다는 것을 들 수 있을 것이다. 어떻든 국어학 논문을 읽을 때 이 용어에는 각별히 주의할 필요가 있다.

從屬節을 모두 副詞節로 처리한 것에 대해서도 언급해 두는 것이 좋겠다. 이러한 방향으로 처리할 수 있는 가능성에 대해서는 이미 몇 곳에서 밝혀 왔었는데 이처럼 확실히 선을 긋기는 著者로서는 이번이 처음이다. 늘 찜찜하던 짐을 하나 벗은 듯한 느낌이다. 영문법에서는 전통적으로 종속절 안에 부사절, 명사절, 관형사절을 다 함께 포함시켜 왔는데 우리는 전성어미의 부사형 어미와 연결어미 중의 종속절어미를 구별해 오면서 오랫동안 고생을 겪어 왔던 것이다. 이것은 종래의 對等接續과 從屬接續이 변형문법 이후 接續과 內包(包有)로 이름이 바뀌면서 혼란을 더하였던 듯하다. 국어에서도 종속절이란 용어를 쓰려면 명사절과 관형사절까지 포괄하는 넓은 뜻으로 써야 할 것이다. 마침 Finegan(1999: 143-5)에 이에 대한 처리가 간명히 잘 되어 있어 한 힘이 되었다.

敍法 범주는 국어 문법서에서 가장 혼란이 큰 부분이다. 특히 文章型과 敍法과의 관계에서 그러하다. 兩者를 二元的인 체계로 파악하려 한 것도 이 책의 새로운 試圖다. sentence type을 널리 쓰이는 '문장유형', '문장의 종류' 대신 '文章型'으로 쓴 것도 새로 시도해 본 것이다. 국어의 서법 체계는 아직 迷宮을 못 벗어나고 있는 것으로 보인다.

제 4 장 의 미 론

의미론(意味論 semantics)은 말의 의미(意味 meaning)를 연구하는 분야다. 흔히 언어는 '음성(音聲)+의미(意味)'로 되어 있다고 한다. 음성에 어떤 의미가 결합되어야 언어가 된다는 뜻이다. 만일 누가 아주 똑똑한 발음으로 '기그마고설히소파' 또는 '파스리마가 차놈을 대구리었다'라고 떠들었다고 하자. 그러면 우리는 무슨 '소리'인지 모르겠다고 말할 것이다. 분명히 그 음(音), 즉 그 '소리'를 알아듣고도 무슨 '소리'인지 모르겠다고 하는 것이다. 이는 다른 말로 하면 무슨 의미인지 모르겠다는 뜻이며 동시에 무슨 말인지 모르겠다는 뜻이다. 음성이 아무리 똑똑하더라도 거기에 의미가 결합되어 있지 않으면 언어가 될 수 없음을 이 예는 잘 보여 준다.

의미는 그만큼 언어에서 빼놓을 수 없는 중요한 요소다. 언어를 '음성+의미'로 풀이한다면 언어의 반(半)을 이루고 있는 것이 의미다. 말을 바꾸면 온갖 사물의 기본 틀인 '형식(形式)+내용(內容)'의 '내용'에 해당하는 것이 의미인 것이다. 그러나 제1장에서 잠깐 비쳤던 것처럼 언어학에서 의미론은 가장 덜 연구된 분야다. 음운론과 문법론이 언어학자(및 국어학자)의 중심 과제였던 것에 비해 의미론은 대부분의 경우 뒷전으로 처져 있었던 것이다.

어느분의 표현을 빌면 철학자는 다루지 못해 안달이었고 언어학자는 가까이 하기를 꺼렸던 것이 의미론이었다. 의미의 문제란 아무래도 논리적이고 철학적인 분야였고, 또 의미란 음소나 형태소, 단어, 문장 등의 단위와는 달리 그 단위의 크기와 경계가 모호한 성질을 가지고 있어 다루기가 그만큼 까다로웠던 때문이었을 것이다. 지금도 의미론이란 분야는 어디에서 어디까지가 그 영역인지 연구하는 사람에 따라 여간 들쑥날쑥한 것이 아니다. 특히 근래에 오면서 생성문법가(生成文法家)들이 의미론의 영역을 넓게 잡음으로써 의미론은 점점 더 쉽게 손에 잡히지 않는, 그리고 언어학의 테두리 안에만 머물지 못하고 철학과 논리학의 영역을 수시로 넘나드는 분야임에 틀림없다. 언어의미론(linguistic semantics)이라는 이름을 따로 만들어 쓰는 일이 있는 것도 이 때문이다.

여기에서는 가능한 한 전통의미론이라고 할 수 있는 어휘의미론(語彙意味論)의 테두리에서 의미론의 가장 기본적인 개념 몇 가지만 보아가기로 하겠다.

4.1 의미의 의미

의미론이 의미를 연구하는 분야라고 할 때의 의미(meaning)란 무슨 뜻일까? 'The Meaning of Meaning'이란 제목의 책도 있고 글도 많거니와 그야말로 의미란 용어가 무슨 의미를 가지는지 여기서도 '의미의 의미'를 생각해 보기로 하자.

의미 분석의 어려움 국어사전은 주로 단어의 뜻을, 즉 그 의미를 풀이해 놓은 책이다. 따라서 어떤 단어가 어떤 의미를 가지고 있는지는 사전을 보면 쉽게 찾을 수 있고 또 사전을 찾지 않고도 우리가 그 의미를 아는 단어는 매우 많다. 그렇지 않다면 우리가 어떻게 매일같이 말을 하며, 또 어떻게 남의 말을 알아듣고 남의 글을 이해하겠는가.

그러나 막상 어떤 단어가 무슨 뜻을 가지고 있는지를 치밀하게 따지려 하면 그리 쉽지만은 않다. 우리가 매일같이 쓰는 '학교'라는 단어를 생각해 보아도 그렇다. 정의(定義)를 내린다고 해 보자. 자칫 잘못하면 재수생들을 위한 학원을 포함시킬 수도 있고 또는 공무원 교육원을 포함시킬지도 모른다. 선생과 학생이 가르치고 배우는 곳이라도 그런 곳을 학교라 하지는 않는다. 그러면서도 '여름 성경 학교'처럼 건물도 없는 잠깐동안의 모임을 학교라 부르기도 한다.

이렇게 보면 국어사전을 만드는 일부터가 쉽지 않다는 것을 짐작할 수 있다. 사전에 보면 뜻풀이가 하나만 되어 있지 않고 ① ② ③ 등으로 번호를 매기며 뜻풀이를 여러 개 해 놓은 것을 볼 수 있다. 이것은 한 단어가 쉽게 딱 꼬집어 낼 수 있는 어떤 한 가지 의미만 가지고 있지 않음을 보여 주는 것이지만 동시에 단어의 뜻풀이에 고심(苦心)한 흔적이라 할 수도 있다. '손'(手)이란 무엇이냐고 묻는다면 참 쉽게 대답할 수 있을 듯이 생각된다. 그러나

(1) a. 손이 모자라 야단이다.
b. 이 녹음기는 손을 좀 봐야겠어.
c. 손이 커서 1억, 2억은 우습게 아는 여자야.
d. 나는 이제 신발 수출업에서는 손을 떼겠어.
e. 손윗사람, 손아랫사람

등을 들추어내 보면 '손'의 정의도 쉽지 않음을 알게 된다. 그야말로 두 '손'을 들고 말지 모른다. '먹는다'를 예로 들어도 마찬가지다. '먹는다'는 말을 모를 사람이 어디 있느냐고 누구나 그 정의를 금세 머리에 떠올리려 들 것이다. 그러나 다음 예문들을 보면 역시 생각이 달라질 것이다.

(2) a. 욕먹을 짓을 왜 하니?
b. 나이도 먹고 귀도 먹고 말이 아니야.
c. 그런 말이 먹혀 들겠니? (그런 말 씨도 안 먹겠다.)
d. 사장도 해 먹고 이사장도 해 먹고 너 혼자 다 해 먹어라.
e. 도대체 말을 들어 먹어야 말이지.
f. 조금 전에 가르쳐 주었는데 벌써 잊어 먹었어?
g. 엄마, 나 챔피언 먹었어.

국어사전이 아무리 잘 되어 있어도 한 단어가 가지고 있는 의미를 하나도 빠뜨리지 않고 다 포괄하는 정의를 내리기는 어려울 것이다. 그만큼 단어의 의미는 어디가 그 끝인지 선을 긋기 어렵다. 그런데다가 단어가 모여 문장이 되면 그 문장의 의미는 대체로는 단어 하나 하나가 가지고 있던 의미의 집합으로 이루어지지만 전혀 그렇지 않을 수도 있다. 가령

(3) 잘 먹고 잘 살아라.

라는 문장을 보자. 이것은 말 그대로 남이 호의호식(好衣好食)하며 잘 살기를 기원하는 말일 수도 있다. 그러나 이 문장은 남을 미워하며 던지는 욕으로도 쓰인다. 그런데 이 예문 (3)이 욕일 수도 있다는 실마리를 국어사전의 단어 뜻풀이에서 찾을 수는 도저히 없을 것이다.

의미란 눈에 잘 보이지도 않고 손에 잘 잡히지도 않는, 어떻게 보

면 구름과 같은 존재인지 모른다. 의미론이 언어학의 어느 분야보다도 가장 뒤처져 있는 편이고 그 영역이 뚜렷이 잡혀 있지 않은 것도 바로 이 때문이라고 할 수 있거니와 한 마디로 의미란 그 분석이 매우 어려움을 그 속성(屬性)으로 한다고 할 수 있다.

그러나 의미를 분석의 대상에서 제외하고 가만히 보고만 있을 수는 없는 노릇이다. 의미를 어떻게든 손아귀에 넣는 길을 모색해 보아야 할 것이다. 이제 매우 개략적이나마 그 길을 하나씩 더듬어 가 보기로 하겠다.

단어의 의미와 문장의 의미 우리는 앞에서 의미를 분석하는 일의 어려움을 단어를 예로 하여 보았다. 전통적인 의미론은 단어의 의미 연구에 거의 한정되다시피 하였다. 이 단어 중심의 전통적인 의미론을 흔히 어휘의미론(語彙意味論 lexical semantics)이라 부른다. 우리가 사물에 이름을 붙일 때 그 이름 하나 하나가 단어라는 것을 생각하면 의미론이 먼저 단어 의미에 집중되었던 일은 매우 자연스러운 현상이었다고 여겨진다.

그러나 언어가 '음성 + 의미'의 결합체라고 할 때의 의미는 단어의 의미만을 가리키지는 않는다. 구의 의미, 문장의 의미를 다 포괄하는 의미인 것이다. 따라서 의미론은 단어의 의미만 대상으로 할 것이 아니라 구의 의미, 특히 문장의 의미까지 다루어야 하며, 동시에 의미를 다룰 때 그것이 단어의 의미인가 문장의 의미인가를(구의 의미는 문장의 의미에 포함시킬 수 있다) 구별하여 다루어야 한다. 이것은 앞의 예문 (3)에서 지적한 대로 문장의 의미는 각 단어들의 의미를 합계한 것만은 아니어서 더욱 그러하다.

한편 단어의 의미는 제3장에서 지적하였듯이 어휘적 의미(lexical meaning)와 문법적 의미(grammatical meaning)로 가르기도 한다. 그러나 문법적 의미는 '의미'라는 말이 쓰였어도 의미론에서 다루기보다는 문법론에서 다루며, 의미론, 특히 어휘의미론에서는 단어의, 그 중에서도 조사나 어미 등의 허사(虛辭 function word)가 아닌 실사(實辭 content word)의 어휘적 의미만을 다루는 것이 일반적이다.

지시물과 개념 지금까지 우리는 몇 번 언어를 '음성＋의미'의 결합체라고 말해 왔지만 이 때의 음성과 의미는 다른 용어로 불리는 일이 많으며 그 둘의 관계에 대해서도 몇 가지 다른 견해(見解)가 있다.

Saussure는 시니피앙(signifiant)과 시니피에(signifié)라는 용어를 썼다. 가령 '나무'라는 단어가 있다면 [namu]라는 음성은 시니피앙이고 이 음성이 나타내는 '木'이라는 의미는 시니피에에 해당한다. 각각 능기(能記)와 소기(所記)로, 또는 기표(記標)와 기의(記意)로 번역하기도 하고 표현(表現)과 개념(槪念)으로 번역하기도 한다. 우리가 '나무'라는 소리를 내는 것은 그것으로 '木'에 해당되는 어떤 대상(對象 object)을 나타내기 위해서다. 따라서 시니피앙은 표현이며 그것이 대표하는 의미는 피표현물(被表現物)이라고 할 수 있는데 시니피앙과 시니피에는, 또는 이를 영역(英譯)한 술어(述語)인 significant와 signified는 바로 그러한 뜻으로 쓰여진 말이다.

그러면 시니피앙과 시니피에, 즉 표현과 피표현물 사이의 관계는 어떠한가? 이에 대한 한 가지 견해는, 표현은 그것이 대표하는 대상, 또는 지시물(指示物 referent) 자체를 대표한다는 것이다. '나무'라는 표현은 이 세계에 존재하는 실물(實物)인 나무들을 대표한다는 것이다.

그러나 이보다 더 일반적인 견해는 '나무'가 대표하는 것은 실재(實在)하는 나무이기보다 우리 마음 속에 형상화(形象化)된 나무라는 견해다. 우리 주변에만도 수십 종의 나무가 있는데 우리는 그것들의 공통점을 뽑아 마음 속에 나무라는 형상(形象)을 만들게 되고 '나무'라는 단어는 이 마음 속의 형상을, 다시 말하면 그 심리영상(心理映像 mental image)을 대표한다는 것이다.

저자(著者)의 맏딸이 말을 막 배우는 때에 하루는 동네 공장 굴뚝에서 연기가 나는 걸 보더니 "엄마, 담배"라고 한 일이 있다. 이 경우 '담배'는 실물 담배보다 이 어린아이 머리 속에 만들어진 어떤 형상을 대표한다고 보는 것이 옳을 것이다. 말을 배울 때 '이모'라는 말을 배운 아이가 엄마 아닌 여자만 보면 아무나 보고 '이모, 이모'하는 경우도 마찬가지일 것이다. 또 '봉황'(鳳凰)이니 '극락'(極樂)이니 하는 세상에 실재하지 않는 것들에 대한 단어를 만들어 내는 것을 보아도 우리들이 쓰는 표현이 우리의 심리적 영상을 대표한다는 견해는 수긍되는 점이 많다.

이 때의 심리적 영상을 흔히 관념(觀念 thought), 또는 개념(概念 concept)이라는 용어로 바꾸어 부른다. 그리고 이를 음성으로 표현한 것을 기호(記號 symbol), 또는 명칭(名稱 name)이라 부른다. 다시 나무를 예로 들면, 우리 주위에 있는 각종 나무의 실체(實體)가 지시물(指示物) 내지 대상(對象)이며, [나무]라는 음성은 그 기호(記號) 내지 명칭(名稱)이며, [나무]라는 소리를 듣고 우리 머리 속에 떠오르는 영상(映像)이 곧 그 개념(概念) 또는 관념(觀念)이다. 이 때의 개념이 다른 말로 곧 의미인데 이 의미를 sense라고 하여 좀더 포괄적인 용어로 쓰는 meaning과 구별하는 수가 있다. 뜻(sense)과 의미(meaning) 정도로 구별할 수도 있을 것이나 우리는 이를 구별하지 않고 다 같이 의미라 부르고자 한다.

이상의 기호, 개념, 지시물 사이의 관계를 흔히 그림 4-1과 같은 이른바 기호삼각형(記號三角形 semiotic triangle)으로 나타낸다. 여기에

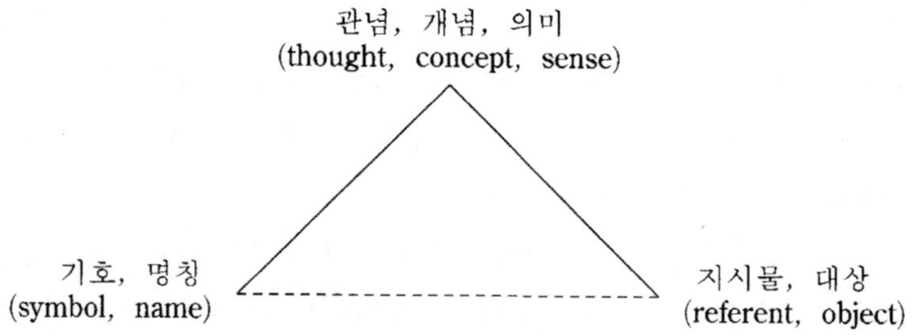

그림 4-1 기호삼각형

서 기호와 지시물은 점선으로 이어져 그들의 관계가 직접 이어지는 관계가 아님을 보여 준다. 그리고 지시물은 직접 기호화되는 것이 아니라 일단 개념화되는 과정을 거쳐, 즉 개념이 그 지시물을 대표한 다음 그 개념이 비로소 기호화되는 것임을 보여 준다. 즉 한 단어의 의미란 지시물 자체가 아니고 이 지시물의 심리적 영상인 개념이라는 것이다.

문맥 의미와 용법 그러나 의미를 위의 삼각형에서처럼 심리 영상으로 해석하여도 그 복잡한 의미 현상이 다 해명되는 것은 아니라는 반성(反省)도 한편에서 일어났다. 의미를 다 알기란 어차피 어렵고 그 단어가 쓰이는 용법(用法) 하나하나를 그 단어의 의미로 보아야 한다는 견해가 그 중의 하나다. 앞에서 '손'(手)과 '먹다'(食)의 의미가 원래의 의미에서 아주 복잡하게 분화(分化)해 간 현상을 보았거니와 한 단어의 의미란 곧 그 단어의 용법(用法 use)이라고 해석하는 것이다.

이는 한 기호의 의미를 바로 파악하려면 그것들이 쓰인 문맥(文脈 context)을 참조하여야 한다는 주장과도 상통한다. '손'이나 '먹는다'를 다시 예로 들면, 그것들이 실제로 쓰인 문맥을 참조하여야 이들 단어의 뜻을 바르게 파악할 수 있다는 것이다. 앞의 예문 (3)의 경우도 마찬가지일 것이다. 그리고 아주 간단한 문장인

(4) 엄마, 비 와.

의 의미를 생각해 보아도 그렇다. 이 예문은 단순히 비가 온다는 사실을 알리는 것일 수도 있다. 그러나 문맥에 따라서는 이 예문은 장독대를 덮으라는 뜻까지 포함할 수도 있고 화단에 물 주는 일을 그만두어야겠다는 뜻일 수도 있다. 아니면 우산이나 비옷을 꺼내 달라는 뜻일 수도 있고, 오늘은 달리기 연습을 하기 싫다는 의사 표시일 수도 있을 것이다.

이처럼 어떤 의미는 문맥에 따라 결정되는 일이 많은데 이러한 문맥 속에서의 의미를 문맥의미(文脈意味 contextual meaning)라 한다. 가령 다음 예문

(5) 화단을 열심히 가꾸십니다.

가 이웃 아저씨에게 자기가 모르는 척 지나치지 않고 당신에게 호감(好感)을 가지고 있음을 표시하기 위해 하는 말이라면, 또는 그와 반대로 돈도 안 생기는 그런 일에 그렇게 열심이냐는 빈정거림으로 한 말이라면 이 문장에 깃들여 있는 그러한 의미는 문맥 의미의 예다. '수고하세요'라는 말이 인사말로 쓰일 때의 의미도 역시 일종의 문맥 의미일 것이다.

한 기호의 의미가 그 용법이나 문맥과 연관되어 있음은 의문의 여지가 없을 것이다. 그런데 그 기호의 의미는 개개(個個)의 문맥 의미(또는 용법)의 기계적 총화(總和)라고 할 수도 있고, 모든 문맥 의미에서 추출되는 어떤 추상적인 모습이라고 할 수도 있을 것이다. 여러 용법, 여러 문맥에서 아무리 여러가지 다른 의미로 쓰여도 한 표현에

는 기본적인 의미가 있고 나머지는 그것으로부터의 변이(變異)일 것이다. 따라서 문맥 의미나 용법을 중시(重視)하더라도 거기에서 어떤 기본 의미를 추출해 내고 또 그 모든 용법, 모든 문맥 의미에 공통되는 어떤 추상적인 의미를 추출해 내는 일이 의미의 속성을 더 정확히, 또 더 체계적으로 파악하는 길임에는 틀림없을 것이다.

4. 2 단어간의 의미 관계

단어의 의미를 파악하는 길의 하나는 그 단어와 의미적으로 관련 있는 다른 단어와 비교하여 그들간의 의미 관계(意味 關係)를 살펴보는 일이다. 서로 같은 의미를 가지고 있다든가 서로 반대의 의미를 가지고 있다든가 등의 관계로 나누어 보는 것이 그것이다. 이렇게 단어간의 의미 관계를 따지는 일은 단어 의미의 속성을 파악하는 데 유익하기 때문에 전통적인 의미론에서 가장 집중적으로 다루어 온 분야다. 다음에 그 하나씩을 보아 가기로 하겠다.

동음어 효율적인 의사소통을 위해서는 의미가 다른 것은 기호도 다른 것으로 표현하는 것이 이상적(理想的)일 것이다. 다섯도 5로, 일곱도 5로 나타낸다면 불편할 수밖에 없다. 그러나 어떤 언어이든 의미가 다른데도 기호, 즉 형태(form)는 같은 단어들이 반드시 있다. 국어의 '배'나 '손' 등도 그러한 예다. '배'는 梨, 腹, 舟의 세 가지 다른 의미를 대표하며, '손'은 手, 客, 孫 등의 전혀 관련이 없는 의미들을 대표한다.

이처럼 동일한 형태가 별개의 의미를 나타내는 단어들을 동음어(同

音語 homonym)라 한다. 동음이의어(同音異義語)라 하는 것이 더 정확할 것이나 흔히 이렇게 부른다. 그리고 이들의 의미 관계를 동음관계(同音關係 homonymy)라 하는데 이 경우에도 동음이의관계(同音異義關係)라 해도 좋고 이의관계(異義關係)라 해도 좋을 것이다. 동음어들은 흔히 사전에서 '배^1, 배^2, 배^3'처럼 번호를 붙여 각각 별개의 표제어(標題語)로 삼는다. 동음어의 예 몇을 더 보이면 다음과 같다.

(1) 풀^1(草), 풀^2(糊)
(2) 말^1(言), 말^2(馬), 말^3(斗)
(3) 쓰다^1(用), 쓰다^2(書)
(4) 차다^1(冷), 차다^2(蹴), 차다^3(佩), 차다^4(滿)
(5) 뜨다^1(뜨개를), 뜨다^2(해가, 기름이 물에), 뜨다^3(눈을), 뜨다^4(잔디를, 옷감을), 뜨다^5(행동이), 뜨다^6(메주가, 장판이 장마에)

위의 예 중에서 '말^1'(言)과 '말^2'(馬)은 장음(長音)과 단음(短音)의 차이가 있어 엄격한 의미에서 동음어가 아니라고 할 수 있다. 이는 앞의 '손'(手)과 '손'(孫)에서도 마찬가지다. 또 방언(方言)에 따라서는 '손'(手)과 '손'(客)은 각각 저조(低調)와 고조(高調)를 가지고 있어 변별(辨別)된다. 그러나 그리 엄격함을 요하지 않을 때에는 이처럼 운율적 차이만 보이는 것들은 동음어의 범주에 넣어서 생각한다.

'반드시'와 '반듯이', '거름'과 '걸음'처럼 표기(表記)에서는 구별되어도 발음이 같은 것들도 역시 동음어의 범주에 속한다. '공'(축구공, 야구공)과 '功', '窓'과 '槍'의 경우도 마찬가지다. '4', '四'와 '死'의 경우도 흥미로운데 우리가 '4'나 '四'를 기피하는 것은 그것이 '死'와 동음어이기 때문인 것이다. 이렇게 보면 국어에는 한자어(漢字語)에 동음어들이 상당히 많다. 그 몇 예만 보이면 다음과 같다.

(6) 運命, 殞命

(7) 士氣, 砂器, 史記, 詐欺
(8) 不正, 不貞, 不淨, 不定, 否定, 父情
(9) 造化, 調和, 造花, 弔花
(10) 鄭, 丁, 情
(11) 正數, 整數, 定數, 正手, 淨水, 精粹
(12) 賞, 喪, 象, 像, 相, 上

한 통계에 의하면 우리말에는 한자어 동음어가 2만을 넘는다고 한다. 그리고 고유어 동음어도 3천을 헤아린다고 한다. 우리가 표현해야 할 의미의 세계는 무한한데 우리가 구사하고 있는 음(音)의 수(數)는 한정되어 있기 때문에 동음어는 어쩔 수 없이 생기게 되는 현상일 것이다.

다의어 한 단어(즉 한 가지 기호)가 여러 의미를 가지고 있으면 그 단어를 다의어(多義語 polysemant)라 한다. 가령 '다리'(脚)는 동물의 하체 부분을 가리키지만 '책상 다리'나 '지겟다리'에서처럼 물체의 한 부분을 가리키기도 한다. 이 때 '다리'는 다의어이며, 이 '다리'가 나타내는 두 가지 의미의 관계를 다의관계(多義關係 polysemy)라 한다. 앞 절의 예문 (2)에서 '먹다'가 여러가지 의미로 쓰이는 예를 보았고 또 예문 (1)에서는 '손'(手)이 여러가지 의미로 쓰이는 예를 보았다. '먹다'나 '손'도 다의어인 것이다.

그런데 다의어(多義語)와 동음어(同音語)의 경계는 무엇일까? 강(江)이나 냇물에 놓이는 '다리'(橋)는 사람이나 동물의 '다리'와는 별개의 단어, 즉 동음어로 친다. 그러면서 '책상 다리'나 '지겟다리'의 '다리'는 사람이나 동물의 '다리'와 같은 단어로 치고, 같은 단어이되 의미가 좀 갈린 것이라 해석한다. 이 구분의 기준은 무엇일까? 이것은 흔히 의미의 유사성(類似性)으로 해결한다. '책상 다리'의 '다리'

도 사람의 다리와 의미상으로 공통된 속성을 가진다. 책상 전체를 사람의 몸으로 쳤을 때 그 하체 부분에 속한다는 속성이 그것이다. 이것은 '지겟다리'의 경우에도 마찬가지다. 이에 비해 강의 '다리'는 어떤 전체의 하체 부분이라는 속성을 가지지 않는다.

그러나 의미의 유사성이라는 기준이 늘 선명하고 객관적일 수 없어 두 의미의 관계가 동음(同音), 즉 이의(異義)의 관계인지 다의(多義)의 관계인지를 구분하기가 어려울 때가 있다. 앞에서 동음어는 사전에서 '다리[1]'(脚), '다리[2]'(橋)로 표시한다고 하였다. 이것과 구별하여 다의어는 '다리[1]'에서 ①과 ②로 구분하여 ①에서 동물의 다리, ②에서 물체의 다리라는 뜻풀이를 하는 방식을 취한다. 그런데 이때 때로는 '다리[2]'를 별개 단어로 다루지 말고 '다리[1]'의 ③으로 다루는 것이 더 타당할지를 결정하기 어려운 때가 있다. 가령 강의 다리도 그 밑에 사람의 다리와 같은 것을 받치고 세우는 것이므로 그 단어도 결국은 '다리[1]'에서 의미가 확대되어 간 것이라는 식의 해석이 가능한 경우가 있는 것이다. 가령 '버선코'나 '그물코'의 '코'는 사전에서 사람의 코와 별개의 단어로 다루어 '코[2]'로 하고 있는데 '책상 다리'와 '지겟다리'의 '다리'는 사람의 다리와 한 단어로, 즉 다의(多義) 관계로 해석하면서 '버선코'의 '코'는 사람의 코와 별개의 단어, 즉 동음어로 처리할 것이 없지 않느냐고 할 수 있는 것이다.

실제로 『표준국어대사전』에서 한 예를 보기로 하자. 다음에서 보면 ①과 ②의 '동안'이라는 의미와 '장소'라는 의미를 다의관계로 처리하고 있다. 그런데 이것을 '-간[1]'과 '-간[2]'로 처리한다고 해서 반드시 잘못된 처리라고 하기 어렵지 않은가.

(13) -간(間) 접사 ①((기간을 나타내는 일부 명사에 붙어)) '동안'의 뜻을 더하는 접미사. ¶이틀간/한 달간/삼십 일간. ②((몇몇 명

사 뒤에 붙어》 '장소'의 뜻을 더하는 접미사. ¶대장간/외양간/푸줏간

이런 예는 상당히 있다. '돌아가시다'(死)는 보통 의미의 '돌아가다'(廻)와 별개의 단어가 될 법도 하나 한 단어로 치며, '(해가) 뜨다'와 '(몸이 물에) 뜨다'도 별개의 단어가 될 법한데 한 단어의 다의관계로 처리한다. 그만큼 다의(多義)와 이의(異義)는 꽤 주관적일 수 있고 그 명쾌한 구분이 어려운 면이 있다.

동음이의어(同音異義語)와 다의어(多義語)의 구분에 어원(語源)을 동원하는 수가 있다. 어원적으로 같았던 단어이면 현재 의미가 멀더라도 한 단어의 다의관계로 보고, 어원적으로 달랐던 단어는 별개 단어의 이의관계로 해석하는 것이 그것이다. 그러나 공시적(共時的) 연구에서는 역사적 사실을 배제하는 것을 원칙으로 하므로 현용(現用) 의미의 유사성을 인정하기 어렵다면 어원적으로 같았던 단어라도 별개의 단어로 보아야 할 것이다.

그런데 따지고 보면 다의어가 아닌 단어란 드물다. 단어의 의미는 계속 얼마씩 확대되고 변모되기 때문에 정도의 차이는 있지만 대부분 얼마간은 다의어이기가 쉽다. 다의어란 그 대립되는 개념일 단의어(單義語)와 구분하기 위해서이기보다(실제로 단의어라는 용어는 의미론에서 쓰이지 않고 있다) 동일 형태의 차이나는 두 의미가 다의 관계인가 이의 관계인가를 구분하기 위해 필요한 개념이라 할 수 있다. 앞에서 의미 분석의 어려움을 지적하였었는데 이는 한 마디로 대부분의 단어가 다의(多義)를 가지고 있기 때문인 것이다.

동의어 동음이의어(同音異義語)와는 반대로 형태가 다른 별개의 단어들이 동일한 의미를 가지고 있으면 그 단어들은 동의어(同義

語 synonym)라 한다. 동음이의어와 짝을 맞추려면 이음동의어(異音同義語)라 해야 할 것이나 전자를 동음어(同音語)라 줄여 부르듯 흔히 동의어(同義語)라고만 부른다. '키'와 '신장', '옥수수'와 '강냉이' 등이 그 예인데, 이 때 '키'와 '신장'의 의미 관계를 동의관계(同義關系 synonymy)라 한다. 이의 대표적 예를 몇 더 보이면 다음과 같다.

(14) 허파 / 폐
(15) 범 / 호랑이
(16) 오누이 / 남매
(17) 손발 / 수족(手足)
(18) 빛깔 / 색깔
(19) 오른손 / 바른손
(20) 텔레비 / 텔레비전 / 티비(TV)

그런데 형태가 다른 두 단어가 완전히 일치하는 의미, 즉 완전한 동의(同義)를 가지기란 어렵다. 한 예로 '키'와 '신장'은 의미의 차이가 거의 없어 보이지만 다음 예문을 비교해 보면 이들 사이에도 용법상의 차이가 있음을 알 수 있다.

(21) a. 너 그 사이 키가 많이 컸구나.
b. ?너 그 사이 신장이 많이 컸구나.

'텔레비'와 '티비'를 비교해 보아도 후자가 어딘가 좀더 세련된 느낌을 주어 가령 어수룩한 시골 할머니가 "티비 보는 재미에 살지 뭐"라고 하면 어울리지 않는 면이 있다. 동의어라 해도 어딘가 조금씩은 독자적인 자기 영역을 가지고 있는 것이다.

'길'과 '도로'의 경우는 더욱 그러하다. 한 국어사전에서는 '도로' 항에 '도로＝길'이라고만 해 놓고 따로 아무런 풀이도 해 놓지 않고 있다. 그러나 산에 난 오솔길이나 학생들이 잔디밭을 가로질러 다니면서 생긴 것을 '길'이라고는 해도 '도로'라고는 하지 않는다. 또 '도로망(道路網)'이나 '도로법(道路法)'을 '길망'이나 '길법'이라고 하기도 어렵다. 분명히 서로 넘나들 수 없는 독자적 세계를 가지고 있는 것이다.

이런 점을 들어 동의어라는 용어를 유의어(類義語)로 바꾸어 부르는 수가 있다. 사실 완전히 일치하는 의미를 가진 단어를 두 개나 세 개 만들어 쓰는 것은 비경제적이다. 의미 하나에 단어 하나씩 만들어 써도 필요한 단어를 다 못 만들어 쓰는데, 의미 하나에 두세 개의 단어를 만들어 쓰는 것은 낭비일 수밖에 없다. 그래서 사람들은 완전히 일치하는 의미를 가지는 단어가 두 개 생기면 그 중 하나를 사어화(死語化)하거나, 아니면 그들의 의미 영역을 조금 다르게 만들어 버린다. '뫼'와 '산'이 공존하다가 '뫼'를 사어(死語)가 되게 한 것은 앞의 경우이며, '오누이'와 '남매', 또는 '열쇠'와 '키'(key)의 공존은 뒤의 경우다. 즉 후자의 경우를 보면, 재래식(在來式) 장롱의 열쇠를 '키'라고 하는 일은 없고 자동차의 키를 '열쇠'라 하는 일은 듣기 어려울 정도로 의미가 갈려 있다. 이 점에서 동의어라는 용어보다 유의어라는 용어가 더 적절할지도 모른다.

그러나 synonymy의 원뜻은 동의(同義 same meaning)다. 그리고 일반적으로 동의어들은 적어도 그 지시대상(指示對象)은 같다. '아내', '부인', '마누라'는 어감(語感)도 다르거니와 그 쓰이는 자리가 따로 있으나 다음 (22)에서 보듯 적어도 다 같은 사람을 지칭할 수 있는 단어들이다. 그리고 예문 (23)의 단어들은 그야말로 동의어라기보다는 유의어라고 해야 어울릴, 그 용도가 다 조금씩 다른 단어들이나 역시 지시대상은 같다고 해야 할 것들이다. 따라서 동의어란 이런 정도의 뜻으로, 즉 동일한 지시물을 가리키는 단어라는 뜻으로 쓰인다는 것을 전제로 하면 굳이 유의어로 바꾸어 부르지 않아도 좋을 것이다.

(22) a. 그 사람 아내는 대학생 때 수영 선수였다.
b. 그 사람 부인은 대학생 때 수영 선수였다.
c. 그 사람 마누라는 대학생 때 수영 선수였다.

(23) 사망(死亡)/별세(別世)/타계(他界)/작고(作故)/서거(逝去)/운명(殞命)/영면(永眠)

동의어가 생기는 계기는 여러가지가 있을 수 있다. 우선 같은 재료로 김치를 해 먹으면서도 맛을 달리 해 먹듯이 말의 맛을 달리하기 위해 새말을 만들어 냄으로써 동의어가 만들어진다. '아내'와 '마누라'가 그래서 공존하는 것일 터인데 거기에 더하여 요즈음 '자기'라는 말을 만들어 자기 입맛에 맞게 말의 맛을 다채롭게 만들고 있다. 지위(地位)를 격상(格上)시키기 위해 '차장' 대신에 '안내양', '운전수' 대신 '(운전)기사', '식모' 대신에 '가정부'를 쓰는 것도 다 마찬가지다.

국어순화(國語醇化)라고 해서 정책적으로 새말을 만듦으로써 동의어가 만들어지기도 한다. '세모꼴'과 '삼각형', '쪽'과 '페이지' 등이 그 일례다. '자봉'과 '그레이프프루트', '양다래'와 '키위', '성탄절'과 '크리스마스'도 비슷한 경우일 것이다. 외래어(外來語)가 들어와 이미 있는 단어와 공존하게 됨으로써 생긴 동의어도 많다. '허파'와 '폐(肺)', '열쇠'와 '키', '차(茶)'와 '티', '허리띠'와 '벨트', '표'와 '티켓' 등 여기에 해당하는 예는 수없이 많다.

금기(禁忌 taboo) 때문에 동의어가 생기는 수도 있다. 어린 사내아이 보고 '고추' 보자고 하는 것이나 요즈음 동물 세계를 설명하면서 '짝짓기'라는 말을 만들어 쓰는 것이 그 한 예인데, 금기어(禁忌語 taboo word) 대신에 만들어 쓰는 이런 단어들이 그 금기어와 동의어를 이루는 것이다. 원래는 다른 의미를 가졌던 단어들이 뜻이 변하여 같은 의미를 가짐으로써 동의어가 되는 등 동의어가 생기는 계기는 이 이외에도 더 있을 것이다.

반의어　　두 단어의 의미가 서로 반대이면 그 의미 관계를 반의관계(反義關係 antonymy)라 하고, 반의관계에 있는 단어를 반의어(反義語 antonym)라 한다. 흔히 반대말, 반대어라고도 한다. '낮'과 '밤', '남자'와 '여자', '승리'와 '패배', '덥다'와 '춥다' 등이 그 예다.

반의어(反義語)에서 대두되는 문제 하나는 두 의미가 반대라고 할 때 그것이 어떤 기준에서 반대인가 하는 점이다. 가령 '청년'과 '할머니'는 나이로도 대립 관계에 있고 성별(性別)로도 반대인데 왜 반의관계에 있지 않은가?

반의관계(反義關係)는 어떤 비교기준(parameter)이 하나일 때 성립한다. '할아버지'와 '할머니'는 성(性) 하나만 다르므로 반의어가 된다. 그러나 '청년'은 성 이외에 나이까지 다르므로 '할머니'의 반의어가 될 수 없다. '소년'과 '소녀', '어른'과 '아이'는 각각 반의관계가 성립하는데 '책상'과 '토끼'는 반의어일 수 없는 것도 같은 이유에서이다.

반의관계는 결국 단어가 가지고 있는 여러 의미 특질 중 어느 한 특질에 의해 성립함을 알 수 있다. 나머지는 다 공통되고 어느 한 가지 의미 특질만이 대립 관계를 이룰 때 반의관계가 성립하는 것이다. 그 때문에 반의관계에 있는 두 단어는 그 크기가 같아야 하고 여러 면으로 공통되는 범주에 속하는 단어여야 한다. 가령 '할아버지'와 '할머니'는 사람이며 늙은이라는 공통점을 가지며 그 점에서 같은 범주에 속한다. 그러면서 성별로만 대립되기 때문에 반의관계가 성립한다. 반면 동사인 '뛰다'와 명사인 '좌선'(坐禪) 사이에서는, 또는 그 크기가 다른 '동물'과 '호랑나비' 사이에서는 반의관계가 성립하지 않는다.

그런데 '동(東), 서(西), 남(南), 북(北)'에서 우리는 '동'(東)과 '서'(西), 또는 '남'(南)과 '북'(北)을 각각 반의관계로 인식하고 '앞, 오른쪽, 뒤, 왼쪽'에서는 '앞'과 '뒤'를 대립시키고 '오른쪽'과 '왼쪽'을 대립시켜 반의관계로 인식한다. 이는 '춥다, 서늘하다, 따뜻하다, 덥다'에서 '춥다'와 '덥다'를 반의어로 인식하는 일과 같은 원리다.

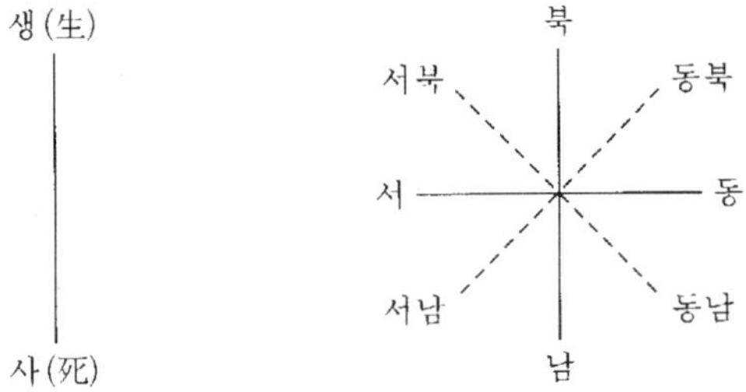

그림 4-2 '생사' 및 '동서남북'의 반의관계

'남자'와 '여자', 또는 '생'(生)과 '사'(死)처럼 둘 중의 하나일 수밖에 없는 것이 아니고 그 중간 단계도 여럿이 있을 때는 이것들이 하나의 원(圓)을 그린다고 할 수 있는데 이 원에서의 반의관계는 원심(圓心)을 통과하는 축(軸)의 양쪽 끝에 있는 단어들 사이에서 성립한다고 이해하여 좋으리라 생각한다. 즉 '생'과 '사'와는 달리 '동(東), 서(西), 남(南), 북(北)'은 그 사이의 '동북(東北), 서북(西北), 동남(東南), 서남(西南)'까지를 넣으면 한 원 안에 원심을 통과하는 여러 개의 축이 있어 그 반의관계를 결정하기 어렵게 보이지만, 이 경우에도 그 축을 하나씩 추적해 가면 그 양쪽 끝에 있는 두 단어를 찾아낼 수 있고 그로써 한 쌍씩의 반의어를 찾아낼 수 있다는 것이다.

수십 종의 색깔이 있는 중에서 '흑'(黑)과 '백'(白)을, 그리고 새벽, 해질녘 등도 있는데 '밤'과 '낮'을, 중간 단계가 얼마든지 있는데도 '높다'와 '낮다', '크다'와 '작다', 또는 '예쁘다'와 '밉다'를 각각 반의관계로 인식하는 것도 하나의 축을 비교 기준으로 하여 그 양 끝에 있는 개념들을 짝지은 결과일 것이다. 이렇게 보면 반의어란 그 축의 양쪽 끝에 놓이는 단어들이라고 바꾸어 생각할 수 있다. 그리고 '항아리', '무릎', '노랑', '무너지다' 등은 그 반의어가 마땅찮은데 이것은 그 축이 쉽게 발견되지 않기 때문이라고 풀이할 수 있다.

한 단어가 반의어를 두 개(또는 그 이상) 가지는 수도 있다. 가령 '땅'은 '하늘'의 반의어일 수 있지만 '바다'의 반의어일 수도 있다. 이는 '땅'이 '천지(天地)'의 '地'의 의미로 쓰이기도 하고 그 '地' 중의 '육지(陸地)'만을 뜻하는 단어로도 쓰이기 때문이다.

이처럼 어떤 단어가 다의(多義)를 가지면 그에 따라 반의어(反義語)가 달라질 수 있다. "'뛰다'의 반대말이 무엇이지요?"라고 물으면 누구나 '걷다'라고 대답할지 모르지만 '물가가 뛰었다'의 경우에는 '떨어지다'가 그 반의어가 되어야 하는 것이다. 비슷한 예로 '서다'의 반의어로는 반사적으로 '앉다'가 떠오르지만 섰다판에서는 '섰어, 서라니까'에 대해 '죽었어, 죽으라니까'라고 하니까 '죽다'가 그 반의어가 된다. 이러한 관계를 '서다'를 예로 들어 표로 보이면 표 4-1

표 4-1 '서다'의 여러 반의어

	다 의	반의어
서 다	일어서다	앉 다
	멈추다	가 다
	서다 (체면이)	깎이다
	서다 (장땡으로)	죽 다

과 같다.

이와 관련하여 '벗다'의 반의어도 흥미롭다. 영어로는 wear 하나로 표현되는 것이 국어에서는 '(옷을) 입다', '(모자를) 쓰다', '(신을, 양말을) 신다', '(장갑을, 안경을) 끼다'처럼 여러 단어로 갈려 있다. 그런데 이들의 반의어는 한결같이 '벗다'다. 우리가 '입다, 쓰다, 신다, 끼다'로 요란스럽게 구별하여 쓰지만 그것들은 결국 wear 하나로 표현되는 어떤 의미로 묶이는 단어들이 아닌가! 반의어는 이처럼 단어의 의미 파악에 의외로 큰 몫을 하기도 한다.

하의어와 상위어 단어들의 의미 관계가 그 크기가 달라 횡적(橫的)으로 비교할 수 없고 종적(縱的)으로 비교해야 하는 경우가 있다. '남자'와 '총각', 또는 '종교'와 '불교'의 관계가 그 한 예다. 이처럼 한 단어의 의미 영역이 다른 단어의 의미 영역의 한 부분일 때 그러한 의미 관계를 하의관계(下義關係 hyponymy)라 하고 그러한 관계에서 작은 의미를 가진 단어를 하의어(下義語 hyponym) 또는 하위어(下位語 subordinate)라 한다. 그리고 이 때 그 하의어를 안고 있는 상위(上位)의 단어를 상위어(上位語 superordinate)라 한다. 이 관계를 그림으로 보이면 그림 4-3과 같다. 지금까지 앞에서 논의한 반의어(反義語), 동음어(同音語), 동의어(同義語)들은 동위(同位) 관계에

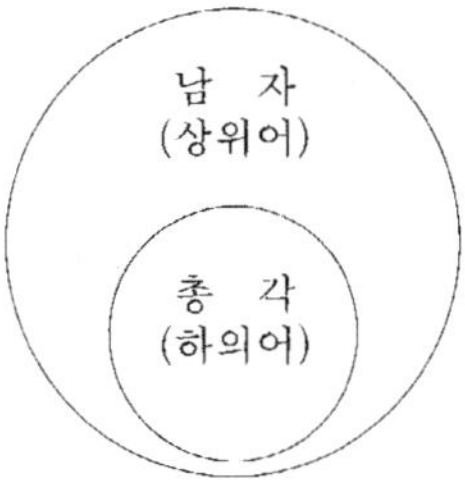

그림 4-3 '남자'와 '총각'의 하의관계

있는 단어들간의 문제였는 데 반해 하의관계는 상하(上下) 관계라는 점에서 그들과 구별되는 점이 있다.

하의어(下義語)는 그 위에 여러 층위에 걸쳐 상위어(上位語)를 가질 수 있다. 가령 '호랑나비'는 그림 4-4에서 보듯 '나비, 곤충, 동물, 생물'을 전부 상위어로 가진다. 이때 '호랑나비'는 어느 상위어만의, 가령 바로 위 층위(層位)인 '나비'만의 하의어이어야 한다는 제약이 없다. '곤충'의 하의어일 수도 있고 '생물'의 하의어일 수도 있는 것이다. 다만 바로 앞 층위 상위어의 하의어일 때는 직접하의어(直接下義語 immediate hyponym)라고 하는 수는 있다.

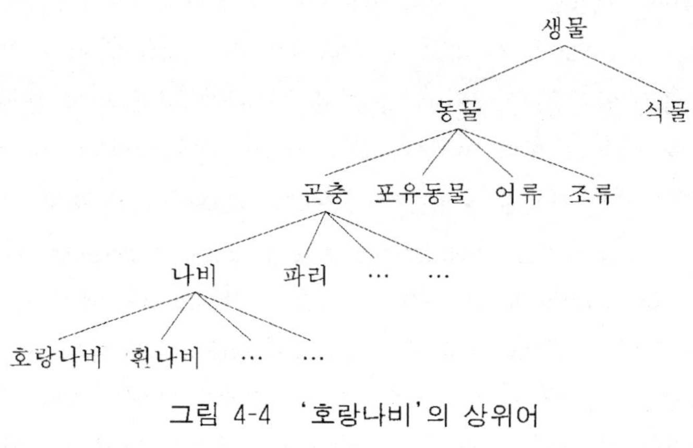

그림 4-4 '호랑나비'의 상위어

하의관계에서는 더 높은 층위의 상위어일수록 의미 영역이 더 포괄적이고 일반적이며, 층위가 낮아질수록 그 의미 영역이 한정적이며 특수화된다. 이에 따라 하의어는 상위어를 의미적으로 함의(含意)한다. 함의(entailment 또는 implication)란 a라는 상위어가 가지고 있는 의미 특성을 b라는 하의어가 자동적으로 가지게 됨을 가리킨다. 가령 호랑나비는 자동적으로 나비이며, 자동적으로 곤충이며, 자동적으로 동물이다. 그러면 '호랑나비'는 '나비'를 의미적으로 함의하며 동시에 '곤충'도 함의하며 '동물'도 함의한다고 말한다. 나비가 가지고 있는 특성을 호랑나비가 안 가질 수 없으며 곤충이 가지고 있는 특성, 가령 다리가 세 쌍이라는 특성을 호랑나비가 안 가질 수 없다는 것이다. 만일 '모든 곤충은 한 쌍의 촉각을 가지고 있다'가 진(眞)이면 호랑나비도 모두 한 쌍의 촉각을 가지고 있어야 한다.

그런데 이 역(逆)은 성립하지 않는다. 곤충이 한 쌍의 촉각을 가진다고 해서 모든 동물이 그렇지는 않다. 즉 곤충은 동물을 함의하는데 동물은 곤충을 함의하지 않는 것이다. 다시 말하면 '모든 곤충은 동물이다'는 성립하나 '모든 동물은 곤충이다'는 성립하지 않는다. 이것이 하의관계의 큰 특징이다. 만일 함의가 쌍방으로 성립하면 동의어가 된다. 이 하의어에 대해서는 다음 절에서 얼마간 다시 논급된다.

4. 3 의미장과 성분분석

앞 절에서 반의어(反義語)를 살피면서 우리는 한 단어가 가지고 있는 여러 의미 속성 중 어느 한 가지만에 의해 반의관계(反義關係)가 성립된다는 것을 논하였고, 또 하의어(下義語)를 살피면서도 한 단어의 의미가 상위(上位) 의미의 일부를 이룸을 보았다. 여기서 우리는 한 단어의 의미가 작은 부분으로 쪼개질 수 있을 가능성을 시사(示唆)받을 수 있다. 그리고 동시에 상위어(上位語)의 의미가 여러 하의(下義)를 거느리는 현상에서 작은 의미의 영역들이 큰 의미의 영역으로 묶일 수 있는 가능성도 보게 된다. 여기에서는 이처럼 의미를 더 작은 단위로 쪼개는 문제와, 반대로 작은 의미의 세계를 더 큰 의미의 세계로 묶는 문제를 살펴보기로 하겠다.

성분분석 우리는 앞에서 '할머니'와 '할아버지'는 다같이 사람이며 늙은이라는 공통점을 가지되 다만 한 쪽은 여자이고 한 쪽은 남자라는 차이가 있음을 보았다. 여기에서 우리는 '할머니'라는 단어의 의미는 더 이상 쪼갤 수 없는 어떤 한 뭉치의 의미이기보다 그 안에 '사람'이라는 의미, '늙은이'라는 의미, '여자'라는 의미 등 여러 요소(要素)의 복합체(複合體)로 이해할 수 있음을 깨닫게 된다. 이처럼 한 의미를, 그 의미를 이루고 있는 요소들로 쪼개는 일을 성분분석(成分分析 componential analysis)이라 한다. 한 의미를 이루고 있는 요소들을 의미성분(意味成分 semantic component)이라 하는데 그 의미성분들을 분석하는 일이라는 뜻이다.

의미성분은 의미자질(意味資質 semantic feature 또는 semantic marker)이라는 이름으로 바꾸어 이해하는 것이 더 편리한 면이 있다. 실제로 성분분석은

(1) 할머니 : [여자], [늙은이], [사람]

처럼 의미성분을 자질(資質) 표시에 쓰는 기호인 [ ]에 넣어서 표기하고 있다. 음운론에서 한 음을 [+원순음(圓脣音)], [−비음(鼻音)] 등의 변별자질(辨別資質 distinctive feature)로 쪼개어 표시하는 방법을 쓰고 있듯이 여기에서도 [여자]는 여자라는 단어를 가리키는 것이 아니라 여자라는 의미자질(意味資質)을 가리킨다. 이때 의미자질은 음운론에서와 마찬가지로 [여자] [남자]로 분리하지 않고 [±남자] 하나로 통합하여 '할머니'에는 [−남자]라는 성분(成分) 표시를 하면 된다. 몇 예를 보이면 다음과 같다.

(2) 총각 : [−기혼], [+남자], [+사람]
(3) a. 까투리 : [−수컷], [+꿩], [+새]

b. 장끼 : [+수컷], [+꿩], [+새]

이러한 성분분석은 한 단어의 의미를 체계적으로 분석하는 데 이점(利點)을 준다. 한 예로 단어와 단어 간의 의미 관계를 분석할 때에도 이 성분분석의 방법을 이용하면 앞의 (3)에서 보듯 [−수컷] 하나만 [+수컷]으로 바뀜으로써 '장끼'와 '까투리'가 반의관계에 있음을 명료히 드러낼 수 있다. 하의관계의 검증에도 마찬가지로 성분분석이 유용하다. 가령 '장끼'와 '꿩'을 비교하면 '장끼'는 '꿩'이 가지고 있는 [+새], [+동물], [+생물]의 의미자질을 다 가지고 있으면서 다만 [+수컷]이란 더 한정된 의미자질을 하나 더 가짐으로써 '꿩'의 하의어가 됨을 밝혀낼 수 있는 것이다.

성분분석은 어휘분해(語彙分解 lexical decomposition)에도 원용(援用)된다. 어휘분해란 단어의 의미를 기본 단위의 의미라고 판단되는 의미들로 쪼개는 일을 말한다. 이렇게 함으로써 그 단어의 의미를 전체적인 한 덩어리로 보았을 때는 풀리지 않는 문법 현상을 해결하는 실마리를 찾자는 것이 어휘분해의 목적인데, 이러한 어휘분해의 발상은 바로 성분분석에서 가져온 것이라 할 수 있다.

(4) 모르다 : 알다 — 아니다
(5) 죽이다 : 살다 — 아니다 — 하게 하다

물론 성분분석은 모든 단어에 다 쉽게 적용되지는 않는다. 위에 든 예들은 그 분석이 쉬운 예들이었지만 당장 '생각하다', '사색하다', '고려하다' 등을 성분분석을 적용하여 이들간의 의미 관계를 밝혀내려 한다고 생각해 보면 그 일이 그리 쉽지 않음을 깨닫게 된다. 그러나 이 경우에도 성분분석을 성공적으로 할 수만 있다면 쉽게 잡히지 않던 이 세 단어들 간의 의미차(意味差)가 좀더 극명(克明)하게 드러날 수 있을 것이다. 성분분석의 방법이 단어들의 의미를 한결 체계적으로 이해하게 하는 길임에는 틀림없다.

의미장 앞에서 우리는 '동의관계', '반의관계', '하의관계' 등에서처럼 '관계'라는 말을 써 왔다. 이는 단어들이 뿔뿔이 존재하는 것이 아니라 인간 관계와 비슷하게 서로 어떤 관계를 맺으며 존재한다는 것을 보여 주는 것이었다. 이러한 단어들의 관계를 파악하는 또하나의 길로 이른바 장 이론(場 理論 field theory)이 있다.

여기서 장(場)이란 어휘장(語彙場 lexical field)을 가리킨다. 어휘장이란 어떤 공통적 의미로 묶이는 단어들의 집합이다. '봄, 여름, 가을, 겨울'은 계절이라는 공통점으로 한 어휘장을 이루며, '달다, 짜다, 싱겁다, 맵다, 떫다'는 맛이라는 어휘장을 이룬다. 또 '수, 우, 미, 양, 가'나 'A, B, C, D, F'는 성적평가어로서 한 어휘장을 이룬다.

여기서 우리는 어휘장이 앞에서 본 하의관계(下義關係)와 상통함을 알 수 있다. 즉 하의관계를 어휘장의 개념으로 바꾸면 한 상위어에 묶이는 하의어들의 집합이 곧 어휘장이 된다. '식물'과 '동물'은 '생물'이라는 어휘장을 이루며, '호랑나비, 흰나비, 부전나비' 등은 '나비'라는 어휘장을 이루는 것이다. 하의관계는 층위가 있어 '흰나비(과)' 밑에는 다시 '배추흰나비, 노랑나비, 기생나비' 등의 하의어가 있는데 이것도 어휘장에 그대로 적용된다. 즉 이들의 집합은 다시 '흰나비'의 어휘장을 이루는 것이다. 이때 '흰나비'의 어휘장은 '나비' 어휘장의 하위어휘장(subfield)이라 한다.

어휘장은 더 흔히는 의미장(意味場 semantic field)이라고 한다. 어휘장이나 의미장이나 다같이 단어들의 집합이므로 그 점에서는 어휘장이란 이름이 낫다. 그러나 그 어휘들의 집합이란 결국은 어떤 의미의 테두리를 가리키는 것이므로 그 점에서는 의미장이 더 적절한 면이 있다. '낱말밭'이라 하기도 한다. 그 어느 이름이든 의미를 이러한 장(場)의 틀에서 분석하는 이론을 장(場) 이론이라 한다.

장(場) 이론과 관련하여 사람들의 흥미를 끌어온 것의 하나는, 앞에서 영어 wear와 우리말의 '입다, 쓰다, 신다, 끼다'의 관계에서 보았듯이 언어마다 의미장(어휘장)의 크기와 구조가 다르다는 점이었다. 다른 한 예로 영어의 open과 그에 해당하는 우리말의 경우를 들 수 있다. 미국에서 살던 아이가 한국에 와서 "아빠 눈 열어"라고 했다는 일화(逸話)는 유명하다. 영어에는 '(눈을) 뜨다'에도 open을 쓰는 것이다. 우리는 '(문을) 열다'와 '(눈을) 뜨다'뿐 아니라 '(입을) 벌리다'로 쪼개 쓰는데 그쪽은 그것을 모두 묶어 open 하나로 쓰는 것이다.

색채어와 친족용어 언어마다 의미장을 가르는 체계가 다르다는 것은 특히 색채어(色彩語 color term)를 통해 연구되어 왔다. 색채란 세계 어디에서나 비슷한 모습으로 존재할 것이다. 그런데 그것을 몇 개로 갈라 인식하며 그 각각의 경계를 어디에서 가르느냐 하는 것은 언어마다 다르다. 쉬운 예로 우리말의 '푸르다'를 영어로 번역하는 문제를 생각해 보기로 하자. 당장 '푸른 하늘, 푸른 잔디'의 '푸른'을 모두 blue로 번역한다면 우스워질 것이다. 영어에서는 blue와 green으로 나누어져 있는 것을 우리는 하나로 묶어 '푸르다'로 쓰기 때문인데, 이는 '파랗다'나 '파랑'의 경우도 마찬가지다. 다음 노래의 '파랄 거예요'의 '파랄'을 영어로 번역하려 해도 역시 난감해질 수밖에 없을 것이다.

(6) 우리들 마음에 빛이 있다면 여름엔 여름엔 <u>파랄</u> 거예요. 산도 들도 나무도 파란 속에서 파란 하늘 보며 자라니까요.

색채를 가장 단순하게 나누는 언어에서는 밝은 색과 어두운 색 두 가지로만 나눈다고 한다. 말을 바꾸면 흰색과 검은색으로만 나누는 것이다. 그리고 여기에 하나 더 추가되어 색(色)을 셋으로 나눌 때는 으레 빨강색이 먼저 추가되며 그 다음은 노랑, 그 다음은 우리의 파랑처럼 청색과 녹색을 통합한 색 식으로 (때로는 마지막 두 순서가 바뀌어) 일정한 순서가 있다고 한다. 여기에도 언어의 보편성(普遍性 universality)이 있다는 것이다.

색채어의 의미장 구조가 언어마다 다르다고 할 때 자주 지적되는 것의 하나는 어느 한 언어의 색채어와 거기에 짝이 되는 다른 한 언어의 색채어가 그리 말쑥하게 대응되는 것이 아니라는 점이다. 한 예로 그림 4-5를 들 수 있다. 이 그림은 Wales어의 'glas'가 청색, 녹색, 회색을 묶는 색채어인데 그러나 그것이 영어의 green과 grey 모두를 그 의미장으로 하지는 않는다는 것을 보여 준다.

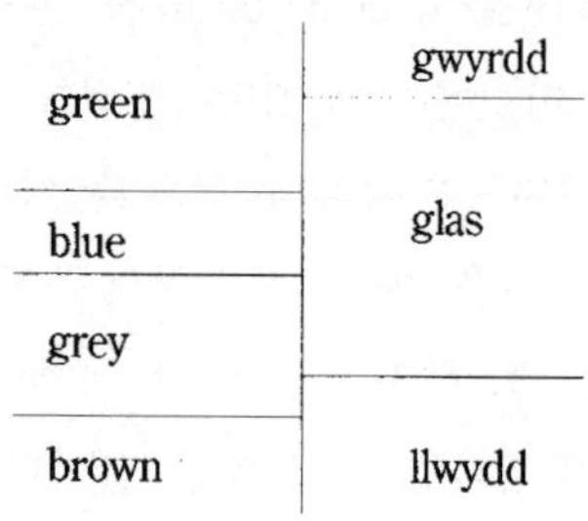

그림 4-5 색채어 비교

친족명칭(親族名稱 kinship term)도 특히 많은 관심을 끌어 왔다. 일례로 형제자매(兄弟姊妹)를 가리키는 몇 언어의 어휘장을 표로 보이면 다음 표 4-2와 같다. 이 표에서 보면 형제자매를 통틀어 한 단어로 부르는 언어가 있는가 하면 그것을 성별(性別)만 구분하여 두 단어로 쪼갠 언어가 있고, 그 둘을 다시 손위와 손아래로 쪼개어 네개의 단어로 부르는 언어도 있다. 그런데 우리말에서는 손위의 경우 비록 그

표 4-2 형제자매를 뜻하는 어휘장 비교

<table>
<tr><th>한국어</th><th>헝가리어</th><th>영 어</th><th>말레이어</th></tr>
<tr><td>형</td><td rowspan="2">bátya</td><td rowspan="3">brother</td><td rowspan="6">sudarā</td></tr>
<tr><td>오빠</td></tr>
<tr><td rowspan="2">아우
(동생)</td><td>öcs</td></tr>
<tr><td>hug</td><td rowspan="3">sister</td></tr>
<tr><td>언니</td><td rowspan="2">néne</td></tr>
<tr><td>누나</td></tr>
</table>

대상이 같음에도 불구하고 화자(話者)의 성별에 따라 그것을 다시 '형'과 '오빠', '언니'와 '누나'로 가름을 보여 준다. 매우 독특한 체계라 하지 않을 수 없다.

어떻든 앞의 표는 종족에 따라 그 사고 체계가 얼마나 다양한가도 보여주지만 언어 간의 의미장(어휘장) 구조의 차이도 잘 보여 준다. 영어의 uncle이 우리의 '큰아버지, 작은아버지, 당숙, 외삼촌, 고모부, 이모부, 아저씨'를 다 포괄하는 명칭인 것도 두 언어의 의미장(어휘장) 구조의 차이를 잘 보여 주는 예의 하나일 것이다.

언어와 사고체계 언어 간의 이와 같은 의미장의 차이는 그 사회의 특징, 또는 그 민족의 사고(思考) 체계의 특징도 반영한다고 하여 인류학자(人類學者) 등 많은 분야의 학자들에게도 큰 관심의 대상이 되어 왔다. 가장 유명한 이야기는 다른 언어에서 '눈'(雪) 또는 snow라는 단어 하나로 표현하는 것을 에스키모인들은 4개의 단어로 구별하여 표현한다는, 이제 일반인들에게조차 신화(神話)처럼 퍼진 이야기일 것이다. 하늘에서 오고 있는 눈, 땅에 쌓인 눈, 땅에 쌓이지 못하고 바람에 이리저리 휘날리는 눈, 그렇게 휘날려 무더기로 쌓인 눈을 가리키는 단어가 각각 따로 있다는 것인데 이것이 바로 언어가 사람들의 사고 체계를 반영하는 결정적 증거라고 하여 인구(人口)에 회자(膾炙)하게 된 것이다.

그러나 굳이 에스키모인의 눈 어휘만 가지고 신기해 할 것은 없다. 어느 사회에서나 자기들과 밀접한 관계가 있고 자기들에게 소중한 것이면 그만큼 관심을 더 기울이게 되고 그래서 어휘도 더 여러 개가 필요하게 되기 마련이기 때문이다. 몽고인들은 말(馬)에 대한 어휘가 많고 아랍인들은 낙타에 대한 어휘가 많다는 것은 널리 알려진 이야기다. 우리도 영어로는 다 rice라 하는 것을 '모, 벼, 쌀, 밥'으로 잘게 쪼개어 말한다. 지역에 따라서는 '벼'를 다시 세분하여 논에 벼이삭으로 매달려 있을 때와 탈곡된 상태의 벼를 구별해 부르기도 한다. 쌀을 주식(主食)으로 하는 우리 민족의 특성이 그렇게 반영되는 것일 것이다. 또 어촌(漁村)에 가 보면 '하늬바람, 갈바람, 높새바람' 등 바람의 명칭이 여러 갈래로 갈려 있는가 하면 바다 속 바닥이 바위인가 모래인가에 따라 '짬', '불' 등으로 구분하여 부르는 것을 볼 수 있다. 모두 자기들이 사는 무대의 비중에 따라 세상을 달리 인식하는 현상들인 것이다.

이처럼 사회에 따라 의미장의 체계가 달리 구성되고 그에 따라 어휘 체계가 달라지는 것은 단지 동일한 사물을 크게 묶어 인식하느냐 잘게 쪼개어 인식하느냐로만 결정되는 것은 아니다. 문화의 차이에 의해 아예 한 쪽에는 있는데 다른 쪽에는 없을 때에도 비슷한 현상이 일어나는 것이다. 가령 우리의 '김치'는 어떤 다른 언어로 번역되기 어려운 단어다. '온돌'도 마찬가지다. 이것은 rice를 더 잘게 쪼개 여러 이름을 붙이는 경우와는 다르다. 이 경우에는 우리가 뭐래도 지들은 rice라고 할 수 있는데 '김치'나 '온돌'의 경우는 다르다. 우리의 독특한 문화로 독특한 의미장이 만들어진 경우인 것이다. 옥스포드사전에 '김치, 온돌'이 kimch, ondol로 오르는 것도 그 때문이다.

그런데 이 경우에도 결국 각 언어에 그 민족의 사고 체계가 반영된다는 것은 마찬가지다. 흔히 우리말의 '멋'이나 '한(恨)', 또 '고향'은 외국어로 잘 번역되지 않는다고 한다. 어떤 단어로 번역하여도 우리 고유의 정서가 담기지 않는다는 것이다. 의미장에 대한 연구는 이 점에서 한 언어의 어휘체계뿐 아니라 그 민족의 정신 세계까지 가늠해 볼 수 있게 해 준다.

다만 여기에서 하나 유의해 둘 점이 있다. 여러 개로 분화되어 있어야만 세상을 그렇게 나누어 인식하는 것은 아니라는 점이다. 한 때 일부 학자들은 언어 체계가 사람들의 사고 체계를 지배하고 따라서 색채어가 두 개밖에 없는 언어를 쓰는 사람들은 색채 구별 능력이 그만큼 떨어지는 것으로 믿어 왔다. 그러나 그렇지 않다는 것이 오늘날 일반화된 견해다. 아주 무관할 수는 없겠으나 '사랑'이라는 단어가 있어야 사랑의 감정을 느끼는 것은 아닐 것이며 따로 단어가 없어도 하늘색과 바다색이 다르다는 것을 모르지는 않을 것이다.

이상으로 어휘장의 개념과 그 유용성(有用性)을 개괄적으로 살펴보았다. 장(場) 이론은 의미변화(意味變化)의 설명에도 원용(援用)되는데 의미변화에 대해서는 곧이어 따로 다룬다.

4.4 의미의 변화

언어도 일종의 생명체(生命體)로서, 태어났다가 일찍 생명을 잃는 것이 있는가 하면 오래오래 장수(長壽)하는 것도 있다. 그러나 영원불변하여 한결같은 모습으로 영생(永生)하지는 않는다. 이것은 형태면

(形態面)으로도 그렇고 의미면(意味面)으로도 그렇다. 중세국어의 '셔ᄫᅳᆯ'이 오늘날 '서울'로 바뀐 것은 형태상의 변화이지만 '愚'(어리석다)를 뜻하던 '어리다'가 '幼'의 뜻으로 바뀐 것은 의미상의 변화다. 여기에서는 언어가 의미 변화를 일으키는 현상을 단어를 중심으로 아주 간략히 살펴보고자 한다.

의미의 확대와 축소 의미 변화의 양식(樣式)을 가장 간단하게 파악하는 길은 어떤 의미의 변화가 그 의미의 영역을 넓히는 쪽의 변화인가 좁히는 쪽의 변화인가로 나누어 파악하는 길일 것이다. 우리는 앞에서 단어가 대부분 다의(多義)를 가짐을 보았었다. 이는 그 단어들의 의미가 확대(擴大)된 결과일 것이다. '다리'(脚)가 애초에는 사람이나 짐승의 다리만을 가리켰을 터인데 이것이 '책상 다리'나 '지겟다리'까지 가리키게 된 것이나, '먹다'가 애초에는 음식을 섭취하는 행위만을 가리켰을 터인데 '욕을 먹다, 마음을 먹다, 잊어 먹다'에까지 쓰이게 된 것은 바로 의미 확대의 결과일 것이다.

흔히 드는 예로 '영감'은 애초 당상관(堂上官), 즉 정삼품(正三品) 이상 종이품(從二品) 이하의 벼슬을 높여 부르던 칭호였는데 지금은 남자 노인 모두를 가리킨다. 최근 실제로 회사 사장(社長)이 아닌 사람에게 막연한 경칭으로 '사장'이라고 하는 것도 아주 흡사한 현상이다. 장모, 장인을 '어머니, 아버지'로 부르는 일이나, 일부 현상이지만 여학생이 남자 선배를 '형'으로 부르는 일도 '어머니, 아버지, 형'의 범위를 넓혀 쓰는 현상이다. 모두 의미 확대의 좋은 예일 것이다. '세수하다'는 글자 그대로 애초에는 세수(洗手), 즉 손만 씻는 행위를 뜻하였을지 모르나 지금은 얼굴까지 씻는 행위를 뜻하며, '방석'(方席)은 국어사전에서 아직도 네모난 깔개만을 가리키는 단어로 정의하고 있으나 이제는 '方'의 '모'라는 원뜻은 잃고 둥근 것까지 확대해

가리키는 단어로 쓰이고 있다. '문법'(grammar)도 애초에는 글, 즉 문자언어의 법칙이라는 뜻이었으나 오늘날은 음성언어의 법칙까지 포괄한다.

의미가 축소(縮小)되는 경우도 많다. 흔히 드는 예로 중세국어의 '즁싱'(衆生)은 유정물(有情物) 전체를 가리키는 불교 용어였던 것이 그 후 '짐승'으로 어형(語形)도 바뀌었지만 의미도 축소되었다. 한자(漢字) 훈(訓)으로 '놈 者, 계집 女'라고 한 것을 보면 '놈'이나 '계집'은 비칭(卑稱)이 아니었을 터인데 오늘날 이것을 비칭으로 한정하여 쓰는 것은 역시 의미 축소의 예일 것이다. 중세국어의 'ᄉᆞ랑'이 思, 愛 등의 넓은 의미에서 愛라는 좁은 의미로 한정된 것도 흔히 드는 의미 축소의 예다. '왜인(倭人), 왜놈'이 글자 그대로 몸집이 작은 사람 전반을 가리키지 않고 일본 사람을 가리킨다든가 '철의 장막'이 철로 된 장막 전부를 가리키는 것이 아니라 공산권, 특히 소련을 가리켰던 일도 일종의 의미 축소의 예일 것이다.

확대도 아니고 축소도 아닌 경우도 있다. 앞의 '어리다'가 愚에서 幼로 의미 변화를 일으킨 예에서 보듯이 의미장의 자리를 옮긴 경우가 그것이다. 의미의 이동(移動) 정도로 부를 수 있을 것이다. 중세국어의 '싁싁ᄒᆞ다'는 장엄(莊嚴)하다의 뜻이었는데 오늘날 '씩씩하다'가 되고 '어엿브다'는 불쌍하다는 뜻이던 것이 '예쁘다'로 되었는데 모두 의미 이동(移動)의 범주로 보아 좋을 것이다. '비단 우리들뿐만 아니라'의 '비단'(非但)은 글자 그대로 '단지 … 아니라'의 뜻인데 오늘날은 '단지'의 뜻으로 바뀌고 그래서 '非'에 해당하는 '아니라'를 뒤에 다시 연결시켜 쓴다. 즉 부정에서 긍정으로 바뀐 것이다. 퍽 흥미로운 의미 이동의 예가 아닐 수 없다. 비슷한 예로 '주착'을 들 수 있다. '주착'(主着, 主著)은 '확고한 생각'으로서 '주착없다'로 많이 쓴다. '주착없다'는 균형 감각이 없고 방정맞다는 나쁜 뜻이다. 그러므로 만일 '주착이다'라든가 또는 '주착부리다'나 '주착떨다'는 좋은 말이어야 할 것이다. 그런데 이 말들은 '주착없다'나 거의 마찬가지 뜻으로 쓰인다. '주착바가지'도 마찬가지인데 '무(無)주착바가지'라고 해야 할 뜻을 가진다. '주착'이 원뜻에서 '무주착'의 의미로 바뀌어 가는 것으로 해석된다.

형태가 변하는 것처럼 눈에 잘 드러나지는 않지만, 의미의 변화는 일반적으로 형태 쪽의 변화보다 더 빈번히, 더 큰 폭(幅)으로 일어난다. 앞에서처럼 확대(擴大), 축소(縮小), 이동(移動)으로만 갈라 보는 것은 그 복잡한 의미 변화를 너무 단순화하는 감이 없지 않다. 그러나 이 세 가지가 의미 변화의 가장 기본적인 유형인 것만은 분명하다.

의미 변화의 원인 앞에서는 의미 변화의 결과를 유형별(類型別)로 살펴보았다. 그런데 그러한 의미의 변화는 왜 일어나는 것일까? 왜 의미의 영역이 확대되며 축소되며 또 이동되는 것일까? 언어 변화는 수없이 많은 원인에 의해 일어날 수 있다. 그 원인을 31가지로 세분한 학자도 있었을 정도다. 그러나 여기에서는 흔히 하듯 다음의 여섯 가지로 나누어 보고자 한다.

(가) 언어적 원인
(나) 역사적 원인
(다) 사회적 원인
(라) 심리적 원인
(마) 외래어(外來語)의 영향
(바) 신어(新語)의 필요성

먼저 (가)의 언어적 원인(言語的 原因)은 어떤 단어가 자주 놓이는 문맥에 감염(感染)되어 그 의미에 변화를 입게 되는 경우를 가리킨다.

앞에서 예로 든 '주착없다'의 '주착'이 주로 '없다'와 어울림으로써 부정적(否定的)인 의미가 된 경우가 이에 속할 것이다.

(나)의 역사적 원인(歷史的 原因)은 대상(對象), 즉 지시물(指示物)은 변모하였는데 단어는 언어의 보수성(保守性) 때문에 옛 모습을 그대로 지킴으로써 자연히 의미 변화가 초래되는 경우를 가리킨다. 가령 '바가지'는 박으로 만든 것만을 가리키는 이름이었는데 근래 플라스틱으로 만든 것이 나오고 그것도 아울러 '바가지'라고 함으로써 결과적으로 '바가지'의 의미가 확대된 경우가 이 역사적 원인에 의한 의미 변화의 예다. '부엌'도 오늘날의 것은 아궁이도 없고 부뚜막도 없어 같은 이름의 '부엌'이 그 내용에서는 엄청나게 달라졌다. 옛날 역참(驛站)이 있던 시절에는 말을 갖추어 두었다가 공무(公務)에 말을 공급하던 곳이 '역(驛)'이었는데 나중에 기차가 생기면서 기차 정거장을 가리키게 되고 요사이는 다시 지하철 정류소도 그대로 '馬' 변을 쓴 채 '역'(驛)이라 하는 것도 같은 예다. 과학 지식의 발달로 '핵'(核)이 '핵심'의 뜻에서 '핵폭발'에서의 핵의 의미로 발전한 것이나 '민주주의'의 개념이 시대에 따라 얼마간씩 달라지는 것도 역사적 원인에 의한 의미 변화의 예일 것이다.

(다)의 사회적 원인(社會的 原因)은 일반적 용법의 단어가 어떤 특수 사회집단에 가 쓰임으로써 그 의미가 특수화하여 의미의 축소를 초래하게 되는 경우나 반대로 특수한 집단에서 쓰이던 단어가 일반 사회에서 쓰이게 되면서 그 의미도 일반화하여 확대되는 경우를 가리킨다. '영감'이 법원가(法院街)에서는 판검사를 가리키는 칭호로 축소되어 쓰이고, '벌초'(伐草)가 글자 그대로는 풀을 베는 행위 전반을 가리킬 법하나 우리 민속(民俗)에서 산소의 풀을 베는 일만 국한하여 지칭하는 따위가 전자(前者)에 속하는 예일 것이다. 언어학의 '동화(同化)'나 '접속(接續)', 바둑의 '마름모'나 '귀' 등 갖가지 전문용어

등이 한정된 의미를 가지는 것도 마찬가지일 것이다. 반대로 '공양'(供養)이 애초에는 부처에게 음식을 바치는 뜻의 불교 용어이던 것이 일반 사회에 쓰이면서 '시부모 공양'처럼 웃어른을 대접하는 일 전반을 가리키게 된 것이나 '수술' 등의 의학 용어가 여러가지 은유적인 의미로 쓰이는 예는 후자(後者)에 속할 것이다.

이상의 세 가지가 의미 변화의 삼대(三大) 원인이라 할 수 있다. 그러나 다음의 원인들도 의미 변화에 중요한 몫을 한다. 먼저 (라)의 심리적 원인(心理的 原因)에 의한 의미 변화가 있다. 의미 변화에 영향을 미치는 심리 작용의 하나로 은유(隱喩 metaphor)를 들 수 있다. 미련한 사람을 '곰'이라고 하는 것은 '곰'을 은유로 쓴 것인데 이러한 용법에 따라 '곰'의 의미는 그만큼 확대되는 결과를 낳는다. 마찬가지로 둔한 사람을 '형광등'이라 하고 정확한 사람을 '컴퓨터'라고 하는 경우에도 '형광등, 컴퓨터'의 의미가 그만큼 확대된다.

의미 변화를 일으키는 심리 현상의 다른 하나는 금기(禁忌 taboo)와 관련된다. 금기에 대해서는 앞(4.2)에서도 언급한 바 있지만 한두 예를 더 보자. '동무'란 예전에는 매우 넓게 쓰이던 단어다. 그런데 북한에서 이 단어를 특수한 의미로 쓰는 바람에 남한에서는 '친구'가 그 자리를 채우면서 '동무'는 '어깨동무'니 '말동무' 등 복합어 안에서나 쓰이는 제약된 용법을 가지게 되었다. 불치병(不治病)인 암(癌)을 '종양' 또는 '악성(惡性) 종양'이라고 돌려 말하는 것이나 뚱뚱한 사람 앞에서 '뚱뚱하다'는 표현을 못 쓰고 '건장하다' 등으로 돌려서 말하는 것 등이 모두 금기와 관련되는 심리 작용에 의한 것이다. 이처럼 금기어 대신 쓰거나 남의 감정을 거스르지 않으려고 쓰는 단어나 구를 완곡어(婉曲語 euphemism)라 하는데, 금기 때문에 못 쓰는 단어의 빈자리에 완곡어가 쓰이면 그 단어가 그만큼 확대된 의미를 가지는 결과가 될 것이다.

다음으로 (마)의 외래어(外來語)의 영향이 의미 변화의 원인이 되는 예를 보자. 만일 영어에서 인기 연예인이나 장군을 'star', 즉 '별'이라고 하는 것에서 영향을 받아 우리도 그러한 사람들을 '별'이라고 부르는 일이 있다면, 그러니까 '스타'를 들여오지 않고 그 의미를 차용(借用)해 온다면 이는 외래어가 우리의 '별'이라는 단어에 새로운 의미를 덧붙이는 결과가 될 것이며 이는 곧 외래어의 영향에 의한 의미 변화의 예일 것이다. 물론 우리는 인기 배우를 직접 '별'이라 부르는 일은 없다. 그러나 은유적으로 '떠오르는 별'이라는 표현을 쓰기는 한다. 그리고 장군을 직접 '별'이라고 부르는 일도 없다. 그러나 '장성'(將星)이라고도 하고 '삼성장군'(三星將軍)이라고도 하는 데에서 '星'이 쓰이고 있음을 볼 수 있다. '장군 되기는 그야말로 하늘의 별 따기야'라는 표현도 마찬가지인데, 이 모두 인기 연예인이나 장군을 star라고 한다는 영어의 지식이 작용한 표현인 것이다.

농구 시합에서 '쏜다'는 표현을 쓰는 것도 영어 shoot의 의미를 빌어 온 현상으로 풀이된다. 이처럼 외국어로부터 의미를 빌어 오는 현상을 의미차용(意味借用 semantic borrowing)이라 하는데, 이미 쓰이고 있는 자기 나라 단어에 그 때까지 없던 의미를 외국어의 동계(同系) 단어의 용법에서 차용(借用)해 오는 의미차용이 의미 변화의 원인이 된 예는 많다. '정상회담'(頂上會談)의 정상(頂上)이 한 나라의 수뇌급을 가리키는 의미까지 가지게 된 것도 영어에서 summit meeting이라고 하여 summit(산꼭대기)라는 단어를 이 경우에 쓰는 데서 받은 영향일 것이다.

끝으로 (바)의 신어(新語)의 필요성이 의미 변화의 원인이 되는 예를 보자. 새 대상이 생기면 새 명칭이 필요하게 된다. 복합어를 만들든 외국어를 차용(借用)해 쓰든, 또는 기존(旣存)의 단어에 새 의미를 부여하든 어떠한 방식으로든 새 단어를 만들어 써야 하는데 이로써 의미 변화가 생길 것은 자명(自明)하다. 기차가 새로 생겨 '기차'라는 새 복합어를 만들면 '차'는 그 때까지의 의미보다 확대되고 또 케이블카가 새로 생겨 만일 '공중차'라고 한다면 '차'의 의미는 다시 확대된다.

이상으로 의미 변화를 일으키는 원인을 여섯 가지로 나누어 살펴보았다. 앞에서도 지적하였듯이 세분(細分)하면 더 여러가지로 나누어질 수 있고 또 이 이외의 원인도 찾아질 수 있을 것이다. 그리고 많은 의미 변화가 이 중 어느 한 가지 원인에 의해서만 이루어지지 않고 몇 가지 원인이 겹쳐 이루어지는 경우도 따로 분류해 낼 수 있을 것이다.

참 고

국어학에 막 들어선 초년생에게 마음놓고 권할 意味論 분야의 入門書는 매우 드물다. 국어의 예를 중심으로 엮은 책은 더욱 보기 어렵다. 그런 중에 임지룡의 『국어의미론』(1992)이 이 방면의 가장 종합적인 안내서로서 다양한 국어 자료도 제공해 준다. 박영순의 『한국어의미론』(1994)도 여러 분야의 의미론을 골고루 간명히 설명해 주고 있다. 이 외에 沈在箕 외 2人의 『意味論序說』(1984)도 입문서로서 큰 도움을 주며, 거의 영어 예뿐이고 또 수준이 높기는 하지만 李益煥의 『意味論槪論』(1985)과 『現代意味論』(1984)이 이 방면의 가장 충실한 안내서가 될 것이다. 金光海의 『국어 어휘론 개설』(1993)은 어휘론에 한정된 것이나 방대한 내용을 담고 있어 참고할 것이 많다.

Lyons의 *Language and Linguistics*(1981)의 제5장(Semantics)이 간명하고 온건하게 전체적인 윤곽을 잘 설명한 편이고, 좀더 전문적인 것으로는 동일 著者의 *Linguistic Semantics: An Introduction*(1995)이 그의 이 방면의 가장 본격적인 저술인 *Semantics*(1977)보다 쉽게 되어 있어 읽기에 좋다. 그리고 Leech의 *Semantics: The Study of Meaning*(1981), Palmer의 *Semantics: A New Outline*(1981), Hurford and Heasley의 *Semantics: A Coursebook*

(1983) 등도 定評이 나 있는 입문서들이다.

그리고 語彙意味論 쪽으로도 좋은 著述들이 많다. 먼저 시대가 좀 지났지만 Ullman의 *Semantics*(1962)는 여전히 必讀書라 할 만하다. *The Principle of Semantics*(1957)가 더 권위있는 이 방면의 古典이지만 너무 전문적이다. 이 두 책의 번역서로 남성우의 『의미론』(1987)과 『의미론의 원리』(1979)가 나와 있다. Cruse의 *Lexical Semantics* (1986), Lehrer의 *Semantic Fields and Lexical Structure*(1974), Aitchison의 *Words in the Mind*(1994), Hudson의 *Word Meaning*(1995) 등이 모두 저마다의 特長이 있는 좋은 입문서들이다. Cruse(1986)은 임지룡·윤희수의 『어휘의미론』(1989)으로 번역되어 있다. Collinge의 *An Encyclopaedia of Language*(1990)에 실린 Cruse의 논문도 의미론의 주요 사항들이 간명하게 잘 정리되어 있어 편리하다. 한편 Miller의 *The Science of Words*(1996)는 심리학적인 관점에서 단어의 의미를 다룬 것으로 새롭고 다채로운 내용이 많다. 本章 제2절의 記號三角形은 Ogden & Richards의 *The Meaning of Meaning*(1923)의 것에다가 Ullman 등의 術語를 덧붙인 것이다.

국어 語彙意味論의 좀더 전문적인 成果는 沈在箕의 『國語語彙論』(1982), 洪思滿의 『國語語彙意味硏究』(1985), 南星祐의 『國語意味論』(1985) 등에서 볼 수 있을 것이다. 여기서 '어휘론'이란 용어에 대해 하나 덧붙여 두는 것이 좋겠다. '어휘론'이라면 자칫 lexicography의 譯語로 생각하기 쉽지만 lexicography는 辭典論, 辭典學으로서 사전 만드는 일을 다루는 분야요, 비록 그 관계는 매우 가깝지만 바로 어휘론은 아니다. 어휘론에 해당하는 lexicology라는 용어가 따로 있기는 하지만 어떤 언어학개론서에도 lexicology가 독립된 章으로 다루어지는 일을 볼 수 없고 언어학의 대분분의 하위 분야를 잘게 쪼개어 싣는 백과사전류에서도 lexicology라는 항목은 찾아 보기 어렵다. 定義를 따르면 조어론, 형태론, 품사론 등이 다 포괄되어야 하는데 이 점에서 lexicology가 독자적인 영역을 이루지 못하는 것이 아닌가 한다. 따라서 어휘론은 어휘의미론의 略稱 정도로 이해하면 좋을 것이다.

色彩語에 대해서는 Berlin and Kay의 *Basic Color Terms*(1969)를 비롯하여 Ullman의 앞의 책(1962) 제9장(The Structure of the Vocabulary), Lyons의 앞의 책(1981) 제10장(Language and Culture), Miller의 앞의 책(1996)의 제10장(Drawing Distinctions) 등을 참조하고, 세계 여러 언어의 親族名稱의 類型에 관해서는 韓相福(외 2人)의 『人類學槪論』(1985)의 제6장(親

族)을 참조할 것. 本章 제3절의 親族名稱 비교표의 원 출처는 Hjelmslev의 *Essais Linguistique*(Copenhagen, 1959)인데 흔히는 Ullman의 앞 책(p. 247)에 인용된 것을 이용하고 있다. 허웅의 『언어학』(1981), 李益煥의 앞의 책(1984), 김진우의 『언어』(1985)에서 여기에 한국어의 예를 첨가하여 만든 것을 볼 수 있다. 本章의 표는 이것을 著者가 다시 손질한 것이다. 흔히 '형'과 '오빠'를 가르지 않고 '형' 하나로 brother에, '누나'와 '언니'를 가르지 않고 '언니' 하나로 sister에 對當시키는데 이는 잘못일 것이다. 또 '동생'의 경우 국어에 性別로 구별되는 이름이 있는 듯이 생각하는 것도 본론에서 지적하였듯이 잘못이다. '동생' 및 '아우'의 경우 성별에 따른 명칭 분화가 없는 현상은 그것대로 흥미로운 현상이라 할 만하다.

'눈'(雪)을 가리키는 에스키모인들의 단어에 대해서는 이야기가 길다. 초판에서는 그 단어가 어느분의 자문을 얻어 8개라고 했었는데 나중에 그 분이 구해다 준 Boas의 *Introduction to the Handbook of North American Indians*(1911)에는 4개로 나와 있었다. aput "snow on the ground", gana "falling snow", pigsirpog "drifting snow", gimugsug "a snow drift"가 그것이다. 그런데 이것이 왜 8개로 늘어났던 것일까? 이와 관련된 이야기가 최근 두 책에 자세히 나와 있어 흥미를 끈다. 하나는 Miller의 앞의 책(1996)에 실린 것인데 에스키모인들의 눈 단어에 대한 최초의 보고는 역시 Boas(1911)인데 그 4개가 1940년 Benjamin Lee Whorf의 논문에서 여섯 개로 수정되고 이것이 나중에 '많다'로 표현되다가 점차 부풀려져 9개에서 48개로 늘고 급기야는 100개, 200개도 넘는다는 식으로 확대되었다는 것이다. Pinker의 *The Language Instinct*(1994)에도 비슷한 이야기가 있다. 약간 다른 내용도 있는데 Whort의 논문에서 7개로 제시하며 좀더 있다는 암시가 있었다든가, 최고 400개까지도 확대되었다는 것 등이 그러하다. '떠도는 이야기'의 한 典型을 보는 듯한데 어떻든 이제 그 신화의 실체를 바로 알리게 되어 한 짐을 벗는 느낌이다(사실 이것 때문에 진작부터 개정판을 쓰고 싶었다).

漁村을 비롯하여 우리나라 방언에서의 독특한 의미 분화에 대해서는 李翊燮의 "方言에서의 意味分化"(1980)를 참조하고, 어휘장에 대해서는 허발의 『낱말밭의 이론』(1979)과 임지룡의 앞의 책(1992) 및 앞에 소개한 Lehrer(1974)를 비롯한 여러 저술에서 볼 수 있다. lexical field를 초판에서는 單語場으로 부르고 뜻도 잘못 전달한 것이 있었는데 이번에 術語도 語彙場으로 바꾸고 내용도 수정하였다. lexical fields는 "A set of words with an identifiable semantic affinity" 또는 "A group of words with related meanings"로 정의되는 만큼, 즉 '단어의 집합' 또는 '단어의 집단'을 가리키므로 역시 語彙場이지 單語場은 아닐 것이다. 여기서 잠깐 '語彙'(vocabulary)와 '單語'(word)의 차이를 지적해 두는 것이 좋겠다. 어휘는 글자 그대로 단어들의 모임이다. 단어를 集合的으로 일컬을 때 '어휘'라는 용어를 쓰는 것이다. 따라서 '이 어휘의 의미'와 같은 식으로 한 단어를 가리키며 '어휘'라는 용어를 쓰지는 말아야 할 것이다.

의미의 변화에 대해서는 Ullman의 앞의 책(1962)이 가장 좋은 참고문헌일 듯싶다. 本章의 내용은 거의 전적으로 그 책 제8장(Change of Meaning)에 의거한 것이다. 국어 어휘의 의미변화에 대해서는 李熙昇의 『國語學槪說』(1955), 沈在箕의 앞의 책(1982), 南星祐의 『國語意味論』(1985)에 자세한 논의가 있다. 그리고 친족명칭의 변화를 방대하게 다룬 趙恒範의 『國語 親族語彙의 通時的 研究』(1996)나 우리 語彙들의 구체적 語源을 밝혀 國語語彙史의 새 地平을 열어 준 李基文의 『國語語彙史 研究』(1991)에서 깊은 내용들을 볼 수 있다.

제 5 장 문 자 론

나라에 따라서는 그 나라 특유의 말은 가지고 있으나 그 말을 표기하는 수단인 문자(文字)를 아예 가지고 있지 못한 경우도 있고, 또 독자적인 말은 따로 가지고 있으면서도 문자는 남의 나라에서 쓰는 것을 빌어다가 함께 쓰는 경우도 있다. 그러나 우리나라는 우리 국어만을 적기 위한 우리 고유의 문자인 한글을 가지고 있다.

여기서는 한글이 애초 훈민정음(訓民正音)이라는 이름으로 만들어질 때 어떠한 경위로 어떤 원리(原理) 밑에서 만들어졌으며 그것이 일반 문자와 비교하여 어떠한 특성을 가지는가를 살펴보고, 나아가 이 한글로 이루어진 우리의 표기법(表記法), 즉 맞춤법이 또한 어떠한 원리로 운영되고 있는가를 보고자 한다. 그러나 이에 앞서 인류가 세계 여러 곳에서 문자를 발달시켜 온 모습을 간단히 간추려 보고자 하며 또 우리나라에서도 한글을 만들기 이전에 우리말을 표기하기 위한 시도(試圖)로서 어떠한 것들이 있었는지를 아울러 약술하고자 한다.

5. 1 문자의 발달

문자(writing)란 사람들 상호간(相互間)의 의사소통을 위한 시각적(視覺的)인 기호(記號) 체계를 말한다. 입과 귀에만 의존하는 말만으로는 성에 차지 않아 인류는 일찍부터 눈에 의존하는 어떤 의사소통의 수단을 강구하려고 애써 왔다. 먼저 우리 인류가 이 수단을 어떻게 발전시켜 왔는가를 몇 단계로 나누어 살펴보고자 한다.

5.1.1 문자 이전 시대

사람들이 편리한 말을 두고도 달리 시각적인 의사소통의 수단을 동원하는 것은 인간 본능의 일부이기도 하지만 무엇보다도 말이 가지는 시공상(時空上)의 약점을 보완하기 위해서라고 해석된다. 말은 우선 멀리 가지 못한다. 옛날에 봉화(烽火)로써 적(敵)의 침입 등을 알린 것은 바로 말의 공간적(空間的)인 제약을 시각적인 수단으로써 극복한 좋은 본보기다. 말은 또 보존되지 못하는 약점을 가진다. 입에서 나온 순간 사라져 버린다. 그래서 그 내용을 다시 확인할 수도 없고 또 후세(後世)에 전할 수도 없다. 말의 이 시간적(時間的)인 제약을 극복하기 위해서 동원될 수 있는 것은 바로 시각적인 수단일 수밖에 없을 것이다. 누가 소를 다섯 마리 주겠다는 약속을 한 것을 잊지 않으려고 나무 판자에 소 모양의 그림을 다섯 개 새겨 놓는다면 매우 유용할 것임에 틀림없다. 문자는 이러한 시공상의 제약을 극복하려는 노력의 산물(產物)로서 이해될 수 있다.

기억 보조 수단 문자가 생기기 이전에 이처럼 말의 약점을 보완하기 위하여 시각적인 보조 수단을 동원하였던 사례(事例)는 여러 가지가 알려져 있다. 계산막대기(counting stick), 흔히 결승문자(結繩文字)로 알려져 있는 새끼매듭(quipu writing), 조개구슬(wampum) 등이 그 대표적인 것들이다. 계산막대기는 자기가 관리하고 있는 소의 수(數)를 막대기에 눈금을 새겨 표시하던 것이며, 새끼매듭은 새끼의 길이나 색깔 등으로 역시 물건이나 생물의 수를 나타내던 것이었다. 그리고 조개구슬은 여러가지 색깔의 조개를 염주 모양으로 꿰어 어떤 의사를 전달하던 것으로, 가령 흰색은 평화, 자주나 보라색은 전쟁, 검은색은 죽음, 녹색은 곡물 등을 가리킨 것이 그것이다. 포로가 된 농부가 고향의 아내에게 자기 안부를 돌이나 옥수수 등의 물건으로 전하던 습관도 알려진 것이 있다. 돌은 건강, 옥수수는 쇠약, 누더기는 부상, 석탄은 우울 등의 뜻을 나타냈다고 한다.

그림문자 그러나 이런 것들은 워낙 한정된 내용밖에 담을 수 없기 때문에 그 쓰임이 극히 제약되어 있었고, 훨씬 더 널리 통용된 수단은 그림이었다. 우리는 고대(古代) 동굴에 남아 있는 벽화에서 예로부터 말로써는 남길 수 없는 내용들을 그림으로 후세에 남기고 있음을 자주 볼 수 있는데 근래에 와서도 문자를 가지지 않은 인종들

그림 5-1 아메리카 인디언의 바위 그림(Gelb 1963: 29)

이 그림으로써 의사를 소통하는 실례는 많이 있다. 한 예로 앞의 그림 5-1을 들 수 있다. 이 그림은 뉴멕시코에서 발견된 아메리카 인디언의 그림으로서 험준한 산 입구 바위에 그려진 그림이다. 양(羊)은 올라가도 사람이 말을 타고 올라갈 수는 없음을 경고한 내용이다.

이 그림들이 하는 일은 문자가 하는 일과 흡사한 점이 많다. 예술로서의 그림이 아니라 의사소통을 위해 활용된 그림들을 그림문자(picture writing)라 부르는 것은 이 때문이다. 그러나 이런 종류의 그림은 아직 진정한 의미의 문자라고 할 수 없다. 어떤 그림이 진정한 문자가 되려면 그 그림이 언어의 어떤 단위(單位)와 긴밀한 대응(對應) 관계를 가져야 한다. 한 가지 그림이 늘 일정한 언어 단위를 대표할 때 비로소 문자의 자격을 가지는 것이다. 양(羊)의 그림이 늘 양 자체를 가리킨다면 그 양의 그림은 글자의 구실을 할 수 있지만, 그것이 어떤 때는 양은 산으로 올라갈 수 있다는 뜻으로, 어떤 때는 양은 잡아먹어도 좋다는 뜻으로, 또 어떤 때는 양의 털을 바치라는 뜻으로, 또 어떤 때는 양 자체를 가리킨다면 문자로서의 구실을 할 수 없는 것이다.

따라서 그림이 어떤 언어 단위와 긴밀한 대응관계를 가지지 않을 때에 그것들을 '그림문자'와 같이 문자라는 이름으로 부르는 것은 엄격하게는 옳지 않다. 이 그림들은 문자의 전위(前衛)로서 문자를 탄생시키는 데 직접적인 공헌을 한 것들이기는 하여도 아직 문자는 아니기 때문이다.

5.1.2 단어문자

문자 하나하나가 언어 단위 중 단어 하나하나를 대표할 때 그러한 문자체계를 단어문자(單語文字 word writing)라 한다. 문자가 문장이나

구(句)를 대표하는 일은 없다. 문자가 대표하는 언어 단위 중 가장 큰 것이 단어이며 인류가 최초로 고안해 낸 문자도 이 단어와 대응관계를 가지는 단어문자였다.

상형문자 단어문자의 초기 모습은 그림 형체였다. 사물의

그림 5-2 상형문자(Gelb 1963: 98)

모양을 간략한 그림으로 형상화시킨 것들이었던 것이다. 이들을 상형문자(象形文字 pictographic writing)라 부른다. 사물의 형(形), 즉 모양을 본떠 만든 글자라는 뜻이다.

인류 최초의 문자들은 인류 문명 발상지(發祥地) 곳곳에서 생겼는데 이들은 한결같이 상형문자였다. 수메르 문자(Summerian writing)는 메소포타미아 지방에서 B.C. 3100년, 이집트 문자는 나일강을 중심으로 B.C. 3000년, 그리고 중국의 한자(漢字)는 B.C. 1500년, 또 20세기에 와서 그 존재가 알려지기 시작한 히타이트 문자(Hittite hieroglyphic)는 중앙 아나톨리아에서 북부 시리아 지방에 걸쳐 B.C. 1500~700년경에 만들어져 쓰이던 것으로 추정(推定)되는 문자들인데, 사물(事物)의 형체를 간략한 그림 형태로 만들어 그 단어를 나타내는 글자로 삼은 아이디어가 매우 흡사한 양상을 볼 수 있다. 앞의 그림 5-2가 그 일부를 보여 준다.

그런데 이러한 상형문자는 차츰 획(劃)의 모양으로 간략화되어 글자 본연의 모습을 띠게 된다. 한자(漢字)를 예로 보아도 해를 日, 나무를 木, 집을 家라고 씀으로써 애초의 상형(象形)의 대상이었던 사물의 모습은 이미 찾아보기 어렵게 되고 대신 그리기보다는 '쓰는' 글자의 모습을 갖추게 되었다. 참고로 '魚'자와 '月'자가 변천되어 온 과정을 그림으로 보이면 그림 5-3과 같다.

그림 5-3 한자 '魚'자와 '月'자의 변천 과정

비슷한 예를 수메르 문자에서도 볼 수 있다. 수메르 문자는 흔히 설형문자(楔形文字 cuneiform writing)라 부르는데, 이는 이들이 진흙판에 주로 갈대로 만든 끝이 세모꼴로 뾰족한 필구(筆具)로써 꾹꾹 찍어 쓴 결과 그 모양이 쐐기 모양과 비슷하게 된 데서 연유한 것이다. 그런데 여기에서도 애초의 상형문자의 모습을 그대로 유지하기는 불편하여서 아래 그림 5-4에서 보듯이 역시 직선으로 된 획으로써 구성된 모습으로 변모한다.

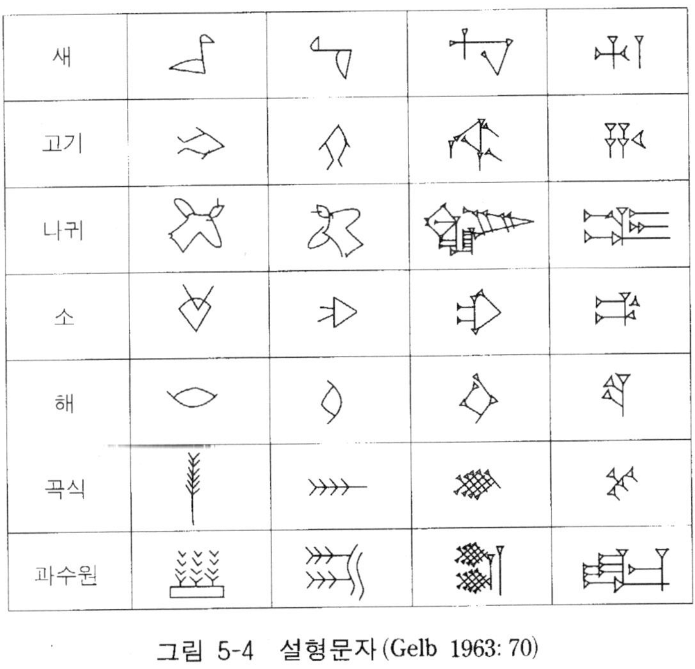

그림 5-4 설형문자(Gelb 1963: 70)

그림 5-5도 비슷한 현상을 보여 준다. 위쪽의 것은 이집트의 문자가 상형의 모습을 지니고 있을 때의 글자이며 아래쪽의 것은 이를 쓰기 편하게 발전시킨 후대(後代)의 글자다. 전자(前者)를 흔히 신성문자(神聖文字 hieroglyphic writing)라 부르는데 이는 글자란 지혜의 신

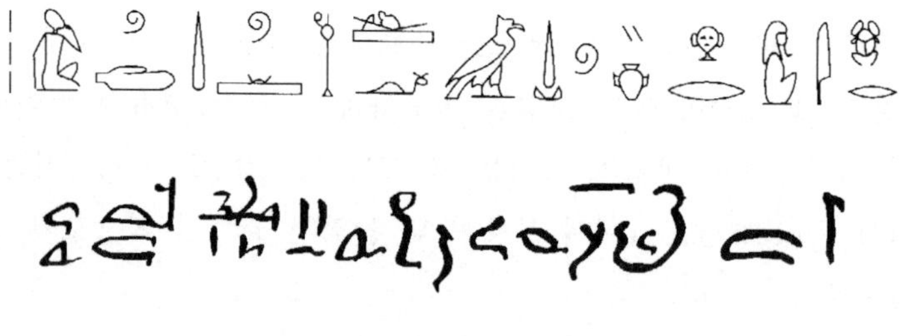

그림 5-5 이집트의 신성문자와 승용문자(Mercer 1993: 2)

(神)이 만든 것이란 사고(思考)에 의해 왕에 대한 기록 등 어떤 신성(神聖)한 일의 기록에나 썼던 것에 연유된다. 이에 비해 아래쪽 그림에서 보는 바와 같은 흘림체는 일용(日用)에 쓰이던 것으로서 승용문자(僧用文字 hieratic writing)라 부른다. 그리고 나중에는 더 간략한 흘림체인 민용문자(民用文字 demotic writing)도 쓰였다.

상형문자는 앞에서 보듯이 그 사물을 본뜬 것을 짐작할 수 있을 정도로 그림의 모습을 지니고 있을 수도 있고 또는 그것이 더욱 간략화되어 획으로 구성된 글자의 모습을 띨 수도 있다. 그런데 어느 경우나 그 기원(起源)은 같기 때문에 다 상형문자라 부른다. 상형문자는 어떤 사물을 구별하여 그림으로 나타내야 하기 때문에 만들어 쓸 수 있는 개수(個數)가 그리 많기 어렵다. '춥다, 바쁘다, 밉다, 깨끗하다, 마음, 정(情), 나이' 등 추상적이고 관념적인 것 등을 나타내기도 어렵지만 구체적인 것이라 할지라도 가령 살구꽃, 복숭아꽃, 자두꽃, 벚꽃, 매화 등을 구분하여 상형문자를 만드는 일은 쉬운 일일 수 없다. 이 때문에 상형문자로써 나타낼 수 있는 사물의 수란 필연적으로 한정될 수밖에 없다.

상형 이외 방식의 단어문자 따라서 단어문자(單語文字)는 그 초기(初期)의 방식은 상형(象形)이었지만 나중에는 상형 이외의 방안을 동원하게 되었다. 한자(漢字)를 예로 보면 '明'처럼 '日'과 '月'을 결합시켜 '밝다'는 뜻의 글자를 만들고 '人'과 '言'을 합쳐 '信'을 만든 것이나 또는 '柱, 住, 注, 炷'처럼 음(音)을 나타내는 부분과 뜻을 나타내는 부분을 결합하여 글자를 만든 것 등이 그 일례다.

한자의 제자(制字) 방식을 구분하여 흔히 육서(六書), 즉 상형(象形), 지사(指事), 회의(會意), 형성(形聲), 전주(轉注), 가차(假借)라 하는데 그 중 다섯 가지 방식은 모두 상형 이외의 방식이다. 한자에서 상형에 의한 글자는 400자 미만인데 이는 강희자전(康熙字典)의 48,641자를 기준으로 보면 전체의 1%에도 못 미치는 것이어서(형성이 97%를 차지한다) 단어문자에서 상형문자의 범주에 속하는 것은 매우 적음을 알 수 있다.

어떻든 상형문자는 단어문자의 초기 단계에 있었던 한 종류임을 바로 인식하여야겠다. 상형문자는 모두 단어문자에 속하지만 단어문자가 모두 상형문자는 아닌 것이다.

표의문자 단어문자(單語文字)는 흔히 표의문자(表意文字 logographic writing 또는 ideographic writing)라 부르기도 한다. 표음문자(表音文字 phonographic writing)에 대립되는 용어로서 뜻을 나타내는 문자라는 뜻이다. 이 때의 뜻이란 물론 단어의 뜻을 가리킨다. 표의문자는 곧 단어문자이기 때문이다.

단어문자의 글자들도 어떤 음가(音價)를 가진다. 가령 '山'은 [san], '仁'은 [in]이란 음가를 가지고 있다. 그러나 이 글자들은 어떤 한 사물(事物)을 대표하는 글자이기 때문에 자연히 한 단어의 뜻을 대표하기도 한다. 그리고 음과 뜻 중 어느쪽을 대표하는 기능이 더 큰가 하면 뜻 쪽이라고 할 수 있다. 왜냐 하면 가령 '山'은 중국, 한국, 일본에서 각각 달리 읽힌다 하더라도 그 글자의 모양은 바뀌지 않으며 또 그것이 산을 가리키는 기능도 달라지지 않기 때문이다. 그것은 중국 안에서 방언마다 발음이 달라도 山의 모양은 바꾸어 표현할 길이 없고, 또 시대에 따라 발음이 달라져도 이 글자의 모양은 바꿀 수 없는 사실에서도 확인된다. 근래 중국에서는 간화자(簡化字) 또는 간체자(簡體字)라는 것을 만들어 '電→电', '漢→汉' 등에서처럼 자형(字形)을 바꾸어 쓰는 글자들이 있는데 이 경우에도 발음에는 어떤 영향도 미치지 않는다.

coca cola를 可口可樂이라고 표기하는 경우도 흥미롭다. 이때의 한자(漢字)는 말하자면 표음문자로서 쓰인 것인데 이때에도 한자는 표의문자의 굴레를 벗지 못하여 가령 '口'자를 쓰는 경우에도 이 글자를 쓸지 아니면 어떤 다른 글자를 써야 할지를 고민해야 하는 것이다. 소리도 가지고 있기는 하지만 어떤 뜻에서 벗어날 수 없고, 어디까지나 그 뜻을 대표하는 일을 주된 기능으로 하는 문자다. 표의문자란 바로 그러한 의미의 이름이라 할 수 있다.

5.1.3 음절문자와 자모문자

단어문자의 글자들은 앞에서 보았듯이 어떤 음(音)도 대표하고 있지만 어떤 뜻도 대표하고 있다. 그렇기 때문에 음이 같다 하더라도 그 뜻이 다르면 각기 다른 글자를 만들어야 한다. 한자를 예로 보면 발음이 다 같이 [toŋ]이더라도 뜻에 따라 '동(東), 동(同), 동(桐), 동(銅), 동(洞), 동(童), 동(動)'처럼 여러 글자를 마련하여야 한다. 이것은 원활한 문자생활을 위해서는 상당히 많은 글자를 만들어야 한다는 것을 뜻한다. 그런데 글자의 수를 가령 1만 개가 넘게 만든다고 하자. 그것은 만드는 일 자체도 어렵겠지만 그것을 기억하기란 더욱 어려울 것이다.

이러한 불편 때문인지 인류 문명 발상지에서 발달되었던 단어문자는 어떤 음만 대표하는 음절문자(音節文字 syllabic writing)로 바뀐다. 가령 '동(東)'이라는 글자로 [toŋ]이라는 음만 대표시키고 뜻에 관계없이 그 발음이 나타나는 곳이면 어디에나 이 글자를 쓴다면, 이 글자는 이미 단어문자의 글자가 아니고 음절문자의 글자일 것이다. 음절문자란 글자 하나하나가 뜻과 관계 없이 어떤 소리를 대표하되 그 소리의 단위가 음절(音節)인 문자 체계를 말한다. 따라서 음절문자는 표음문자(表音文字)다.

표음문자에는 음소문자(音素文字 phonemic writing)도 있다. 음소문자는 자모문자(字母文字 alphabetic writing)라고도 하는데 글자 하나하나가 대표하는 음의 단위가 음소(音素)인 점이 음절문자와 다르다. 글자를 만들 때, 그것이 발음부호가 아니고 일반 정서법(正書法)을 위한 경우라면 음소보다 더 작은 단위를 글자의 단위로 삼는 일은 없기 때문에 음소문자는 문자 중 가장 작은 언어 단위를 대표하는 문자라고 할 수 있다.

음절문자의 발달 음절문자(音節文字)는 앞에서 잠깐 언급하였듯이 단어문자에서 발전되었다. 메소포타미아 지방의 수메르 문자에서 발전된 음절문자는 역시 쐐기 모양의 것이었는데 100~300개 정도의 글자를 가지고 있었다. 그리고 이집트의 단어문자에서 발전된 음절문자는 B.C. 2세기 후반 셈족(族)들이 만들어 쓰던 것으로서 22~30개의 글자로 이루어져 있었다. 또 일본(日本)의 가나(假名)는 9세기에 그림 5-6에서 보듯이 한자를 단순한 모습으로 바꾸어 만든 것으로 기본글자 48자(字)로 이루어져 있다.

한자	가타카나	발음	한자	가타카나	발음	한자	가타카나	발음
阿	ア	a	千	チ	ti(chi)	牟	ム	mu
伊	イ	i	川	ツ	tu(tsu)	女	メ	me
宇	ウ	u	天	テ	te	毛	モ	mo
江	エ	e	止	ト	to	也	ヤ	ya
於	オ	o	奈	ナ	na	由	ユ	yu
加	カ	ka	二	ニ	ni	與	ヨ	yo
幾	キ	ki	奴	ヌ	nu	良	ラ	ra
久	ク	ku	禰	ネ	ne	利	リ	ri
个	ケ	ke	乃	ノ	no	流	ル	ru
己	コ	ko	八	ハ	fa(ha)	礼	レ	re
散	サ	sa	比	ヒ	fi(hi)	呂	ロ	ro
之	シ	si(shi)	不	フ	fu	和	ワ	wa
須	ス	su	部	ヘ	fe(he)	井	ヰ	wi
世	セ	se	保	ホ	fo(ho)	惠	ヱ	we
曾	ソ	so	末	マ	ma	乎	ヲ	wo
多	タ	ta	三	ミ	mi	无	ン	n

그림 5-6 일본의 음절문자(Coulmas 1989: 130)

이처럼 음절문자는 독립적으로 새로 만들기보다 기존(旣存)의 단어문자의 일부를 변개(變改)하여 발전시켰다는 공통점을 가진다. 다만 차이가 있다면 수메르 문자나 이집트 문자 쪽에서는 음절문자를 만들어 쓰면서 단어문자는 쓰지 않게 된 데 반해서 한자는 그대로 후세에까지 이어지고, 일본 글자는 그와 별개의 문자로 쓰인다는 점일 것이다.

그리스의 자모문자 자모문자(字母文字) 즉 음소문자(音素文字)는 모음(母音) 글자와 자음(子音) 글자가 분리되어 있는 점이 그것이 분리되어 있지 않은 음절문자와 다른 점인데 인류 최초의 자모문자는 그리스에서 발전되었다.

그리스 자모(Greek alphabet)는 그 기원을 셈족(族)의 음절문자에 두고 있다. 그리스는 당시 무역의 대국(大國)이었던 페니키아로부터 셈족의 음절문자를 전해 받았는데 이들 음절문자는 한 글자가 어떤 자음만을 대표할 뿐 모음은 그때그때 달리 읽히는 꽤 불완전한 체계의 것이었다. 가령 'ㄷ'자는 '[t]+모음'을 대표하는 글자여서 그때그때 [ta]로 읽힐 수도 있고 [to]나 [tu]로도 읽힐 수 있는 글자였다. 이러한 음절문자의 불편을 그리스인들은, 이 음절문자로는 자음 하나만을 대표하는 글자로 삼고 모음 글자는 따로 마련함으로써 해결하였는데 이것이 바로 인류 최초의 자모문자(字母文字)가 된 것이다. 이것은 대략 B.C. 900년경의 일이었다.

그리스의 자모문자는 다시 페니키아로 역수출(逆輸出)되어 로마자(Roman alphabet)가 되고 이것이 여러 나라에 퍼져 오늘날 세계에서 가장 널리 쓰이는 문자가 되었다. 결국 로마자는 이집트 문자에 그 기원을 둔, 즉 단어문자가 몇 차례 변모되어 이루어진 것인데 그 과정을 대표적인 몇 글자로 보이면 그림 5-7과 같다. 알파벳(alphabet)이란 자모문자를 통칭하는 이름임에도 흔히 알파벳이라면 영어 등에 쓰이는 로마자만 가리키는 듯이 인식되는 것도 그리스의 자모문자에 그 기원을 둔 로마자(字)의 세력이 워낙 큰 데 말미암은 현상일 것이다.

이상에서 우리는 문자가 발달되는 과정을 개괄(槪括)하여 보았다. 처음에는 사물 하나, 즉 단어 하나에 글자 하나씩을 대당(對當)시키는 단어문자의 시대였던 것이 후세로 오면서 표음문자인 음절문자와 자모문자의 단계로 한 단계씩 발전되어 온 과정을 보았다. 이러한 문자

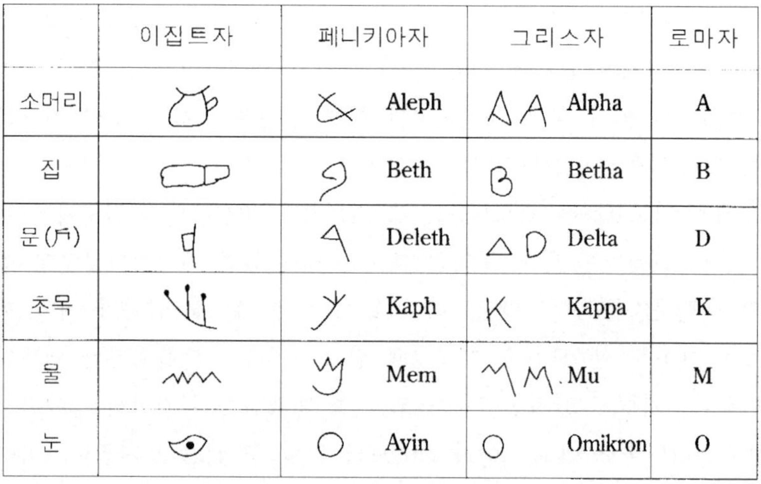

그림 5-7 그리스 문자의 발달

발달사(文字發達史)와 관련시키면서 다음에는 우리 한글에 대하여 자세히 알아보기로 하겠다.

5. 2 한글의 구조와 특성

한글은 모음 글자와 자음 글자가 따로 분리되어 있는 전형적인 자모문자(字母文字)다. 즉 문자발달사(文字發達史)로 보아 그 최종 단계의 이상적(理想的)인 문자 체계인 것이다. 그런데 앞 절(節)에서 보았듯이 음절문자나 자모문자처럼 후대에 와서 발달된 문자들은 그 앞 단계의 문자를 기간(基幹)으로 하여 그것을 변모 발전시키는 것이 일반적이었다. 그런데 한글은 그러한 일반적 방식과는 달리 매우 독창적으로 만들어졌다.

일반 문자들은 정확히 언제 누가 만들었는지 알려져 있지 않다. 앞 단계의 문자를 변모 발전시킨다고 하여도 그것이 한 사람, 또는 몇 사람에 의해 한꺼번에 이루어지는 것이 아니라 조금씩 조금씩 몇 단계를 거쳐 이룩되는 것이어서 정확히 언제 누구에 의해 새 문자 체계가 완성되었다고 말하기 어려운 것이 보통이다. 그런데 한글은 세종(世宗) 25년(1443년) 세종에 의해 만들어졌다는 기록을 가지고 있다. 일반 자모문자보다 후대에 만들어진 탓도 있기는 하나 이처럼 그 글자를 만든 시기와 사람을 정확히 알 수 있는 경우란 그 유례(類例)를 찾기 힘들다. 한글은 우선 이 점이 특이하다.

그런데 한글이 만들어지기 이전에는 우리 문자를 만들려는 시도가 전혀 없었던 것일까? 그렇지 않다. 중국에서 한자를 수입하여 쓰면서 그것을 변모시켜 우리 국어를 표기하는 데 적절한 문자로 만들어 보려는 시도를 우리도 여러모로 하였던 것이다. 그러면 한글이 창제되기 이전의 이러한 시도에 대해서부터 살펴보기로 하자.

5.2.1 차자표기

한글이 만들어지기 전 우리는 한자로써 문자생활을 영위하여 왔다. 한자로 이루어진 한문(漢文), 즉 중국문어(中國文語 Written Chinese)를 오늘날 우리가 영어 책을 읽듯이 외국어로서 읽기도 하였으나 그 한자로써 우리말을 적는 데에도 이용하였다. 남의 나라 글자를 빌어서 우리말을 적었다 하여 이를 흔히 차자표기(借字表記)라 한다.

음차와 훈차 우리의 차자표기 방법은 크게 두 가지로 나뉜다. 하나는 한자의 음(音)을 빌어다 쓰는 음차(音借) 방식이고 다른 하나는 그 뜻을 빌어다 쓰는 훈차(訓借) 또는 석차(釋借) 방식이 그것이다. 가령 '다리보리'(인두)라는 우리말을 '多里甫里'라 표기한 것이라든가 '도라지'의 고형(古形) '도랒'을 '道羅次'라고 표기한 것은 음차에 의한 차자표기다. 이 경우에는 표의문자인 한자에서 의미는 전혀 고려하지 않고 다만 그 음만을 취하여 일종의 표음문자로 이용한 것이다.

반면 '밤재', '한밭'이라는 우리 지명(地名)을 각각 '栗峴', '大田'이라고 표기하고 이를 '밤재', '한밭'이라고 읽은 것은 한자의 뜻, 즉 그 훈(訓) 또는 석(釋)을 빌려 온 경우다. '버들옷'이라는 풀 이름을 '柳漆'이라 표기한 것도 같은 경우다. '柳'에서 '버들', '漆'에서 '옷'(옻)이라는 훈(訓)을 취한 것이다.

앞 예들은 한 단어가 음차(音借)와 훈차(訓借) 중 어느 한 가지만으로 표기된 것이었으나 차자표기는 오히려 이 두 가지를 함께 적용하는 경우가 더 일반적이었다. 고슴도치의 고형(古形) '고슴돝'을 '古參猪'라 하여 첫 두 자는 음차, 끝 자는 훈차한 것이나, '나귀플'이란 풀 이름을 '騾耳草'라 하여 첫 자는 음차로 하고 나머지 두 자는 훈차로 한 것, 또는 '길동'이라는 지명을 '永同'이라고 표기하여 첫 자는 훈차, 끝 자는 음차로 한 것 등이 다 그러한 예다.

향찰식 표기 이러한 차자표기가 우리말 표기에 가장 본격적으로 이용되었던 것은 신라 시대의 향가(鄕歌) 표기에서였다. 향가는 예외 없이 위의 두 가지 방식을 적절히 혼용하였다. 특히 첫머리에서는 훈차에 의한 방식을 쓰고 뒤쪽에서는 음차에 의한 방식을 쓰는 것을 원칙으로 하였는데 처용가(處容歌)를 예로 들면 다음과 같다.

(1) 東京明期月良　　　東京 불기 ᄃᆞ라라

夜入伊遊行如可　　　밤 드리 노니다가
入良沙寢矣見昆　　　드러ᅀᅡ 자ᄅᆡ 보곤
脚烏伊四是良羅　　　가로리 네히러라
二肹隱吾下於叱古　　두ᄫᅳ른 내해엇고
二肹隱誰支下焉古　　두ᄫᅳ른 누기핸고
本矣吾下是如馬於隱　본ᄃᆡ 내해다마ᄅᆞᄂᆞᆫ
奪叱良乙何如爲理古　아ᅀᅡᄂᆞᆯ 엇디ᄒᆞ리고

여기서 보면 '明期'(밝-긔), '月良'(ᄃᆞ랄-아)의 앞부분은 훈차 표기며 뒷부분은 음차 표기인 것을 볼 수 있다. '入伊'(들-이), '行如可'(니-다가), '入良沙'(들-아사), '見昆'(보-곤), '四是良羅'(넿-이아라), '爲理古'(ᄒᆞ-리고) 등에서도 모두 명사나 어간 등의 실사(實辭) 부분은 훈차로, 조사나 어미 등의 허사(虛辭) 부분은 음차로 표기하는 원리를 볼 수 있다.

구결식 표기 향가에서는 위에서 보듯 우리 문장 전부를 차자표기에 의하여 표기하였다. 여기에서 이 무렵의 차자표기는 국어 문장의 표기에 전면적으로 이용되었음을 알 수 있다. 그런데 후대로 오면서 차자표기는 오히려 그 쓰임이 한정되는 과정을 밟게 된다.

(2) 天地之間萬物之中<u>厓</u> 唯人<u>是</u> 最貴<u>爲尼</u> 所貴乎人者<u>隱</u> 以其有五倫也<u>羅</u>

처럼 완전한 한문을 그대로 두고 '애(厓), 이(是), ᄒᆞ니(爲尼), 는(隱), 라(羅)' 등의 토(吐)만 차자표기로 표기한 것이 그 가장 심한 경우다. 이 때의 문장은 완전한 중국어 문장으로서 차자표기는 그 중국어 문장, 즉 한문(漢文)을 읽는 데 보조적인 역할을 할 뿐 이미 우리말 전부를 표기하기 위한 수단은 아니었던 것이다.

이두식 표기 이 중간 단계로서 상당한 부분은 한문이지만 어순(語順) 등을 우리말과 같게 고치고 또 본문(本文)의 일부는 차자표기로 하는 방식도 있었다. 이는 법조문(法條文)에 많이 쓰이던 방식인데 『대명률직해(大明律直解)』에 보이는 다음 예문 (3a)가 그 한 예다. 이 글에서는 밑줄 친 차자표기 부분을 빼고 나도 완전한 한문이 되지 않는다. 이 글의 본문은 (3b)인데 이들을 비교해 보면 앞의 글에서는 목적어 앞에 있어야 할 '無, 犯, 有' 등이 목적어 뒤에 간 것 등 어순부터 한문의 어순이 아님을 알 수 있고 또 '無去乙'(업거늘)을 보면 '無'가 한문의 일부이기보다는 훈차된 것을 알 수 있다. '비록'(必于)이라는 부사(副詞)도 한문과는 거리가 먼 차자표기다. 그럼에도 불구하고 이 글은 밑줄 친 부분 이외는 차자표기가 아니므로 향가에서보다는 차자표기의 쓰임이 크게 위축되어 있음을 볼 수 있다.

(3) a. 凡妻亦 可黜可絕之事無去乙 黜送爲在乙良 杖八十齊 必于 七出乙 犯爲去乃 三不去有去乙 黜送爲在乙良 減二等遣 婦女還本夫齊
b. 凡妻無應出及義絕之狀而出之者 杖八十 雖娶犯七出 有三不去而出之者 減二等 還完娶

차자표기의 적용 범위가 다른 이상의 세 경우를 향찰(鄕札), 이두(吏讀), 구결(口訣)로 구별하여 부르는 수가 있다. 향찰은 향가(鄕歌)에서처럼 우리말을 그대로 두고 그 전부를 차자표기로 적는 방식을 가리키며, 이두는 앞의 예문 (3a)에서처럼 일부는 한문으로 적고 일부만 차자표기를 취하는 방식을 가리킨다. 그리고 구결은 앞의 예문 (2)에서처럼 한문을 완전히 그대로 살리고 그것을 해독할 때 편의를 주도록 덧붙이는 토(吐) 부분만 차자표기로 적는 방식을 가리킨다.

차자표기법의 제자리걸음 이상의 차자표기는 어떤 경우이든 기존(旣存)의 남의 나라 글자를 빌려 와 우리말을 적는 표기 수단으로 적절히 바꾸어 쓴 것인데 이는 문자발달사(文字發達史)에서 흔히 볼 수 있는 일이었다. 여기서 우리는 일본이 한자를 변모시켜 일본 글자를 만들었듯이 우리도 이 차자표기법(借字表記法)을 발전시켜 우리 글자를 만들었을 가능성을 생각해 볼 수 있다. 일본 글자도 애초 승려들이 한문을 읽는 보조 수단으로 마치 우리 구결과 같은 것을 고안해 쓰던 것이 발전하여 되었던 것이다. 실제로 이 가능성은 우리에게도 꽤 높았던 것으로 짐작된다. 특히 구결(口訣)의 경우 'ソ(爲), 匕(尼), 口(古), 阝(隱), 厂(厓), 亽(羅)'와 같은 약자(略字)를 만들어 쓰기까지 한 것을 보면 그러하다. 이러한 약자를 체계화하면 훌륭한 음절문자가 되었을 것은 두말 할 필요도 없다.

그런데 일본에서와는 달리 이러한 한자로부터의 우리 문자의 창안이 이루어지지 않은 이유로서 국어 음절구조(音節構造)의 복잡성을 들 수 있다. 일본어는 음절말(音節末)에 오는 자음, 즉 받침이 하나밖에 없어 음절구조가 매우 단조롭다. 그리하여 음절문자 50개 정도만 만들면 아무 불편 없이 문자생활을 영위해 갈 수 있었다. 이에 비해 국어는 음절말에 오는 자음의 수가 많아 음절문자를 만들려면 '각, 간, 갈, 감, 갑, 갓, 낙, 난, 날, 남, 납, 낫' 등에 대한 글자를 전부 따로 만들어야 하기 때문에 몇 백 개를 만들어도 부족한 형편이다.

그러나 이런 음절구조의 복잡성 때문이기보다는 우리에게는 새 문자를 만들려는 시도가 그리 철저하지 않았던 것이 아닌가 한다. 받침 글자를 따로 만들어, 가령 '한'을 표기하려면 'ソ'자와 '阝'자로 풀어서 하는 방안을 강구하였다면 복잡한 음절구조의 문제가 쉽게 해결되었을 것이기 때문이다. 더구나 받침 글자를 따로 만들다 보면 결국 음소에 대한 개념이 싹터서 우리는 오히려 음절문자에 머물지 않고

자모문자를 발전시킬 수도 있었을 것이다.

그러나 이러한 시도를 하기는커녕 후대로 오면서 우리 말을 전면적으로 표기하던 향찰 방식을 버리고 한문에 의존하는 정도가 점차 커가는 후퇴의 길을 가고 말아 우리 문자의 탄생의 길도 그만큼 더 멀어졌던 것이다. 세종(世宗)과 같은 뛰어난 인재(人材)로 하여금 한글과 같은 훌륭한 문자를 만들게 하기 위하여 어설픈 시도를 삼가려고 했는지도 모른다.

이두와 구결은 한글이 창제된 후에도 꽤 오랫동안 명맥(命脈)을 유지해 갔다. 한글이 창제된 후에도 한문이 우리의 문자생활에서 큰 비중을 차지하고 있었는데 그쪽에서 이 보조적인 표기 수단이 계속 유용하였기 때문이었다.

5.2.2 한글의 창제

창제 시기 앞에서 언급하였듯이 한글은 그 창제 연대와 창제자(創制者)가 분명한 드물게 보는 문자다. 세종실록(世宗實錄) 권(卷) 102 세종 25년 12월조(條)에 있는

是月 上親制諺文二十八字…… 是謂訓民正音

이라는 기록에 의해서 한글은 상(上), 즉 세종이 친히 세종 25년(1443년) 음력 12월에 지었으며 그 때의 새 문자체계의 이름이 '훈민정음'이었음을 분명히 알 수 있다. 이 사실(史實)은 같은 실록 권 113, 세종 28년 9월조에도 실려 있고 『훈민정음(訓民正音)』(解例本) 끝에 실려 있는 정인지(鄭麟趾)의 서문(序文)의 다음 기록에서도 확인된다.

癸亥冬 我殿下創制正音二十八字……名曰訓民正音

세종은 집현전(集賢殿)의 학자들로 하여금 자신이 지은 새 문자체계에 대한 해설서(解說書)를 짓게 하였는데 이것이 세종 28년(1446년) 음력 9월 상한(上澣) 즉 상순(上旬)에 간행된 『훈민정음』이라는 이름의 책이다. 따라서 훈민정음은, 한편으로는 오늘날 우리가 한글이라고 고쳐 부르는 글자의 이름이기도 하고, 다른 한편으로는 책의 이름이기도 하다. 이에 후자(後者)를 흔히 '훈민정음 해례본(解例本)'이라고 불러 혼동을 피하려고 한다. 훈민정음에 대한 내용은 이 해례본에 가장 상세히 나타나 있다.

자음자의 제자원리 해례본의 제자해(制字解)는 한글의 각 글자들을 어떠한 원리에 근거하여 제자(制字)하였는가 하는 이른바 제자원리(制字原理)를 밝히고 있어 무엇보다 귀중한 부분이다. 여기에 의하면 그 첫 원리는 상형의 원리다. 어떤 모양을 본떴다는 것인데 초성(初聲), 즉 자음(子音)은 발음기관(發音器官)의 모양을 본떴음은 다음 기록에서 명시(明示)하고 있다.

正音二十八字 各象其形而制之. 初聲凡十七字. 牙音ㄱ 象舌根閉喉之形. 舌音ㄴ 象舌附上腭之形. 脣音ㅁ 象口形. 齒音ㅅ 象齒形. 喉音ㅇ 象喉形.

즉 'ㅁ, ㅅ, ㅇ'은 각각 그 글자를 발음할 때 관여하는 발음기관인 입의 네모진 모양, 이의 뾰족한 모양, 목구멍의 둥근 모양을 본떠서 만들었고, 'ㄱ'과 'ㄴ'은 이들 글자를 소리낼 때의 혀의 모양, 다시 말하면 'ㄱ'은 설근(舌根)이 목구멍을 막는 모양, 'ㄴ'은 혀가 윗잇몸에 닿는 모양을 본떴다고 하였다. 'ㄱ'의 경우는, 혀 뒤쪽을 연구개(軟口蓋)에 대고 이 음을 낼 때, 혀 뒤쪽이 올라가면서 혀 앞쪽이 자연히

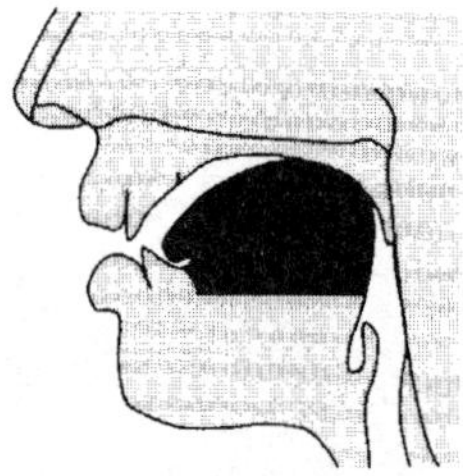

그림 5-8 [k]를 발음할 때의 혀모양
(Jones 1957: 46)

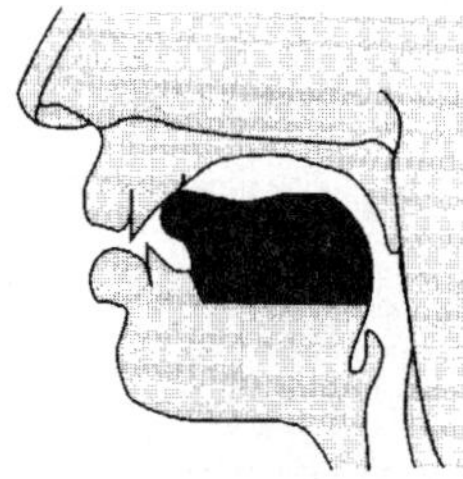

그림 5-9 [t]를 발음할 때의 혀모양
(Jones 1957: 46)

아래로 내려오는 모양을 본뜬 것이라 해석되며, 'ㄴ'은 반대로 혀의 앞 즉 설단(舌端)이 윗잇몸에 가 닿으면서 앞이 올라가고 뒤쪽이 자연히 아래쪽으로 처지는 모양을 본뜬 것이라 해석된다. 그림 5-8과 그림 5-9는 각각 영어의 [k]와 [t]를 발음할 때의 혀 모양인데([t]와 [n]는 발음할 때의 혀 모양이 같다) 앞의 훈민정음 제자해의 기술(記述)이 현대음성학의 수준에서 보아도 매우 정확하였음을 보여 준다.

훈민정음 제자의 다른 한 원리는 가획(加劃)의 원리다. 자음 글자에서 상형의 원리에 의거하여 만든 것은 앞의 다섯 자뿐이며 나머지는 이것을 기본자(基本字)로 하여 다음처럼 획을 하나씩 더해 가는 방식을 취하였다.

ㄱ → ㅋ
ㄴ → ㄷ → ㅌ (ㄷ → ㄹ)
ㅁ → ㅂ → ㅍ
ㅅ → ㅈ → ㅊ (ㅅ → △)
ㅇ → ㆆ → ㅎ (ㅇ → ㆁ)

이처럼 획을 더하여 글자를 만든 근거는 획이 더 있는 글자들의 소리가 더 거센 소리들이라는 점이라고 하였다. 'ㅋ'은 'ㄱ'보다 거센 소리며, 'ㅂ'은 'ㅁ'보다, 'ㅍ'은 'ㅂ'보다 소리가 거세고 이 거센 특성을 획을 더함으로써 나타냈다는 것이다. 그런데 다만 'ㄹ'과 'ㅿ'은 그러한 근거 없이 획을 더한 예외적인 글자라고 하였다. 그리고 'ㆁ'은 아음(牙音)인데도 'ㄱ'과 관련시켜 글자를 만들지 않고 후음(喉音)인 'ㅇ'에 꼭지를 달아 만들어 또하나의 예외적인 글자가 되었는데 이는 'ㅇ'과 'ㆁ'이 음성적으로 유사한 데에 근거한 것이라 하였다.

모음자의 제자원리 한편 중성(中聲), 즉 모음(母音) 글자들의 제자원리(制字原理)는 어떠한가? 여기에서도 먼저 기본자(基本字)를 세 자(字) 정하여 그것을 상형의 원리에 의해 만들었다. 'ㆍ'는 하늘의 둥근 모양, 'ㅡ'는 땅의 평평한 모양, 'ㅣ'는 사람의 서 있는 모양을 본떠서 만든 것이 그것이다. 그런데 상형의 원리라는 점에서는 같되 자음 글자에서처럼 발음기관을 본뜬 것이 아니라 천지인(天地人) 삼재(三才)의 모양을 본뜬 것이 특이하다.

그리고 나머지 글자는 'ㆍ'와 나머지 글자를 결합시켜 만들었다. 지금은 'ㅏ, ㅗ, ㅑ, ㅛ'처럼 쓰지만 당시는 그림 5-10에서 보듯이 'ㆍ'자의 모습이 뚜렷하게 구별되는데 이는 이 글자들을 'ㅣ'와 'ㆍ', 'ㅡ'와 'ㆍ'의 결합으로 만들었기 때문이었다. 'ㆍ'가 하나 있는 것은 단모음(單母音)임을 나타내고 그것이 두 개 있는 것은 이중모음(二重母音)임을 나타내는 것이었다. 이들도 넓게 보면 가획의 원리에 의해 만들어졌다고 할 수 있을지 모르나 그것이 만일 가획이라면 기본자의 하나를 가획의 획으로 삼았다는 점이 자음 글자의 경우와 다르다 할 것이다.

훈민정음은 28자 이외에도 꽤 많은 글자를 더 가지고 있었다. 그 중 하나는 'ㅸ'자였다. 이것은 순음(脣音) 'ㅂ'자 아래에 후음(喉音)

그림 5-10 「훈민정음」(해례본)의 일부

'ㅇ'자를 합쳐 만든 것으로서 이처럼 위아래로 이어서 한 자를 만드는 방식을 연서(連書)라 하였다. 'ㅇ'자는 소리가 가벼워지는 것을 나타내는 것이라 하여 'ㅸ'을 순경음(脣輕音)이라 불렀다. 순경음 글자로는 'ㅸ' 이외에 'ㅱ, ㆄ' 등도 있었으나 국어 표기에 쓰인 것은 'ㅸ'자뿐이었다.

'ㅇ'을 이용한 연서로써 만든 글자에는 'ᄛ'도 있었다. 실제로 국어 표기에 쓰이지는 않았는데 'ㄹ'에 비하여 혀가 윗잇몸에 가볍게 닿는 소리를 나타낸다고 하였으므로 [l]보다는 [r]에 가까운 음을 특별히 표기하려고 할 때 쓰려고 하였던 것으로 해석된다.

28자 이외의 글자로서는 또 'ㄲ, ㄸ, ㅃ, ㅆ, ㅉ' 등의 오늘날의 된소리 글자들이 있었다. 자음 글자를 옆으로 이어 써서 한 글자를 만드는 방식을 병서(竝書)라고 하였는데 특히 이들처럼 같은 글자를 중복하여 만든 글자들을 각자병서(各自竝書)라 하였다. 같은 글자를 중복하는 것은 이들 소리가 'ㄱ, ㄷ, ㅂ, ㅅ, ㅈ' 등에 비해 엉기는(응축된) 소리이기 때문이라 하였다. 엉긴다는 표현은 된소리의 인상을 나타낸 것이라 해석된다.

병서에는 서로 다른 글자를 결합하여 만든 이른바 합용병서(合用竝書)도 있었다. 오늘날에는 받침에서만 'ㄺ, ㄻ, ㄼ, ㄾ, ㄵ, ㄶ, ㅄ' 등의 합용병서가 쓰이는데 그 당시는 초성(初聲)에서도 'ㅺ, ㅼ, ㅽ, ㅄ, ㅴ' 등의 합용병서가 쓰였다.

모음 글자에도 28자 이외에 많은 글자가 있었다. 'ㅘ, ㅝ, ㅙ, ㅞ, ㅐ, ㅔ, ㅚ, ㅟ, ㅢ' 등을 비롯하여 오늘날에 쓰이지 않는, 또 당시에도 국어의 표기에 쓰이는 일은 없었던 'ㆉ, ㆌ, ㆇ, ㆎ, ㆈ, ㆋ' 등의 글자도 만들어 놓았다. 그리고 방언(方言) 등의 표기에 필요하면 쓰라고 하여 'ㅣ'와 'ㆍ'의 합음(合音)을 나타내는 'ᆝ'자와, 'ㅣ'와 'ㅡ'의 합음을 나타내는 'ᆜ'자까지 만들어 놓았다.

훈민정음은 이와 같은 자음 글자와 모음 글자 이외에 성조(聲調)를 표시하는 사성점(四聲點), 즉 방점(傍點)을 만들어 놓기도 하였다. 분절음소(分節音素)가 아닌 운소(韻素)를 정서법(正書法)에 직접 표기하기 위하여 마련하는 일은 보기 드문 일이어서 훈민정음의 방점은 특이한 존재라 할 만하다.

5.2.3 한글의 특성

앞에서 그 윤곽이 대략 드러났지만 한글은 일반 문자와 비교하여 몇 가지 특징을 가진다. 이것을 다시 정리하면 다음과 같다.

조직성 먼저 매우 조직적이라는 점을 들 수 있다. 먼저 기본자를 만들고 나머지 글자는 거기에서부터 파생시켜 가는 이원적(二元的)인 구성이 바로 그러하다. 또 음성적(音聲的)으로 같은 계열에 속하는 것이면 그 글자 모양에 있어서도, 가령 치음(齒音)을 나타내는 'ㅅ, ㅈ, ㅊ'에서 보듯 서로 공통점을 가지게 하고, 또는 이중모음(二重母音)은 그것끼리 'ㅑ, ㅕ, ㅛ, ㅠ'처럼 어떤 공통점을 가지도록 제자(制字)하였다. 이로써 다른 문자에서는 찾아보기 어려운 높은 조직성(組織性)을 가지는 문자가 된 것이다.

과학성과 독창성 매우 과학적이고 독창적이라는 점도 한글의 큰 특징으로 들 수 있다. 앞에서 말한 이원적(二元的)인 구성이 이미 매우 독창적인 발상(發想)인 것이다. 그리고 글자를 만들면서 그 글자가 대표하는 소리를 발음할 때의 발음기관과 관련시켜 제자(制字)하겠다는 생각은 또 얼마나 독창적이고 과학적인가! 제자해(制字解)에 나타나는 해설을 보면 당시의 우리나라 음성학 내지 음운론의 수준이 상당히 높아 국어의 음성 및 음운 구조에 대한 분석이 매우 정확하고 치밀하였음을 보여 준다. 앞에서 'ㄱ'자와 'ㄴ'자의 제자원리를 보면서 이 소리들이 발음될 때의 혀의 모양에 대한 당시 학자들의 인식이 매우 정확하였음을 지적하였지만, 기본자(基本字)와 나머지 글자들간의 음성학적 관계에 대한 파악도 매우 높은 수준의 것이었다. 한글 제자(制字)에 이러한 이론이 오묘히 반영됨으로써 한글의 과학성(科學性)이 그만큼 커진 것이다.

신제(新制) 문자 한글의 또 하나의 특징은 비교적 후대에 만들어졌다는 점, 그리고 기존의 어떤 문자를 오랜 세월에 걸쳐 변모 발전시킨 것이 아니라 한 시기(時期)에 갑자기 만들어냈다는 점이다. 한글을 독창적이라고 할 때 이 특성을 염두에 두고 말할 수도 있을 것이다. 어떻든 남의 나라 글자를 차츰차츰 변모시켜 만들지 않고 전적(全的)으로 새 체계의 문자를 만드는 일은 문자발달사에서 많지 않은 일이므로 이 점도 한글의 한 특징으로 이해하여야 할 것이다.

물론 한글이 우리나라 주변에 있는 기존의 문자의 영향을 받지 않은 것은 아니다. 우선 자체(字體)가 네모 반듯한 것은 한자의 영향이라고 보아야 할 것이다. 'ㅁ'이 입의 모양을 본떴다고 하나 입 모양을 꼭 네모 반듯하게 만들 필연성은 없다. 또 'ㄱ, ㄴ'도 완전히 직각이 되게 만들었는데 혀의 모양이 이처럼 직각으로 구부러질 수는 없는 것이다. 혀의 모양을 본뜨는 기본 입장은 지키면서도 여러가지 도안(圖案)이 가능하였을 터인데 이를 직각으로 만들어 전체적으로 네모의 틀에 맞춘 것은 한자의 전체적인 형체에서 영향을 받은 것으로 추측된다. 더구나 한글을 새로 만들면서도 한자를 모두 버리고 한글만으로 문자 생활을 하려고 하지 않고 많은 언해류(諺解類)의 책에서 보듯이 한자와 혼용할 것을 염두에 두었다고 판단되는데, 이 때 한글의 자체가 한자의 그것과 조화를 이루게 하려고 했던 것은 퍽 자연스러운 귀결(歸結)이었을 것이다.

가획의 원리도 한자의 구성에서 그 아이디어를 배웠을 가능성이 있다. 가령 '人→大→天→夫'와 같은 가획의 원리는, 비록 이들이 같은 계열의 발음을 가지는 글자는 아닐지라도 한글의 가획 방식과 상통하는 점이 있다. 정인지의 서문(序文)에는

名曰訓民正音, 象形而字倣古篆

이라 하였다. 즉 모양(발음기관 및 天地人의 형상)을 본떴으되 글자가

고전(古篆)과 비슷하다는 것이다. 이 '字倣古篆'이 정확히 무엇을 두고 하는 말인지 아직 잘 밝혀지지 않고 있지만, 어떻든 한글이 주변 국가의 문자에서 어떤 영향을 받았음을 시사(示唆)하는 것이라고 보아야 할 것이다.

개별적인 글자가 어떤 이웃 나라 글자의 자형(字形)에 영향을 입었을 수도 있을 것이다. 발음기관의 모양을 본뜰 때도 그 도안(圖案)이 여러가지 있을 수 있듯이 가획의 경우에도 어떤 식으로 획을 하나 더 긋느냐에 따라 글자의 모양은 사뭇 달라질 수 있다. 가령 'ㅁ'에 획을 더하여 'ㅂ'자를 만든 것을 예로 들더라도 'ㅂ'의 가능한 모양은 수없이 많을 수 있을 것이며, 'ㄴ'에서 파생된 'ㄷ'의 모양 역시 그러할 것이다. 이 때 하필 'ㅂ'이나 'ㄷ'과 같은 모양을 가졌을까? 이웃 나라 문자에 이 비슷한 글자가 있고 그래서 그 영향을 받았을 가능성을 배제할 수는 없을 것이다.

그러나 훈민정음이 일본의 가나(假名)처럼 전적으로 남의 문자에 의존하지 않은 것은 너무도 분명하다. 이두와 같은 글자를 만들어 쓰다가 그것을 발전시켜 만든 것이 아니라 말하자면 문자 체계 하나를 새로 발명(發明)한 것인데 이 점이 한글의 가장 큰 특징의 하나임이 분명하다.

모아쓰기 방식 한글의 가장 큰 특징의 하나는 모아쓰기 방식일 것이다. 한글은 자모문자이므로 자음 글자, 모음 글자 하나하나가 독립된 글자들이다. 그런데도 훈민정음 창제 당시의 규정(規定)을 보면 이들을 일단 음절(音節) 단위로 묶어서 한 자(字)가 되게 하였다. 즉,

> ·ㅡㅗㅜㅛㅠ 附書初聲之下. ㅣㅏㅓㅑㅕ 附書於右.
> 凡字必合而成音.

이라고 규정하여 오늘날까지도 우리는 'ㅂㅗㅁㄴㅏㄹ'처럼 풀어쓰지 않고 '봄날'처럼 음절 단위로 모아쓰기를 하고 있다. 그리고 '봄날'은 실제로 여섯 자가 있음에도 이를 두 자라고 인식하고 있다. 같은 자음을 초성(初聲)과 종성(終聲)으로 나누어 인식한 것도, 물론 그들이 각각 음절초(音節初)와 음절말(音節末) 위치에 따라 발음의 차이를 일으키는 현상이 있음에 기인한 것일 수도 있겠으나 그보다는, 한글을 음절 단위로 묶어 또 한 단위의 글자로 운영하게 한 데서 말미암은 것으로 해석된다. '듨빼'에서와 같이 다섯 자모(字母)가 한 자를 이루면서까지 철저히 음절 단위로 운영한 특징, 이것은 한글의 특징 중 가장 큰 특징이라고 하여도 좋을지 모른다.

이와 같은 음절 단위의 모아쓰기는 역시 한자(漢字)가 우리 문자생활에 차지하고 있는 비중과 관련되어 있었다고 보아야 할 것이다. 앞에서도 지적하였듯이 한글이 새로 창제되었다 하더라도 당장 한글만으로 우리의 문자 생활을 해 갈 수 있다고는 세종 스스로도 기대하지는 않았던 듯하며 또 그러려는 시도도 하지 않았던 듯하다. 한자를 보조적으로든 또는 본격적으로든 병용(倂用)할 수밖에 없었다고 할 때 모아쓰기가 풀어 쓸 때보다 한자와 훨씬 조화(調和)를 잘 이루는 점을 결코 가볍게 생각할 수 없었을 것이다. 가령 '衆즁生싱'이라고 표기하였을 때와 '衆ㅈㅠㆁ生ㅅㆍㅣㆁ'이라고 표기하였을 때를 비교해 보자. 한자와의 조화라는 점에서 모아쓰기가 거의 절대적인 장점을 가지고 있음을 알 수 있다. 그리고 이러한 실용적인 계산 이전에 오랜 한자 생활에서 한 음절이 한 자라는 인식이 배어 있어, 가령 '朴'이나 '朱'라는 성(姓)을 지금까지 한 글자로 인식하여 왔는데 새 문자 체계인 한글이 만들어졌다 하여도 그것을 'ㅂㅏㄱ'이나 'ㅈㅜ'처럼 풀어쓰기가 어려웠을 것이다.

어떻든 모아쓰기는 한자에서 큰 영향을 받은 것으로 짐작된다. 그런데 결과적으로 이 독특한 방식은 오늘날까지도 우리에게 편익(便益)을 주는 점이 많다고 판단된다. 그 하나는 역시 한자와의 관계인데, 오늘날도 우리는 때로는 '韓國'이라고 쓰고 때로는 '한국'이라고 쓴다. 이 때 'ㅎㅏㄴㄱㅜㄱ'보다는 '한국'이 '韓國'과 같은 단어라는 판단을 쉽게 해 준다.

또 하나는 우리말의 첨가어(添加語)로서의 특성과 관련하여 생각해 볼 수 있다. 국어는 가령 '꽃'이라면 '꽃이, 꽃을, 꽃에서, 꽃으로, 꽃도, 꽃마다, 꽃입니다'처럼, 또 '붉다'라면 '붉으니, 붉어서, 붉은, 붉었다, 붉습니까, 붉고, 붉더라' 등 굴절을 다채롭게 하는 언어다. 이 때 이것들을 모아쓰기를 하면, 더구나 현행 맞춤법처럼 '꽃'이나 '붉-'과 같은 어기(語基) 부분을 고정시켜 놓으면 그 뒤에 아무리 여러가지 다른 요소가 결합되어도, 그것이 '꽃'이나 '붉-'의 어형(語形)이라는 것을 알기가 그리 어렵지 않다. 그런데 이것을 풀어 썼을 때는 그렇지 못하다. 더구나 '들꽃'이나 '검붉다'처럼 앞에 다른 요소가 덧붙었을 때는 더욱 그럴 것이다. 훈민정음 창제 당시 국어의 이 첨가어적(添加語的) 특성까지 고려하여 모아쓰기를 결정하였는지는 확인할 길이 없으나 결과적으로 모아쓰기 방식은 오늘날 우리들에게 큰 편익을 주고 있다고 판단된다.

모아쓰기는 종래 인쇄할 때 활자(活字)를 여러 개 마련해야 한다든가 타자기를 칠 때 불편을 준다든가 등의 불편도 없지 않았다. 이 점을 들어 모아쓰기 방식을 채택한 일이 세종대왕의 큰 잘못이라고 평가하는 이도 있었다. 그러나 뒤(5.3.4)에서도 언급하지만 좋은 문자, 좋은 맞춤법은 무엇보다 읽기에 좋은, 독서에 능률적인 것이어야 한다. 보통 쓰는 쪽에 비중을 두지만 문자는 쓰기 위해서보다는 읽기 위해서 있다. 인쇄하는 일을 10여 명이 더 수고해 주면 그 독자는 수만, 수십만이라는 점을 늘 염두에 두어야 한다. 모아쓰기가 풀어쓰기보다 독서 능률상 우리에게 아주 작은 편익이라도 준다면 우리는 이것을 버리려고 해서는 안 될 것이나. 너구나 오늘날은 컴퓨터의 혜택으로 모아쓰기의 불편은 거의 다 해소되기까지 하였다.

이 점에서 모아쓰기야말로 세종의 뛰어난 업적이라고 하여도 좋을 것이다. 모아쓰기는 또한 한글로 하여금 아주 개성적(個性的)인 문자가 되게 하여 주었다. 좋은 개성을 버리려고 하는 것처럼 어리석은 일은 없을 것이다. 과거의 어설픈 풀어쓰기의 시도들이 실패한 것은 결코 우연의 일이 아니었을 것이다.

5. 3 국어정서법

어떤 문자로써 한 언어를 표기하는 규칙을 흔히 정서법(正書法 orthography)이라 한다. 표기법(表記法)이라는 용어도 널리 쓰인다. 맞춤법이란 철자법(綴字法)에 대한 새 조어(造語)인데 철자(綴字 spelling)하는 법, 즉 글자를 맞추어 나가는 법이라는 의미로 만들어진 이름이므로 결국 정서법과 같은 의미를 가진다.

국어정서법(國語正書法)은 한글로써 우리말을 표기하는 규칙 전반(全般)을 가리킨다. 그리하여 흔히 한글맞춤법이라 부른다. 한글맞춤법의 기본 뼈대는 「훈민정음」에 규정되어 있었다. 한글 자모(字母) 하나하나를 어떻게 쓰라고 한 것은 말할 것도 없고, 앞에서 이미 보았듯이 이들을 한 줄로 풀어서 쓰게 하지 않고 음절 단위로 합자(合字)하여 쓰게 한 규정도 가장 기본적인 맞춤법의 규정(規定)이며, 또 이처럼 합자할 때 가령 '밤'을 'ᄇᆞᆷ'처럼 합자하지 않고 '밤'처럼 쓰게 한 것이라든가 반대로 '봄'을 'ᄇᆞᆷ'처럼 쓰지 말고 '봄'처럼 쓰게 한 것 등도 모두 한글맞춤법의 가장 기초적인 규정인데 이들은 모두 훈민정음 창제 당시에 함께 만들어졌었다.

그리고 종성해(終聲解)에서 종성(즉 받침)을 'ㄱ, ㆁ, ㄷ, ㄴ, ㅂ, ㅁ, ㅅ, ㄹ'로 한정하여 '빗곶, 엸의갗'을 '빗곳, 엿의갓'처럼 써도 좋다는, 이른바 팔종성법(八終聲法)도 규정하여 놓았다. 매우 당연한 일이지만, 한글맞춤법의 중요한 뼈대는 훈민정음 창제 당사자들이 창제 당시에 함께 마련하였으며 또 그 대부분은 오늘날까지도 강력한 규제력(規制力)을 가지고 잘 지켜지고 있다. 그러나 국어정서법이 더 원만히 운영되기 위해서는 이상의 것 이외에 세부적(細部的)인 규정이 더 있었어야만 했다. 그렇지 못하였기 때문에 우리 정서법은 얼마간의 혼란을 거듭하지 않을 수 없었고 시대에 따라 정서법이 자주 바뀌는 일도 겪게 되었다. 그러면 이제 국어정서법이 시대적으로 어떻게 변천되어 왔는가를 간략히 살피고 이어 오늘날 우리가 쓰고 있는 맞춤법통일안이 어떻게 만들어졌으며 그 특징은 무엇인가를 살펴보고자 한다.

5.3.1 초기의 국어정서법과 그 변천

연철과 분철 한글은 자모문자(字母文字)이면서도 음절 단위의 합자법(合字法)을 채택하였기 때문에 일반 자모문자가 가지고 있지 않는 맞춤법 문제를 하나 가지게 되었다. 받침을 어느 자리에 두느냐가 그것이었다. 가령 '얼굴'에 '이'나 '을' 등의 조사(助詞)가 결합할 때 '얼굴이, 얼굴을'이라고 표기하느냐 '얼구리, 얼구를'이라고 표기하느냐를 결정하지 않으면 안 되었다.

그런데 훈민정음이 창제되던 무렵 이에 대한 규정은 아무 데에도 되어 있지 않았다. 이 때문에 초기 한글 문헌들은 이에 대하여 얼마간의 혼란을 겪는다.

『월인천강지곡(月印千江之曲)』에서는 한정된 조건에서이지만 명사와 조사, 또 용언의 어간(語幹)과 어미(語尾)를 분리하여 표기하였다. 즉

(1) a. 몸이, 몸ᄋᆡ, 일훔이, ᄭᅮᆷ을, 눈에, 돌이, 말ᄋᆞᆯ, 믈이, 비늘을
  b. 남아, 담아, 감아ᄂᆞᆯ, 안아

에서처럼 명사나 어간의 말음(末音)이 'ㄴ, ㅁ, ㆁ, ㄹ'과 같은 유성자음(有聲子音)일 때는 그 말음을 받침으로 올려 적었던 것이다. 이러한 표기 방식을 흔히 분철(分綴)이라 부른다.

그러나 당시의 나머지 문헌들은 분철 표기를 하지 않고 받침을 뒤의 조사나 어미에 내려 쓰는 방식을 취택하였다. 이것이 이른바 연철(連綴)이다. 『석보상절(釋譜詳節)』, 『용비어천가(龍飛御天歌)』 등의 초기 문헌을 비롯하여 15세기 말까지의 여러 언해(諺解)들이 거의 모두 연철 방식을 취한 것이다. 명문(明文)으로 이에 대한 규정은 해 놓지 않았지만 당시 언해 사업 등을 관장하던 기관에서 이에 대한 통일안을 마련하고 그것이 전통이 되어 지켜졌던 것으로 보인다.

그러나 이 연철 표기의 전통은 이미 15세기에 무너지기 시작하여 16세기부터는 점차 분철 표기의 방식이 세력을 확대해 간다. 그리하여 『소학언해(小學諺解)』(1587)에 보면 받침이 'ㄴ, ㄹ, ㅁ, ㅇ, ㄱ, ㄷ(나중에는 ㅅ), ㅂ, ㄺ, ㄻ' 등일 때는 명사 끝의 받침을 조사로 내려 쓰는 일이 거의 없게 되었다. 그것은 용언(用言)의 경우에도 거의 마찬가지였다.

(2) a. 일홈이라(1 : 3), 셜흔이어든(1 : 6), 글월이(5 : 24), 암ᄃᆞᆰ이(5 : 68), 겨집은(1 : 3), 녯 법의(3 : 12), 害ᄒᆞᆯ ᄡᅳᆫ이니(5 : 61), 시름ᄒᆞᆷ을(1 : 9)

b. 넘으리라(1 : 2), 잡앗거든(2 : 15), 좁은(5 : 52), 죽엇다가 (5 : 55), 속이면(4 : 5), 곧으며(3 : 11), 덛덛이(6 : 129), 낡으리로 히여곰(4 : 2), 인륜을 ᄇᆞᆰ이니라(4 : 10)

이러한 분철 표기는 19세기 말까지 이어졌다. 그러나 명사나 어간의 말음(즉 받침)이 'ㅈ, ㅊ, ㅋ, ㅌ, ㅍ, ㅎ, ㄻ, ㅄ' 등일 때는 끝까지 연철 방식을 취하였다.

관형사형 'ㄹ' 아래의 된소리 표기 초기 한글 문헌의 표기법으로서 특징적인 것의 하나는 관형사형어미 '-을/ㄹ' 다음에서의 된소리화(化) 현상의 표기였다. 관형사형어미 '-을/ㄹ' 다음에서는 오늘날에도 그러하듯 당시에도 평음(平音)의 폐쇄음들이 된소리로 발음되었다고 추정된다. 이것은 달리 해석하면 관형사형어미 '-ㄹ'이 성대폐쇄음(聲帶閉鎖音) [ʔ]을 동반하고 있었다는 뜻이 된다. 이를 초기 한글 문헌들은 'ᇙ'로 표기하였다.

(3) a. 유무 드ᄅᆞᇙ 사ᄅᆞᆷ도 업거ᄂᆞᆯ (釋節 6 : 2)
   b. 지ᄇᆞ로 도라오시ᇙ 제 (龍歌 18)
   c. 赴京ᄒᆞᇙ 소ᄂᆡ 마리 (龍歌 28)
   d. 주그ᇙ 罪로 (月釋 2 : 69)

즉, 어미 '-ㄹ' 다음에서 평음이 된소리로 실현되는 현상을 'ㆆ'자를 써서 나타냈던 것이다. 그런데 이러한 방식이 『법화경언해(法華經諺解)』(1463) 이후부터는 자취를 감추고 대신 후속되는 평음을 각자병서(各自竝書)로 표기하는 방식으로 바뀐다.

(4) a. 設法ᄒᆞᆯ 싸ᄅᆞ미 (法華 6 : 37)
   b. 修行ᄒᆞᆯ 싸ᄅᆞ미 (金剛 60)

c. 몯 볼 꼬디리라 (法華 6 : 60)
d. 乞食홀 쩨 (法華 5 : 28)

그러다가 이어 『원각경언해(圓覺經諺解)』(1465)부터는 '-ㄹ' 다음에서 하던 된소리 표기를 버리고 명사의 본래 모습을 살려 표기하는 방식으로 바뀌고 이후는 이 방식이 계속 지켜졌다.

(5) a. 修行홀 사ᄅᆞ미 (圓覺 序78)
b. ᄌᆡ조홀 사ᄅᆞ미 (杜詩 20 : 14)
c. 求홀 사ᄅᆞᄆᆞᆯ (六祖法寶壇 上27)
d. 愛고져 홀 제 (圓覺 下1-1 : 16)

약 20년 동안에 세 번의 변화를 입은 이 표기법은 미리 어떤 규정을 명문화(明文化)하지 않은 데 말미암은 것이겠다. 그렇더라도 어떤 한 시기에 전면적(全面的)인 개정(改定)이 이루어지곤 하였다는 것은, 당시 책을 만드는 사람들 사이에서는 표기법에 대한 토의(討議)가 충분히 이루어져 어떤 결정을 내리곤 했었다는 것을 짐작하게 한다.

ㅭ + ㄱ(ㄷ, ㅂ, ㅅ, ㅈ) → ㄹ + ㄲ(ㄸ, ㅃ, ㅆ, ㅉ) →
ㄹ + ㄱ(ㄷ, ㅂ, ㅅ, ㅈ)

의 변화는 우선 'ㆆ'자의 특수성과 관련되었을 것이다. 'ㆆ'자는 국어 표기에서 이 특수한 환경 이외에는 쓰이지 않았을 뿐 아니라 따로 발음하기도 어려운 글자였으므로 오래 생명을 부지(扶支)할 수가 없었을 것이다. 또 'ㆆ'자를 없애는 대신 뒤에 오는 단어의 첫소리를 '싸ᄅᆞᆷ' '꼳'처럼 된소리로 표기하는 일도 번거롭기도 하였겠지만 좋게 평가받기도 어려웠을 것이다. 결국 최선의 길로 통일을 이룬 셈인데 이 표기법의 변천은 우리 초기 한글 문헌들의 표기법의 방황과 특징을 엿볼 수 있어 흥미롭다.

팔종성법 초기 한글 문헌의 특징으로 팔종성법(八終聲法)을 들 수 있다. 앞에서 밝혔듯이 이에 대한 규정은 『훈민정음』의 종성해(終聲解)에 다음과 같이 명문화(明文化)되어 있었다. 그 때문에 팔종성법은 일찍부터 비교적 잘 지켜진 표기법이다.

然 ㄱㆁㄷㄴㅂㅁㅅㄹ八字可足用也

그러나 이에 대해서도 최초의 얼마동안은 여러모로 모색을 하였던 듯하다. 『월인천강지곡(月印千江之曲)』과 『용비어천가(龍飛御天歌)』에서는 팔종성법을 지키지 않고 'ㅈ, ㅊ, ㅍ, ㅌ' 등의 받침을 썼던 것이 그러한 사정을 엿보게 한다. 즉 『용비어천가(龍飛御天歌)』와 『월인천강지곡(月印千江之曲)』에는 각각 다음의 예 (6)과 (7)에서처럼(숫자는 장을 나타냄) 명사의 기본형(基本形)을 살려 표기하는 입장을 취하였던 것이다.

(6) 곶(2), 새닢(84), 깊고(34), 빛나시니이다(80)
(7) 곶(7, 42), 붚(40), 낱(40, 91), 낯(49), 높고(99), 맞나(178),
앒(70)

그러나 나머지 문헌들은 모두 팔종성법을 철저히 지켰다. 그리고 이 전통은 17세기 말엽부터 'ㄷ'조차 받침으로 쓰이지 않게 되어 실질적으로는 칠종성법(七終聲法)으로 바뀐 것을 제외하고는 19세기 말까지 변하지 않고 계속되었다.

초기 한글 문헌들은 띄어쓰기를 하지 않았다. 그리고 구두점(句讀點)도 찍지 않았다. 이 두 가지 전통도 19세기 말까지 계속되었다. 그러나 훈민정음이 창제된 후부터 19세기 말까지는 앞에서 지적한 것 이외에도 표기법상 변화를 입은 것이 많다. 방점이 16세기 후반부터 그 자취를 감추게 된 것도 그 중의 하나다. 그리고 특히 음운(音韻)의 변화와 관련하여 'ㅿ'자 등이 자취를 감추고 어두(語頭)에 쓰이던 'ㅄ, ㅴ'자 등이 쓰이지 않게 된 것을 비롯하여 자그만한 변화들이 많았다. 그러나 음운의 변화에 따라 바뀐 표기는 어떤 쪽의 정서법을 선택할 것인가 하는 문제는 아니므로 그리 문제삼을 것이 못된다. 그러므로 개화기(開化期) 이전까지의 국어정서법의 큰 줄기는 대개 이상에서와 같이 요약될 수 있으리라 믿는다.

5.3.2 정서법 통일안의 제정

훈민정음이 창제된 후 19세기 말까지의 국어정서법은 전체적으로 보면 통일성을 유지하면서 꽤 순조롭게 지켜져 왔다. 그러나 어떤 국가적(國家的)인 차원의 세부적(細部的)인 규정이 명문화(明文化)되어 있지 않았기 때문에 아무 통제력(統制力)을 가질 수 없었다. 거의 모든 문헌이 '물이맑으니'라고 표기하는데 어느 한 문헌이 '무리말그니' 또는 '물이말그니'나 '무리맑으니'라고 표기한다 하더라도 그것이 맞춤법에 틀렸다고 할 수 없는 상태였던 것이다. 자연히 19세기 말까지의 어느 시대의 문헌을 보아도 그 시대의 전체적인 경향은 있었지만 문헌마다 조금씩 다른 표기법을 쓰고 있는 실정이었다.

이러한 상태를 더 이상 방치할 수 없는 시기가 왔으니 그것은 개화기(開化期)였다. 학교를 세우고 교과서를 만들어야겠는데 어떤 맞춤법을 따라야 할 것인지를 정할 수 없었다. 전통적인 맞춤법을 따르기는 하겠지만 그 맞춤법은 세부(細部)에 가면 꼭 이것이라고 내세우기 어렵도록 확고하게 통일된 맞춤법이 아니었던 것이다. 여기서 통일된 맞춤법 제정(制定)의 필요성이 대두하게 되었다. 그리하여 드디어 나라에서 이 일을 맡고 나서게 되었다.

국문연구소의 맞춤법통일안 개화기에 접어든 직후인 1907년 나라에서는 학부(學部 현재의 교육부) 안에 국문연구소(國文硏究所)를 설치하였다. 국어정서법을 정리 통일하고 체계화하는 일을 전담시키기 위해서였던 것이다.

이 국문연구소에는 어윤적(魚允迪), 이능화(李能和), 주시경(周時經), 권보상(權輔相), 송기용(宋綺用), 지석영(池錫永), 이민응(李敏應), 윤돈구(尹敦求) 등 8인의 연구위원(硏究委員)이 있었는데 이들이 1909년 최종적으로 각자의 연구를 종합한 보고서인 「국문연구 의정안(國文硏究議定案)」은 말하자면 나라가 제정한 최초의 종합적인 맞춤법 통일안이었다. 그 중요 내용을 보면

(가) 된소리 표기에 'ㅺ, ㅼ, ㅽ, ㅾ' 등을 버리고 'ㄲ, ㄸ, ㅃ, ㅆ, ㅉ' 등을 쓴다
(나) 'ㆍ'자를 계속 살려 쓴다
(다) 받침에 'ㄷ, ㅈ, ㅊ, ㅋ, ㅌ, ㅍ, ㅎ'자를 쓴다

는 것이었다. 특히 받침에 대한 규정은 500년 동안의 전통을 깨고 새로운 체계를 추구하는 것이면서 오늘날 우리가 쓰고 있는 맞춤법으로 그 정신이 이어졌다는 점에서 주목을 끈다. 된소리 표기에 'ㄲ, ㄸ, ㅃ' 등의 각자병서를 채택하자는 안(案)도 이 때 처음 나온 것이며 또 현행(現行) 맞춤법에 그대로 채택된 안이다. 그만큼 국문연구소의 맞춤법 통일안은 국어정서법사(國語正書法史)에서 중요한 자리를 차지한다고 할 수 있다.

그러나 이 국문연구소의 맞춤법 통일안은 공포(公布) 실시(實施)되지 못하고 말았다. 1910년 8월에 한일합방(韓日合邦)이 되었을 만큼 당시의 상황은 이미 우리 맞춤법을 운위(云謂)하고 있을 상황이 아니었던 것이다.

조선총독부의 언문철자법(諺文綴字法) 한일합방 후 얼마가 지난 후 국어를 가르칠 수 있게 되어 비록 일제(日帝)의 조선총독부(朝鮮總督府)가 만든 것이지만 『조선어독본(朝鮮語讀本)』이란 이름의 교과서가 만들어지게 되었다. 따라서 통일된 맞춤법의 제정은 다시 필요하게 되었다. 이에 조선총독부는 국문연구소의 통일안과 관계 없이 어윤적(魚允迪), 유길준(兪吉濬) 등 한국인 학자 4명, 高橋亨 등 일본인 학자 4명을 동원하여 독자적으로 「보통학교용(普通學校用) 언문철자법(諺文綴字法)」이란 맞춤법 통일안을 1912년 4월에 공포하였다.

그 내용은 다분히 19세기 말까지 써 오던 전통적인 표기법으로 되돌아간 면이 있었다. 받침으로는 'ㄱ, ㄴ, ㄹ, ㅁ, ㅂ, ㅅ, ㅇ, ㄺ, ㄻ, ㄼ'만을 허용하였고, 된소리 표기를 'ㅺ, ㅼ'처럼 '된ㅅ'으로 표기하도록 한 것이 그것이다. 그러나 'ㆍ'는 폐기하고 'ㅏ'로 쓰기로 한 것은 국문연구소의 통일안보다 진보한 일면이었다.

이 「보통학교용 언문철자법」은

(가) 경성어(京城語)를 표준으로 함
(나) 표기법은 표음주의(表音主義)에 의하고, 발음에 원(遠)한 역사적(歷史的) 철자법 등은 차(此)를 피(避)함

을 비롯하여 세 가지를 그 대강(大綱)으로 들고 있다. 이것은 나중 「한글맞춤법통일안」의 총론(總論)에 직접적으로 영향을 주었음을 알 수 있는데 어떻든 여기서 표음주의가 표방되어 있음이 주목을 끈다. 받침에 'ㅋ, ㅌ, ㅍ' 등이 허용되지 않은 것은 특히 이 원칙 때문이었을 것이다.

조선총독부는 이 이후 이 통일안을 두 번 개정하게 되는데 첫번째 것은 「보통학교용(普通學校用) 언문철자법대요(諺文綴字法大要)」라는 이름으로 1921년 3월에 공포되었고, 두 번째 것은 「언문철자법(諺文

綴字法)」이라는 이름으로 1930년 2월에 공포되었다. 앞엣것에서는 큰 개정이 없었는데 나중 것에서는 상당한 개정이 있었다. 그 중요 내용을 보면 다음과 같다.

(가) 된소리는 '된ㅅ'을 버리고 'ㄲ, ㄸ, ㅃ, ㅆ, ㅉ'의 병서(竝書)로 함
(나) 받침은 'ㄷ, ㅌ, ㅈ, ㅊ, ㅍ, ㄲ, ㄳ, ㄵ, ㄾ, ㄿ, ㅄ'을 더 씀
(다) 어간과 어미, 체언과 토는 구분하여 적음
(라) 변칙용언(變則用言)은 발음대로 씀
(마) 원사(原辭)가 분명한 것은 되도록 밝히어 적되(웃음, 깊이…), 뜻이 변한 것은 발음대로 적음(이름, 무덤, 마개…)

이상을 보면 이 맞춤법은 된소리 표기에 있어서나 받침의 표기에 있어 국문연구소의 정신을 다시 이어받음으로써 결과적으로 현행 맞춤법과 매우 가까워졌음을 알 수 있다. 이 개정안(改定案) 작업에는 장지영(張志暎), 이완응(李完應), 이세정(李世禎), 권덕규(權悳奎), 정열모(鄭烈模), 최현배(崔鉉培), 신명균(申明均), 심의린(沈宜麟) 등 당시의 대표적 국어학자 다수가 小倉進平, 高橋亨 등의 일본인 학자와 함께 참여하였다. 이들은 대부분 나중 「한글맞춤법 통일안」 작업에도 참여하게 되어 결국 오늘날의 우리 맞춤법은 국문연구소에서 그 뼈대가 만들어지고, 그것이 「언문철자법(諺文綴字法)」으로 이어져 드디어 「한글맞춤법통일안」에 와서 마무리된 것임을 살필 수 있다.

조선어학회의 맞춤법 통일안 나라를 빼앗긴 상황에서도 우리말 연구에 대한 열의(熱意)는 특히 이 당시 국어의 연구 및 보급에 헌신하였던 주시경(周時經)의 영향에 힘입어 오히려 대단하였고, 드디어 1921년 12월 우리말의 법리(法理)를 연구할 목적으로 조선어연구

회(朝鮮語硏究會)가 발족하였다. 이 연구회는 1931년 그 이름을 조선어학회(朝鮮語學會)로 바꾸고 한편으로는 기관지 『한글』을 간행하면서 그 주된 사업으로서 맞춤법 통일안의 제정에 착수하였다. 이 결실이 1933년 11월에 공포된 「한글맞춤법통일안」이다.

이 통일안은 각론(各論)이 모두 65항에 달하는 세부적인 규정까지 갖춘 체계적인 규정집이었는데 받침에 'ㅋ, ㅎ, ㄶ, ㅀ, ㅆ' 등을 더 쓰게 한 것을 비롯하여 「언문철자법」보다 기본형과 어원(語源)을 더 철저하게 살려 표기하는 입장을 취하였다. 그리고 총론 제3항에서 "문장의 각 단어는 띄어쓰되, 토는 그 윗말에 붙여 쓴다"는 규정을 두어 띄어쓰기의 시대를 열게 하였다는 점은 이 통일안의 가장 큰 특징이라 지적할 만하다.

「한글맞춤법 통일안」은 당시 국어학자를 총동원하다시피 하여 권덕규(權悳奎), 김윤경(金允經), 박현식(朴顯植), 신명균(申明均), 장지영(張志暎), 정열모(鄭烈模), 정인섭(鄭寅燮), 최현배(崔鉉培), 이극로(李克魯), 이병기(李秉岐), 이희승(李熙昇), 이윤재(李允宰), 김선기(金善琪), 이갑(李甲), 이만규(李萬珪), 이상춘(李常春), 이세정(李世禎), 이탁(李鐸) 등 18명의 위원(委員)이 당시 국어학의 정수(精粹)를 모두 쏟아 만들어 매우 정교하고 학리적(學理的)이면서도 합당한 안(案)이 되었다. 결국 사회의 지지(支持)를 얻어 이 이후 나라가 채택하는 맞춤법이 되었으며, 이로써 우리나라는 비로소 통일된 문자생활을 영위하게 되었다.

5.3.3 현행 맞춤법의 원리

국어정서법의 역사적 변천을 보면 그 줄기가 크게 두 가지였음을 엿볼 수 있다. 하나는 되도록 소리에 충실하도록 표기하는 방향이고,

다른 하나는 형태를 중시(重視)하여 주변의 환경에 따라 바뀌는 소리를 표기에 반영하지 않고 단어나 형태소 등의 모습을 한 가지 모양으로 고정(固定)시키는 방향이었다. 「한글맞춤법통일안」은 이 두 가지 방향 중 당시까지의 어떠한 국어 정서법보다도 후자(後者)의 길을 많이 택한 점을 그 특징으로 한다.

표의주의의 추구 「한글맞춤법통일안」은 그 총론의 제1항에서 "한글 맞춤법은 표준말을 그 소리대로 적되 어법(語法)에 맞도록 함으로써 원칙(原則)을 삼는다"는 이 통일안의 가장 핵심적인 방침(方針)을 표방하였다. 여기서 '어법에 맞도록'이란 것이 바로 형태(形態) 위주(爲主)의 표기법을 채택하겠다는 입장의 표명이었다. 그리하여 가령 어떤 명사의 기본형이 '잎'이라고 분석되면 이것이 주위 환경에 따라 '입도, 임만'에서처럼 그 발음이 [입]이나 [임]으로 바뀌어도 이를 표기법에 반영하지 않고 '잎도, 잎만'으로 표기하여 '잎'이라는 형태를, 즉 기본형(基本形)을 고정시키는 입장을 취하였던 것이다.

이 때 형태를 고정시킨다는 것은 외형상 모아쓰기가 된 모습도 깨뜨리지 않는 것까지 포함하는 뜻이다. 즉 '잎'이 모음으로 시작되는 조사를 만날 때 '이피, 이페서'로 표기하지 않고 '잎이, 잎에서'로 표기하는 것까지 '어법에 맞도록'이란 정신에 포함되는 것이었다. 이는 용언에서도 꼭 마찬가지여서 가령 한 어간의 기본형이 '없-'으로 분석되면 실제 발음은 [업떠라, 엄는, 업써서, 업씨]로 되더라도 표기상으로는 그 '없-'을 고정시켜 '없더라, 없는, 없어서, 없이'로 표기하도록 하였다.

이러한 것은 종래의 국어정서법에도 이미 꽤 나타났었던 사실을 앞에서 보았다. 그러나 거기에서는 이 「한글맞춤법통일안」에서처럼 그리 철저하지는 못하였었다. 일례로 어느 시기에는 '밥을'과 '읽어라'

는 분철하면서도 '꽃을, 닭아서'는 '꼬츨, 달마서'처럼 연철하였으며, 또 어떤 시기에는 '잎도, 없었다'를 인정하면서도 '부엌도, 놓고, 옳다, 있다'의 'ㅋ, ㅎ, ㅀ, ㅆ' 등의 받침은 인정하지 않았던 것이다. 그러던 것이 「한글맞춤법통일안」에 와서는 형태소 분석이 정밀하여졌을 뿐만 아니라 기본형을 살려 표기한다는 태도에 일관성(一貫性)을 유지하여 맞춤법이 한결 체계적이고 합리적인 면모를 갖추게 되었다.

표음주의와의 조화 그러나 「한글맞춤법통일안」은 '소리대로 적되'라는 표명에서도 나타나듯이 형태 중심의 표기법만을 고집하지는 않았다. '소리대로'에는 두 가지 뜻을 내포시켰던 것으로 이해된다. 그 하나는 역사적 표기법, 즉 소리는 이미 변하여 그 표기법과 달라졌는데 습관 때문에 아직도 쓰고 있는, 예로부터 써 오던 표기법을 버리고 현실 발음에 합당한 표기법을 취한다는 것이었다. 그리하여 '아참(朝), 하놀, 나븨, 긔챠, 녀ᄌᆞ, 텬디(天地)' 등의 표기법을 버리고 오늘날의 표기로 바꾼 것이다. 그러나 여기에도 예외는 있어서 '덧저고리, 웃어른, 빗나가다, 옛노래, 헛기침, 첫아들'의 받침 'ㅅ'은 전통적인 표기법을 살린 것이다.

'소리대로'의 다른 한 의미는 '어법에 맞도록' 하는 것이 지나치다고 판단될 때 발음 위주(爲主)의 표기를 택한다는 것으로 해석된다. 변칙용언(變則用言)의 경우 '(말을) 듣어라'나 '(날씨가) 춥어서' 대신 '들어라, 추워서'를 택한 것이 그것이다. 그리고 '웃음, 울음, 얼음, 믿음, 넓이, 높이, 미닫이, 많이, 손잡이, 곰배팔이, 움직이다, 속삭이다, 넘어지다, 일어나다, 끝장, 넓적하다' 등에서는 어원을 밝혀 형태를 고정시켰으면서도 '무덤, 마개, 마중, 뻐꾸기, 개구리, 누더기, 끄트머리, 너무, 도로, 불긋불긋, 거멓다, 우습다, 쓰러지다, 나타나다, 널찍하다' 등에서는 어원을 무시하고 발음에 충실하게 표기하는 길을 택하였는데 이것도 '소리대로'의 정신에 입각한 것으로 해석된다.

결국 「한글맞춤법통일안」은 당시까지의 어떠한 국어정서법보다도 강하게 형태를 고정(固定)시켜 적으려는 입장을 취한 점에서 형태 중심의 표기법, 즉 표의주의(表意主義) 표기법이라고 할 수 있지만, 반면 발음 중심의 표기법, 즉 표음주의(表音主義) 표기법도 적절히 취택한, 두 가지를 적절한 선에서 절충한 매우 온당한 표기법이라 평가할 만하다.

5.3.4 표의주의 표기법의 효용

표의주의 표기법의 정당성 표음문자(表音文字)인 자모문자로써 표음(表音)에 충실하고자 하면 얼마든지 그럴 수 있다. 표음에 충실한 표기법을 흔히 표음주의(表音主義) 표기법이라 부른다. 이는 달리 음소적(音素的) 원리에 의한 표기법이라 하여 음소적(音素的) 표기법이라 부르기도 한다. 표음에 충실하다는 것은 어떤 형태소가 주위 환경에 따라 바뀌는 소리를 표기법에 충실히 반영한다는 뜻인데 이때 '소리'란 곧 음소이기 때문이다.

음소적 표기법과 대조되는 표기법, 즉 표음에 불충실하면서까지 형태를 고정시키는 길을 택하는 표기법을 흔히 표의주의(表意主義) 표기법이라 부른다. 표의문자(表意文字)는 앞(5.1.2)에서 지적하였듯이 소리가 달라져도 글자의 모양이 바뀌지 않는다. '잎, 값' 등을 실제의 발음이 어떻게 바뀌든 늘 같은 모양으로 고정시키는 것은 표의문자와 상통한다. 표의주의 표기법이란 이러한 특성을 살리는 표기법이라는 뜻이다. 이는 달리 형태소적(形態素的) 원리에 의한 표기법, 또는 형태적(形態的) 표기법이라고도 부른다. 한 형태소를 단위로 하여 그 모양을 고정시키는 표기법이기 때문이다.

그런데 표음문자인 자모문자에 의한 표기법이 표음(表音)에 불충실한 표의주의(表意主義) 표기법이기도 하여야 하는 이유는 무엇이며 또 그 정당성은 있는 것일까? 문자는 소리를 시각적으로 표기해 주기 위해서 생긴 것이다. 이 점에서 보면 문자언어(文字言語 written language), 즉 글자로 쓰여진 언어란 음성언어(音聲文字 spoken language)를 충실히 반영해 줄 때에만 그 존재 가치가 있을 법하다. 발음에서 먼 표기법이란 그만큼 나쁜 표기법이라 생각되는 것이다.

그러나 이 생각은 깊지 못한 생각이다. 처음 글을 배웠을 때는 글자 하나하나를 소리내어 읽으며 그 소리에 의해 그 글(결국은 그 말)의 뜻을 파악하게 된다. 문자언어를 음성언어로 환원시키고서야 그 의미를 파악하게 되는 것이다. 이 단계에서는 표기법이 표음주의 표기법일수록 좋은 표기법이라 할 수 있다. 그런데 독서에 능숙해지면 글을 굳이 소리로 바꿀 필요가 없게 된다. 가령 '읽는다'라는 글을 보며 눈에 워낙 익숙해져 있어 한 눈에 무슨 뜻인지 알게 되는 것이다. 그것을 '잉는다'라는 소리로 바꾸어 볼 겨를도 없고 또 그럴 필요도 없다. 따라서 이 단계에 오면 표기법은 굳이 표음에 충실하지 않아도 좋게 된다. 오히려 귀에 충실하기보다는 눈에 충실하여야 한다. 눈에 쏙 들어오는, 그만큼 독서에 능률적인 표기법이어야 좋은 표기법인 것이다.

그러면 '읽어라, 읽더라, 읽는다'가 '일거라, 익더라, 잉는다'보다 눈에 더 잘 들어오고 독서 능률상 더 좋은 표기법인가? 그렇다. '읽-'이란 한 가지 모양으로 고정됨으로써 이들이 같은 단어들이라는 것을 쉽사리 알 수 있다. 사실 '읽-' 부분만 보고 그 뒤의 '-어라, -더라, -는다' 부분은 보지 않고도 이 단어들이 '讀' 또는 'read'의 의미를 가지는 단어라는 것을 알 수 있다. 이에 반해 '일거라, 익더라, 잉는다'는 '일-'이나 '익-'이나 '잉-'만 보고는 무슨 뜻인지 알기 어려울 뿐만 아니라 뒷부분까지 보고도 이들이 같은 의미를 가지는 단어라는 것을 아는 데 시간이 더 걸릴 수밖에 없다.

이것은 우리의 뇌(腦)의 작용과도 관련되는 문제다. 흔히 일반 언중(言衆)은 어간과 어미를 구별하는 능력이 없을 것으로 생각한다. 그러나 여러 실험에서, 그리고 뇌를 다친 사람들의 관찰에서 사람들이 의외로 섬세하게 어간, 어미와 같은 형태소를 분석하는 능력을 갖추고 있음이 밝혀지고 있다. 그리고 음절에 대한 감각도 예민하여 영어 화자들은 그들의 풀어쓰기로 된 활자를 보고 무의식적으로 음절 단위로 끊어 읽는다고 한다. 우리가 '읽어라, 읽으니'를 '일거라, 익더라, 잉는다'보다, 또 'ㅇㅣㄹㄱㅓㄹㅏ, ㅇㅣㄱㄷㅓㄹㅏ, ㅇㅣㅇㄴㅡㄴㄷㅏ'보다 더 능률적인 표기로 받아들이는 것은 이러한 뇌의 작용과 무관하지 않을 것이다.

이렇게 보면 비록 표음에 얼마간 불충실하게 되더라도 독서 능률을 높일 수 있는 길이 있다면 그쪽을 택하는 것이 좋은 표기법을 만드는 길이며, 따라서 표의주의 표기법은 그 정당성이 있음을 알 수 있다. 여기에서 우리는 모아쓰기 방식이나 「한글맞춤법통일안」이 추구한 표의주의적 방향이 매우 현명하고 온당한 것이었음을 다시 확인할 수 있게 된다.

역사적 표기법 자모문자에 의한 표기법이 표음(表音)에 충실하지 못하게 되는 다른 한 경우가 있다. 문자의 보수성(保守性)에 의한 것이 그것이다. 영어의 철자에는 knight에서 보듯 전혀 소리나지 않는 글자(k, g, h)를 가지고 있는 경우도 있고, apple, all, around, ace의 a처럼 글자는 같은데 발음은 각기 다른 경우도 있다. 그런가 하면 rite, right, wright, write처럼 같은 발음을 달리 표기하는 경우도 많다. 이것은 이들이 15세기 때부터 쓰여 오는 철자인 것과 관련된다. 500년 동안 소리는 계속 변천하여 왔는데, 철자는 변하지 않고 그 모습 그대로 유지되어 온 것이다.

정도의 차이는 있지만 표기법은 한번 정해지면 바뀌기 어려운 습성이 있다. 우리나라에서도 'ㆍ'가 소리언어에서 없어진 후에도 100년도 넘게 더 쓰이고 있었다. 소리는 바뀌어도 표기법은 바뀌지 않는 이 습성을 흔히 문자의 보수성이라 일컫는다. 이러한 문자의 보수성은 자연히 표기법을 발음에서 멀게 만든다. 동시에 표기법은 그만큼 표음에 충실하지 못하게 되는 것이다.

우리나라에서는 문자의 보수성 때문에 현실음(現實音)에서 멀어진 표기법을 역사적(歷史的) 표기법이라 불렀다. 그리고 새 맞춤법 통일안을 만들 때는 이 역사적 표기법을 대체로 인정하지 않으려는 입장을 취하였다. 그러면 역사적 표기법은 과연 되도록 버려야 하는 것일까, 아니면 살릴 만큼은 살려야 하는가?

역사적 표기법을 철저히 배척하려는 일은 가능하지도 않지만 온당하지도 않다. 음성언어가 변하는 것은 워낙 점진적이어서 그 변화가 그리 큰 충격을 주지 않는다. '작다'의 '작'을 '짝'과 같은 된소리로 말하는 젊은 세대들의 발음을, 그것을 '작'으로 발음하는 앞 세대 사람들은 귀에 거슬려 한다. 그러나 이 두 가지 발음은 오랫동안 공존(共存)하면서 그 변화가 완결되려면 오랜 세월을 요한다. 이에 비해 만일 '작다'를 '짝다'로 표기법을 바꾸면 이 변화는 일시적이어야 하고 그만큼 큰 변화로 느껴진다. 오늘날 'ㅐ'와 'ㅔ'의 구별이 급격히 허물어지고 있지만 '재미있다'를 '제미있다'로, 또는 '체계'를 '채개'로 맞춤법을 바꾼다면 그 반발이 여간 크지 않을 것이다. 따라서 한번 굳어진 표기법은 여간해서 바뀌지 않는 것이 일반적이다. 앞에서 언급하였듯이 영어의 표기법이 500년이나 바뀌지 않고 이어져 온 것은 그 대표적인 보기라 할 만하다.

표기법이 이처럼 보수성을 가지는 것은 그 특성이기도 하지만 장점이기도 하다. 책이란 오랜 세월에 걸쳐 읽히는 특성을 가진다. 그런데 50년 전의 책, 100년 전의 책, 현재의 책이 각각 다른 표기법으로 되어 있다면 그만큼 불편할 것이다. 발음이 많이 달라져 사전에서 발음을 찾아보아야 하는 불편이 있더라도 같은 표기법으로 50년 전, 100년 전의 책을 읽는다면 그 장점은 그 장점대로 클 것은 의문의 여지가 없다.

역사적 표기법도 소리의 변화에 관계 없이 그 표기법이 고정되어 있다는 점에서 보면 역시 일종의 표의주의(表意主義) 표기법인 셈이다. 앞에서 보았던 형태적(形態的) 표기법과 아울러 이 역사적 표기법도 독서에 편익을 주는 표기법이니만큼 살릴 만큼은 살려야 할 표기법이라 할 만하다.

「한글맞춤법통일안」 등에서 역사적 표기법을 버리겠다고 할 수 있었던 것은 당시까지 하나로 통일되어 쓰이던 강력한 표기법이 없었기 때문에 가능하였던 것으로 생각된다. 오늘날에 와서는 '희망, 환희, 무늬, 계산, 혜택, 폐막' 등 이미 역사적 표기법이 된 것이 많다. 표음에 충실하려고 하면 이들을 모두 '히망, 환히, 무니, 게산, 헤택, 페막' 등으로 바꾸어야 하고 심지어는 '꽃이'도 '꼿이'로, '밭에서'도 '밧에서'로 바꾸어야 할 것이다. 그러나 표기법이 이처럼 수시로 바뀌면 그 이득보다 손실이 큼을 바로 인식할 필요가 있다.

한자 혼용 우리 문자 생활의 특징의 하나로 많은 경우 한자를 한글과 혼용(混用)하고 있는 현상을 들 수 있다. 오랫동안 당시의 선진국가였던 중국으로부터 문화(文化) 전반에 걸쳐 지대(至大)한 영향을 받아 왔던 결과일 것이다. 우리 국어 어휘 중에 한자어(漢字語)

가 워낙 많고 또 그 한자어들 중에는 동음이의어(同音異意語)가 아주 많아 이를 한글로 표기하였을 때 의미 파악에 지상을 준다는 섬 등이 더욱 한자를 버리지 못하게 하는 요인이 되고 있다.

흔히 표의문자(表意文字)는 역사적으로 표음문자(表音文字)보다 앞서 쓰인 불편하고 낡은 문자라고 잘못 인식하는 경향이 있다. 그러나 표의문자는 소리가 같아도 의미가 다르면 각각 다른 글자를 쓰기 때문에 한 글자 한 글자가 표음문자보다 의미를 신속히 전달해 주는 장점이 있다. 가령 다음의 (1)~(3)의 a, b를 비교하면 그 장점이 곧 드러난다.

(1) a. 이상의 이상과 이상
    b. 李箱의 理想과 異狀
(2) a. 공약이 된 공약
    b. 空約이 된 公約
(3) a. 신의 조화로나 가능할 이 아름다운 조화
    b. 神의 造化로나 가능할 이 아름다운 調和

표음문자를 표의화(表意化)한다고 할 때도 마찬가지인데, 가령 영어의 'right, wright, write, rite'를 모두 'rait'로 적는다고 하면 의미 전달이 그만큼 더 늦어질 것은 두말 할 나위도 없다. 신문 제목에서 '地自制'니 '對伊戰'이니 하는 약어(略語)를 특히 한자로 많이 쓰는 것도 결국 비슷한 이점(利點) 때문일 것이다. 이들을 '지자제'나 '대이전'이라고 하였을 때의 글자 하나하나가 발휘하는 의미 전달의 능력은 한자의 경우에 비교가 되지 않는다.

'5'니 '8'이니 '747'이니 하는 아라비아 숫자(數字)도 일종의 표의문자다. 그리고 'KBS', 'TV' 등 근래에 약어(略語)로 된 로마자 표기를 많이 쓰게 되었는데 이들도 표의화(表意化)된 표기들이라 할 수 있다. 의미 전달에 유익한 표기를 여러모로 이용하고 있는 현실임을 알 수 있다. 다시 반복하자면 어떤 표기법이 표음(表音)에 충실하다고 만 해서 좋은 표기법이 아니다. 합당한 정도로 표의화를 추구하지 않으면 안 되는 것이다. 현행 우리 맞춤법은 이 점에서 매우 이상적(理想的)으로 되어 있지만, 우리가 아라비아 숫자(數字)나 한자나 'TV', 'KBS' 등의 남의 나라 글자까지 동원하는 것은, 아무리 훌륭한 한글이더라도 그것만으로는 우리의 욕구를 다 충족할 수 없기 때문인 것이다.

참고

세계 여러 문자의 발달에 대한 전공서로서 가장 定評 있는 책은 Gelb의 *A Study of Writing*(1963)이다. 더 최근의 것으로는 Sampson의 *Writing Systems*(1985), Coulmas의 *The Writing Systems of the World*(1989), De Francis의 *Visible Speech*(1989) 및 Gaur의 *A History of Writing*(1984)와 그 번역서인 강동일의 『문자의 역사』(1995) 등이 모두 충실한 전문서들이다. 특히 Sampson(1985)는 한 章(제7장 A Featural System: Korean Han'gŭl)을 오로지 한글에 바치고 있다. 그리고 Comrie, Matthews and Polinsky의 *The Atlas of Languages*(1996)에 실린 Woodard의 "Writing Systems"는 문자의 역사를 가장 짧은 글로 가장 충실하게 서술한 글일 것이며, Comrie의 *The World's Major Languages*(1987)에도 여러 언어의 문자에 대한 소개가 곁들여 있어 참고가 된다. 本章의 도표는 Gelb(1963)에서 가져온 것이 많고 일본 문자가 승려들의 보조 문자에 기원을 두었다는 이야기는 Coulmas(1989)에서, 漢字 六書의 비율은 DeFrancis(1989)에서 인용한 것이다.

화보 중심의 비전공자용이지만 Jean의 *Writing: The Story of Alphabets and Scrripts*(1987년 프랑스판으로부터의 英譯本 1992)을 번역한 『문자의 역사』(1995)에도 유익한 내용이 많다. 이집트 문자에 대해서 따로 더 공부하겠으면 Mercer의 *The Handbook of Egyptian Hieroglyphs*(1993)가 좋고, 漢字에 관해서는 많은 곳에서 볼 수 있으나 金彦鍾 · 朴在陽 번역의 『漢字의 역사』(1994)가 가장 종합적인 안내서일 듯하다. 우리나라 주변의 문자들에 대해서는 口訣學會의 『아시아 諸民族의 文字』(1997)와 宋基中의 「東北아시아 歷史上의 諸文

字와 한글의 起源」(1997)을 참조할 것. 그리고 여러 학자의 글을 모은 Senner의 *The Origins of Writing*(1989)과 Hooker의 *Reading the Past*(1990)에는 좀 전문적인 것들이지만 무게 있는 글들이 많다.

언어학개설류에도 대개 文字論이 포함되어 있어 기초적인 것은 이들에서 참고할 수 있는데 그 중 읽을 만한 것은 Chao의 *Language and Symbolic Systems*(1968)의 제8장(Writing)과 Finegan의 *Language: Its Structure and Use*(1999)의 제12장(Writing)이다. 특히 전자(Chao 1968: 107)에는 한글의 뛰어난 조직성에 대한 재미있는 견해도 있어 흥미롭고 (이 부분은 이익섭 외 2인의 『한국의 언어』에 소개되어 있다), 후자(Finegan 1999: 448-9)에는 역시 한글의 뛰어난 조직성을 지적해 내라는 연습문제가 있어 우리를 기쁘게 한다. 한글의 우수성에 대한 다른 외국 학자들의 견해도 이기문의 「현대적 관점에서 본 한글」(1996)에서 볼 수 있다.

한글의 창제 경위와 그 문자적 특성에 관한 가장 종합적인 참고문헌은 최현배의 『고친 한글갈』(1961)일 것이다. 『訓民正音』(해례본)에 대한 번역서들도 이 방면의 좋은 참고문헌들인데 金敏洙의 『注解 訓民正音』(1960), 姜信沆의 『譯註 訓民正音』(1990), 朴炳采의 『譯解 訓民正音』(1976), 박종국의 『주해 훈민정음』(1976), 박지홍의 『풀이한 훈민정음』(1984), 李成九의 『訓民正音研究』(1985) 등 여러 종류가 있다. 한자를 빌어 국어를 표기하던 借字表記體系에 대해서는 金允經의 『韓國文字及語學史』(1954), 小倉進平의 『鄕歌及吏讀の研究』(1929), 梁柱東의 『古歌研究』(1942) 및 李基文의 『國語史概說』(1998) 등을 참고하고 최근의 이 방면의 전문적인 연구업적들인 金完鎭의 『鄕歌解讀法研究』(1981), 安秉禧의 『中世國語 口訣의 研究』(1977), 南豊鉉의 『借字表記法研究』(1981) 등은 보다 전문적인 지식을 위해서 좋은 참고가 될 것이다. 이 章의 處容歌의 解讀은, 李基文(1998)에 따라 '엇디ᄒᆞ릿고→엇디ᄒᆞ리고'로 바꾼 것 외에는 거의 그대로 앞의 金完鎭의 책(1981)에서 인용한 것이다. 근래 이 解讀 중 '脚烏伊'를 '가로리' 대신 '허튀'로 읽어야 한다는 견해가 提起되어 주목을 받고 있다.

국어정서법의 원리와 변천 과정에 대한 것으로는 李基文의 『國語表記法의 歷史的 研究』(1963)와 李翊燮의 『國語表記法 研究』(1992)를, 「한글맞춤법통일안」과 이 이전에 만들어졌던 통일안의 제정 경위에 대해서는 金允經의 앞의 책(1954), 金敏洙의 『國語政策論』(1984), 李基文의 『開化期의 國文研究』(1970) 등을 참고하면 좋을 것이다. 그리고 이익섭 · 이상억 · 채완의 『한국의 언어』(1997)에도 한글 및 맞춤법 전반에 대한 자세한 해설이 있다.

표기법이 表音的일 수만 없고 表意的이기도 해야 하고, 그럼으로써 독서에 편익을 주는 일에 대한 이론적 근거(및 모아쓰기의 장점)에 대해서는 李翊燮의 앞의 책(1992)에 꽤 자세한 논의가 있으나 그 논의의 근거가 되었던 Vachek의 *Written Language*(1973)와 *Seleted Writings in English and General Linguistics*(1976), Henderson의 *Orthography and Word Recognition in Reading*(1982), 그리고 최근의 성과까지 소개되어 있는 Coulmas의 앞의 책(1989)도 함께 읽으면 좋을 것이다. 우리나라 맞춤법을 비롯한 문자정책에 대해서는 李基文(외 6人)의 『韓國語文의 諸問題』(1983), 金文昌의 『국어문자 표기론』(1984) 등이 좋은 참고가 될 것이다. 아울러 우리나라 文字論에 대한 논문을 모아 놓은 李基文 編, 『國語學論文選 (7): 文字』(1977)도 참고할 만하며, 이익섭의 국어학 논설집인 『국어 사랑은 나라 사랑』(1997)에도 직접적으로 관련되는 글이 있어 도움이 될 것이다.

여기에서 앞의 그림 5-3에 나오는 '갑골문자', '소전', '예서', '해서'에 대해 얼마간 설명을 덧붙여 두는 것이 좋겠다. 甲骨文字는 殷의 말기(BC 1300~BC 1000)에 사용되던, 現存하는 가장 초기의 漢字다. 이 시기의 문자는 주로 거북껍질, 즉 귀갑(龜甲)에, 그리고 얼마는 소뼈에 새겨 넣은 상태로 남아 있기 때문에 귀갑의 甲과 소뼈를 뜻하는 骨을 따서 甲骨文字라 부른다. 漢字는 이 이후 篆書, 隷書, 楷書, 行書, 草書 등 여러 書體로 발전하게 되는데 小篆은 篆書 중 후대의 것으로 진시황의 문자 통일 작업에 의해 탄생한 서체다. 그런데 이 小篆은 우아하고 멋은 있지만 곡선이 많아 이를 간편하게 개선한 것이 隷書다. 예서를 영어로는 clerkly script라 하는데 적절한 번역이다. 예서의 '隷'는 '노예'라고 할 때의 '예'로 예서란 행정관리용 서체라는 뜻이기 때문이다. 楷書는 正字體며 行書는 그것을 좀 풀어쓴 서체며 草書는 흘림체다. 끝으로 예문 (3)의 이두와 한문의 풀이를 실어 둔다.

a. 凡妻亦(ㅣ) 可黜可絕之事無去乙(업거늘) 黜送爲在乙良(ᄒᆞ견을랑) 杖八十齊(져) 必于(비록) 七出乙(을) 犯爲去乃(ᄒᆞ거나) 三不去有去乙(잇거늘) 黜送爲在乙良(ᄒᆞ견을랑) 減二等遣(고) 婦女還本夫齊(져)

b. 凡妻無應出及義絕之狀而出之者 杖八十 雖娶犯七出 有三不去而出之者 減二等 還完娶(무릇 아내가 가히 내치거나 인연을 끊어버릴 만한 일이 없는데도 내쫓으면 곤장 80에 처하며 비록 七去之惡을 범하였어도 三不去의 사유가 있는데 내쫓았으면 2등급 감하고 여자를 남편에게 돌려보내라)

제 6 장 국어사

언어는 쉬임없이 변한다. 쉬임없이 언어변화(言語變化 linguistic change)를 겪는 것이다. 아주 중요한 뼈대를 두고 생각하면 언어의 변화는 극히 미미하고 또 완만하지만, 아주 세부적인 데까지 관심을 두고 보면 언어변화의 속도는 느린 것만도 아니고 또 그 폭도 그리 작지만은 않다.

언어는 이처럼 끝없이 변하기 때문에 어떤 언어나 스스로의 역사를 가진다. 국어도 예외일 수 없다. 어떤 시대에는 저러한 특징을 가진 모습이었는데 어느 시대에는 그 모습이 이렇게 달라졌다가 지금은 그것들과 또다른 모습으로 바뀌게 되는 다채로운 역사를 가진다. 이것이 국어사(國語史), 즉 국어의 역사요, 국어의 변천사(變遷史)인 것이다.

국어의 역사는 문헌에 남아 있는 기록에 의하여 더듬어 내려올 수도 있고, 문헌에 기록이 남아 있지 않더라도 기타의 방법으로 추적해 가는 방법도 있다. 특히 고대(古代)로 올라가면 갈수록 문헌에 의한 방법은 어려워지고 다른 방법에 의존할 수밖에 없어진다.

한편 고대로 국어의 역사를 추적해 가다 보면 국어사 연구는 국어의 뿌리를 캐는 일로 확대되어 가게 된다. 국어는 애초부터 한국어로 이 지구상에 탄생했는가, 아니면 지금은 국어와 구별되는 어떤 다른 언어에서 분화(分化)되어 왔는가 등을 추적하게 되는 것이 그것이다. 즉 국어의 계통(系統)을 찾는 작업을 하게 되는 것이다.

이 장(章)에서는 먼저 이 국어의 계통에 대하여 간략히 살펴보고자 한다. 계통론(系統論)은 국어사와 장을 달리하여 상세히 다룰 수도 있으나, 국어계통에 관한 연구는 아직 그 초기 단계에 있어 다룰 분량이 많지 않을 뿐만 아니라 계통론은 결국 국어사의 일부라고 판단되기 때문이다. 계통론에 이어 국어사를 고대국어(古代國語), 중세국어(中世國語), 근대국어(近代國語)로 나누어 각 시대의 특징을 간략히 다루어 나가고자 한다.

6. 1 국어의 계통

세계에는 수천 종의 언어가 있다고 한다. 만일 이 지구상에 애초에는 한 가지 언어밖에 없었던 것이 차츰차츰 분화하여 오늘에 이르렀다면 그 수천 종의 언어들은 모두 같은 뿌리를 가지고 있다고 하여야 할 것이다. 즉 모두 동일한 조상(祖上)을 가진 같은 계통의 언어로 보게 되는 것이다. 그러나 일반적으로 세계의 모든 언어가 같은 계통이라고 보지는 않는다. 인류가 몽고족, 한족(漢族), 앵글로색슨족, 게르만족 등으로 갈리듯 언어도 처음부터 계통을 달리하는 몇몇 부류(部類)로 나뉜다고 이해하는 것이다.

말하자면 언어에도 종족(種族)이 있다고 생각하는 것인데 이처럼 계통상 하나로 묶이는 언어의 종족을 어족(語族 language family 또는

family of language)이라 한다. 그리고 동일한 조상, 다시 말하면 동일한 조어(祖語 proto language)로부터 퍼져나옴으로써 같은 어족에 속하는 언어들은 서로 친족관계(親族關係 genetic relationship)를 가진다고 말한다.

국어의 계통을 캐는 일은 따라서 국어가 어떤 어족에 속하며 어떤 언어들과 친족관계를 가지는가를 가리는 일이다. 국어는 과연 어떤 어족에 속하는가, 그리고 그 어족에는 어떠한 언어들이 있어 국어와 친족관계를 가지는가를 보아 가기로 하겠다.

6.1.1 세계의 여러 어족

여기에서는 국어가 어떤 어족(語族)에 속하는가를 논하기 전에 세계에는 대체로 어떠어떠한 어족이 있는가를 살펴보고자 한다. 세계의 여러 어족 중 대표적인 것만 몇 가지 보면 다음과 같다.

인구어족 어족 중 가장 잘 알려진 어족은 인구어족(印歐語族), 곧 인도 · 유럽어족(Indo-European family)이다. 인도 · 히타이트 어족(Indo-Hittite family)이라 부르기도 한다. 이 어족에는 세계에서 가장 막강한 힘을 자랑하며 세계 인구의 거의 절반이 쓰는 140개의 언어가 있는데 그 이름에서 짐작되듯이 인도와 유럽에 널리 퍼져 있으면서 여러 어파(語派 branch)로 나뉜다.

인도 · 이란(Indo-Iranian)어파는 북부 인도, 파키스탄, 아프가니스탄, 네팔, 방글라데시, 스리랑카, 이란 등지에서 쓰이는 어파로서 인도 · 유럽어족 중 가장 큰 어파다. 여기에 속한 언어만도 90개에 달하며 그 사용 인구도 6억 8천만에 이르는 것이다. 대표적 언어로 힌두어, 우르두어, 벵갈어, 페르샤어 등이 있다.

인도 · 유럽어족의 큰 어파 중의 하나는 발토 · 슬라브(Balto-Slavic) 어파다. 러시아어를 비롯하여 폴란드어, 체코어, 불가리아어, 우크라이나어, 리투아니아어, 라트비아어 등이 여기에 속한다.

로만스(Romance)어파와 게르만(Germanic)어파는 인도 · 유럽어족 중 가장 대표적인 두 어파일 것이다. 로만스어 계통에는 에스파냐어(스페인어)가 가장 널리 쓰이는 언어이며, 그 다음으로는 포르투갈어, 프랑스어, 이탈리아어의 순(順)이다. 루마니아어도 여기에 속한다. 로만스어파는 이태리(Italic)어파라 하기도 한다. 게르만어파에는 영어를 비롯하여 독일어, 네덜란드어, 덴마크어, 스웨덴어, 노르웨이어 등 여러 언어가 있다.

인도 · 유럽어족에는 이 이외에도 그리스어가 독립된 어파를 이루고 있으며, 또 스코틀랜드, 웨일즈, 에이레 지방의 언어들이 역시 독립된 어파인 켈트어(Celtic)어파를 이루고 있다. 그리고 어느 어파에도 속하지 않는 알바니아어와 아르메니아어도 있다.

핀 · 우그리아어족 지역적으로 유럽에 있으면서 그 언어는 인구어족에 속하지 않는 언어들이 있는데 핀란드어, 에스토니아어, 헝가리어가 그것이다. 이들이 이루는 어족을 핀 · 우그리아어족(Finno-Ugric family)이라 한다. 이 어족에는 이들 이외에도 북부 유럽과 아시아에 걸쳐 쓰이는 몇몇 언어가 더 있다.

종래에는 이들 어족과 뒤에 말할 알타이어족을 합하여 우랄 · 알타이어족(Ural-Altaic family)이라 부른 적이 있는데 20세기에 와서는 이들이 알타이어족과 한 어족으로 묶일 근거가 약하다고 하여 각각 별개의 어족으로 다루고 있다. 그렇더라도 유럽 언어들 중에서는 핀란드어나 헝가리어가 알타이어족, 나아가서는 우리 한국어와 비교적 가까운 언어라고 할 수 있다.

알타이어족 터키어, 몽고어, 만주어 등으로 이루어지는 어족이 알타이어족(Altaic family)이다. 나중에 와서 이들 언어 외에 우리 한국어도 이 어족에 속하는 것으로 보는 연구가 쌓이게 되었으며, 일본어도 알타이어족의 일원으로 보는 견해가 있다. 이 어족에 대해서는 뒤에서 절(節)을 달리하여 좀더 상세히 다루고자 한다.

지나 · 티베트어족 아시아 지역에서 가장 막강한 어족으로서 지나 · 티베트어족(Sino-Tibetan family)이 있다. 여기서 지나(支那)나 Sino는 중국을 가리키는데 이 이름에서 암시하여 주듯이 이 어족의 중요한 한 분파(分派)는 중국어다. 우리말에 중국어에서 들어온 단어가 많다는 것 때문에 중국어와 국어가 어떤 친족관계가 있는 듯이 오해하는 일이 있으나 차용(借用)에 의한 친근성(親近性)은 어족의 분류에는 무관한 것이다.

중국어는 표준어인 관화(官話 Mandarin)와 여러 방언으로 이루어져 있는 언어로서 그 사용 인구로 따지면 세계에서 가장 널리 쓰이는 언어다. 이 어족의 다른 한 분파는 티베트 · 버마어파(Tibeto-Burman branch)인데 그 이름이 암시하듯이 티베트어와 버마어(미얀마어)가 여기에 속한다. 티베트는 자치령(自治領)이긴 하지만 중국에 속해 있는데 그 언어가 중국어와 구별된다는 점은 따로 주의를 끄는 부분이라 하겠다.

타이어도 이 어족에 소속시키는 일이 있으나 타이어의 계통은 워낙 복잡하여 라오스어 등 주변의 다른 언어들과 묶어 다이(Daic)어족으로 묶기도 하고 더 크게 오스트로타이(Austro-Tai)어족으로 묶기도 한다. 베트남어 역시 이 어족과 꽤 가까운 언어로 인정은 되나 오히려 다음의 몽 · 크메르어족과 가깝게 보는 등 아직 이견(異見)이 많은 채로 남아 있다.

몽 · 크메르어족 이 몽 · 크메르어족(Mon-Khmer family)은 캄보디아에서 쓰이는 언어로서 사용 인구가 3백만 정도밖에 안 되면서도 독립된 어족을 이루고 있다. 세계에서 그 규모가 가장 작은 어족의 하나일 것이다.

드라비다어족 인도의 북부는 인구어족(印歐語族)에 속하는 언어들이 쓰임을 앞에서 보았는데 그 남쪽에는 드라비다어족(Dravidian family)에 속하는 언어들이 쓰이고 있다. 인도라고 하면 먼저 언어가 복잡하게 갈린 나라라는 인상이 떠오르는데 이처럼 어족이 다른 언어가 한 나라에서 공존(共存)하고 있는 현상이야말로 인도에서의 언어의 복잡성을 단적으로 나타내 주는 일이라 하겠다. 드라비다어족에는 텔루구어, 타밀어 등 몇몇 언어가 있다. 타밀어는 방글라데시에서도 쓰인다.

오스트로네시아어족 말레이, 자바, 필리핀, 인도네시아를 중심으로 하여 대만, 괌, 뉴질랜드, 또 멀리는 서쪽으로 아프리카의 마다가스카르섬과 동쪽으로 하와이, 사모아에 이르기까지 남반부(南半部)의 3분의 1에 해당하는 광대한 지역에 걸쳐 있는 여러 섬들에서 쓰이는 언어들로 이루어진 어족으로서 오스트로네시아어족(Austronesian family)이 있다. 종래에는 말레이 · 폴리네시아어족(Malayo-Polynesian family)이라 불러 왔다. 인구어족 다음으로 가장 넓은 지역에서 쓰이는 어족일 것이다. 소속 언어도 1,000개나 된다. 이 중 사용 인구가 가장 많은 언어는 자바어이며 다음이 슨드라어, 말레이어, 필리핀어(Tagalog / Pilipino)의 순이다. 말레이나 필리핀은 영어가 공용어(公用語)로 널리 쓰이나 여기서는 그들 원주민의 토착어(土着語)를 말하는 것이다. 대만어나 하와이어도 마찬가지다.

아프리카 · 아시아어족 모로코에서 이집트, 수단, 이디오피아, 소말리아에 걸치는 북부 아프리카와 사우디아라비아, 요르단, 이스라엘, 레바논, 시리아, 이란 등지의 남서 아시아에 걸쳐 쓰이는 언어들로 이루어진 어족으로서 아프리카 · 아시아어족(Afro-Asiatic family)이 있다. 예전에 햄 · 셈어족(Hamito-Semitic family)이라 부르던 어족이다. 여기에는 다섯(또는 여섯) 개의 어파가 있는데 셈어파가 그 중 잘 알려진 어파다. 히브리어, 아랍어가 여기에 속한다. 셈어파 이외에 고대 이집트어파 등이 있으나 그 세력이 그리 크지 못하고 특히 이집트 토착어는 아랍어에 밀려 멸종되고 말았다.

니제르 · 콩고어족 아프리카에서 가장 중요한 어족은 니제르·콩고어족(Niger-Congo family)이다. 서(西)아프리카와 적도(赤道) 이남의 아프리카 여러 곳에 널리 쓰이는 언어들로 이루어진 어족인데 리베리아, 세네갈, 카메룬, 아이보리 해안, 골드 해안, 토고랜드, 다호메이, 콩고, 수단, 로데시아, 우간다, 케냐, 서남(西南)아프리카 및 남(南)아프리카 등지에서 쓰이고 있다.

아프리카 언어는 아직 충분히 연구되지 못한 상태에 있어 이상의 계통적인 분류는 얼마간 잠정적인 면이 있다. 위에서 보면 한 나라 이름이 두 곳에 나타나기도 하는데 이는 아프리카 안에만 800개가 넘는 언어가 있을 정도로 한 나라 안에서 부족(部族)에 따라서 언어가 갈리는 수가 있기 때문이다. 어족도 이상의 두 개만으로 분류되기 어려운 형편이나 대부분은 이 두 어족에 포함되는 것으로 간주한다.

기타 어족 세계에는 이상에 열거한 어족에 속하지 않는 언어들도 상당히 더 있다. 이제는 거의 사멸(死滅)의 길에 들어선 북미(北美) 및 중남미(中南美) 원주민들, 즉 아메리카 인디언들의 언어들도 그 중 하나요, 오스트레일리아나 뉴기니 원주민들의 언어도 마찬가지다. 북미 아메리카 인디언의 언어는 워낙 종류가 많아 다 기록하고 분류하지도 못한 채 많은 언어가 이제 그 자취조차 찾을 수 없게 되었지만, 이 언어들은 다시 15개 정도의 어족으로 갈릴 정도로 퍽 다양한 언어로 구성되어 있는 것으로 알려져 있다. 그리고 파푸아뉴기니는 겨우 인구 3백만의 섬나라인데도 부족마다 언어가 다르다고 할 만큼 여러 언어가 있어 자그만치 800개(또는 1,000개)의 언어가 있다고 알려져 있다. 더욱이 이들은 60개의 어족으로 갈릴 만큼 그 친족관계가 먼 것들이라 한다. 따라서 세계의 어족은 우리가 평소 생각하고 있는 것보다 훨씬 수가 많고 복잡하다는 것을 알 수 있다.

6.1.2 알타이어족과 국어

앞에서 간략히 언급하였듯이 국어는 계통적으로 알타이어족(Altaic family)에 속하는 것으로 이해되고 있다. 알타이어족은 종래 흔히 세 어파로 분류되어 왔다. 터키어파(Turkic branch), 몽고어파(Mongolian branch), 만주 · 퉁구스어파(Manchu-Tungus branch)가 그것이다. 먼저 이들 각각에 대하여 간단히 살펴보기로 하겠다.

터키어파 터키어파는 오늘날의 터키 공화국을 중심으로 하여 멀리 시베리아의 북극해에서 지중해 연안의 사이프러스에 이르는 광대한 지역에 걸쳐 쓰이는 언어들로 이루어져 있다. 그 대표적인 몇 언어를 들면, 5,300만 명의 사용 인구를 가짐으로써 이 어파 중 가장 규모가 큰 터키어(Turkish), 서(西)투르케스탄과 북(北)아프가니스탄에서 쓰이는, 사용 인구 600만 명의 우즈벡어(Uzbek), 아제르바이잔과 이란에서 쓰이는, 사용 인구 500만 명의 아제르바이잔어

(Azerbaijani), 카자흐에서 사용되는, 사용 인구 300여 만 명의 카자흐어(Kazakh), 동(東)투르케스탄과 중국 감숙(甘肅) 신강(新疆) 지방에서 사용되는, 사용 인구 300여 만 명의 위그르어(Uighur), 동(東)시베리아의 야쿠트 자치국(自治國)에서 사용되는, 사용 인구 25만 명의 야쿠트어(Yakut) 등을 들 수 있다. 그리고 볼가강(江) 중류의 츄바시 자치국에서 150만 명이 쓰고 있는 츄바시어(Chuvash)도 이 어파의 중요한 언어 중의 하나인데, 학자에 따라서는 이 언어를 따로 떼어 별개의 어파로 분류하기도 한다.

몽고어파 몽고어파는 몽고 공화국을 중심으로 하여 구(舊)소련, 중국 등에서 쓰이는 사용 인구 도합 300만 명밖에 안 되는 소규모의 어파다. 여기에 속하는 언어는 크게 네 언어로 분류되기도 하고 또는 아홉 언어로 분류되기도 한다. 아홉으로 나누면 모굴어(Mogul), 몽구르어(Monguor), 다구르어(Dagur), 칼카어(Khalkha), 부리야트어(Buryat), 코르친어(Khorchin), 오르도스어(Ordos), 오이라트어(Oirat), 파오안어(Paoan)가 그것이다. 그런데 넷으로 나누는 경우는 뒤쪽 여섯 언어를 방언으로 간주하는 것이다. 이들 중 대표적인 것을 보면 칼카어가 외몽고(外蒙古)의 공통어로서 중요한 위치를 점하고 있으며, 사용 인구를 보면 부리야트어가 30만, 오이라트어가 12만 등으로 많은 편에 속하고 몽구르어는 6만, 다구르어는 2만 5천 등으로 그 규모가 매우 작다.

만주·퉁구스어파 만주·퉁구스어파는 흔히 줄여서 퉁구스어파라고도 하는데, 만주를 중심으로 하여 구소련 땅 일부에서도 쓰이는 아주 소규모의 언어들로 이루어져 있다. 그나마 근대에 올수록 중국어에 밀려 그 세력이 점차 약화되어 가고 있는데 대표적인 언어로는 에벤키어(Evenki), 라무트어(Lamut), 나나이어(Nanai), 만주어(Manchu) 등이다. 이 중 사용 인구가 1만 명을 넘는 것은 흔히 골디어(Goldi)라고도 불리는 나나이어가 있을 뿐 나머지는 라무트어가 7천 명, 에벤키어가 3천 명 정도요 적은 것은 몇 백 명밖에 안 되는 것도 있다. 그만큼 점차 사멸의 길을 걷고 있는 언어들이라 할 만하다.

국어의 계통 알타이어족에는 전통적으로 위의 세 어파만을 소속시켜 왔는데 국어는 그 후 제4어파로서 알타이어족의 일원이 되었다. 국어와 위의 세 어파와의 친족관계(親族關係)가 비교적 튼튼한 기반 위에서 정립(定立)되기에 이른 것은 20 세기에 와서 핀란드 학자 G. J. Ramstedt (1873～1950)에 의해서였다.

Ramstedt는 아직 분화되기 이전의 상태였던 알타이조어(祖語), 즉 원시알타이어(Proto-Altaic) 또는 공통알타이어(Common Altaic)의 시기에는 그 중심지가 홍안령산맥(興安嶺山脈) 부근이었다고 추정하고, 여기에서 네 어파가 갈려 나갔는데 그 하나가 동남쪽에 자리잡은 한국어라고 하였다. 그리고 몽고어는 서북쪽에, 터키어는 서남쪽에, 퉁구스어는 동북쪽에 자리잡았다고 하였다. 이를 그림으로 보면 아래와 같다.

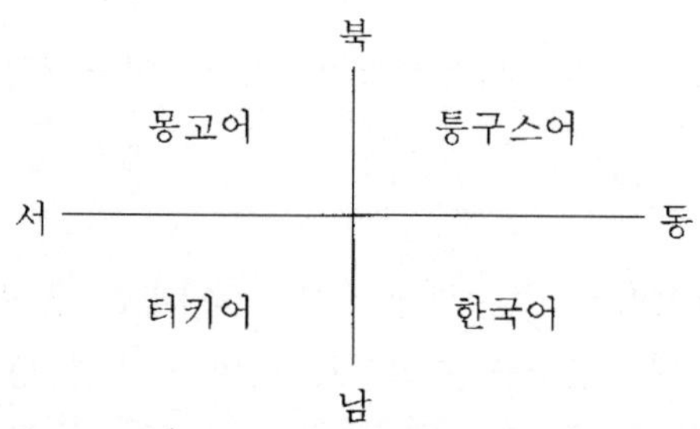

그림 6-1 알타이어의 분포

말하자면 Ramstedt는 알타이조어에서 이 네 어파가 동시에 분화되어 나왔다고 추정한 것이다. 그러면서 이 네 어파들의 친소(親疎) 관계는 대개 다음과 같은 것으로 추정하였다. 즉 아래 그림에서 선으로 직접 이어지는 언어들은 더 가까운 관계에 있고 그렇지 않은 언어들은 더 먼 관계에 있다는 것이다. 이에 따르면 한국어는 퉁구스어나 터키어와 더 가깝고 몽고어와는 그보다 먼 관계에 있다.

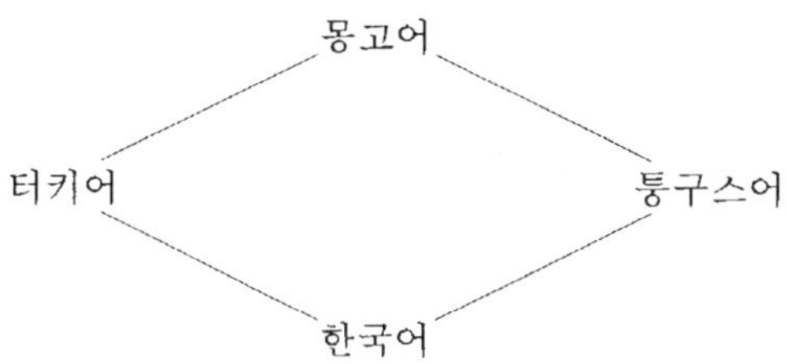

그림 6-2 알타이어의 친소 관계

이 이후 국어와 알타이어와의 친족관계를 좀더 정밀하게 수립한 것은 N. Poppe였는데 Poppe는 네(또는 다섯) 어파가 동시에 분화된 것이 아니고 몇 번의 단계를 거친 것으로 추정하였다. 즉 알타이조어에서 가장 먼저 떨어져 나온 것은 한국어이며 그 다음 분화된 것이 터키어이고, 몽고어와 퉁구스어는 제일 마지막 단계에 가서 분화되었다는 것이다. 이는 한국어와 나머지 알타이어들과의 관계가 나머지 알타이어들 상호간의 관계보다 소원(疏遠)하다는 것을 뜻하는 것이기도 하다. 이를 그림으로 보이면 다음 그림 6-3과 같다. 여기에서 주의할 것은 Poppe에 있어서는 츄바시어를 하나의 독립된 어파로 보았다는 점이다.

이상에서처럼 국어의 계통은 주로 외국인 두 학자 Ramstedt와 Poppe에 의해 밝혀져 왔다. 이 이후 이기문(李基文) 교수가 이들의 작업을 더욱 정밀화하여 이제 국어가 알타이어족의 일맥(一派)이라는

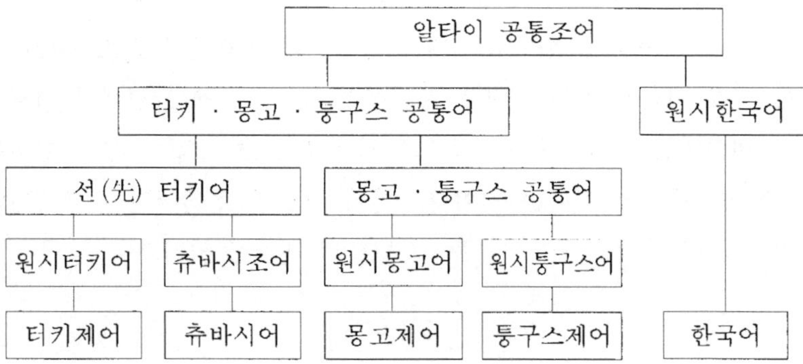

그림 6-3 알타이어의 분화

사실은 상당한 지지를 얻게 되었다.

공통특질 그러면 국어가 나머지 알타이어들과 함께 동일한 어족에 속한다면 그 근거는 무엇일까? 어떤 언어들이 서로 친족관계에 있는가 없는가를 밝히는 기준의 하나로서 흔히 언어들 사이에서 발견되는 공통된 현상, 이른바 공통특질(共通特質)을 동원한다. 음운, 문법, 어휘 등 언어 전반에 걸쳐 우연이라고 하기는 어렵도록 많은 공통특질이 있다면 그 언어들이 친족관계에 있을 가능성이 상당히 높아진다는 것이다. 근래에 와서는 친족관계가 없는 언어 사이에도 외형상(外形上)의 공통특질이 나타날 수 있다고 하여 이 방법론을 기피하는 경향이 있지만 전적으로 이것에 의존하지 않는 한 공통특질은 여전히 친족관계 증명에 큰 몫을 한다.

알타이어의 공통특질로 지적되어 온 것은 다음과 같다. 이들은 대개 우랄 · 알타이어족의 공통특질이기도 하여 종래 주로 이것에 의존하여 언어의 계통을 수립할 때에는 우랄 · 알타이어족을 수립하였던 근거이기도 하였다.

(가) 교착어(膠着語) 즉 첨가어(添加語)로서의 특징을 가진다.
(나) 모음조화(母音調和)가 있다.
(다) 관계대명사 및 접속사가 없다.
(라) 어두(語頭)에 유음(流音)이나 자음군(子音群)이 오지 못하는 등의 자음조직상(子音組織上)의 제약을 받고 있다.
(마) sing~sang에서처럼 문법적 기능을 나타내는 모음교체(母音交替) 및 자음교체(子音交替)가 없다.
(바) 접속사가 없는 대신 부동사(副動詞), 즉 용언의 부사형(副詞形)이 있다.

이상의 공통특질은 국어도 다 가지고 있다. 따라서 국어가 알타이어와 어떤 가까운 관계가 있다는 것을 짐작케 해 준다. 오늘날 한국어가 알타이어족에 속한다고 하는 것은 이 공통특질에 의거해서가 아니라 후술(後述)할 음운대응(音韻對應) 등의 논거 위에서이지만 위와 같은 공통특질의 공유(共有)는 값있는 현상의 하나임에 틀림없다.

음운대응 앞에서 지적하였듯이 언어간의 친족관계를 가장 신빙성있게 증명하여 주는 현상은 음운대응(音韻對應)이다. 차용(借用)에 의해서가 아니면서 두 언어가 어원이 같은 단어들을 쓰고 있고, 그 단어들 사이에 일정한 음운의 대응이 이루어진다면 두 언어의 친족관계는 상당한 지지(支持)를 얻게 된다. 예를 들면 한 쪽 언어에서 [p]로 나타나는 것이 다른 쪽 언어에서는 일정하게 [f]로 나타난다면 친족관계의 비교에서 이것처럼 좋은 것은 없다.

차용에 의해 들어온 단어가 아니면서 서로 공통되는 의미를 가지고 모음이나 자음의 대응(對應)을 보여 줌으로써 국어와 알타이어의 비교에 큰 구실을 하는 대표적인 몇 예를 보이면 다음과 같다.

(1) 국어 '아래', 에벤키어 alas(脚), 몽고어 ala(사타구니), 고대터키어 al(下面)
(2) 중세국어 'ᄆᆞᆯ'(馬), 만주어 morin(馬), 몽고어 morin(馬)
(3) 중세국어 '믈'(水), 만주어 muke(水), 에벤키어 mú(水), 몽고어 mören(江)
(4) 중세국어 '븟-'(注), 만주어 fusu-(물뿌리다), 몽구르어 fuzuru-(붓다), 몽고어 üsür-(뿌리다), 터키어 üskür-(입으로 뿜다)
(5) 국어 '발'(足), 골디어 palgan(足), 에벤키어 halgan(足)
(6) 중세국어 'ᄒᆞᆰ'(土), 골디어 siru(砂), 솔롱어 širuktan(砂), 몽고어 širuγai(土, 먼지)
(7) 국어 '(눈)보라', 중세몽고어 boro'an(눈보라), 야쿠트어 burxān(눈보라)
(8) 국어 '-로'(向格助詞), 고대터키어 -rü(äb-im-rü 내 집으로), 몽고어 -ru(ina-ru 이쪽)

이 이외에도 한국어가 알타이어족의 하나일 가능성을 높여 주는 예들이 꽤 더 있다. 좀더 확고한 결론을 얻기에는 많이 모자라는 양(量)이기는 하지만 이로써 이제 한국어가 알타이어족의 일파라는 설(說)은 점차 그 기반이 확고해지는 것으로 보인다.

6. 2 국어의 형성과 시대구분

국어가 알타이조어(祖語)로부터 분화되었다면 그 이후 국어는 어떠한 과정, 어떠한 번모를 거쳐 오늘에 이르렀으며, 그러한 국어사의 시대구분(時代區分)은 어떤 구분이 가능할 것인가를 이 절에서 살펴보기로 하겠다.

국어의 형성 국어가 알타이조어로부터 분화된 이후의 변화 과정에 대해서는 크게 두 가지 견해가 있다. 그 하나는 흔히 일컬어지듯 국어는 단일(單一) 언어로서 알타이조어에서 분화된 후 계속 한 줄기로 내려왔다는 견해다. 앞의 Poppe의 알타이제어(諸語) 분화도(分化圖)도 이를 반영한 것이다. 다른 견해 하나는 국어가 기원(紀元) 전후의 고대까지만 하여도 고구려어 중심의 북방계어(北方系語)와 삼한(三韓)의 언어로 이루어진 남방계어(南方系語)로 갈려져 있었던 것이 7세기의 통일 신라의 형성과 10세기 초의 고려의 건립으로 비로소 언어적인 통일도 이룩되었다는 견해다. 이기문(李基文) 교수의 견해가 그 대표적인 것으로 이를 그림으로 보이면 아래 그림 6-4와 같다.

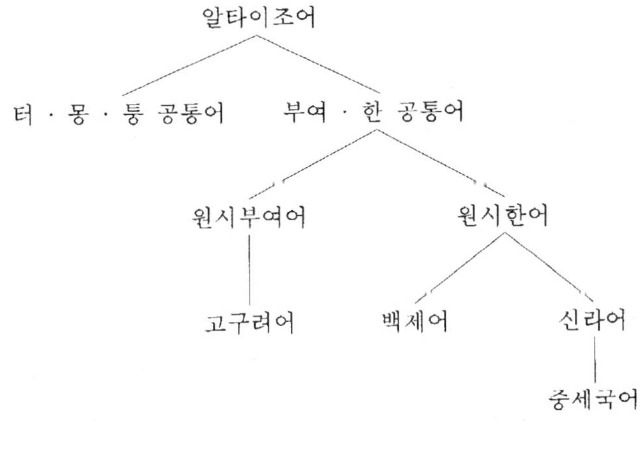

그림 6-4 한국어의 형성

그런데 고구려어 쪽은 신라어와는 달리 자료를 별로 남기지 않아 겨우 지명(地名) 등에서 그 단편적(斷片的)인 모습을 엿볼 수 있을 뿐이다. 그러한 자료에서 고구려어는 분명히 신라어와 판이하게 다른 모습을 보여 주는 일면이 있다. 그런데 이 자료가 워낙 적기 때문에 이 차이가 방언적(方言的)인 차이인지 언어적(言語的)인 차이인지를 판단하기 어려운 점이 있다. 고구려어와 신라어를 별개의 언어로 보아 국어가 단일 언어가 아니라고 해야 할지, 아니면 두 나라의 언어의 차이를 방언적인 것으로 보아 국어는 고대부터 이미 단일 언어라고 해야 할지는 따라서 아직 숙제로 남아 있다고 보아 좋을 것이다.

그러나 이러한 해석에 관계 없이 국어의 역사가 국가의 분화나 통일과 같은 정치적인 현상에서 결정적인 영향을 받으면서 형성되어 왔으리라는 것은 의심의 여지가 없고, 따라서 신라의 삼국 통일이나 개성(開城) 중심의 고려의 건립은 어떻든 국어사에 중대한 의미를 가질 것임에 틀림없다.

국어사의 시대구분 알타이조어로부터 분화된 후 오늘날까지의 국어를 시대적으로 구분한다면 대체로 어떻게 나눌 수 있을까? 국어가 아무리 오랜 역사를 가지고 있더라도 기록으로 남아 있지 않은 시대(時代)를 국어사에 포함시키기는 어렵다. 기록 이전의 국어는 따라서 선사국어(先史國語)라고 하여 일단 국어사의 시대구분에서는 제외하는 것이 일반적이다.

기록 이후의 국어의 역사는 대체로 네 시기로 구분한다. 고대국어(古代國語 Ancient Korean), 중세국어(中世國語 Middle Korean), 근대국어(近代國語 Modern Korean), 현대국어(現代國語 Present-day Korean)가 그것이다.

고대국어(古代國語)는 삼국시대부터 통일신라가 패망하기까지의 약 1,000년 동안의 국어를 가리킨다. 신라어를 제외하고는 아주 단편적인 기록밖에 남기지 않아 그 전반적인 모습은 아직 잘 밝혀지지 않은 채 있다.

중세국어(中世國語)는 고려가 건립된 시기부터 임진왜란까지의 국어를 가리킨다. 이 사이 한글이 창제된 시기 무렵을 경계로 하여 그 앞 시대의 국어를 전기(前期) 중세국어, 그 이후의 국어를 후기(後期) 중세국어라 하여 구분한다. 이 시기에 모음추이(母音推移) 등 주요한 변화가 있었기 때문이다.

근대국어(近代國語)는 임진왜란 이후인 17세기 초부터 오늘날까지의 국어를 가리킨다. 다만 바로 현재 쓰이고 있는 국어는 현대국어(現代國語)라고 하여 근대국어와 구분한다. 언제부터를 현대국어라고 하느냐는 일정하지 않다. modern이 '근대'로도 번역되고 '현대'로도 번역되듯이 현대국어라든가 현대사(現代史)라고 할 때의 '현대'는 그리 뚜렷한 경계를 가지지 않는다. 높게 잡으면 갑오경장(甲午更張) 이후부터의 국어를 포함할 수 있으나 대체로 해방 전후부터의 국어를 현대국어라고 부를 수 있으리라 생각한다.

그러면 절을 달리하여 이들 각 시대의 국어의 특징을 살펴보기로 하겠다. 다만 현대국어에 대해서는 여기서 논할 자리가 아니므로 제외하기로 한다.

6.3 고대국어

고대국어(古代國語)는 신라어(新羅語)로 대표된다. 고구려와 백제의 언어가 함께 쓰이고 있었으나 이들은 자료를 거의 남기고 있지 않아 그 모습을 거의 알 길이 없고 고대국어라면 그나마 많은 자료를 남긴 신라어를 가지고 추정할 수밖에 없기 때문이다.

신라어 자료 신라어(新羅語)를 보여 주는 자료로는 이두(吏

讀)와 향찰(鄕札)이 가장 큰 비중을 가진다. 두 가지가 모두 순전히 신라어를 표기하기 위해 창안된 표기법이므로 신라어 파악에 이들이 귀중한 가치를 가지는 것은 당연하다. 이두는 특히 문법형태(文法形態)의 파악에 큰 구실을 해 주며, 향가(鄕歌)의 표기에 쓰인 향찰은 단어뿐만 아니라 문장의 모습까지 보여 준다는 점에서 더없이 큰 가치를 가진다.

『삼국사기(三國史記)』 및 『삼국유사(三國遺事)』에 실린 인명(人名), 지명(地名), 관명(官名) 등의 고유명사 표기도 신라어 파악의 중요한 자료가 된다. 예를 들어 '영동군본길동군'(永同郡本吉同郡) 등에서 '永'이란 의미의 신라어가 '길다(吉)'이었음을 찾아낼 수 있는 따위의 자료를 이들도 제공해 주기 때문이다.

신라어의 음운 신라어가 정확히 어떠한 음운체계(音韻體系)를 가지고 있었는지는 정확히 밝혀져 있지 않다. 워낙 한정된 자료인 데에다가 당시의 한자음(漢字音)도 정확히 밝혀내기 어렵기 때문이다.

대개 자음체계(子音體系)에 있어 평음(平音)과 유기음(有氣音)의 대립은 있었던 것으로 추정된다. '居柒夫'의 '柒, 漆'이나 '佛體'의 '體'가 'ㅊ, ㅌ' 등의 유기음 표기에 쓰인 것으로 추정되기 때문이다. 그러나 된소리 계열은 아직 나타나지 않았던 것으로 추정된다.

중세국어의 'ㅸ' 및 'ㅿ'와 반드시 같은 음가(音價)는 가지고 있지 않았어도 신라어에서도 이들이 'ㅂ' 및 'ㅅ'과 구별되는 음운(音韻)으로 존재했을 가능성은 있었던 것으로 추정된다. 그리고 'ㄹ'도 /r/과 /l/로 구별되어 존재했을 가능성이 있는 것으로 추정되고 있다.

신라어의 모음체계(母音體系)는 더욱 밝혀 내기 어렵다. 대개 다음과 같은 7모음 체계였던 것으로 추정된다. 그리고 이중모음(二重母音)은 오히려 중세국어보다 더 많았던 것으로 추정된다.

i ü u

ɔ̈ ɔ

ä a

신라어의 문법형태 신라어의 문법적인 특징은 이두(吏讀)와 향찰(鄕札) 자료에서 단편적으로밖에 드러나지 않는데 그 몇 예를 보면 다음과 같다.

주격조사로 '이'(伊, 是)가, 속격조사로 'ᄋᆡ/의'(矣, 衣) 및 'ㅅ'(叱), 대격조사로 'ㄹ'(乙)과 '흘'(肹), 구격조사로 '루'(留)가 쓰였다. 중세국어와 매우 흡사함을 볼 수 있다. 처격조사로는 '中, 良中'이 쓰였는데 그 독법(讀法)이 얼마씩 갈려 있다. 특수조사로는 'ㄴ'(隱), '두'(置) 등이 보이는데 역시 중세국어의 것과 일치한다.

활용어미도 몇 개 확인된다. 관형사형어미 '-ㄴ'(隱)과 '-ㄹ'(尸)이 '去隱春'(간 봄), '慕理尸心'(그릴 ᄆᆞᅀᆞᆷ) 등에서 확인된다. 접속어미로 '-고'(古, 遣), '-며'(旀), '-다가'(如可) 등이 확인되며, 종결어미로 평서문(平敍文)의 '-다'(如), 의문문의 '-고'(古)가 확인된다. 모두 중세국어의 형태와 일치함을 볼 수 있다.

경어법의 선어말어미로 주체경어법의 '-시 -'(賜)와 객체경어법의 '-ᄉᆞᆲ-'(白)이 쓰였음을 볼 수 있다. 역시 중세국어의 형태와 일치한다. 다만 중세국어에서 보이는 '-ᄉᆞᆸ/ᄌᆞᆸ/ᅀᆞᆸ-'의 교체(交替)는 아직 없었던 것으로 추정되며, 한편 상대경어법의 어미로 어떤 것이 쓰였는지는 아직 잘 밝혀지지 않고 있다.

신라어와 중세국어 이상에서 비록 단편적인 모습만 본 셈이지만 신라어는 중세국어와 매우 흡사한 모습을 가지고 있었음을 짐작케 한다. 이는 달리 말하면 중세국어가 신라어를 기간(基幹)으로 이루어졌음을 뜻하는 것이다. 현대국어는 중세국어를 대개 그대로 이어온 것이므로 이 점에서 신라어는 오늘날 우리가 쓰고 있는 현대국어의 모체(母體)라고도 할 수 있을 것이다.

고구려어와 백제어 앞에서 언급하였듯이 고구려어(高句麗語)와 백제어(百濟語)의 모습을 추정하게 해 줄 만한 기록은 거의 남아 있지 않다. 특히 백제어의 경우가 심하여 구체적으로 백제어에 어떤 단어가 쓰였는지 단어 몇 예를 찾기도 쉽지 않은 형편이다. 지금까지 『삼국사기 지리지(三國史記 地理志)』 등에서 불(火)을 '부리'(夫里), 곰을 '고마'(態), 돌(石)을 '돌악'(珍惡), 새(新)를 '사'(沙), '맑-'을 '믈거'(勿居)라고 한다는 것 등 아주 한정된 단어의 모습만 찾아냈을 정도다.

이러한 한정된 자료로써 확실한 결론을 내리기는 어렵지만 백제어는 신라어와 크게 다르지 않았으리라고들 추정하고 있다. 두 언어가 다 같이 한계(韓系)로서 비록 국가적으로는 갈려 있었지만 언어적으로는 거의 같았다고 추정하는 것이다.

고구려어는 백제어보다는 많은 자료를 남기고 있다. 주로 지명(地名) 등 고유명사의 표기에서 추출되는 것이지만 꽤 많은 고구려어의 모습이 밝혀졌다. 물(水)의 고구려어는 '미'(買), 성(城)은 '홀'(忽), 산(山)은 '달'(達), 바위는 '파의'(巴衣, 波衣), 골짜기는 '단, 툰, 돈'(旦, 呑, 頓), 납(鉛)은 '나믈'(乃物), 흙이나 땅은 '너, 나, 노'(內, 那, 奴)라고 하였다는 것을 찾아낸 것이 그 일례다.

고구려어의 수사(數詞)는 그동안 비상한 관심을 끌어 왔다. 3을 '밀'(密), 5를 '우ㅊ'(于次), 7을 '난은'(難隱), 10을 '덕'(德)이라고 하는 수사의 형태가 신라어나 중세국어와는 사뭇 다를 뿐만 아니라 고대 일본어(古代日本語)의 mi(3), itu(5), nana(7), töwo(10)와 멋지게 일치되기 때문이었다.

이 수사를 비롯하여 고구려어에는 고대 일본어와 일치를 보이는 어형(語形)이 꽤 있어 일본어가 이 고구려어에서 건너간 것이 아닌가 하는 추론이 활발히 일어난 바 있다. 그리고 국어가 애초부터 단일 언어가 아니라는 저 앞의 이기문 교수의 추론도 고구려어의 이와 같은 특징에 근거를 한 것이었다. 어떻든 고구려어는 신라어나 중세국어에서 찾아지지 않는 특징을 꽤 가지고 있었던 것만은 틀림없었던 것으로 판단된다.

6. 4 중세국어

중세국어(中世國語)는 앞에서 말하였듯이 10세기 초 고려왕조가 건립되던 때로부터 16세기 말 임진왜란이 시작되던 때까지의 국어를 일컫는다. 이 기간 중 그동안 우리들의 가장 큰 관심을 끌어 왔던 것은 훈민정음(訓民正音) 창제 직후 몇십 년의 국어였다. 그것은 이 시기의 국어가 그 온전한 모습이 문자(文字)로 기록된 최초(最初)의 국어요, 최고(最古)의 국어였기 때문이다. 전기 중세국어(前期 中世國語) 기록들은 한자로 되어 있었을 뿐만 아니라 그 표기 체계가 불완전하고 그나마 양도 많지 않다. 다행히 근래 『구역인왕경(舊譯仁王經)』을 비롯한 수 종의 훈독(訓讀) 구결(口訣) 자료와 훈민정음 창제 이전의 음독(音讀) 구결(口訣) 자료들이 발견되어 전기 중세국어에 대한 새로운 사실들이, 특히 문법형태소 쪽에서 많이 밝혀지고 있다. 그러나 전체적으로 이 시기 국어에 대한 우리의 지식은 아직 단편적인 수준에 머무르고 있다.

여기서는 자료가 풍부한 후기 중세국어(後期 中世國語)만을 대상으로 당시의 국어가 가지고 있던 특징을 간추려 보고자 한다. 중세국어는 우리가 그 온전한 모습을 볼 수 있는 최고(最古)의 국어라는 점 이외에 현대국어의 중요한 뼈대가 이 시기에 대부분 갖추어졌다는 점에서도 특별한 주목을 받아 왔다. 이 점에서 중세국어의 여러 특징을 가능한 한 현대국어의 그것과 비교해 보면서 관찰해 나가기로 하겠다. (자료의 출처는 널리 쓰이는 약호(略號)로 제시한다.)

6.4.1 음 운

중세국어를 현대국어와 비교하였을 때 가장 두드러진 특징은 음운 현상에서 나타난다. 즉 현대국어에 없는 특징이 문법이나 어휘에서보다 음운에서 두드러지게 나타나는 것이다. 특히 후대에 와서 없어진 음운, 즉 소실(消失) 음운이 그동안 국어학자의 비상한 관심을 끌어 왔다. 여기에서는 그러한 소실 음운을 비롯하여 현대국어 및 근대국어에 없는 음운 현상을 몇 가지 살펴보고자 한다.

소실 음운 중세국어의 자음 중 우리의 가장 큰 관심을 끌었던 것은 순경음(脣輕音)이라고 불리는 'ㅸ'음이었다. 이 음은 『훈민정음』의 제자해(制字解)에 "입술을 가벼이 다물어 후성(喉聲)이 많이 섞인 소리(脣乍合而喉聲多也)"라고 하여 'ㅂ'과는 달리 폐쇄음으로 발음되는 것이 아니라 마찰음으로 실현되는 양순마찰음(兩脣摩擦音) [β]였을 것으로 추정된다. 그 분포가 매우 제약되어 있어 '사ᄫᅵ, 글ᄫᅡᆯ, 우ᇫᄫᅳ리'처럼 모음과 모음 사이, 'ㄹ' 및 'ㅿ'과 모음 사이에서만 출현하던 소리였다. 그렇기 때문에 이 소리는 실제로는 유성음(有聲音)이었을 것이다. 그러나 무성양순마찰음이 따로 없었으므로 유성음이냐 무성음이냐는 중요하지 않다고 할 수 있다. 이 음운은 훈민정음 창제 당시에 이미 소멸해 가는 과정에 있었던 듯 세조대(世祖代)의 문헌에 만 와도 벌써 그 자취를 찾아보기 어렵게 되었다. '글발>글왈, ᄉᆞᄆᆞᄫᆞᆯ>ᄉᆞᄆᆞ올(>시골), 더ᄫᅥ>더워'처럼 이미 반모음(半母音) [w]로 변했던 것이다.

'ㅸ' 다음으로 큰 관심을 끌었던 것은 'ㅿ'자(字)로 표기된 음운이었다. 이 음은 'ㅸ'음과 상당히 비슷한 성질을 가진 음으로서 우선 그 분포가 'ᄉᆞᅀᅵ, 몸소, 한숨, 웃보리, ᅑ애(剪)' 등에서 보듯 모음과 모음 사이, 'ㄴ' 및 'ㅁ'과 모음 사이, 모음과 'ㅸ' 및 'ㅇ' 사이 등인 점이 그러하다. 『훈민정음』에서 불청불탁(不淸不濁)의 반치음(半齒音)이라고 규정하였듯이 이 음도 유성음이었을 것이다. 이것도 그 분포가 유성음 사이라고 하는 점과 아울러 'ㅸ'음과 비슷한 점이다. 'ㅿ'의 음가(音價)는 [z]였던 것으로 추정된다.

'ㅿ'음은 'ㅸ'음보다는 오래 쓰였지만 15세기 후반부터 시작하여 16세기 전반에 이르러서는 이미 거의 다 소실(消失)되는 단계에 이르렀던 것으로 보인다. 그런데 이 음은 어떤 다른 음으로 바뀐 것이 아니고 고스란히 제 음을 잃어버리고 말았다. 즉 영(零 zero)으로 바뀌어 'ᄉᆞᅀᅵ>ᄉᆞ이, 어버ᅀᅵ>어버이, ᄀᆞᅀᆞᆶ>ᄀᆞᄋᆞᆶ>가을' 등에서처럼 'ㅿ'는 아무 음의 자취를 남기지 않고 탈락하고 말았던 것이다. 방언(方言)에서 '가슬, 가새, (노를) 저서라'처럼 'ㅅ'음이 살아 있는 예는 중세국어의 'ㅿ'이 다시 'ㅅ'으로 변한 것이 아니라 그러한 방언에서는 중세국어 때도 'ㅿ'음을 경험하지 않고 계속 'ㅅ'음을 유지해 왔다고 해석하여야 할 것이다. 이러한 해석은 '새비(새우), 호박(확), (날씨가) 더버서'처럼 'ㅂ'을 유지하고 있는 방언에 대해서도 적용된다.

된소리 중세국어에서 된소리는 'ㅺ, ㅼ, ㅽ' 등의 합용병서(合用竝書)로 표기되었다. 어중(語中)에서, 특히 관형사형어미 '-ㄹ'

다음에서는 '수믈 꿈기, 수행(修行)홀 싸ᄅᆞ미, 몯 볼 꼬디리라, 갈 ᄠᅥ업서, 몯홀 빼니'에서처럼 'ㄲ, ㄸ, ㅃ' 등의 각자병서(各自竝書)로 표기된 일이 잠깐 있었으나 이러한 한정된 환경에서의 특수한 표기는 곧 자취를 감추게 되었다.

'ㅆ, ㅉ, ㆅ' 등은 '쓰-(書), 쏘-(射), 눈ᄍᆞᅀᆞ, 연쩝고, ᅘᅧ-(引)' 등에서와 같이 처음부터 정상적인 위치에서 쓰였다. 이 중 특이한 것은 'ㆅ'이다. 이 된소리는 'ᅘᅧ-, 니르ᅘᅧ-(起), 두르ᅘᅧ-(廻), ᄡᅡᅘᅧ-(拔)'처럼 반모음 'j' 앞에만 나타났다. 후세에 이 음이 '썰물'이나 '(불을) 켜다'에서처럼 'ㅆ'이나 'ㅋ'으로 바뀐 것을 보면 역시 'ㅎ'과는 구별되는 일종의 된소리였던 것으로 추정된다.

'ㆅ'과 아울러 특이한 각자병서의 하나로 'ᅇ'이 있었다. 이것도 '미ᅇᅵᄂᆞ니라, 괴ᅇᅧ'처럼 반모음 'j' 앞에만 나타났던 것으로 보이는데 'ㅇ'이 어떤 구체적인 음가를 가지기 어려웠던 만큼 이 각자병서가 어떤 된소리를 나타냈다고 생각하기는 어렵다. 모음이 긴장되어 발음되는 상태를 나타낸 정도가 아닌가 생각되는데 이내 그 자취를 감추고 말았다.

유기음 앞에서 고대국어에 이미 유기음(有氣音)과 평음(平音)의 대립이 있었을 가능성에 대하여 말하였었다. 따라서 중세국어에 유기음이 있었을 것은 당연하다. 그러나 중세국어에서는 아직도 유기음을 가지고 있는 단어가 현대국어에서만큼 많지는 않았다. 오늘날의 '코, 칼'이 유기음을 가지게 된 것도 16세기 후반에 들어서의 일이요, '팔'도 훈민정음 제정 당시만 하여도 'ᄇᆞᆶ'이란 형태여서 그 첫소리가 평음이었던 것이다.

자음체계 이상에서 본 중세국어의 자음을 기초로 하여 당시의 자음체계(子音體系)를 만들어 보면 대개 다음과 같았던 것으로 추정된다.

ㅂ	ㄷ	ㅅ	ㅈ	ㄱ	ㆆ
ㅍ	ㅌ		ㅊ	ㅋ	
ㅳ(ㅃ)	ㅼ(ㄸ)	ㅆ	ㅉ	ㅺ(ㄲ)	ㆅ
ㅸ		ㅿ			
ㅁ	ㄴ			ㆁ	
	ㄹ				

모음체계 중세국어의 모음 중 가장 특징적인 것은 'ㆍ'였다. 이 음은 『훈민정음』(解例本)에서 '舌縮而聲深', 즉 '혀가 오므라들고 소리가 깊다'라고 규정된 소리인데 'ㅏ'와 'ㅗ'의 간음(間音)으로서 대개 후설반저모음(後舌半低母音) [ʌ]의 음가를 가졌던 것으로 추정된다. 'ㆍ'의 음가를 이렇게 전제하였을 때의 중세국어의 모음체계는 대개 다음과 같은 7모음체계(母音體系)였던 것으로 보인다.

ㅣ(i)	ㅡ(ɨ)	ㅜ(u)
	ㅓ(ə)	ㅗ(o)
	ㅏ(a)	ㆍ(ʌ)

중세국어에는 아직 'ㅐ, ㅔ, ㅚ, ㅟ'가 단모음화(單母音化)하지 않았기 때문에 단모음(單母音)은 위의 7개뿐이었다. 그만큼 중세국어에는 아래에서 보듯 이중모음(二重母音)이 많았다.

ㅑ(ja), ㅕ(jə), ㅛ(jo), ㅠ(ju), ㅘ(wa), ㅝ(wə),
ㆎ(ʌj), ㅐ(aj), ㅔ(əj), ㅚ(oj), ㅟ(uj), ㅢ(ɨj)

훈민정음에는 표준어 표기에는 불필요하지만 아이들 말이나 변야

(邊野)의 말, 즉 방언의 표기에 필요하면 쓰라고 ᆝ, ᆜ 두 자(字)를 만들어 놓았다. 각각 [jʌ]와 [jɯ]를 나타내는 글자들인데 이들을 포함한다면 중세국어의 이중모음의 수는 더욱 많아질 것이다.

이중모음에 다시 'ㅣ'가 결합하여 이루어진 'ㅒ, ㅖ, ㅙ, ㅞ' 등도 물론 쓰였다. 그러나 이들은 현대국어에서는 이중모음이지만 당시에는 말하자면 삼중모음(三重母音)이었다고 해야 할 것이다. 그리고 훈민정음에는 이상의 것 이외에 'ㆉ, ㆌ, ㆇ, ㆊ, ㆈ, ㆋ' 등의 글자도 만들었으나 국어에 이러한 글자들이 쓰인 용례는 '쇼(牛)+ㅣ→ 쇼ㅣ' 등의 특수한 경우를 제외하고는 찾아보기 어렵다.

성조체계 중세국어가 현대국어와 크게 다른 점의 하나는 성조(聲調 tone)를 음운으로 가지고 있었다는 점이다. 즉 중세국어는 성조언어(聲調言語 tone language)였던 것이다. 당시의 한글 문헌은 방점(傍點) 또는 사성점(四聲點)으로써 성조를 나타냈는데 평성(平聲)에는 아무 표시도 하지 않고, 거성(去聲)에는 점 하나, 상성(上聲)은 쌍점(雙點)으로 표시하였다.

평성은 저조(低調), 거성은 고조(高調)인 것으로 해석되며, 상성은 처음은 낮다가 나중은 높은 소리라고 하였는데 저조와 고조가 복합된 복합성조(複合聲調)였던 것으로 보인다. 특히 '부텨 + ·ㅣ →부:톄'에서 보듯 평성과 거성이 결합하면 상성이 되는 현상에서 상성이 복합성조라는 특성이 잘 드러난다.

결국 중세국어의 성조체계(聲調體系)는 평판조(平板調)인 저조와 고조의 이분(二分) 체계이며 이들의 결합 성조인 저고조(低高調)가 있었던 것으로 이해된다. 이들 성조에 의하여 어의(語意)가 분화되는 실례를 몇 보이면 다음과 같다.

(1) a. 손(客) ~ ·손(手)
b. 가·지(種) ~ ·가지 / ·가·지(枝) ~ ·가·지(轎) ~ 가지(茄)
c. 솔(松) ~ :솔(刷)
d. ·발(足) ~ :발(簾)

모음조화 중세국어의 음운 현상 중에서 가장 대표적인 것은 모음조화(母音調和)였다. 모음조화는 중세국어에서만 나타나는 현상이 아니지만 이 시기에 그 규칙이 특히 잘 지켜졌다는 점에서 주목을 요한다. 중세국어의 모음조화는 모음이 다음과 같은 세 계열로 나뉘어 양모음(陽母音)은 양모음끼리, 음모음(陰母音)은 음모음끼리 결합하는 규칙으로 이루어졌다. 이 때 중성모음(中性母音)은 어느쪽 모음과도 결합될 수 있었다.

양 모 음(陽母音)	ㆍ	ㅗ	ㅏ	(ㅛ, ㅑ, ㆎ, ㅚ, ㅐ)
음 모 음(陰母音)	ㅡ	ㅜ	ㅓ	(ㅠ, ㅕ, ㅢ, ㅟ, ㅔ)
중성모음(中性母音)	ㅣ			

이 규칙은 한 단어 안에서도 나타나고 명사와 조사, 또는 어간과 어미, 어기와 접미사 사이에서도 나타나 그 적용 범위가 상당히 넓었다. 먼저 한 단어 안에서의 예를 보면 다음과 같다.

(2) a. (양모음 + 양모음) : ᄀᆞᄅᆞᆷ, ᄒᆞᄅᆞ, 나모, 다ᄉᆞᆺ, 아ᄃᆞᆯ, 가마괴, 다ᄅᆞ-, 다ᄋᆞ-(盡), 보ᄃᆞ랍-
b. (음모음 + 음모음) : 거우루, 구룸, 굴헝, 드릏, 허믈, 므슴, 어듭-, 더으-, 부드럽-
c. (양모음 + 중성모음) : ᄃᆞ리, ᄉᆞᅀᅵ, 가지, 기ᄅᆞ마, 할미
(음모음 + 중성모음) : 님금, 머리, 닐굽

명사와 조사 사이의 모음조화는 'ᄋᆞ/으'를 내포하고 있는 대격조사

'ᄋᆞᆯ/을', 속격조사와 처격조사의 'ᄋᆡ/의'(및 '애/에'), 향격조사와 구격조사의 'ᄋᆞ로/으로', 그리고 특수조사 'ᄋᆞᆫ/은(ᄂᆞᆫ/는)'일 때 일어났다.

(3) a. 사ᄅᆞᄆᆞᆯ, 존(尊)ᄋᆞᆫ, 소ᄂᆞ로(手), 쇼ᄅᆞᆯ(牛), 놀애ᄅᆞᆯ, 남ᄀᆡ(木), 도(道)애
  b. 부텨를, 운(運)은, ᄭᅮ므로(夢), ᄢᅮ를(蜜), 뎌를(彼), 우희(上), 뎌레(寺)
  c. 지ᄇᆞᆯ(家), 지블, 지ᄇᆡ, 지븨, 적심(赤心)ᄋᆞ로, 연민심(憐愍心)으로

한편 활용(活用)에서는 역시 'ᄋᆞ/으'로 시작되는 '-ᄋᆞ니/으니, -ᄋᆞ면/으면, -ᄋᆞ시/으시-'를 비롯하여 '아/어'로 시작되는 '-아(셔)/어(셔), -아라/어라, -아도/어도', 그리고 '오/우'가 개재(介在)하는 여러 어미와 명사형 어미 '-옴/움' 등에서 다양하게 모음조화가 실현되었다.

(4) a. 가ᄑᆞ니, 가ᄑᆞ면, 바ᄃᆞ샤다(受), 고ᄃᆞᆯ(直), 마ᄀᆞᆫ(防)
  b. 어드니, 어드면, 여르샤다(開), 두플(覆), 머근
(5) a. 아라라, 도ᄫᅡ(助), ᄃᆞ외야, 안자셔
  b. 두어라, 그ᅀᅥ(引), 여희여, 누ᄫᅥ셔(臥)
(6) a. 아로리라(知), 마롫디니라(勿), 공양(供養)홇
  b. 무로리라(問), 머구니, ᄡᅮᆯ(用)
(7) a. 사로매(生), ᄆᆞᆯ고미(淸), 도ᄫᅩ미(助), ᄀᆞᆯᄒᆡ요미(分別)
  b. 업수믈(無), 어두미(得), 우숨(笑), 혜유미(計)
  c. ᄃᆞᆫ뇨매(←ᄃᆞᆫ니-옴-애, 行), 니주미(←닞-움-이, 忘)

한편 파생어(派生語)에서도 현대국어에서보다 여러 접미사에 의해 모음조화가 실현되었다. 명사형성접미사(名詞形成接尾辭) '-ᄋᆞᆷ/음'과

'-ᄋᆡ/의' 및 '-애/에, -개/게', 형용사형성접미사(形容詞形成接尾辭) '-ᄇᆞ/브-, -압/업-'을 비롯하여 생산적이지 않은 접미사에 이르기까지 많은 파생접미사들이 모음조화의 규칙에 따라 쓰였던 것이다.

(8) a. 사ᄅᆞᆷ(←살-ᄋᆞᆷ, 人), 노ᄑᆡ(高), ᄂᆞᆯ애, ᄂᆞᆯ개
 b. 여름(←열-음, 果實), 너븨(廣), 울에(雷), 둡게(蓋)
(9) a. 알ᄑᆞᆯ씨오(←앓-+-ᄇᆞ-+…), 앗가ᄫᆞᆫ(←앗기-+-압-+…)
 b. 슬프실씨(←슳-+-브-+…), 므싀엽도소니(므싀-+-업-+…)
(10) a. ᄒᆞ얌직
 b. 들엄즉, 고랑(←골-앙)

이상에서 본 것 이외에 현대국어에서도 잘 지켜지고 있는 의성의태어(擬聲擬態語)에서의 모음조화 등은 물론 잘 지켜졌다. 그만큼 중세국어의 모음조화 규칙은 현대국어에서보다 그 적용 범위가 상당히 더 넓었다. 그것은 무엇보다도 'ㆍ'가 'ㅡ'와 대립하였기 때문임을 위에서 볼 수 있었다.

어두자음군 중세국어 음운 현상에서 볼 수 있는 특징적인 현상 중 현대국어에서 볼 수 없는 현상 한두 가지만 더 보기로 하겠다. 특히 음운들의 분포에서 현대국어에서는 볼 수 없는 특징들이 있었는데, 그 중 하나는 어두(語頭)에 자음군(子音群)이 올 수 있는 현상이었다.

(11) ᄠᅳᆮ(意), ᄠᅵ(垢), ᄡᆞᆯ(米), ᄡᅵ(種), ᄧᅡᆨ(隻), ᄠᅳ-(浮, 開), ᄡᅳ-(用), ᄧᆞ-(織)
(12) ᄢᅮᆯ(蜜), ᄢᅳ(時), ᄣᅢ(時), ᄣᅦ-(貫), ᄣᅵ르-(刺)

등이 그 대표적인 예들인데, 이들 어두자음군(語頭子音群)의 'ㅂ'은

실제로 제 음가(音價)를 가지고 있었던 것으로 추정된다. 현대국어의 '좁쌀, 입쌀, 햅쌀'이나 '볍씨, 욉씨', 또 '입짝, 접짝, 입때, 접때'나 '부릅뜨-'의 'ㅂ'이 이들 'ㅂ'의 잔재로 해석된다. 'ᄡᆞᆯ'을 『계림유사(雞林類事)』에서 '보살'(菩薩 ᄇᆞ ᄉᆞᆯ)로 전사(轉寫)한 것이나 'ᄡᅵ'가 만주어 fusen(번식) 등과 비교될 수 있는 점 등도 모두 이들 자음군의 'ㅂ'이 실제로 'ㅂ'음을 가지고 있었음을 뒷받침해 주는 증거들이라 할 만하다.

(12)의 'ㅴ, ㅵ'의 'ㅺ, ㅼ'은 여기서도 된소리였던 것으로 추정된다. 따라서 글자로는 석 자더라도 어두에서 발음된 자음은 중세국어에서도 두 개가 상한(上限)이었다고 할 수 있다.

이들 어두자음군은 애초 'ㅂ' 다음에 개재해 있었던 모음이 탈락함으로써 결과된 것으로 추정된다. 국어는 역시 어두에 자음 하나만 있는 것이 안정된 상태였던 모양으로 이 어두자음군은 17세기부터 점차 된소리로 바뀌어 갔다.

음절말 자음　중세국어의 음운 현상 중 주목되는 것의 다른 하나는 음절말(音節末) 즉, 받침에서의 자음의 분포다. 현대국어에서는 음절말에 두 개 자음이 겹쳐 올 수 없다. 그런데 중세국어에서는 'ㄺ, ㄻ, ㄼ'처럼 'ㄹ'로 시작되는 자음군은 두 자음이 다 발음되었던 것으로 추정된다.

한편 현대국어에서는 음절말에 올 수 있는 자음이 'ㄱ, ㄴ, ㄷ, ㄹ, ㅁ, ㅂ, ㅇ'의 7개뿐인데 당시는 여기에 'ㅅ'이 하나 더 쓰였다. 팔종성법(八終聲法)이라고 하여 표음(表音) 위주의 표기법을 채택해 쓰면서도 받침에서 'ㅅ'과 'ㄷ'을 철저히 구별해 표기하였던 것이다. 그러나 이것은 표기에서의 규칙이었을 뿐 이 때에도 이미 받침의 'ㅅ'과 'ㄷ'은 대립을 하지 않았던 것이 아닌가 한다.

i, j 앞에서의 자음의 분포 현대국어에서는 모음 'ㅣ'나 반모음 'j' 앞에 분포되기 어려운 자음들이 꽤 있다. 'ㅅ, ㅈ, ㅊ'와 같은 치찰음(齒擦音)이 'ㅑ, ㅕ, ㅛ, ㅠ' 앞에 오기 어려운 것도 그 하나다. 'ㄴ, ㄷ, ㅌ'도 'ㅣ'와 'j' 앞에 분포되는 일이 크게 제약을 받고 있다. 이에 비해 중세국어에서는 다음 예에서 보듯이 이 자리에서의 이들 자음의 분포가 퍽 자유로웠다.

(13) a. 샤공(杜諺 15 : 33), 셤(龍歌 53장), 쇼(龍歌 87장), 쟈ᄅᆞ(袋, 字會 中13), 쳔(財, 月釋 13 : 8), 쵸(字會 中15)
b. 니마 우희(朴通 上57), 님그미(龍歌 33장), 뇨(龍歌 84장), 녀느(他, 釋節 6 : 10), 뎌(彼, 龍歌 26장), 됴커나 궂거나(釋節 19 : 20), 티거든(打, 釋節 13 : 22)

6.4.2 문 법

중세국어의 문법체계는 전체적으로 현대국어와 같은 테두리 속에 있었다고 할 수 있다. 그러나 형태상으로, 또는 기능상으로 현대국어와 구별되는 현상도 많았다. 중세국어의 특징적인 현상이라고 할 만한 것을 중심으로 몇 가지 중요한 문법 현상들을 간추려 살펴보기로 하겠다.

복합어 중세국어에서의 복합어(複合語)의 구성 방식은 현대국어의 그것과 비교하여 크게 두드러진 것이 없다. 다만 동사와 형용사의 어간끼리 직접 결합하여 이루어진 복합어가 현대국어보다 생산적(生產的)이었다는 점은 주목을 요한다. '죽살-, 듣보-, 빌먹-(乞食), 됴쿶(←둏-+궂-, 好凶), 놉ᄂᆞᆽ갑-(高低)' 등이 그 일단을 보여주는 예다. 현대국어에서도 '붙잡-, 얽매-, 검붉-' 등 같은 종류의 예가 꽤 많지만 중세국어에서 더 생산적이었던 것이다.

현대국어에서는 단일어인 '같-'이 중세국어에서는 부사(副詞) 'ᄀᆞᆮ'과 'ᄒᆞ-'가 복합된 복합어였다는 것도 특기할 만하다. 'ᄀᆞᆮ'은 당시 '하ᄂᆞᆳ 벼리 눈 ᄀᆞᆮ 디니이다'(龍歌 50장)처럼 부사로 쓰였던 것이다. 그리고 오늘날엔 접두사인 '앓, 숳'이 당시에는 '암ᄒᆡ 수ᄒᆞᆯ 좃ᄂᆞᆺ다'(杜詩 17 : 5)에서처럼 명사로 쓰였기 때문에 오늘날이라면 파생어로 분석될 '암ᄐᆞᆰ, 수ᄐᆞᆰ'이 중세국어에서는 복합어로 분석되어야 한다는 점도 주의를 요한다.

파생명사와 명사형 파생명사(派生名詞)를 만드는 '-ᄋᆞᆷ/음'은 오늘날의 '-음'과 그 기능이 같았으며 또한 생산적이었는데, 다만 이들 앞에 '-오/우-'가 결합하면 명사가 아니라 명사형(名詞形)이 되었다는 점이 특이하다. 가령 '열-'에 '-음'이 결합된 '여름'은 과일을 뜻하는 파생명사인 데 반하여 '여룸'은 '없움, 뙴'과 같은 용언의 명사형이었던 것이다.

'-암/엄'은 이 때 이미 '구지람(譏), 무덤, 주검' 등의 파생명사를 만들었고 '-이'도 오늘날 이상으로 생산적이어서 '죽사리(生死), 글지ᅀᅵ(詩作), 우숨우ᅀᅵ(笑), 내노리(出遊)' 등 오늘날에는 쓰이지 않는 많은 파생명사를 만들었다.

의미를 덧붙이지 않으면서 명사 끝에 연결되는 '-이'도 넓게 쓰였다. 애초 'ᄑᆞᆯ(蠅), 그력(雁), 압(父), 엄(母)'이던 어형(語形)을 'ᄑᆞ리, 그려기, 아비, 어미'로 만든 '-이'가 그것이다. '수철이, 인숙이'의 '이'처럼 의미보다는 발음의 안정에 더 큰 기여를 하는 요소가 아닌가 싶다.

현대국어에서는 관형사형의 어미로만 쓰이는 '-ㄴ'과 '-ㄹ'이 중세국어에서는 명사형어미(名詞形語尾)로도 쓰였다는 점은 매우 중요한 사실이다.

(1) a. 虞芮質成ᄒᆞᄂᆞ로 方國이 해 모ᄃᆞ나 (…) 威化振旅ᄒᆞ시ᄂᆞ로 輿望이 다 몯ᄌᆞᄫᆞ나(龍歌 11장)
b. 슬픐 업시(杜諺 25 : 53)

의 'ᄒᆞᆫ-ᄋᆞ로'와 'ᄒᆞ신-ᄋᆞ로'의 '-ㄴ'은 명사형어미로 분석되며 '슬픐'의 '-ㄹ' 역시 '슬프-'를 명사형으로 만드는 기능을 맡은 것으로 분석된다. 관형사형이 명사형의 용법을 가지고 있었다는 점은 중세국어(및 그 이전의 국어)의 가장 큰 특징의 하나였다고 하여도 좋을 것이다.

사역 및 피동의 접미사 사역동사(使役動詞)를 파생시키는 방법은 현대국어에서와 거의 일치하지만 몇 가지는 특이하였다. 특히 접미사 '-ᄋᆞ-'의 존재는 주목을 요한다. 이 '-ᄋᆞ-'는 그 형태도 특이할 뿐 아니라 다른 접미사에 의해 파생된 사역형이 있음에도 그것과 의미가 구별되는 또하나의 사역형을 만들어낸다는 점에서 매우 특이한 존재이기 때문이다. 가령 '살-(生)'에서 파생된 사역형 '살이-'는 어떤 곳에 거주하게 한다는 뜻을 가지는 데 빈하여 '사ᄅᆞ-'는 목숨을 살린다는 의미를 가지며, '일-'(成)에서 파생된 사역형 '일우-'는 어떤 일을 성취한다는 의미를 가짐에 반해 '이ᄅᆞ-'는 집이나 탑 등의 건축물을 세운다는 뜻을 가졌던 것이다. '사ᄅᆞ-'와 '이ᄅᆞ-'는 모음으로 시작되는 어미를 만나면 'ᆞ'가 탈락되고 'ㄹ'은 앞 음절의 받침으로 표기되었다.

(2) a. 집 지어 살이시니(杜諺 24 : 27)
b. 주그닐 도로 사ᄅᆞᄂᆞ니(法華 2 : 203)
c. 부러 저히샤 살아 자ᄇᆞ시니(龍歌 115장)

(3) a. 큰 功을 일우ᅀᆞᄫᆞ니(龍歌 57장)
b. 精舍ᄅᆞᆯ 이ᄅᆞᅀᆞ ᄫᅡ지이다(釋節 6 : 24)
c. 塔 일어 供養ᄒᆞ야ᅀᅡ ᄒᆞ리니(釋節 19 : 43)

중세국어에서는 위의 두 예 이외에도 '길우-'와 '기ᄅᆞ-', '돌이-'와 '도ᄅᆞ-' 등의 짝이 더 있었다. 그리고 '닐-'(起)의 사역형은 '니ᄅᆞ-'였다.

'-ᄋᆞ-'에 의해 사역동사를 파생시키는 동사는 공교롭게도 어간말음이 모두 'ㄹ'이다. 그런데 이 'ㄹ' 말음을 가진 어간이 중세국어에서는 어미 '-니'나 '-시-' 앞에서도 'ㄹ'을 탈락시키지 않고 대신 어미를 '-ᄋᆞ(으)니, -ᄋᆞ(으)시-'로 취하였다. 그 때문에 '사ᄅᆞ-, 이ᄅᆞ(르)-, 도ᄅᆞ-' 등은 사역형의 어간일 수도 있지만 '살-, 일-, 돌-'의 활용형일 수도 있다. 그러나 이들은 성조(聲調)에 의하여 구별되었다. 즉 활용형으로서의 '사ᄅᆞ샤, 이르시니' 등에서의 어간은 상성(上聲)을 그대로 유지하는 데 반해 사역동사 어간으로서의 '사ᄅᆞ-, 이ᄅᆞ-'는 평성(平聲)이었다.

(4) a. 幽谷·애 :사ᄅᆞ·샤(龍歌 3장)
b. 다시 사ᄅᆞ·샤 爵祿·을 :주시·니(龍歌 77장)
(5) a. 大勳·이 :이ᄅᆞ시·릴·ᄊᆡ(龍歌 66장)
b. ᄒᆞᆯᄀᆞ·로 塔·ᄋᆞᆯ 이르:ᅀᆞᆸ거·나(釋節 13 : 51)

사역동사를 파생시키는 접미사로는 앞의 '-ᄋᆞ/으-' 이외에 현대국어에서 쓰이는 접미사와 거의 같은 '-이/히/기/오/우-' 등의 여러 접미사들이 쓰였다. 그러나 이들의 분포는 가끔 현대국어와 비교하여 다름이 있었음을 다음 예에서 볼 수 있다.

(6) 웃이-(笑), 짓이-(造), ᄆᆞᆯ기-(ᄆᆞᆰ-이-, 淸), ᄒᆡ-(ᄒᆞ-이-, 使),

> 셰-(立), 올이-(上), 흘리-(流), 느치-(늦-히-, 晩), 녀토-(녙-오-, 淺), 업시우-(輕)

이 중 '올이-'와 '흘리-'의 차이가 주목을 끈다. 현대국어에서는 구별되지 않는 '르'변칙(變則)의 어간들이 당시에는 활용에서나 파생에서 이처럼 두 계열로 나뉘어 차이를 일으켰던 것이다. 그리고 나머지 사역형들도 현대국어와 비교하면 차이가 있음을 볼 수 있다. '짓-, 밝-, 하-' 등의 사역형은 현대국어에서는 아예 없다. 그리고 '웃-, 늦-, 서-'의 사역형은 현대국어의 '웃기-, 늦추-, 세우-'에서와는 다른 접미사를 취했음을 볼 수 있다.

중세국어에서는 15세기 중엽 이전에만 나타나지만 'ᄆᆞ리ᄫᆞ며'(月釋 18 : 39)와 같은 '-ᄫᆞ/ᄫᅩ-'에 의해서 이루어진 사역형도 보인다. 이 접미사는 '-오/우-'의 전신(前身)이었다.

피동동사(被動動詞)도 현대국어에서와 거의 비슷한 방식으로 파생되었다. 다만 'ᄆᆡ-'(結)나 '괴-'(愛)처럼 'j'로 끝나는 어간의 피동형은 'ᄆᆡᅇᅵᄂᆞ니라'(釋譜 13 : 9), '괴ᅇᅧ'(訓民正音 合字解)처럼 '-ᅇᅵ-'라는 독특한 접미사를 취하였음이 특이하였다.

파생형용사 (및 부사) 접미사 파생형용사(派生形容詞)를 형성하는 접미사 중 특기할 만한 것으로 '-ᄫ/ᄫᆞ/ᄫᅳ/ᄇᆞ/브-'가 있었다.

> (7) 그리ᇦ-(慕), 두리ᇦ-(恐), 놀라ᇦ-(驚), 믜ᇦ-(憎), 믿브-(信), 웃ᄫᅳ-(笑), 저프-(←젛-브-, 畏), 골ᄑᆞ-(←곯-ᄇᆞ-, 飢), 알ᄑᆞ-(←앓-ᄇᆞ-, 痛), 슬프-(←슳-브-, 悲), 깃브-(←깄-브-, 喜)

등의 많은 예가 이 접미사에 의해 동사로부터 형용사로 파생되었다. 이들 중 '믜-, 젛-, 깄-' 등의 동사는 이제 독립된 단어로 쓰이지 않게 되어, 또 '골ᄑᆞ-, 알ᄑᆞ-'는 'ㄹ'이 탈락되어 위의 파생형용사들이 동사로부터의 파생어라는 사실을 지금에 와서는 인식하기 어렵게 되었다.

접미사 '-아ᇦ/어ᇦ-'도 동사를 형용사로 바꾸는 접미사로 널리 쓰였다. 그리고 현대국어의 '-답-'과 '-롭-'의 전신(前身)인 '-다ᇦ-'과 '-ᄅᆞᇦ/ᄃᆞᇦ/ᄃᆞᄫᆡ-'는 이때에도 명사에 결합되어 형용사를 파생시키는 기능을 하였다.

(8) 븟그러ᇦ-(←븟그리-어ᇦ-), 즐거ᇦ-(←즐기-어ᇦ-), 앗가ᇦ-(←앗기-아ᇦ-), 므ᅀᅴ여ᇦ-(←므ᅀᅴ-어ᇦ-, 畏)

(9) a. 禮다ᇦ-, 시름다ᇦ-
　　b. 受苦ᄅᆞᇦ-, 외ᄅᆞᇦ-, 疑心ᄃᆞᇦ-

파생부사(派生副詞)를 형성하는 접미사로는 현대국어에서 볼 수 있는 '-이-'와 '-히-' 및 '-오/우-'가 가장 널리 쓰였다. 그리고 명사에 '-소'가 결합되어 이루어지는 특수한 파생부사도 있었다.

(10) a. 기릐, 기픠, 노ᄑᆡ, 너비(廣), 니기(熟), 해(多)
　　b. ᄀᆞ독히, 이러히(如此)
　　c. 골오(←고ᄅᆞ-오, 均), 오ᄋᆞ로(←오ᄋᆞᆯ-오)
　　d. 몸소, 손소

격조사 격조사(格助詞) 중에도 특기할 만한 것이 꽤 있다. 주격조사(主格助詞)로는 '이'가 쓰이고 '가'는 16세기 후반에 가서 겨우 나타나기 시작하였다. '이'의 표기에 몇 가지 규칙이 있었는데 먼저 명사 말음이 자음일 때는 분철하여 표기하거나 연철하여 표기하였다. 모음일 때는 그 모음 끝에 결합시켜 표기하는데 그 명사가 한자(漢字)일 때는 'ㅣ'를 따로 떼어 표기하였다. 그리고 그 모음이 'ㅣ'나 'j'일 때는 외형상으로 아무 모습도 드러내지 않았다. 다만 명사

말음의 성조가 평성(平聲)일 때는 그것을 상성(上聲)으로 바꾸었다.

(11) a. 사ᄅᆞᆷ이/사ᄅᆞ미, 大王이
b. 부:톄, :쇠, 始祖ㅣ
c. ᄃᆞ:리, :비(梨), 너:희

대격조사(對格助詞)로는 'ㄹ/ᄋᆞᆯ/을/ᄅᆞᆯ/를'이 쓰였다. 모음조화에 따른 이형태가 있다는 것 이외에는 현대국어와 별반 다를 것이 없었다. 처격조사(處格助詞)로는 'ᄋᆡ/의/애/에/예'가 쓰였다. '예'는 명사가 'ㅣ'나 'j'로 끝나는 경우 그 모음의 영향이며, 'ᄋᆡ~의'와 '애~에' 간의 교체는 모음조화에 의한 것이다. 'ᄋᆡ'와 '애'(또는 '의'와 '에') 간의 차이는 무엇인지 명쾌하게 선을 긋기 어렵다.

(12) a. 道場애 안ᄌᆞ샤(釋節 13 : 25)
b. 밤 後에 ᄭᅮ메 부텻 모ᄆᆞᆯ 보ᅀᆞᄫᆞ니(月釋 21 : 54)
(13) a. 새벼리 나지 도ᄃᆞ니(龍歌 101장)
b. 山 미틔 軍馬 두시고(龍歌 58장)
(14) a. 狄人ㅅ 서리예 가샤(龍歌 4장)
b. 智力이 샹녜예 다ᄅᆞ실ᄊᆡ(法華 5 : 97)

속격조사(屬格助詞)로는 'ᄋᆡ/의' 및 'ㅅ'이 쓰였는데 'ᄋᆡ/의'는 처격조사와 형태상 구별되지 않은 점이 특이하다. 'ᄋᆡ/의'는 유정명사(有情名詞)에만 연결되고 무정명사(無情名詞) 및 존칭(尊稱)의 유정명사에는 'ㅅ'이 연결되었던 점도 현대국어에서와는 다른 점이다. 그리고 내포문의 주어가 현대국어에서는 주격조사를 취하는 것이 일반적인 데 반해서 중세국어에서는 예문 (17)에서처럼 속격조사를 취하였던 점도 특기할 만하다.

(15) a. 도ᄌᆞᄀᆡ 알ᄑᆡ 디나샤(龍歌 60장)

b. 거부븨 터리와 톳긔 ᄲᅳᆯ ᄀᆞᆮ거니(楞嚴 1 : 74)

(16) a. 世尊ㅅ 일 ᄉᆞᆯᄫᅩ리니(月釋 1 : 1)

b. 나랏 小民ᄋᆞᆯ(龍歌 52장)

(17) a. 父母ᄋᆡ 나혼 모ᄆᆞᆫ(楞嚴 3 : 108)

b. 浩의 ᄒᆞ욘 이리라 ᄒᆞ여(飜小 9 : 46)

대명사(代名詞) '나, 너'의 속격형(屬格形)은 주격형(主格形)과 마찬가지로 '내, 네'였는데 이들은 성조에 의해 구별되었다. 속격형은 '내, 네'가 모두 평성(平聲)이었고 주격형은 '내'는 거성(去聲), '네'는 상성(上聲)이었던 것이다. 그런데 내포문의 주어로서의 속격형은 '내, 네'가 아니고 '내ᄋᆡ, 네의'였다는 것도 특이하였다.

(18) a. 내ᄋᆡ 어미 爲ᄒᆞ야 發혼 廣大誓願을 드르쇼셔(月釋 2 : 57)

b. 네의 어미 그려호미 샹녯 ᄠᅳ뎃 衆生애셔 倍홀씨(月釋 21 : 22)

'로/ᄋᆞ로/으로'는 현대국어에서와 마찬가지로 방위(方位)를 나타내기도 하고 구격조사(具格助詞)로 쓰이기도 하였다. '와/과'가 공동격조사(共同格助詞)로 쓰인 것도 현대국어에서와 같다. 다만 명사 말음(末音)이 'ㄹ'일 때에 '와'가 쓰였던 점이 특이하다. 그러나 16세기에 와서는 '와'가 '과'로 바뀌기 시작하여 16세기 후반에 와서는 거의 '과'로 통일되었다.

(19) a. 果實와 믈와 좌시고(月釋 1 : 5)

b. 수플와 결와ᄂᆞᆫ 수플와 ᄉᆡ미라(楞嚴 2 : 49)

이 공동격조사는 현대국어에서와는 달리 마지막 명사 앞에도 쓰였다. 그러나 16세기 말엽 『소학언해(小學諺解)』에 오면 이러한 현상은 자취를 감추게 된다.

(20) a. 부텨와 즁과ᄅᆞᆯ 請ᄒᆞᅀᆞᄫᅡ려(釋節 6 : 16)
b. 비와 이슬왜(杜諺 20 : 14)

호격조사(呼格助詞)로 '아/하'가 쓰였던 것은 주목을 끈다. 윗사람에게는 '하'가 쓰이고 아랫사람이나 평교간(平交間)이면 '아'를 썼는데 상대방의 신분에 따라 호격조사를 구분하여 썼던 것이다. 모음 뒤에서도 '야'가 아닌 '아'가 쓰인 것도 오늘날과 달랐다. '여'도 쓰였는데 구어적(口語的)이기보다는 영탄적(詠嘆的)인 용법을 가졌던 것으로 보인다.

(21) a. 比丘아 알라(月釋 17 : 6)
b. 님금하 아ᄅᆞ쇼셔(龍歌 125장)
c. 부텨 니ᄅᆞ샤ᄃᆡ 됴타됴타 須菩提여(金剛 11)

복합격조사와 특수조사 현대국어의 이른바 여격조사(與格助詞) '에게' 및 '께'에 해당하는 중세국어의 조사는 다음 예문 (22)에서와 같은 여러 형태가 있었다. 이들은 모두 속격조사 'ᄋᆡ' 및 'ㅅ'에 '게, 그에, 거긔, 손ᄃᆡ' 등이 결합하여 이루어진 복합조사(複合助詞)였다.

(22) a. 阿羅漢ᄋᆡ게, 阿羅漢의거긔(月釋 9 : 35), 나ᄆᆡ그에(釋節 6 : 5), 須達ᄋᆡ손ᄃᆡ
b. 王ㅅ그에(月釋 7 : 26), 嫡子ㅅ긔(龍歌 98장), 부텻게(法華 3 : 96), 如來ㅅ거긔(月釋 10 : 69)

이들 중 'ᄋᆡ/의'에 결합된 형태들은 평칭명사(平稱名詞) 다음에 쓰이고 'ㅅ'에 결합된 형태들은 존칭명사(尊稱名詞) 다음에 쓰였다. 이것은 이들 속격조사의 기능과 일치하는 것이어서 이들의 용법이 그 속격조사에서 비롯되는 것임을 알 수 있다. 그런데 이들에 후속되는 형태들이 어떤 조건에 의해 선택되는지에 대해서는 아직 명확히 밝혀지지 않고 있다.

오늘날의 '더러'에 해당되는 조사도 대격조사의 'ㄹ'에 'ᄃᆞ려'가 결합된 복합조사(複合助詞)였다. 이 여격조사를 이루는 '게, 그ᅌᅦ, 거긔, ᄃᆞ려' 등은 애초 단어이던 것들이 조사의 일부로 문법화(文法化)한 것으로 해석된다.

중세국어의 특수조사(特殊助詞)는 특히 단어에서부터 문법화된 것들이 많았다. 오늘날의 '부터'와 '조차'의 전신(前身) '브터'와 '조차'는 '븥-'(附)과 '좇-'(隨)의 부사형이 굳어진 것이며, 비교(比較)를 나타내는 '두고'는 '두-'(置)의 활용형이 굳어진 것이 그 예다. 이들은 중세국어에서는 '空올브터'(楞嚴 2 : 114), '녜로브터'(杜諺 20 : 54)처럼 대격조사(對格助詞)나 구격조사(具格助詞)와 결합하여 쓰였는데 이는 이들이 동사에 그 기원을 두고 있는 것과 관련될 것이다.

강조(強調)를 나타내는 특수조사로 'ᅀᅡ'가 있음은 널리 알려진 사실이다. 오늘날 '야/이야'의 전신(前身)으로서 16세기 후반부터는 이미 '야/이야'로 나타나기 시작하였다. 비슷한 기능을 하는 특수조사로 '곳/옷'도 있었다.

(23) a. 來ㅂᅀᅡ(月釋 7 : 16), 오라거ᅀᅡ(月釋 21 : 217)
    b. 도힝이야(發心 29)
(24) a. 疑心곳 잇거든(月釋 10 : 68), 사ᄅᆞᆷ곳 아니면(金三 2 : 3)
    b. 내 말옷 아니면(月釋 2 : 5), 菩提옷 아니면(金三 2 : 2)

다음의 'ᄀᆞ'도 강조의 의미를 가지는 것으로 이해된다. 이 'ᄀᆞ'은 주로 구격조사 '로'와 활용어미 '-아, -고, -다가' 다음에 쓰였다.

(25) 일록 後에 疑心 마오(月釋 2 : 13), 그를 스곡(杜諺 21 : 6), 工夫ᄒᆞ약 ᄆᆞᅀᆞᄆᆞᆯ 쎄(蒙山 4)

이상의 특수조사 이외에 오늘날의 '은/는'의 전신(前身)인 'ㄴ/온/은/ᄂᆞᆫ/는'을 비롯하여 많은 조사들이 쓰였다. 이들 중 앞에서 언급하였듯이 독립된 단어로부터의 문법화라는 특성이 확인되는 것은 따로 후치사(後置詞)라든가 첨사(添辭) 등의 특별한 용어로 구별하여 부르는 수가 있다. 그러나 후치사(postposition)나 첨사(particle)라는 용어는 서구(西歐) 학자들 사이에서도 그 쓰임이 일정하지 않아 여기에서는 모두 특수조사라는 이름 밑에서 살펴보았다.

의도법 선어말어미 중세국어의 활용도 선어말어미(先語末語尾)와 어말어미(語末語尾)에 의해 수행되었다. 먼저 선어말어미들 중 특징적인 것부터 보아 가기로 하자. 중세국어의 선어말어미로서 가장 특징적인 것은 '-오/우-'일 것이다. 이 어미는 주로 주어가 1인칭일 때 쓰이면서 주체(主體)의 의도를 드러내 주는 의도법어미(意圖法語尾)라고 이해되고 있다. 그 기능에 대한 해석이 아직 완미(完美)한 상태는 아니나 현대국어에서는 볼 수 없는 어미가 그것도 매우 활발히 쓰인 것이어서 중세국어의 한 특징을 이루는 어미라 할 만하다.

(26) a. 내 이제 分明히 너ᄃᆞ려 닐오리라(月釋 19 : 4)
b. 末世ㅅ 사ᄅᆞ미(…) 그 ᄠᅳ들 取ᄒᆞ야 그 ᄢᅢ해 불로리라(楞嚴 7 : 9)

'-오/우-'는 어간말음이 'ㅗ, ㅜ'로 끝날 때는 말할 것도 없고 'ㅏ, ㅓ'로 끝날 때도 '오-오-→: 오-, 가-오→: 가-'처럼 겉으로 드러나지 않고 다만 성조의 변동만 일으켰다. 그리고 어간말음이 'ㆍ, ㅡ'일 때는 'ᄒᆞ-오-→호', 'ᄡᅳ-우-→ᄡᅮ-'처럼 'ㆍ, ㅡ'가 탈락하였다. 또 회상시제(回想時制)의 '-더-'와 만나면 '-더-오-→-다-', 주체경어(主體敬語)의 '-시-'와 만나면 '-시-오-→-샤-',

계사(繫詞) '이-'와 만나면 '이-오-→이로-'와 같은 특이한 변이(變異)를 일으켰으며, 현재시제(現在時制)의 '-ᄂᆞ-' 및 '-ᄂᆞᆫ'과의 결합형은 각각 '노'와 '논'이었다.

(27) a. 도라:오리·라 ᄒᆞ시고(釋節 6 : 4)
  b. 그 나라해 :나리·라(釋節 6 : 36)
  c. 授記ᄅᆞᆯ 쓰디 아니호리라(月釋 10 : 84)

(28) a. ᄎᆞ마 몯 주겨 ᄒᆞ다니(月釋 10 : 25)
  b. 안ᄌᆞ시며 누ᄫᅳ샤매(月釋 2 : 26)
  c. 第一이로라 일ᄏᆞᆮᄂᆞ니(月釋 21 : 199)
  d. 니르논 마리(釋節 13 : 37)

이 의도법어미(意圖法語尾) '-오/우-'는 16세기에 들어서면서 자취를 감추어 『소학언해(小學諺解)』에 오면 볼 수 없게 된다.

경어법 선어말어미 중세국어의 선어말어미 중 가장 특징적인 것 중의 또 하나는 '-ᄉᆞᇦ/ᄌᆞᇦ/ᅀᆞᇦ-'이다. 이른바 객체경어법(客體敬語法)을 담당하던 어미로서, 당시는 지금까지 널리 쓰이는 주체경어법(主體敬語法)의 '-시-'만큼 그 쓰임이 활발하였다. 이 어미의 세 이형태는 어간말음에 따라 결정되는데 어간말음이 'ㄱ, ㅂ, ㅅ, ㅎ'이면 '-ᄉᆞᇦ-', 'ㄷ, ㅈ, ㅊ'이면 '-ᄌᆞᇦ-', 그리고 모음이거나 'ㄴ, ㅁ, ㄹ'이면 '-ᅀᆞᇦ-'이 분포되었다.

(29) a. 大耳兒ᄅᆞᆯ 臥龍이 돕ᄉᆞᄫᆞ니(龍歌 29장)
  b. 如來ㅅ 일후믈 듣ᄌᆞᄫᆞ면(釋節 9 : 18)
  c. 부텻 ᄆᆞᅀᆞᄆᆞᆯ 또 보ᅀᆞᆸᄂᆞ니(月釋 8 : 28)

'-시-'는 주체(主體)가 존귀한 사람일 때 쓰이는 데 반해서 '-ᄉᆞᇦ-'은 주체보다 존귀한 사람이 있어 그 사람에 대한 주체의 겸양(謙讓)을 보여야 할 경우에 쓰였다. 앞의 예문에서 '大耳兒'나 '如來ㅅ 일훔'이나 '부텻 ᄆᆞᅀᆞᆷ'은 다 주체보다 존귀한 대상이어서 이들에 관련된 주체의 동작이나 상태를 낮추어서 표현한 것이다. 이 때문에 객체경어법을 주체겸양법(主體謙讓法)이라고도 한다.

중세국어에서는 상대경어법(相對敬語法)도 선어말어미에 의해 실현되었다. '-이-'가 그 중 대표적인 것으로서 상대방을 가장 높이는 어미로서 쓰였다. 그리고 '-닝/닛-'도 쓰였는데 이는 '-이-'보다는 공손함이 덜한 어미로 해석되고 있다.

(30) a. 므스글 노ᄒᆞ라 하시ᄂᆞ니잇고(月釋 7 : 54)
　　b. 須達이 ᄉᆞᆯ보ᄃᆡ 내 어루 이ᄅᆞᅀᆞ보리이다(釋節 6 : 22)
(31) a. 大臣ᄋᆞᆯ 請ᄒᆞ야 이바도려 ᄒᆞ노닛가(釋節 6 : 16)
　　b. 三世예 이롤 이르실씨 부텨시다 ᄒᆞᄂᆞ닝다(釋節 6 : 18)

시제의 선어말어미　　현대국어에서와 마찬가지로 중세국어에서도 시제(時制)는 선어말어미에 의해 실현되었다. 그러나 그 형태나 용법에는 차이가 꽤 있었다.

'-리-'는 오늘날과 마찬가지로 미래 내지 추측을 나타냈다. 그러나 현대국어에서의 '-리-'의 쓰임은 문어(文語)에만 얼마간 쓰이는 정도로 매우 한정되어 있는 데 반해 중세국어에서의 '-리-'의 쓰임은 대단히 활발하였다. 오늘날의 '-겠-'이 없었던 대신 이 '-리-'가 그 자리를 메우고 있었다고 할 수 있을 것이다.

(32) a. 아ᄃᆞᆯ ᄯᆞᆯ 求ᄒᆞ면 아ᄃᆞᆯ ᄯᆞᆯ 得ᄒᆞ리라(釋節 9 : 23)
　　b. 니ᄅᆞ샤ᄆᆞᆯ 能히 다ᄋᆞ디 몯ᄒᆞ시리로다(楞嚴 7 : 45)

과거시제(過去時制)의 '-거-'도 특징적이었다. '-거-' 이외에 '-아/어-'가 쓰이기도 하였는데 '-거-'는 예문(33 a)에서처럼 자동사에,

'-아/어-'는 (33 b)에서처럼 타동사에 쓰였다. 이들의 기능은, 오늘날의 국어 시제의 특징도 얼마간 그러하지만, 순수히 시제의 것이기보다 완료(完了) 등의 상(相)을 나타내는 일이었다고 이해된다. '-더-'는 오늘날의 이른바 회상시제(回想時制)의 '-더-'와 비슷한 기능을 가지고 있었다.

(33) a. 오ᄂᆞᆯ 世尊 알ᄑᆡ 몯 듣ᄌᆞᆸ더닐 듣ᄌᆞᆸ고 다 疑惑에 ᄠᅥ러디거이다 (法華 2 : 50)
b. 나라히 威身을 일허다 ᄒᆞ고(月釋 10 : 9)
c. 다 願 ᄀᆞ티 ᄃᆞ외더라(月釋 10 : 30)

중세국어의 선어말어미 '-ᄂᆞ-'는 특히 주목을 요한다. 현대국어의 '먹는다, 간다'의 '-ㄴ/는'의 전신(前身)일 것인데 현대국어에서는 현재시제(現在時制)를 담당하는 이러한 형태소가 따로 분석되기 어려운 형편인 데 비해 중세국어에서는 바로 이 '-ᄂᆞ-'가 현재시제를 활발하게 담당하고 있었기 때문이다.

(34) a. 法華經을 듣고져 ᄒᆞᄂᆞ다(月釋 18 : 75)
b. 그 ᄯᆞᆯᄃᆞ려 무로ᄃᆡ 그ᄃᆡ 아바니미 잇ᄂᆞ닛가(釋節 6 : 14)

의문문어미 중세국어의 어말어미(語末語尾) 중 가장 특징적인 것은 의문문어미(疑問文語尾)일 것이다. 중세국어의 의문문은 '예-아니오' 물음이냐 아니면 의문사(疑問詞)를 동반하는 물음이냐에 따라 그 문말(文末)의 어미가 '-가'와 '-고'('ㄹ' 아래에서는 '-아'와 '-오')로, 또는 '-녀'와 '-뇨'로 구별되어 쓰였다.

(35) a. 이ᄂᆞᆫ 賞가 罰아(蒙山 53)
b. 功德이 하녀 져그녀(釋節 19 : 4)

(36) a. 賢良ᄋᆞᆫ ᄯᅩ 몃 사ᄅᆞᆷ고(杜諺 19：10)
b. 그듸 子息 업더니 므슷 罪오(月釋 1：7)
c. 어듸ᅀᅡ 시름 업슨 ᄃᆡ 잇ᄂᆞ뇨(月釋 10：25)

중세국어의 의문문어미로는 다음 예문에서 보는 바와 같이 '-ㄴ다, -ㄹ다'도 있었다. 이들은 주어가 2인칭일 때 한해서 쓰였다.

(37) a. 네 엇뎨 안다(月釋 23：74)
b. 네 즐겨 내 어미를 효양ᄒᆞᆯ다(小學 6：50)

특수 교체 형태음소론적(形態音素論的)인 면에서도 중세국어는 특이한 현상을 많이 가지고 있었다. 그 중 앞에서 이미 살펴본 것도 있지만, 용언의 어간이나 명사가 어미나 조사와 결합할 때 일으키는 다음의 교체(交替)는 특히 주목을 요한다. 이는 말하자면 변칙활용(變則活用)인데 다만 용언의 활용에만 나타나지 않고 명사에서도 완전히 같은 모습으로 나타난다는 것이 특이하다.

(38) a. 됴ᄒᆞᆫ 根源을 시므고(釋節 19：33)
b. 듣글만 심거도(月釋 21：144)
(39) a. 이본 나모와(龍歌 89장)
b. 불휘 기픈 남ᄀᆞᆫ(龍歌 2장)

'시므-~심-'과 '나모~낡'과 같은 특수한 교체가, 그리고 아주 평행적인 현상이 동사와 명사에서 함께 일어나고 있음을 볼 수 있다. 이런 유형(類型)의 교체를 하는 단어로서는 명사에 '구무(穴), 녀느(他), 불무(冶)' 등이 더 있다.

다음 예에서도 비슷한 현상을 볼 수 있다. 즉 '다ᄅᆞ-~달-'과 'ᄂᆞᄅᆞ~ᄂᆞᆯ'과 같은 교체가 역시 용언과 명사에서 아주 평행적으로 나타나는 것이다.

(40) a. ᄂᆞᄆᆞᆫ ᄠᅳᆮ 다ᄅᆞ거늘(龍歌 24장)
　　b. 나랏 말ᄊᆞ미 中國에 달아(訓諺)
(41) a. 노ᄅᆞ 獐(字會 上18)
　　b. 놀ᄋᆞᆯ 쏘샤(龍歌 65장)

이들은 특히 다음과 같은 교체와 구별됨으로써 주목을 끈다. 즉 용언에 한하여 본다면 오늘날은 다같이 '르'변칙활용(變則活用)을 하는 단어들이 당시에는 '달아'형(型)과 '몰라'형으로 갈려 있었던 것이다.

(42) a. 겨신 ᄡᅡᄒᆞᆯ 모ᄅᆞ다니(釋節 11 : 11)
　　b. 禮數를 몰라(釋節 6 : 20)
(43) a. ᄒᆞᄅᆞ 몃 里ᄅᆞᆯ 녀시ᄂᆞ니잇고(釋節 6 : 23)
　　b. ᄒᆞᆯᄅᆞᆯ 無漏業을 ᄃᆞᆺ가(楞嚴 4 : 72)

'달아'형에 속하는 단어로는 용언으로 '고ᄅᆞ-(均), 기르-(養), 니ᄅᆞ-(謂), 두르-(圍), ᄆᆞᄅᆞ-(裁), 오ᄅᆞ-(上)' 등이 더 있고, 명사로는 'ᄂᆞᄅᆞ(津), 시르(甑), ᄌᆞᄅᆞ(袋), 쟈ᄅᆞ(柄)' 등이 더 있다. 그리고 '몰라'형에 속하는 단어로는 용언으로 'ᄆᆞᄅᆞ-(乾), 므르-(退), ᄲᆞᄅᆞ-(速), 부르-(呼), 흐르-(流)' 등이 더 있고, 명사로는 'ᄆᆞᄅᆞ'(棟)가 하나 더 있다.

'그ᅀᅳ-(牽), ᄇᆞᅀᆞ-(碎)'처럼 어간의 마지막 음절이 'ᅀᆞ/ᅀᅳ'로 끝나는 용언도 '달아'형의 교체를 보여 준다. 여기에서도 동일한 교체형(交替型)이 '아ᅀᆞ'(弟)와 같은 명사에서도 나타난다.

(44) a. 모ᄆᆞᆯ ᄇᆞᅀᆞ며(法華 1 : 223)
　　b. 다 ᄇᆞᇫ아 듣글 ᄆᆡᆼᄀᆞ라(法華 3 : 89)
(45) a. 아ᅀᆞ와 아들 ᄃᆞ리샤(月釋 10 : 1)

b. 아ᇫᄋᆞᆫ ᄠᅳᆮ 다ᄅᆞ거늘(龍歌 24장)

'달아'형의 교체는 당시 연철 표기(連綴 表記)가 지배적이던 문헌에서도 이들만은 '놀을, 놀ᄋᆡ, 아ᇫᄋᆞᆯ, 아ᇫ이, 달아, 널어, 보ᇫ아'처럼 분철 표기(分綴 表記)를 하였다는 점에서 특히 주목을 요한다.

이상의 특수 교체(特殊 交替)는 후속되는 형태소가 자음(또는 [w])으로 시작되는 것이면 제 모습을 가지는데 모음으로 시작되는 것이면 어간, 또는 명사의 마지막 모음을 탈락시킨다는 공통점을 가진다. 그런데 모음을 탈락시키는 대신 'ㄱ'이나 'ㄹ'을 하나씩 보상받는 경우도 있고 그렇지 않으면 마지막 자음을 받침으로 올려 표기하는 자격을 부여받는 식이어서 이름 그대로 여러모로 특수한 교체였다고 하지 않을 수 없다.

6.4.3 어 휘

언어의 변화는 음운이나 문법(文法)에서보다 어휘(語彙)에서 더 빠른 속도로 진행된다. 따라서 중세국어에 현대국어에 없는 어휘가 많았으리라는 것은 짐작하기에 어렵지 않다. 여기에서는 그 중 아주 대표적인 것 몇 가지 예만 간추려 보고자 한다.

고유어 중세국어의 어휘로서 중국으로부터의 차용어(借用語)에 밀려 오늘날에는 사어(死語)가 되어 버린 우리 고유어(固有語)가 상당히 많다. 『훈민정음(訓民正音)』의 '슈룹'은 『계림유사(雞林類事)』에 '傘曰聚笠', 『조선관역어(朝鮮館譯語)』에 '傘 速路'라고 하여 오랫동안 쓰여 오던 우리 고유어임을 알 수 있는데 이미 『훈몽자회(訓蒙字會)』에 오면 '우산'으로 대체(代替)되었다. '온'과 '즈믄'도 16세기 말에는 '일빅'과 '일쳔'으로 대체되었다.

'ᄒᆞ다가'도 16세기에 이미 '만일에'에 밀려 자취를 감추었다. 'ᄀᆞᄅᆞᆷ'(江)이며 '뫼'(山) 등 현대국어에서는 찾아볼 수 없으나 중세국어에서는 활발히 쓰인 고유어가 수없이 많다.

모음전환에 의한 어의분화 국어에는 모음 하나를 바꾸어 비슷한 의미의 새 단어를 만들어 짝을 이룬 것들이 많은데 중세국어에는 이러한 짝들이 더 많았다. 'ᄂᆞᆰ다'(古)와 '늙다'(老), 'ᄆᆞᆰ다'(淸)와 '믉다'(淡), 'ᄇᆞᆰ다'(明)와 '븕다'(赤), '할다'(誘)와 '헐다'(破) 및 '갗'(皮)과 '겇'(表) 등이 그러한 예다. 이들은 비록 'ㆍ→ㅏ'의 음운변화는 겪었지만 현대국어에서도 그대로 유지되고 있다. 거기다가 '곱다'(曲)와 '굽다'(屈), '남다'(越, 餘)와 '넘다'(越), '마리'(首)와 '머리'들도 이미 이때 만들어져 있었고, 또 근대국어에 와서 '설'(正月 초하루)과 '살'(歲), '맛'(味)과 '멋'의 분화까지 추가되어 이들의 존재는 오늘날도 국어의 주요한 특징을 이루고 있다.

어의변화 어형(語形)은 비슷하나 그 의미에 있어서는 오늘날의 것과 달랐던 단어들도 많았다. 한동안 'ᄌᆞ갸'는 오늘날의 '자기'의 고형(古形)으로 간주되어 왔으나 실은 오늘날 3인칭 '당신'에 해당하는 단어였다. 다음 예에서 보듯이 'ᄌᆞ갸'는 존칭명사(尊稱名詞)가 취하는 '씌'와 'ㅅ'을 취하고 있을 뿐만 아니라, '弟子들'의 마음은 '넉더니'임에 비해 'ᄌᆞ갸'의 마음은 '너그샤도'로 존대를 받고 있다. 즉 'ᄌᆞ갸'는 경칭(敬稱)의 3인칭 재귀대명사(再歸代名詞)였던 것이다.

(1) a. 도라옳 軍士ㅣ ᄌᆞ갸긔 黃袍 니피ᅀᆞᄫᆞ니(龍歌 25장)

b. 彌勒은 ᄌᆞ갸 ᄆᆞᅀᆞ미 다 니그샤도 弟子ᄃᆞᆯ히 ᄆᆞᅀᆞᄆᆞᆫ 몯 다 닉더니(月釋 1 : 51)

'즁ᄉᆡᇰ'(衆生)이 오늘날 '짐승'으로 어형뿐만 아니라 의미가 축소된 일도 널리 알려진 일이다. '思, 愛, 慕' 등의 의미였던 'ᄉᆞ랑'이 愛의 의미로 축소된 일은 앞에서 이미 지적한 바 있다. '뫼'는 '밥'의 존대어로 '진지'와 함께 쓰이고 있었는데 오늘날 이 단어는 제사 때 떠 놓은 사자(死者)를 위한 밥을 지칭하게 되었다.

'어엿브다'(憐)가 '예쁘다'로, '싁싁하다'(嚴)가 '씩씩하다'(勇)로, '힘'(筋)이 '힘'(力)으로, '이바디'(宴)가 '이바지'(貢獻)로, '대가리'(殼, 껍질)가 '머리'의 비어(卑語)로, 'ᄢᅵ, ᄢᅵ니'(時)가 식사 시간 내지 밥의 의미로 축소되고, 'ᄀᆞᆷ초다'(藏)가 '감추다'(몰래 숨기다)로 바뀐 것 등 후대에 와서 어의변화(語意變化)를 일으킨 예가 무수히 많은데 그만큼 중세국어는 오늘날의 것과는 다른 의미를 가진 단어가 많았다. 앞에서 어휘에서의 언어변화가 음운이나 문법에서의 그것보다 큰 것이 일반적이라고 하였는데 이 어의변화까지를 염두에 두고 보면 그것은 더욱 그러하다고 할 수 있다.

차용어 언어를 변화시키는 중요한 요인의 하나로 차용(借用 borrowing)이 있다. 차용이란 외국어의 어떤 요소를 자기 언어의 일부로 삼는 일을 말한다. 국어사(國語史)는 한편으로는 차용의 역사이기도 하다. 차용에 의해 들어온 단어를 차용어(借用語 loanword)라 하는데 중세국어에는 중국어, 몽고어로부터의 차용어가 매우 많았다. 그 중 많은 것은 현재까지 쓰이고 있지만, 또 많은 것은 생명을 잃게 된 것들이다.

중국어(中國語)로부터의 차용어는 당시 문헌에서 한자(漢字)로 표기되는 것이 원칙이었는데 우리말로 익은 정도가 크다고 판단하여서인지 예외적으로 한글로 표기한 것들도 꽤 있었다. 그 예를 보면 다음과 같다. 한자로 표기된 상태로 들여온 차용어는 그 예가 너무 많아 여기에서 일일이 열거할 필요도 없을 것이다.

(2) 가난(艱難), 간(肝), 긔약(期約), 남진(男人), 내죵(乃終), ᄂᆡ실(來日), 노(羅), ᄃᆡ답(對答), 비얌댱어(長魚), 뎌(笛), 롱담(弄談), 만일(萬一), 반(半), 방셕(方席), 법(法), 보ᄇᆡ(寶貝), 비단(匹段), 샹녜(常例), 시졀(時節), 시혹(時或), 양ᄌᆞ(樣子), 잠ᄭᆞᆫ(暫間), ᄌᆡ조(才調), 즘ᄉᆡᆼ(衆生), 짐쟉(斟酌), 차(茶), 쳔량(錢糧), 칠(漆), 편안(便安)

몽고어로부터의 차용어는 말(馬)에 대한 어휘가 특히 많았으며 매(鷹)에 관한 어휘도 많았다. 말과 매에 관한 어휘를 중심으로 몽고어로부터의 차용어의 몇 예만 보이면 다음과 같다.

(3) 가라ᄆᆞᆯ(黑馬), 아질게ᄆᆞᆯ(兒馬), 졀다ᄆᆞᆯ(赤馬), 보라매(秋鷹), 숑골(海青), 나친(鴉鶻, 난추니), 빗(吏), 슈라(御飯)

6. 5 근대국어

근대국어(近代國語)는 앞에서 말한 대로 임진왜란 이후부터, 즉 17세기 초부터 현대국어가 시작되는 시기 이전까지의, 약 300년간의 국어를 말한다. 그동안 중세국어에 비하여 많은 관심을 끌지 못하였던 관계로 근대국어의 특징은 아직 그리 잘 밝혀져 있지 않은 상태에 있다. 그러나 근래에 오면서 이 시기의 문헌들이 하나씩 발굴되어 널리 알려지면서 차츰 근대국어에 대한 연구가 활발해지고 있다. 여기에서는 그동안 밝혀진 근대국어의 특징 중 중요한 것들만 간략히 간추려 보고자 한다.

6.5.1 자 료

근대국어의 모습을 보여 주는 문헌들은 양적(量的)으로 적은 편이 아니었는데도 이들 문헌이 영인(影印)까지 되어 세상에 널리 알려지고 이용되기 시작한 것은 최근의 일이었다.

이 시기에 간행된 문헌 중에는 중세국어 시기에 간행되었던 것들의 중간본(重刊本)이나 복각본(覆刻本)들이 많다. 복각본은 번각본(飜刻本)이라고도 한다. 중간본이란 내용도 고치고 판(版)도 물론 새로 만들어 찍어낸 책을 말한다. 그러나 이 때 초간본(初刊本, 原刊本)을 참조하기 때문에 중간본의 자료를 그대로 근대국어의 자료라고 믿을 수 없는 경우가 꽤 있다. 『두시언해(杜詩諺解)』에 대한 『중간두시언해(重刊杜詩諺解)』가 이에 속한다.

복각(번각)본은 내용은 초간(初刊)의 것을 그대로 따르되 다만 판만 새로 만들어 찍어내는 책을 말한다. 따라서 복각본은 글씨의 모양이며 행(行)의 배열이며 초간본과 일치하여 언뜻 초간본과 구별되지 않는 경우도 있다. 그렇지는 않더라도 복각본은 비록 판을 새로 만들 당시의 언어 모습이 반영되는 수가 없지는 않으나 초간본의 언어가 그대로 재생(再生)되는 것이므로 근대국어의 자료로 삼을 수 없다.

근대국어 시기에 새로 간행된 문헌들 중에서 중요한 것들을 간추려 아래에 그 이름과 간행 연대를 밝혀 둔다. 간행 연대가 아직 잘 밝혀지지 않은 것은 공란(空欄)으로 두었는데 대개 그 세기(世紀)에 간행된 것으로는 추정된 것들이다. 뒤의 약호(略號)는 이들 문헌들의 자료가 인용될 때 쓰일 것들이다.

〈十七世紀〉

諺解痘瘡集要	(1608)	〈痘 瘡〉
諺解胎產集要	(1608)	〈胎 產〉
東國新續三綱行實圖	(1617)	〈東 國〉
家禮諺解	(1632)	〈家 禮〉
老乞大諺解	(1670)	〈老 乞〉
捷解新語	(1676)	〈捷 解〉
朴通事諺解	(1677)	〈朴 通〉
譯語類解	(1690)	〈譯 語〉

〈十八世紀〉

三譯總解	(1703)	〈三 譯〉
女四書諺解	(1736)	〈女四書〉
御製常訓諺解	(1745)	〈常 訓〉
同文類解	(1748)	〈同 文〉
闡義昭鑑諺解	(1755)	〈闡 義〉
御製戒酒綸音	(1757)	〈戒 酒〉
明義錄諺解	(1777)	〈明 義〉
漢淸文鑑	(1779)	〈漢 淸〉
諭京畿大小民人等綸音	(1782)	〈京 畿〉
字恤典則	(1783)	〈字 恤〉
倭語類解	(1783~1789？)	〈倭 語〉
隣語大方	(1790)	〈隣 語〉
增修無寃錄諺解	(1792)	〈無 寃〉

〈十九世紀〉

新刊增補三略直解	(1805)	〈三　略〉
太上感應篇圖說諺解	(1852)	〈感應篇〉
關聖帝君明聖經諺解	(1855)	〈明　聖〉
物名考		〈物　名〉
過化存神	(1880)	〈過　化〉
斥邪綸音	(1881)	〈斥　邪〉
御製諭八道四都耆老人民等綸音	(1882)	〈耆　老〉

6.5.2 음 운

근대국어에서는 중세국어에서 현대국어로 넘어오는 여러가지 과도기적(過渡期的) 현상을 겪는다. 현대국어가 가지고 있는 특징을 이미 이 시기에 갖추어 가지기도 하며, 아니면 그 중간 단계의 모습을 띠기도 한다.

근대국어에서 겪는 음운변화(音韻變化) 중 가장 큰 것은 'ㆍ'의 소실(消失)일 것이다. 'ㆍ'는 먼저 제2음절 이하에서부터 소실되는데 이 제2음절 이하에서의 소실은 이미 16세기 후반에 나타나기 시작하였다. 그리고 17세기 초부터는 제1음절에서도 'ㆍ'가 'ㅏ'나 'ㅗ' 등의 다른 모음으로 바뀌게 되었다. 표기상으로는 'ㆍ'는 20세기 초(정확히는 「한글맞춤법통일안」에서 이 글자의 폐기를 결정한 1933년)까지도 살아 있었으나, 이미 18세기 중엽까지는 'ㆍ'의 실제적인 발음은 없어졌다고 추정된다.

(1) ᄒᆞᆰ질 범ᄒᆞ니ᄂᆞᆫ(胎產 14), ᄒᆞᆰ덩이롤(東國 孝子圖 1 : 87), 소매(←ᄉᆞ매, 東國 烈女圖 4 : 14), 즌ᄒᆞᆰ에(朴通 中51), 가ᄋᆡ(←ᄀᆞᅀᆡ, 譯語 下 15), ᄒᆞᆰ을(女四書 4 : 15), 래년(←ᄅᆡ년, 漢淸 1 : 23), 달팽

이(←돌팡이, 漢淸 14 : 49), 다래(←ᄃᆞ래, 漢淸 13 : 5)

'ㆍ'의 소실 다음으로 중요한 음운변화는 'ㅐ, ㅔ'의 단모음화(單母音化)일 것이다. 중세국어에서 [aj], [əj]와 같은 이중모음(二重母音)으로 발음되던 이들이 [ɛ], [e]와 같은 단모음으로 바뀐 것은 대개 18세기 말엽이었던 것으로 추정된다. 'ㆍ'의 소실로 'ㆎ'는 일단 'ㅐ'로 바뀌었으므로 'ㆎ'가 [ɛ]로 단모음화한 것도 이 시기의 일이었을 것이다. 이때까지 'ㅚ'와 'ㅟ'의 단모음화가 일어난 흔적은 나타나지 않고 있다. 따라서 18세기 말을 중심으로 근대국어의 모음체계(母音體系)는 대개 다음과 같은 8모음체계였던 것으로 추정된다.

ㅣ(i)	ㅡ(ɨ)	ㅜ(u)
ㅔ(e)	ㅓ(ə)	ㅗ(o)
ㅐ(ɛ)	ㅏ(a)	

근대국어에 일어난 음운변화(音韻變化) 중 두드러진 것의 하나는 'ㅁ, ㅂ, ㅍ, ㅃ' 등의 순음(脣音) 아래에서의 'ㅡ'의 원순모음화(圓脣母音化)를 들 수 있다. 즉 '므, 브, 프' 등이 '무, 부, 푸' 등으로 바뀐 것이다. 이 순음 아래에서의 'ㅡ'의 'ㅜ'화는 대개 17세기 말엽에 있었던 것으로 추정된다.

(2) 불(譯語 下18, 同文 上63), 풀(同文 上37), ᄲᅮᆯ(同文 下38), 묽다(譯語 補2), 붓다(譯語 上59), 붉다(同文 下25)

자음(子音)에서도 중요한 음운변화를 몇 가지 겪었다. 그 중 가장 두드러진 것은 구개음화(口蓋音化)일 것이다. 『왜어류해(倭語類解)』에 보이는 다음 (3)의 예들과 『동문류해(同文類解)』에 보이는 다음 (4)의 예들이 모두 이 시기에 구개음화가 일반화되어 있었음을 보여 준다.

따라서 구개음화는 대개 17세기 말에서 18세기 초에 걸쳐 일어난 것으로 추정된다.

(3) 칠 타(打, 上30), 지새 와(瓦, 上32), 찌흘 용(舂, 下3), 질 락(落, 下30)

(4) 찌다(←ᄣᅵ다, 上59), 직희다(←딕희다, 上45), 고지식(←고디식, 上21), 찟타(←ᄧᅵᇂ다, 下2)

치찰음(齒擦音) 'ㅅ, ㅈ, ㅊ' 다음에서 'ㅑ, ㅕ, ㅛ, ㅠ'가 'ㅏ, ㅓ, ㅗ, ㅜ'의 단모음(單母音)으로 바뀐 현상도 이 시기의 큰 변화 중 하나다. 예문 (5)를 비롯하여 이 변화를 보여 주는 많은 예들이 이 시기의 여러 문헌에 나타난다. 그리고 어두의 '니, 냐, 녀, 뇨, 뉴' 등의 'ㄴ'이 예문 (6)에서처럼 탈락하는 현상도 나타난다. 이 두 경우는 모두 구개음화와 관련되는 현상으로 해석된다. 즉 이 환경에서의 'ㅅ, ㅈ, ㅊ'이나 'ㄴ'이 이 시기에 구개음화를 겪게 되면서 이러한 분포상의 제약이 뒤따른 것으로 해석하는 것이다.

(5) 저근(←져근, 小, 譯語 上35), 저재(←져재, 市, 譯語 上68)

(6) 임금(←님금, 十九史 1 : 17), 일음이라(←니ᄅᆞᆷ-, 謂, 京畿)

한편 중세국어의 ㅂ계(系) 어두자음군(語頭子音群)이 이 시기에 와서 단순한 된소리로 바뀌었다. 17세기에 이미 'ㅲ, ㅶ' 등이 'ㅼ, ㅆ / ㅉ' 등으로 표기의 혼란을 일으키는데 대개 17세기 중엽까지는 모두 된소리로 바뀐 것으로 추정된다.

이 이외에 중세국어에서 평음(平音)이던 것이 된소리 및 유기음(有氣音)으로 바뀐 것도 많다.

(7) a. 쏫다(←곶다, 譯語 上45), 뚧다(←듧다, 鑽, 朴通 上14), 썩

눈(←젔다, 折, 闡義 4 : 23)

b. 탓(←닷, 捷解 6 : 9), 풀무(←블무, 朴通 下29), 코키리(←고키리, 譯語 下33)

등을 비롯하여 18세기에 이루어진 '꾀꼬리(←곳고리), 깨끗하다(←굿굿ᄒᆞ다), 떳떳하다(←덛덛ᄒᆞ다), 따뜻하다(←ᄃᆞᆺᄃᆞᆺᄒᆞ다)' 등의 많은 된소리 예가 나타난다. 오늘날은 된소리화가 근대국어보다도 더 많이 일어나고 있으므로 된소리화는 시간의 흐름과 비례하는 현상이라 할 만하다.

끝으로 근대국어에 와서 일어난 음운변화 하나만 더 들면 중세국어의 '놀애, 몰애'와 같은 표기가 자취를 감추었다는 것이다. '놀래, 놀내, 몰래, 모래' 등으로 표기되어 'ㄹ ㅇ'과 같은 특수한 음운 결합은 더 이상 자취를 찾아볼 수 없게 된 것이다.

6.5.3 문법 및 어휘

중세국어에 있던 문법 현상 및 어휘로서 근대국어에 와서 달라진 것, 그리고 이 시기에 와서 새로 생긴 현상을 몇 가지 간략하게 살펴보면 다음과 같다.

격조사 근대국어에 와서 나타난 문법 현상 중 가장 크게 주목할 것의 하나는 주격조사(主格助詞) '가'의 출현일 것이다. 16세기 문헌에서도 '가'가 출현한 예가 없지는 않았으나 17세기에 오면 그 출현이 잦아진다.

(1) a. 비가 올 거시니(捷解 1 : 8)

b. 東萊가 요ᄉᆞ이 편티 아니ᄒᆞ시더니(捷解 1 : 36)

c. 더라온 지가 다 처디고(新傳 9)
d. 내가 根本 人事 不敏ᄒᆞᆫ 타ᄉᆞ로(隣語 3 : 19)

이 '가'의 어원(語源)은 아직 잘 밝혀져 있지 않다. 공교롭게 일본어의 주격조사(主格助詞)와 형태가 같으나 일본어로부터의 차용(借用)일 가능성은 희박하다. 조사(助詞)와 같은 문법 형태를 다른 일반 단어도 별로 들여오지 않던 시기에 차용해 왔을 가능성은 거의 없기 때문이다. '오다가, 놀다가'의 '-가'와 관련시키려는 시도(試圖)도 있으나 더 연구되어야 할 과제라 하겠다.

존칭(尊稱)의 주격조사(主格助詞) '께셔(ᄭᅴ셔)'가 이미 이 시기에 등장하였다. 이 조사는 말할 것도 없이 존칭(尊稱) 여격조사(與格助詞) '께'에 '-셔'가 결합한 형태다.

(2) a. 曾祖께셔 나시면(家禮 1 : 17)
b. 信使ᄭᅴ셔도 최촉ᄒᆞ셔(捷解 5 : 16)

조사 중에는 중세국어에서 구별되어 쓰이던 것이 단일화(單一化)하였거나 그 기능이 달라진 것도 꽤 있다. 'ㆍ'의 소멸로 'ᄋᆞᆯ/을', 'ᄋᆡ/의'의 구별이 없어진 것은 당연하다 하겠지만 속격조사로 쓰이던 'ㅅ'은 무엇 때문인지 복합어를 형성하는 사이시옷으로 기능이 바뀌었다. 여격조사로는 존칭(尊稱)의 '께' 이외에 '의게'가 쓰였다. 중세국어의 잡다한 여러 형태가 단순화된 것이다. 다만 유독히 'ᄆᆞᆯ'(馬) 아래에서는 '게'가 쓰인 수가 있었다.

(3) ᄆᆞᆯ게 채 아니 티면(朴通 上.40)

호격조사(呼格助詞)의 '하'는 아예 자취를 감추었으며, 앞에서 이미 지적하였지만 ㄹ말음(末音) 아래에서는 '와'의 형태를 취하던 공동격조사(共同格助詞)도 현대국어에서와 마찬가지로 '과'를 취하게 되었다.

활용어미 활용어미(活用語尾) 중 두드러진 변화의 하나는 중세국어에서 '-ᄂᆞ-'로 통일되어 있던 현재시제(現在時制)의 선어말어미가 어간말음이 모음이냐 자음이냐에 따라 '-ㄴ/ᄂᆞᆫ(는)-'으로 갈린 현상이다. '-ᄂᆞ-'는 먼저 모음 뒤에서 '-ㄴ-'으로 축약되었다가 나중 그 짝으로 '-는(ᄂᆞᆫ)-'이 나타났는데 이 변화는 처음에는 내포문에만 나타났다. 어떻든 오늘날의 '-ㄴ다/는다'는 17세기에 비로소 나타난 것이다.

(4) a. 은혜를 안다 ᄒᆞᄂᆞ니라(朴通 上58)
   b. ᄃᆞ리ᄅᆞᆯ 놋ᄂᆞᆫ다 ᄒᆞᄂᆞ니라(朴通 中23)
   c. ᄆᆞᆯ이 쇠거름ᄀᆞ티 ᄌᆞ늑ᄌᆞ늑 것ᄂᆞᆫ다(老乞 下8)

과거시제의 '-앗/엇-'이 등장한 것도 주목을 요한다. 이 선어말어미는 부사형어미(副詞形語尾) '-아/어'에 '잇-'(有)이 결합되어 이루어진 것으로 해석되는데 근대국어에서 이미 과거시제를 나타내는 기능을 담당한 것으로 보인다. 『삼역총해(三譯總解)』에서 이 형태소를 만주어의 과거형(過去形)의 번역에 사용하였음은 이 점에서 주목을 요한다.

(5) 曹操ㅣ 니로되 졔 두 번 왓거ᄂᆞᆯ 믈리쳣다(三譯 2 : 5)

객체경어법(客體敬語法)의 선어말어미 '-ᄉᆞᆸ-'이 근대국어에 와서 그 기능을 잃은 것도 이 시기에 일어난 큰 변화의 하나다. 이 변화 때문에 국어의 경어법(敬語法)은 거의 주체경어법(主體敬語法)과 상대경어법(相對敬語法)으로 이원화(二元化)되다시피 하고 객체경어법(客體敬語法)은 화석화(化石化)된 몇몇 단어들에 의해서만 그 명맥을 유지하게 되었다. '-ᄉᆞᆸ-'의 변화형인 '-ᄋᆞᆸ-'은 이 시기에 와서는 '-ᄋᆞᆸᄂᆞ이다, -ᄋᆞᆸᄂᆡ이다'(오늘날의 '-읍니다'의 전신) 등의 형태로서 상대경어법(相對敬語法)을 나타내는 일의 일부를 담당하게 되었다.

어 휘 앞의 중세국어 어휘(語彙)를 다루면서 당시의 단어의 의미가 오늘날의 그것과 다른 예들을 보았었다. 그러한 어의(語意)의 변화 중 많은 것은 이 근대국어 시기에 겪은 것이었다. 'ᄉᆞ랑ᄒᆞ다'가 思와 愛의 두 가지 의미에서 愛의 의미만을 가지게 된 것이라든가, '어엿브다'가 '불쌍하다'(憐)의 뜻에서 '예쁘다'(美)의 뜻으로 바뀐 것이라든가, '어리다'가 '어리석다'(愚)의 뜻에서 유소(幼少)의 의미를 가지게 된 것 등이 모두 이 시기에서의 일이다.

중세국어에 쓰이던 단어 중 이 때 쓰이지 않게 된 것도 많다. 'ᄉᆞ랑ᄒᆞ다'가 愛의 의미를 가지게 되면서 애초 이 의미로 쓰이던 'ᄃᆞᇫ다'가 사어(死語)가 되고 '괴다'(寵)도 역시 그렇게 되었다. 혼미(昏迷)하다는 의미의 '이ᇦ다'가 이 시기에 쓰이지 않게 됨으로써 『용비어천가(龍飛御天歌)』 초간본의 '입더시니'(19장)가 1659년의 중간본(重刊本 順治本)에서 전혀 엉뚱한 '업더시니'(無)로 잘못 고쳐진 일화(逸話)는 이제 유명한 이야기가 되었다.

근대국어에서도 중국어로부터의 차용은 여전히 활발하였지만, 중세국어 때와는 달리 서양(西洋)으로부터의 차용어가 들어오기 시작하였다. 대개 중국을 통하여서였지만 이는 국어의 역사상 새로운 장(章)이 열린 것이라고 하지 않을 수 없다. '담배'도 이 때 들어온 말이다. 그러나 서양어(西洋語)로부터의 차용어가 국어에 큰 세력을 잡게 되는 것은 개화기(開化期) 이후 일본을 통해서, 또는 직접 영어로부터 많은 단어를 들여온 후의 일이다. 그 점에서 차용어 면에서 본다면 근대국어는 오히려 중세국어와 같은 테두리에 속할 것이며 진정한 새 장(章)

은 현대국어 시기에 와서 열린 것이라고 보아 좋을 것이다.

참고

세계의 語族에 대한 개략적인 소개는 Chao의 *Language and Symbolic Systems*(1968)의 제7장(Languages of the World)과 Gleason의 *An Introduction to Descriptive Linguistics*(1961)의 제28장(Some Languages and Language Families) 등 언어학개론류 대부분에서 볼 수 있지만 Finegan의 Language: *Its Structure and Use*(1999)의 제13장(Language Change over Time: Historical Linguistics)에 특히 상세히 잘 되어 있다. 그리고 Akmajian(외 3人)의 *Linguistics*(1999)의 제8장(Language Change)은 세계의 어족에 대한 서술은 간략하지만 그것을 언어 변천의 일반 원리와 관련지어 설명하고 있어 유익하다. 좀더 전문적인 것으로는 Ruhlen의 *A Guide to the World's Languages*(1991)가 아주 충실하게 잘 되어 있다. Comrie, Matthews and Polinsky의 *The Atlas of Languages*(1996)도 화사한 지도와 도표까지 곁들여져 있어 각 어족의 구성에 대한 이해에 큰 도움을 주며 Comrie의 *The World's Major Languages*(1990)는 각 개별 언어를 종합적으로 소개하는 자리에서 그 친족관계도 자세히 밝혀 주고 있어 도움이 크다. 죠이선교회가 번역한 『세계 기도 정보』(1994)는 언어학과는 거리가 먼 책이지만 각국의 언어 상황에 대한 정교한 정보가 있어 유익하게 활용할 수 있다. 그리고 Bright의 *International Encyclopedia of Linguistics*(1992)에서 각 어족 및 개별 언어에 대한 풍부한 내용을 볼 수 있다. 그리고 인터넷 사이트 http://www.sil.org/ethnologue/search에서는 세계 언어에 대한 각종 정보(분포, 사용자수, 어족 등)를 제공해 주고 있어 편리하게 이용할 수 있다.

알타이語族 및 국어의 계통에 관해서는 李基文의 『國語史槪說』(1998) 및 『韓國文化史大系 제5권: 言語文學史』의 「韓國語形成史」(1967)와 金芳漢의 『韓國語의 系統』(1983)을 참조할 것. Ramstedt의 한국어 계통에 관한 연구에 대해서는 金完鎭(외 2人), 『국어연구의 발자취(I)』(1985)의 제5장(람스테드, 李秉根 집필)을 참조할 것. Ramstedt 및 Poppe의 중요한 논문은 李基文 編, 『國語學論文選 (10): 比較硏究』(1977)에서도 볼 수 있다. Ramstedt의 업적에 대한 글과 중요한 논문은 Aalto가 편집하여 *Journal de la Société Finno-*

Ougrienne 55(1951)에 발표한 것에서 더 볼 수 있으며, Poppe의 연구는 그의 *Introduction to Altaic Linguistics*(1965)에 잘 압축되어 있다.

國語史 전반에 대해서는 이 방면의 고전(古典)이 된 李基文의 『國語史概說』(1998)을 반드시 참고하여야 할 것이다. 이 저서는 일본과 독일에서 번역되어 우리 국어의 역사를 외국에 소개하는 데에도 크게 기여하고 있다. 이 章의 상당한 부분은 이 저서에서 그대로 옮겨 온 것이다. 국어의 각 분야별 變遷史에 대해서는 『韓國文化史大系 제 5권: 言語文學史』(1967)에 실린 李基文, 金完鎭, 安秉禧, 李崇寧의 국어形成史, 音韻史, 文法史, 語彙史 등을 참고할 것. 국립국어연구원에서 年次的으로 펴낸 『국어의 시대별 변천 실태 연구』(1996~1999)도 유익한 내용이 많다. 百濟語에 대한 연구는 都守熙의 『百濟語研究』(1977)가 이 방면의 거의 유일한 참고 문헌일 것이다.

中世國語에 대해서는 위의 문헌들 외에 李崇寧의 『中世國語文法』(1981), 고영근의 『표준 중세국어문법론』(1997), 安秉禧 · 李珖鎬의 『中世國語文法論』(1990)이 간결하고 종합적인 점에서 좋은 참고가 되며, 허웅의 『우리옛말본』(1975)은 방대한 저서로 특히 풍부한 자료를 접할 수 있다. 중세국어의 借用語에 대해서는 위의 문헌들 외에 沈在箕의 『國語語彙論』(1982)의 제 II편 제 2장(借用語 研究 點檢), 南豊鉉의 『15세기 諺解文獻에 나타난 正音表記의 中國系 借用語辭 考察』(1968) 등을 참조할 것. 그리고 국어 語彙史에 대한 값진 성과들을 李基文의 『國語語彙史研究』(1991)에서 볼 수 있으며, 沈在箕의 앞의 책 제 III편의 제 1장(語義變化의 構造的 分析), 南星祐의 『國語意味論』(1985)에서도 많은 예를 찾아볼 수 있다. 중세국어의 음절말 'ㅅ'과 'ㄷ'이 대립되지 않았으리라는 주장에 대해서는 李翊燮의 『國語表記法 研究』(1992)를 참조할 것.

近代國語에 대해서는 李基文의 앞의 책(1998) 및 『國語音韻史研究』(1972), 前揭 金完鎭의 音韻史, 安秉禧의 文法史 이외에 田光鉉의 『十七世紀國語의 研究』(1967) 및 『十八世紀後期 國語의 一考察』(1971), 洪允杓의 『근대국어연구(I)』(1994), 『國語史 文獻資料 研究(근대편 I)』(1993) 등을 비롯하여 각종 근대국어 資料 影印本에 첨부된 解題를 참조할 것.

國語史 연구에서 特記할 것의 하나는 근래 口訣에 대한 연구가 활발해졌다는 일일 것이다. 새로 좋은 자료들이 발굴된 것이 계기가 되어 활기를 띠기 시작하면서 口訣學會까지 결성하고 좋은 성과도 계속 내고 있다. 이 章에서는 이에 대해 다루지 못하였으나 이 방면의 저술을 구해 읽으면 國語史의 감추어져 있던 부분을 찾아가는 즐거움을 얻을 수 있을 것이다.

제 7 장 방 언 론

어느 시대 어느 나라의 언어나 방언(方言)이 없는 언어는 없었으며 또 있을 수도 없다. 이 점에서 어느 나라나 엄격한 의미에서는 동질적(同質的)인 언어집단이기보다는 얼마간 이질적(異質的)인 언어집단이다. 그러함에도 우리는 한국어라면 표준어 한 가지만 생각하는 경향이 있다.

이 장(章)에서는 방언(方言)은 한 언어 안에서 어떻게 분화(分化)되며 우리는 그 분화(分化)된 모습을 어떻게 지도(地圖) 등으로 나타내는지, 또 이러한 연구로써 언어의 어떠한 특성을 알 수 있는지 등에 대하여 공부하기로 하겠다. 그리고 방언 연구의 기초가 되는 방언 자료의 수집 방법도 함께 공부하기로 하겠다.

7. 1 언어와 방언

언어(言語 language)와 방언(方言 dialect)은 어떠한 관계인가? 한

마디로 방언은 언어의 하위(下位) 개념이다. 흔히 한 언어에는 몇 개의 방언이 있다든가, 한 언어는 몇 개의 방언으로 이루어져 있다고 말한다. 언어는 방언의 상위(上位) 개념이요, 방언은 언어의 하위(下位) 개념인 것이다. 다시 말하면 방언은 언어의 분화체(分化體)라고 할 수 있다. 언어란 어떤 나라의 언어이든 완전히 고정(固定)되어 있을 수도 없고 완전히 단일(單一)할 수도 없다. 쓰는 집단이 다르고 쓰이는 지역이 다르면 어쩔 수 없이 크든 작든 얼마간의 분화(分化)를 일으키기 마련이다. 이러한 분화(分化)가 일어남으로써 그 언어의 나머지 말과 구별되는 언어 특징을 가진 말, 그것이 곧 방언이다. 즉 한 언어 안의 여러 분화체(分化體) 각각이 방언인 것이다.

상호의사소통력 방언이 이처럼 언어의 분화체이기 때문에 한 언어의 방언들 사이의 차이는 언어들간의 차이만큼 크지 않은 것이 일반적이다. 즉 우리나라 말의 충청도방언과 평안도방언 사이의 차이는 한국어와 중국어 사이의 차이만큼 크지 않다. 이 차이의 크고 작음을 흔히 상호의사소통력(相互意思疏通力 mutual intelligibility)으로 표현한다. 서로 자기 말을 쓰면서 의사가 소통되면 상호의사소통력이 있다고 말하는데 그만큼 그 두 말 사이의 차이가 크지 않은 것이다. 방언들 사이의 차이란 대개 이에 해당된다. 그런데 언어 사이의 차이는 일반적으로 서로 자기 말을 쓰면 의사가 소통되지 않을 정도로 그 차이가 크다. 따라서 언어와 방언의 구별을 흔히 상호의사소통력이 있느냐 없느냐로 한다.

그러나 예외도 없지 않다. 국경(國境) 지대에서는 두 나라 사람이 각기 제 나라 말을 쓰면서도 자유롭게 의사소통을 하는 예가 여러 곳에서 보고되어 있고, 반면 흔히 중국을 예로 들지만 한 나라 사람이 같은 자기 나라 말을 쓰면서도 그 방언의 차이가 워낙 커서 전혀 의사소통이 되지 않는 실례도 많이 보고되어 있다. 서울 사람이 제주도의 외진 곳에 사는 노인을 만나 서로 의사가 통하지 않았던 이야기를 저자(著者)가 직접 들은 적도 있다.

국가와 표준어 이러한 예외 때문에 언어와 방언을 구분하는 기준으로서 상호의사소통력(相互意思疏通力)은 미흡한 일면이 있다. 이 때문에 언어를 방언과 구분하는 기준으로 국가와 표준어를 동원하여야 할 때가 있다. 비록 서로 의사가 소통되지 않을 만큼 말의 차이가 심하더라도 그 두 말이 기대고 있는 표준어가 같고 동시에 같은 정서법(正書法)을 쓰는 말이라면 그 두 말은 한 언어의 두 방언이라는 것이다. 반면 서로 의사가 자유롭게 통하더라도 이쪽 말과 저쪽 말이 서로 다른 나라의 말이며 그 표준어와 정서법(正書法)이 서로 다르다면 그것은 서로 다른 언어라는 것이다.

예를 들면, 만일 중국의 두 지역의 말이 비록 서로 의사소통이 안 되는 말이라 할지라도 두 지역이 다 같이 한문(漢文)을 쓰고, 표준어를 쓰는 경우 같은 표준어를 써야 하는 곳이라면 그 두 지역의 말은 중국어라는 언어에 속하는 방언들이다. 반면 미국과 멕시코 국경지대에 있는 두 지역의 말이 서로 아주 가까와 자유롭게 의사소통이 되더라도 미국 쪽 지역은 미국땅이며 멕시코 쪽은 멕시코 땅으로서 그들이 쓰는 정서법(正書法)이 각각 다르고 지향하는 표준어가 각각 다르기 때문에 이들 두 지역의 말은 서로 다른 언어로 분류된다.

한 나라가 두 가지, 혹은 그 이상의 다른 언어를 쓰는 경우들이 있다. 스위스가 그렇고 캐나다가 그렇다. 이 때에도 표준어와 정서법(正書法)의 기준을 동원하면 그 언어들은 비록 한 나라 안에서 쓰이는 언어들이지만 각각 다른 언어들임이 쉽게 밝혀진다. 가령 스위스에서 쓰이는 독일어와 프랑스어는 각각 독일과 프랑스에서 쓰는 정서법(正書法)을 그대로 쓰며 지향하는 표준어도 각각 표준독일어, 표준프랑스어이기 때문에 스위스라는 한 나라 안에서 쓰이는 언어지만 이들이 쓰는 독일어와 프랑스어도 서로 다른 언어인 것이다.

표준어와 방언 한 언어 안에 여러 개의 방언이 있다고 할 때 표준어는 그 방언과 어떠한 관계에 있는 것일까? 표준어는 대개의 경우 그 여러 방언들 중의 하나다. 현대국어의 표준어로서 서울말을 선택하였는데 이 때의 서울말은 말하자면 서울방언이다. 제주도방언, 경주방언과 마찬가지로 여러 방언의 하나인 것이다. 이는 런던 말로 영어의 표준어를 삼고 파리의 말로 프랑스어의 표준어를 삼았을 때도 마찬가지다.

그러나 표준어는 여러 방언 중의 하나이되 다만 특별한 대접을 받은 방언이다. 방언의 차이에서 오는 의사소통의 불편을 덜기 위하여 전국민이 공통적으로 쓸 하나의 공통어(共通語)를 정할 필요가 있을 때 그 공통어의 자격을 부여받은 것이 바로 표준어이기 때문이다. 표준어의 자격을 얻은 방언은 공용어(公用語)로서의 자격을 동시에 얻기 때문에 교과서며 신문이며 방송 등에 두루 쓰이게 된다. 그만큼 표준어는 여러모로 특별 대접을 받은 방언이다.

그러나 표준어가 특별 대접을 받은 방언이라 하여 표준어가 다른 방언보다 언어학적으로 더 우위(優位)에 있는 언어라고 말하기는 어렵다. 이 점 일반인들이 흔히 오해하는 일로서, 방언은 체계가 없고 조잡한 언어며 표준어는 올바르고 우수한 언어라고 생각하는 경향이 있다. 그러나 문명국(文明國)의 언어가 더 체계적이고 미개국(未開國)의 언어가 덜 체계적이라고 하는 사고(思考)가 잘못된 것임이 밝혀졌듯이 방언이 표준어보다 덜 체계적이라고 하는 생각은 잘못

된 생각이다. 방언도 다 그것대로 훌륭한 체계를 갖추고 있을 뿐 아니라 때에 따라서는 더 훌륭한 체계를 갖추고 있을 수도 있다. 표준어는 그 중 남다른 좋은 체계를 갖춘 방언이라서가 아니라 가령 행정, 교통, 문화 등의 중심지(中心地)의 방언이라는 조건 등으로 그만큼 영향력이 크고 보급이 쉬운 이점(利點)이 있어 표준어의 자격을 얻게 된다는 점을 바로 인식할 필요가 있다.

표준어는 물론 인공적(人工的)인 조처가 가미(加味)되는 수가 있다. 가령 서울방언이라면 서울방언이 전부 그대로 표준어가 되는 것이 아니라 서울방언의 일부는 제거하고 대신 일부는 다른 지방의 방언으로 충당하여 표준어로 삼는 일이 있는 것이다. '너하고 나하고'의 '하고'는 실제 서울방언으로는 '허구'인데 이를 '하고'로써 표준어를 삼은 것이 그 일례다. 그리고 문학 작품이나 학술 서적 등 거의 모든 것이 표준어로 이루어지기 때문에 표준어는 계속 다듬어지는 혜택을 누리게 된다. 표준어가 더 체계적이라면 바로 이런 점의 것이다.

방언의 크기 방언이 언어의 하위(下位) 개념이라면 한 언어는 몇 개의 방언으로 갈리고 그 방언은 다시 그 아래의 어떤 다른 하위(下位) 개념으로 갈릴 것이 예상된다. 즉 방언은 언어의 바로 아래의 하위류(下位類)로서 가령 한국어가 중부방언, 호남방언, 영남방언, 제주도방언, 관서(평안)방언, 관북(함경)방언으로 나뉜다면, 이 지역보다 작은 지방의 말, 가령 충청남도의 말이나 그보다 더 작은 지역인 공주(公州)의 말은 방언이란 용어가 아닌 어떤 용어가 쓰일 법하다.

그러나 그렇지 않다. 방언이란 용어는 그리 엄격한 용법을 가지지 않는다. '중부방언(中部方言)'이라는 용어도 가능하며 '충남방언

(忠南方言)', '공주방언(公州方言)' 등의 용어도 다 자연스럽게 쓰일 수 있다. 방언은 한 언어에 속하는 어느 지역의 말이라는 뜻으로 그 크기에 구애받지 않고 꽤 자유롭게 쓰이는 용어인 것이다. 따라서 한 도시의 말뿐만 아니라 한 마을의 말을 '판교리방언(板橋里方言)'으로 부를 수도 있고 막연히 '제주도 산간지방(山間地方)의 방언(方言)'이라고 부를 수도 있다. 그러나 그 크기가 한 개인(個人)까지 작아지면 개인어(個人語 idiolect)라 하여 방언과 구별한다. 사실 엄격히 따지면 그 어느 개인도 다른 사람과 완전히 일치하는 말을 하지는 않는데 이 때의 개인차(個人差)를 일컬을 때는 개인방언(個人方言)이라고 하기보다는 개인어(個人語)라 하는 것이다.

지역방언과 사회방언 방언(方言)이란 글자 그대로 지방(地方)의 말이라는 뜻으로 붙여진 이름이다. 방언의 가장 일반적인 용법도 지역이 다름에 따라 분화(分化)된 말이라는 뜻으로서의 용법이다. 이 장(章)에 와서 우리가 지금까지 방언에 대해 서술해 온 것도 그와 같은 뜻의 방언에 관해서였다.

그러나 한 언어 안에서의 언어분화(言語分化)는 지역의 다름에 의해서만 일어나지 않는다. 한 지역 안에서도 직업이 다르다든가 나이가 다르다든가 또는 성별(性別)이 다르다든가 등의 이유로도 말이 달라질 수 있는 것이다. 이들도 결국은 한 언어의 분화체(分化體)이므로 이처럼 지역차(地域差) 이외의 요인에 의해서 분화된 말도 방언이라 부른다.

따라서 방언은 크게 두 가지로 나뉜다. 하나는 지역방언(地域方言 regional dialect)이요, 다른 하나는 사회방언(社會方言 social dialect)이다. 우리가 일상 방언이라고 불러 오는, 즉 지역의 다름에 의해서 생긴 방언이 지역방언이요, 지역 이외의 요인, 즉 사회계층, 연령,

성별(性別), 종교, 종족 등의 요인, 다시 말하면 사회적 요인(社會的 要因)들에 의해 생긴 방언을 사회방언이라 한다. 제주도방언, 공주방언 등은 지역방언으로서의 이름이요, 궁중어(宮中語)니 상류사회방언이니 노동층방언, 여성어(女性語), 아동어(兒童語), 의사(醫師)방언이니 하는 것들은 사회방언으로서의 이름들이다.

국어 표준어를 정하는 기준으로 '중류사회에서 쓰는 서울말'을 내세웠었는데 여기에는 서울말이라는 지역방언으로서의 제약과 중류사회의 말이라는 사회방언으로서의 제약이 함께 들어 있음을 볼 수 있다. 우리 각자가 쓰는 말은 횡적(橫的)으로 어느 한 지역의 말을 대표하면서 동시에 종적(縱的)으로 어느 한 계층, 한 세대(世代), 한 성(性)을 대표하는 말일 것이다. 그만큼 사회방언도 엄연히 한 언어의 성격을 규정하는 중요한 요소다.

다만 사회방언(社會方言)의 차이는 지역방언(地域方言)의 차이만큼 뚜렷하지 못한 것이 일반적이다. 어떤 말을 들으면 경상도방언이라든가 평안도방언이라든가 등은 쉽게 드러나는데, 어떤 말을 듣고 저건 노동자층의 말이라든가 장년층(壯年層)의 말이라든가 등을 분별해내는 일은 그처럼 쉽지 않다. 방언이라고 하면 일차적으로 지역방언을 떠올리게 되는 것은, 그리고 오랫동안 방언 연구가 지역방언에 집중되어 왔던 것은 이런 데 연유한다고 볼 수 있다. 이 장(章)에서도 뒤에서 사회방언에 대한 설명을 다시 더 하기는 하지만 대부분의 설명이 지역방언 중심으로 이루어지는 것은 지역방언이 그만큼 방언의 주종(主宗)이기 때문이다. 그러나 되풀이하지만 어느 방언이든 지역의 다름에 의해서만 이루어지는 법은 없으며 여러가지 요인이 복합적으로 작용하여 형성된다는 점을 간과(看過)해서는 안 된다.

7. 2 방언학의 과제

언어학자들이 방언을 연구의 대상으로 삼은 것은 상당히 뒤늦은 시기의 일이었다. 즉 방언을 연구 대상으로 하는 방언학(方言學 dialectology)이 성립한 것은 19세기도 거의 끝나 가던 무렵이었다. 여기에서는 그러한 방언학(方言學)이 무엇을 그 주된 관심사로 하였으며 또 방언 연구가 우리에게 주는 혜택은 무엇인가를 살펴보기로 하겠다.

방언학의 성립 단편적인 방언 자료를 모아 방언사전(方言辭典)을 만드는 등의 일은 있었지만 전국적인 규모로 체계 있게 방언조사를 실시한 것은 1876년부터 독일의 Georg Wenker가 독일 전국의 근 5만의 초등학교를 통해 방언조사를 한 것이 최초였다. Wenker는 1887년까지 40개의 문장을 이들 학교에 보내 그 고장의 방언으로 번역하여 보내게 함으로써 독일 전역(全域)의 방언 자료를 모았는데 이로써 흔히 Wenker를 방언학의 개척자라 일컫는다. 이 자료에 의거한 『독일 언어지도』(*Deutsche Sprachatlas*)는 뒤늦게 1926년에 가서야, 그것도 다른 사람(F. Wrede)에 의해 출간(出刊)되지만 Wenker의 개척자적 업적을 높이 평가하고 있는 것이다.

그러나 방언학사(方言學史)에 더욱 찬란한 이름을 남긴 것은 프랑스의 Jules Gilliéron이었다. Gilliéron은 1896년부터 프랑스 전역에 걸쳐 639지점(地點)을 선정(選定)하여 조사원(調査員) Edmond Edmont으로 하여금 1,920개 항목(項目)으로 이루어진 질문지(質問紙)에 의거하여 방언조사를 하게 하였다. 1900년까지 이 조사를 마친 다음

1902년부터 1910년까지 장구(長久)한 기간에 걸쳐 인류 최초의 언어지도(言語地圖 linguistic atlas)인 『프랑스 언어지도』(*Atlas linguistique de la France*)를 출간하였다.

이 Gilliéron의 언어지도는 이 이후의 여러 나라에서의 방언조사 및 언어지도의 출간에 큰 자극제가 되고 또 한 모델이 되었다. 이 점이 독일의 Wenker의 방언 연구가 그렇지 못했던 것과 대조적이다. 말하자면 Gilliéron의 방언 연구가 이 방면의 정통성(正統性)을 세운 것이며 그만큼 방언학(方言學)은 Gilliéron에 의해 본궤도에 오르게 되었다고 평가할 만하다.

『프랑스 언어지도』의 출간 이후 『이탈리아－남부스위스 언어민속지도(言語民俗地圖)』(*Sprach- und Sachatlas des Italiens und der Südschweiz*)가 1928년부터 1940년에 걸쳐 출간된 것을 비롯하여 루마니아, 미국, 영국, 일본 등의 여러 나라에서 속속 전국 규모의 방언조사가 실시되고 또 언어지도가 출간되었다. 그리고 우리나라에서도 1978년부터 남한 전역에 걸쳐 방언조사를 실시하고 1995년에 『한국방언자료집(韓國方言資料集)』(전9권)을 낸 데 이어 이제 그 언어지도의 출간을 기다리고 있다. 방법론들이 얼마간씩 개선(改善)되어 오긴 하였지만 방언학(方言學)은 거의 언어지도를 만드는 일을 그 주된 과업으로 하면서 발전되어 왔다고 요약할 수 있다.

언어사와 방언학 방언 연구는 언어의 역사를 구명(究明)하기 위한 보조수단으로 행해지는 경우가 많다. Wenker가 애초 방언을 조사한 목적도 당시 풍미하던 이른바 '음운법칙(音韻法則)의 무예외성(無例外性)'을 방언에서 증명하기 위함이었다. 가령 국어에서 순경음(脣輕音) 'ㅸ'이 [w]로 바뀌는 음운변화가 일어났다면 이 음운변화는 예외 없이 모든 단어에 적용된다는 것이 당시 소장문법가

(少壯文法家)들의 생각이었는데 Wenker는 그것을 방언에서 증명하려 했던 것이다. 이 연구의 결과는 오히려 애초의 예상과 반대인 '음운법칙의 예외성(例外性)'이었지만 어떻든 방언 연구는 언어의 역사적 연구와 관련하여 출발하였으며 이것은 오늘날까지도 도도히 이어지는 전통이 되었다.

방언이 역사언어학과 관련을 맺게 되는 것은, 언어의 변천 속도가 지역에 따라 다름으로써 여러 지역의 방언을 조사해 보면 여러 시대의 어형(語形)이 드러나기 때문이다. 특히 표준어 등에서는 자취를 찾을 수 없는 고형(古形)이 방언에는 남아 있는 경우가 많아 고형(古形)을 재구(再構)하는 역사언어학자들에게 방언은 고마운 존재가 아닐 수 없는 것이다. 가령 중세국어(中世國語)에는 문헌에 방점(傍點)으로 표시되는 성조(聲調)가 있었다. 그런데 이 성조는 서울을 중심한 중부 일원에서는 그 자취가 사라지고 말았다. 그러나 함경도방언에는 중세국어의 것과 거의 일치한다고 판단되는 성조체계(聲調體系)가 남아 있고 경상도방언이나 강원도 동해안 방언에도 역시 성조가 잘 보존되어 있다. 이들 방언의 성조가 중세국어의 성조를 이해하는 데 더없이 귀한 자료가 될 것은 두말 할 나위가 없다. 'ㆍ'음(音)의 자취를 어디에서도 찾을 수 없는데 제주도방언에서 찾을 수 있고, 또 이 음(音)이 '폿, 포리'에서처럼 'ㅏ'가 아닌 'ㅗ'로 변한 방언도 있는데 이들이 'ㆍ'음의 추정(推定)에 결정적인 도움을 주리라는 것 또한 의심의 여지가 없다. 방언학의 한 존재 이유는 이처럼 방언 연구가 역사언어학의 귀중한 자료를 제공한다는 데 있다고 할 만하다.

지역사와 방언학 방언의 연구는 어떤 지역의 역사를 아는 데에도 큰 도움을 준다. 가령 어느 두 지역이 지리적으로 별로 그럴 만한 이유가 없는데도 뚜렷한 방언차(方言差)를 보인다면 그 두 지역이 과거 어느 시기까지 다른 행정권(行政圈)에 속했을 가능성을 짐작하게 해 주고 이로써 가령 신라와 백제의 국경(國境)이 이 두 지역 사이였으리라는 추정을 가능하게 해 준다. 반대로 지리적으로 매우 멀리 떨어져 있는 두 지역이 그 중간 지점들을 뛰어 넘어 매우 유사한 언어 특징들을 공유(共有)하고 있다면 과거 이 두 지역 사이에 어떤 이주(移住)가 있었던 사실을, 다시 말하면 어떤 지역의 정착사(定着史)를 밝히는 열쇠를 얻을 수도 있다.

한 나라는 대개 여러 개의 문화권(文化圈)으로 구분된다. 가령 우리나라에서 보면 음력 5월의 단오절(端午節)을 열심히 지키는 지역이 있고 그렇지 않은 지역이 있다. 말하자면 단오권(端午圈)이 따로 있는 것이다. 농사를 지을 때 '가래'라는 농구(農具)를 쓰는 지역이 있고 그렇지 않은 지역이 있다. 역시 가래권(圈)이 따로 있는 것이다. 가옥 구조에서도 외통형과 겹집형 등으로 갈려 말하자면 외통형권(圈)과 겹집형권(圈)이 있는 것이다. 음식에서도 그렇고 기타 여러가지 민속(民俗)에서도 마찬가지다.

이러한 문화권(文化圈)을 구분짓는 데 방언은 큰 몫을 한다. 바로 그 문화(文化)에 관계되는 단어가 있느냐 없느냐, 가령 '가래'를 가리키는 방언이 있느냐 없느냐로써도 문화권을 구분짓는 데 기여하지만 전체적으로 방언권(方言圈)을 구획하는 일이 어떤 지역들이 같은 문화권(文化圈)에 속할 것인지 아닌지를 짐작하는 데 큰 몫을 하는 것이다.

역(逆)으로 어떤 지역의 정착사(定着史)나 문화적 특성은 그 지역의 언어적 특성을 파악하는 데 도움을 주기도 한다. 한 지역의 언어외적(言語外的) 배경과 방언은 그만큼 상호보완적(相互補完的)인 관계에 있다고 보아 좋을 것이다.

언어의 이질성 방언 연구는 언어가 동질적(同質的)이지 않고 이질적(異質的)이라는, 언어의 큰 특성 하나를 파악하게 해 준다. 한 나라의 언어라고 하여 완전히 동질적인 언어는 없으며, 범위를 좁혀 한 지역의 언어도 동질적이지만은 않다.

언어는 여러가지 요인에 의해 분화(分化 differentiation)를 하고 그로써 한 지역 한 집단의 언어도 완전히 동질적인 경우란 드물다. 이러한 언어의 특성을 가장 극명(克明)하게 드러내 보여 주는 것이 방언 연구다. 지역방언 연구는 지리적인 조건에 의한 언어의 분화(分化) 현상을 보여 주며, 사회방언 연구는 여러가지 사회적 조건에 의한 언어의 분화 현상을 보여 준다.

학파(學派)에 따라서는 언어의 보편성(普遍性)을 강조하고 보편적 규칙을 수립(樹立)하는 일에 전념한다. 생성문법가(生成文法家)들이 그 대표적인 학파(學派)인데 이들은 한 언어의 방언적 차이는 일단 도외시하고 그 언어의 동질적(同質的)인 체계만을 관찰의 대상으로 한다. 뿐만 아니라 여러 언어간의 차이도 어떤 보편적인 한 가지 체계 속에서 파악하려 한다. 언어에는 분명히 이러한 보편성(普遍性 universality)이 없지 않다. 세계 여러 언어에 모두 단어(單語)라는 단위가 존재하며 명사(名詞)와 동사(動詞)라는 품사의 구별이 있다. 또 한국어는 모든 방언의 차이를 초월하는 공통 특질이 있다. 조사(助詞)가 명사(名詞) 뒤에 온다든가 목적어가 서술어 앞에 온다는 것 등이 그것이다.

그러나 보편성은 언어의 일부 특징일 뿐이다. 한 언어에도 보편적이지 못한, 한 방언에는 적용되지만 다른 방언에는 적용되지 않는 규칙들이 허다히 있는 것이다. '피-어서'가 '펴서'로 되는 지역, '페서'로 되는 지역, '피서'로 되는 지역이 각각 따로 있고, '학교'를 '핵교'로 발음하는 지역이 있는가 하면 '학조'로 발음하는 지역도 있으며, 또 대부분의 지역에서는 할머니에게 경어를 쓰지만 반면 반말을 쓰는 지역도 있는 것이 그 일례다. 세대(世代) 사이의 언어차(言語差)도 의외로 크고 남자와 여자의 말 사이에도 여러가지 흥미있는 차이가 있다. 이러한 한 언어 내의 이질적(異質的) 특성들은 방언 연구에 의해서 비로소 밝혀지고 체계화된다.

방언 연구는 이처럼 언어의 보편성을 추구하는 한편의 언어 연구를 다른 한편에서 보완하는, 언어학의 중요한 한 분야를 담당한다. 한 마디로 방언학은 언어에 대한 우리의 시야(視野)를 넓혀 주고 우리로 하여금 언어의 다양성(多樣性)을 깨닫게 해 주는 역할을 한다고 할 수 있다.

7. 3 언어지도와 등어선

지역에 따라서 방언의 차이가 어떻게 드러나는가를 보려면 각종 언어 특징의 방언형(方言形)을 지도(地圖) 위에 그려서 그 분포(分布)를 살펴보아야 한다. 전통적으로 해 오는 이와 같은 방언 연구를, 언어를 지리적으로 연구한다고 하여 언어지리학(言語地理學 linguistic geography), 또는 방언지리학(方言地理學 dialect geography)이라 한다. 여기에서는 이러한 전통적 언어지리학의 기본적인 개념을 간략히 정리해 보기로 하겠다.

언어지도 어떤 언어 특징이 각 지점(地點)에서 어떤 방언형(方言形)으로 나타나는가를 보여 주는 지도를 언어지도(言語地圖 linguistic map)라 한다. 한 예로 지도 7-1은 강원도 안에서 '호드기'

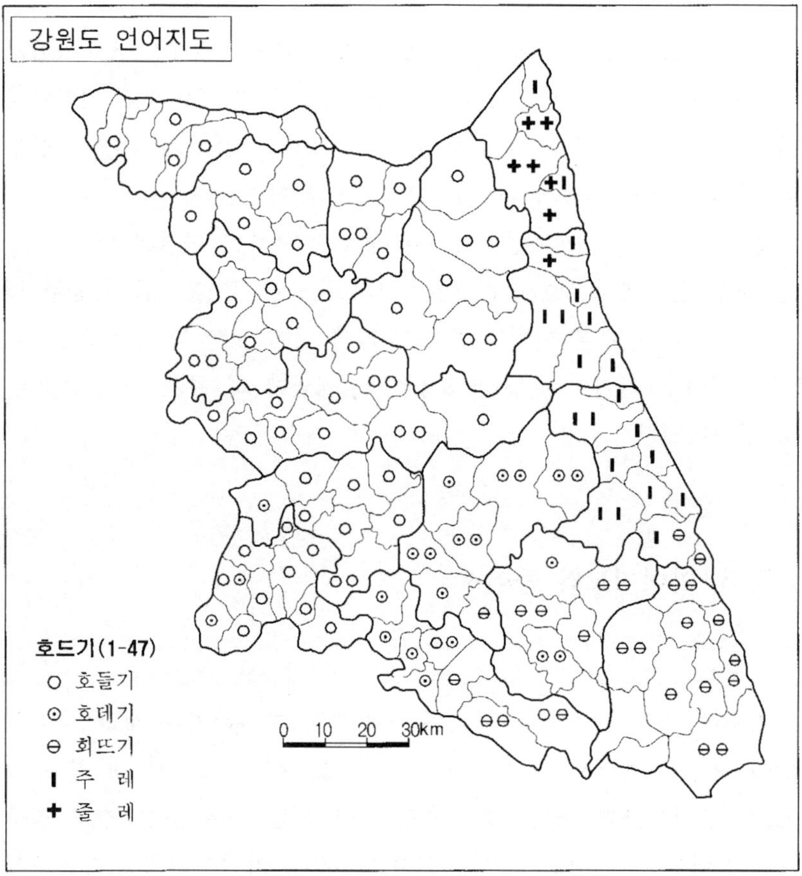

지도 7-1 '호드기'의 방언형을 보이는 강원도의 언어지도
(李翊燮 1981: 241)

(버들피리)의 방언형(方言形)이 어떻게 분포되어 나타나는가를 보여주는 지도인데 이처럼 한 단어이면 단어, 또는 어떤 발음이면 발음, 문법 현상이면 문법 현상과 같은 언어 특징의 여러 방언형(方言形)의 분포도(分布圖)가 곧 언어지도(言語地圖)다.

이러한 낱장의 언어지도를 묶은 책은 언어지도첩(言語地圖帖

linguistic atlas)이라 한다. 그러나 우리나라에서는 일반적으로 이 두 가지를 엄격히 구분하지 않고 다 같이 언어지도(言語地圖)라 부르는 수가 많다. 그리하여 가령 책으로 된 *Atlas linguistique de la France* 를 『프랑스 언어지도』라고 부르며, 마찬가지로 지도첩(地圖帖)인 *The Linguistic Atlas of England*를 『영국 언어지도』라 번역하여 부르고 있다.

언어지도는 위의 지도 7-1에서 보듯이 해당 방언형을 ○나 ⊙, 또 ✚나 △ 등의 기호로 바꾸어 그려 넣는 방식이 가장 널리 쓰이고 있다. 초기 언어지도는 '회뜨기', '주레' 등의 방언형(方言形)을 글자로 직접 적어 넣는 방식을 썼으나 이 방식은 인쇄에도 불편할 뿐만 아니라 시각성(視覺性)이 떨어지므로 좋은 방식이라고 하기 어렵다.

기호를 쓰는 경우 어원적(語源的)으로 연관이 있는 방언형끼리는 기호상으로도 연관이 되도록 만드는 것이 일반적이다. 앞의 지도 7-1에서 보면 이 단어의 방언형이 '호들기'계(系)와 '주레'계(系)로 나뉘는데, 지도에서 '호들기'계(系)는 동그라미를 조금씩 변형시켜 어떻든 모두 동그라미 모양을 가지도록 하고 '주레'계(系)는 막대기형의 모양을 가지도록 만든 것이 그 일례다.

언어지도를 만드는 궁극적인 목적은 여러 방언형의 지리적인 분포(分布)를 시각적으로 보여 주려는 데 있다. 지도 7-2는 '부추'의 방언형을 보이는 것인데 지역마다 어형이 색다르게 갈려 있고 그것이 일정한 세력으로 저마다의 영토를 확보하고 있는 것이 한눈에 보인다. 지도 7-1에서도 마찬가지였지만 언어지도는 이처럼 어디에서 어떤 방언형이 쓰이면서 어떤 방언형이 가장 큰 세력을 가지며 어느 지역과 어느 지역 사이에서 방언이 갈리고 하는 따위의 여러 가지 정보를 시각적으로 제공해 주려는 것이다. 이 때문에 오늘날은 흑백보다 컬러로 만든 언어지도를 많이 볼 수 있다.

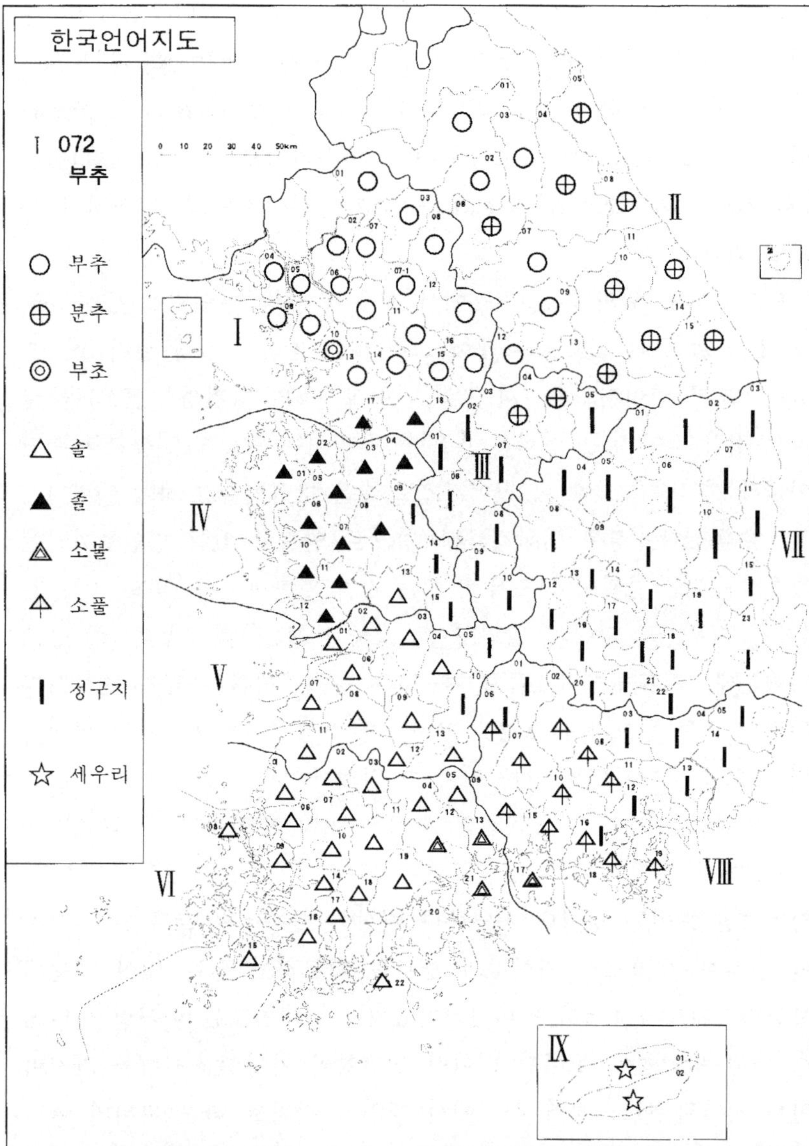

지도 7-2 '부추'의 방언형을 보이는 언어지도

등어선 언어지도에 방언형(方言形)을 그려 넣고 보면 서로 다른 방언형(方言形)이 갈리는 경계선이 드러나게 된다. 앞의 지도 7-1에서도 '호들기'계(系)와 '주레'계(系)가 갈리는 경계선이 꽤 선명히 드러난다. 이처럼 방언의 차이를 구획해 주는 분계선(分界線)을 등어선(等語線 isogloss)이라 한다. 등온선(等溫線)이나 등고선(等高線)을 그리는 것과 비슷한 방법으로, 같은 언어 특징을 가지는 지역을 한쪽으로 묶고 그것과 구별되는 언어 특징을 가진 지역을 다른

지도 7-3 강원도 '우물'의 등어선 지도(李翊燮 1981: 216)

한쪽으로 묶어 그 사이에 선을 그은 것이 곧 등어선(等語線)이다.

언어지도를 그릴 때 만일 등어선이 뚜렷이 드러난다면 앞의 지도 7-1에서처럼 방언형(方言形)을 조사지점마다 표시하는 방식 대신 등어선으로 그 분포를 표시하는 방식을 쓰기도 한다. 앞의 지도 7-3이 그 보기로서 '우물'의 방언형이 '우물'과 '웅굴'로만 이분(二分)되고 그 경계선도 뚜렷하여 각 조사지점에 방언형을 표시하는 번거로움을 던 것인데 한편으로는 방언의 분화(分化) 상태를 더 간명하게 보여 주는 이점(利點)이 있다.

등어선속 각 언어 특징마다 등어선을 하나씩 만들어 보면, 가령 '호드기'의 등어선과 '우물'이나 '철쭉'의 등어선을 그어 보면 이들의 등어선이 모두 동일한 지점을 통과할 수도 있고 그렇지 않을 수도 있다. 만일 이때 여러 개의 등어선이 겹쳐서 같은 지점들을 통과한다면 그 겹친 등어선들을 등어선속(等語線束 bundle of isoglosses)이라 한다.

등어선속은 방언구획(方言區劃)에 매우 중요한 몫을 한다. 만일 지점 A와 지점 B 사이에는 등어선이 하나밖에 지나지 않는데 지점 B와 지점 C 사이에는 여섯 개의 등어선이 지났다고 하자. 그러면 B 지점과 C 지점이 언어적으로 더 먼 지역이라는 것을 알 수 있고, 이로써 이들 세 지역을 두 구역으로 가르려고 할 때 그 해답이 저절로 얻어지기 때문이다.

다음 지도 7-4의 선(線)은 독일을 양분(兩分)하는 등어선속으로서 네 개의 등어선, 즉 'makən/maxən'(만들다), 'ik/ix'(나), 'dorp/dorf'(마을), 'dat/das'(저것)의 네 등어선이, 비록 네덜란드 쪽에서는 부채꼴로 흐트러지지만 독일 영토 안에서는 완전히 겹친 등어선속이다. 독일은 이것을 경계선으로 남부의 고지독일어권(高地獨逸語

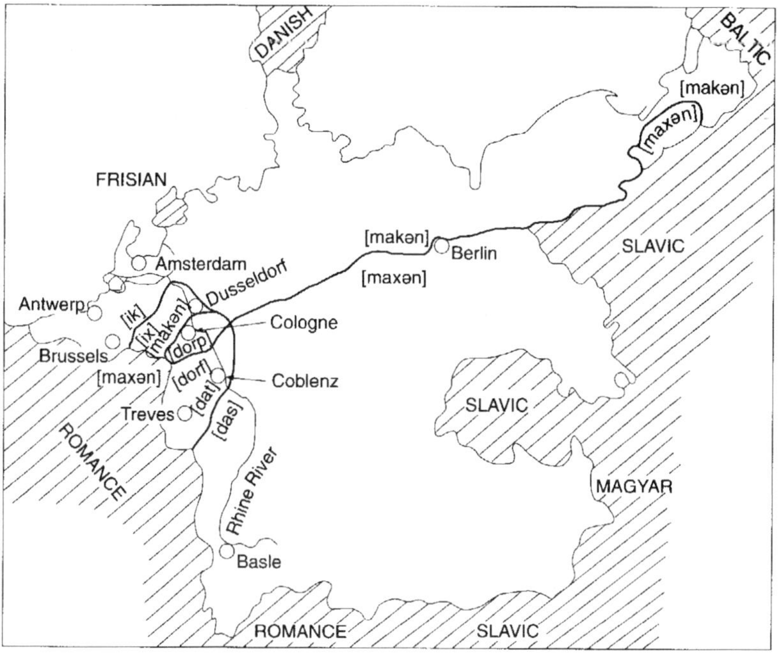

지도 7-4 독일을 양분하는 등어선속(Bloomfield 1933. 344)

圈)과 북부의 저지독일어권(低地獨逸語圈)의 양대방언권(兩大方言圈)으로 갈리는데 그만큼 등어선속은 방언구획에 큰 구실을 한다.

7. 4 방언경계와 방언구획

방언경계와 방언권 어떤 지역이 언어적으로 분화(分化)하여 그 지역 안에 각각 다른 언어 특징을 가진 소지역(小地域)들이 있다면 우리는 그 지역을 그러한 소지역(小地域)들로 나눌 수 있을 것이다. 이처럼 어떤 지역을 방언차(方言差)에 의해 구획하는 일을 방언구획(方言區劃)이라 한다. 그리고 그러한 방언구획에 의하여 나뉜 각 지역을 방언권(方言圈 dialect area)이라 하고 그 방언권들 사이의 경계를 방언경계(方言境界 dialect boundary)라 한다.

방언권은 여러 층위가 있을 수 있다. 우선 몇 개의 대방언권(大方言圈)으로 나눌 수 있을 것이며 그것을 다시 하위(下位)의 방언권으로 쪼개어 나갈 수 있을 것이다. 우리나라를 몇 개의 방언권으로 나누는 것이 가장 타당한지는 아직 그리 철저하게 연구된 상태는 아니다. 크게 북부방언권과 남부방언권으로, 아니면 동부방언권과 서부방언권으로 이대분(二大分)하는 방식도 있을 수 있을 것이며, 이보다 더 잘게 쪼개어 흔히 하듯 평안도방언권, 함경도방언권, 중부방언권, 전라도방언권, 경상도방언권, 제주도방언권으로 육대분(六大分)할 수도 있을 것이다. 그리고 애초의 구획이 어떤 것이든 이들 방언권을 각각 다시 나누어, 가령 전라도방언권이라면 전북방언권과 전남방언권으로 나누고 이번에는 다시 전남방언권을 동부전남방언권과 서부전남방언권으로 나누어 나갈 수 있을 것이다.

그런데 결정적으로 우세한 등어선속이 있다면 방언구획이 어렵지 않은데 누가 하여도 그렇게 할 수밖에 없을 정도의 뚜렷한 등어선속이 나타나는 일이란 흔하지 않다. 뚜렷한 등어선속이 아예 안 나타나기도 하고, 어디까지는 등선속이 잘 뭉쳐 흐르다가 어디에서부터는 산만하게 흩어지고 그러다가 어디에 가서는 다시 뭉치기도 한다. 그리하여 누가 어떤 관점에서 방언구획을 하느냐에 따라 방언구획의 결과가 달라질 때가 많다. 우리나라를 몇 개의 방언권으로 나누느냐 하는 것이 쉽게 결론이 나지 않는 것은 이 때문이다.

등어선의 평가 방언구획(方言區劃)을 정밀히 하기 위해서는 그 방언구획에 어떤 등어선들을 동원할 것이며 각 등어선들의 값어치를 어떻게 평가할 것인가를 잘 검토하여야 한다.

가령 경상도방언권과 전라도방언권을 별개 방언권으로 구획한다고 한다면 먼저 몇 개의 언어 특징을 고려의 대상으로 삼느냐가 문제될 것이다. 되도록 언어 전반에 걸쳐 비교하여 보아야 할 터인데 단어는 몇 개나 비교하여 보고, 음운 현상은 무엇무엇을, 문법 현상은 무엇무엇을 비교할지를 잘 결정하여야 할 것이다. 중요한 방언차(方言差)를 보여 주는 현상들을 버려 두고 사소한 현상에만 매달리면 그 방언구획은 타당도가 낮을 것이기 때문이다.

방언구획의 한 방법은 되도록 많은 언어 특징을 조사하여 가령 총 800개의 등어선을 그어 보고 그 중 가장 여러 개의 등어선이 몰려 지나가는 곳을 방언경계(方言境界)로 삼는 방법이다. 50개쯤의 등어선이 뭉친 등어선속이 있고 그것이 가장 두꺼운 등어선속이라면 두 방언권(方言圈)을 나누는 경계선으로 훌륭할 것이다. 그리고 그 다음으로 20개쯤의 등어선들이 뭉친 등어선속이 있다면 그것은 하위 방언권으로 나누는 경계선으로 삼으면 될 것이다.

방언구획의 다른 한 방법은 각 등어선에 동등한 가치를 부여하지 않고 차등을 두어 값을 매기고 거기에 따라 방언구획을 하는 방법이다. 등어선 중에는 지도 7-1에서 보듯이 '호데기'와 '호들기'를 구분해 주는 것도 있고 이들과 '주레'(및 '줄레')를 구분해 주는 것도 있다. 이 때 이들을 구분하는 등어선의 중요도(重要度)를 다 동등하게 보기보다는

호들기 | 호데기 **|** 주레 | 줄레

처럼 차등(差等)을 두어 '호들기'계(系)와 '주레'계(系)를 가르는 등어선을 동일계의 방언차를 구분하는 등어선보다 더 중요한 것으

로 평가할 수 있을 것이다.

상식적으로 생각해 보아도 한두 개의 단어가 다르다는 것보다는, 한쪽에는 'ㅓ'와 'ㅡ'가 변별(辨別)되어 일곱 개의 단모음(單母音)이 있는데 다른 한쪽에는 그것들이 변별적(辨別的)이지 못하여 한 음운(音韻)으로 묶임으로써 여섯 개의 단모음(單母音)밖에 없다면 이 차이가 훨씬 큰 차이일 것이 분명하다. 경상도 쪽에는 성조(聲調)에 의하여 단어의 뜻이 갈리는데 전라도 쪽에는 그런 현상이 없다면 이것도 단어 몇 개가 다르다는 것보다 훨씬 중요한 차이일 것이다.

이처럼 각 등어선의 값을 달리 매기면 그 값에 응당한 어떤 점수를 각 등어선에 매길 수 있을 것이다. 정확히 몇 점의 점수를 주어야 할지는 아직 잘 연구되어 있지 않지만, 만일 합당한 점수를 매길 수만 있다면 단순히 등어선이 20개가 지나갔다든가 50개가 지나갔다는 것보다 더 정밀한 방언구획을 할 수 있을 것은 두말 할 필요가 없을 것이다. 그리고 이것이 우리가 앞으로 추구할 방향이 되어야 할 것이다.

전이지대 지역에 따라서는 등어선이 획연(劃然)히 그어져서 이쪽 저쪽이 서로 다른 방언권에 속한다는 것을 쉽게 판정할 수 있는 곳도 있지만 또 곳에 따라서는 무지개의 두 가지 색깔이 겹치는 부분처럼 이쪽 저쪽의 두 방언형(方言形)이 뒤섞여 있는 지역도 있다. 이것은 한쪽의 언어 특징이 사라져가고 다른 한쪽의 언어 특징이 시작되는 지역, 즉 두 방언권이 접촉하는 지대에서 흔히 나타나는 현상이다. 이처럼 두 방언권의 언어 특징들이 뒤섞여 나타나는 두 방언권의 접촉 지대를 전이지대(轉移地帶 transition zone), 또는 전이지역(轉移地域 transition area)이라 한다.

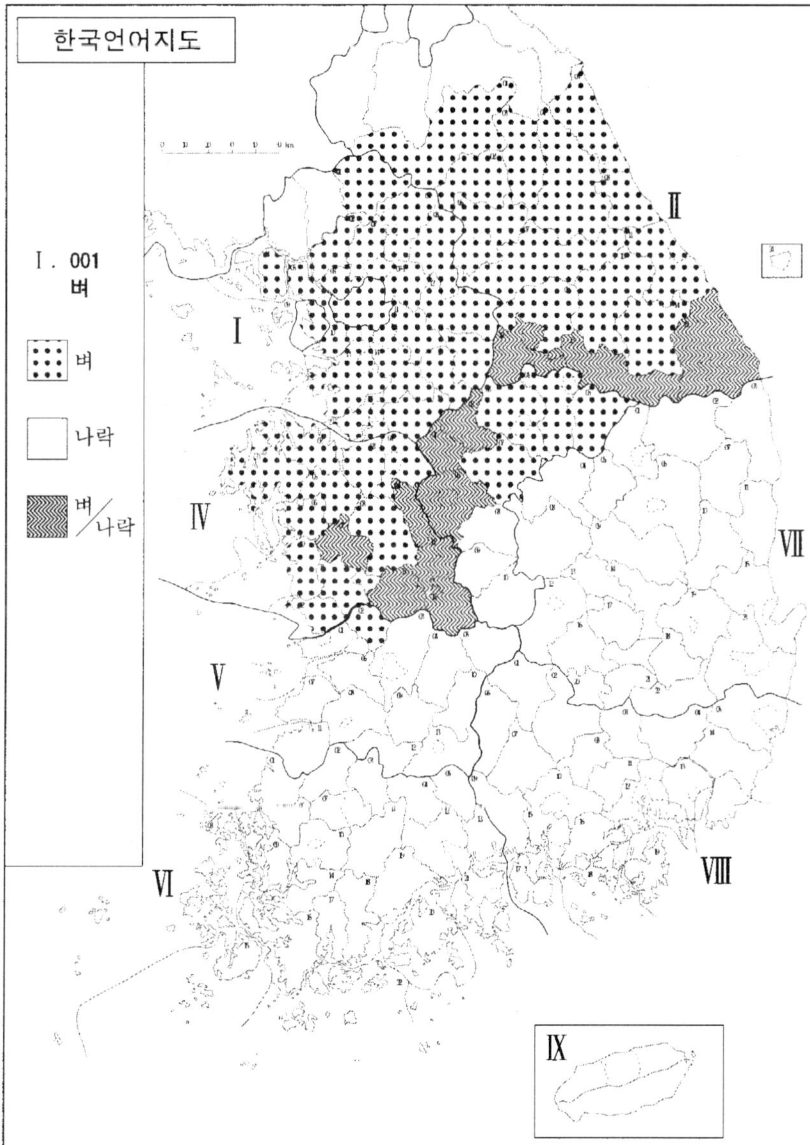

지도 7-5 '벼'의 방언형을 보이는 언어지도

가령 벼를 한 방언권에서는 '베'라 하고 그 이웃 방언권에서는 '나락'이라고 할 때 이 두 방언형을 쓰는 두 방언권이 강(江)이면 강(江), 산맥이면 산맥 하나를 분계선(分界線)으로 하여 칼로 자르듯 선명하게 구획된다면 전이지대는 없다. 그런데 그렇지 않고 두 방언권이 만나는 지대에서 '베'와 '나락'이 거의 같은 세력으로 뒤섞여 쓰이고 거기에서부터 한 쪽으로 가면 점차 '베'의 세력이 커지다가 드디어 '베'만 쓰이는 지대가 나오고, 그 반대쪽으로 가면 이번에는 '나락'의 세력이 커지다가 드디어 '나락'만 쓰이는 지역이 나온다면 이 두 방언권의 접촉지대는 전이지대다. 지도 7-5에서 그 한 전형적(典型的)인 예를 볼 수 있다.

이 전이지대에서는 독특한 의미분화(意味分化)를 일으키는 수가 많다. '베'와 '나락'이 다 쓰일 때 '베'는 논에 있을 때의 벼를 가리킴에 반해 '나락'은 볏단에서 턴 다음의 벼만을 가리키는 따위의 의미 분화가 그것이다. 이것은 A 방언권에서의 '베'와 B 방언권에서의 '나락'이 비록 형태는 달라도 그 의미는 같던 것과는 대조되는 현상으로서 전이지대에서 볼 수 있는 흥미로운 현상이 아닐 수 없다.

의미에서뿐 아니라 형태에서도 특이한 현상이 생기는 수가 있다. A 지역의 '거품'과 B 지역의 '버큼'이 만나는 C 지역에서 '거큼'이 쓰이는 따위가 그것이다. 이것은 '거품'의 앞쪽 '거'와 '버큼'의 뒤쪽 '큼'이 결합된 것으로, 즉 양쪽에서 반쪽씩 떼어 새 형태를 만든 것으로 전형적인 혼효(混淆 blend)의 예다. 역시 접촉지대에서 생기는 재미있는 현상의 하나다.

개신파 전이지대(轉移地帶)와 관련하여 몇 가지 개념을 아울러 이해해 두는 것이 좋겠다. 그 하나는 개신(改新 innovation)이다. 언어는 끊임없이 변한다고 하는데 지금까지 없던 새 언어 특징이 생기는 현상을 개신이라 한다. 어느 지역에서나 '춥어서, 춥으면'이라고 말하였는데 어느 한 지역에서 '추워서, 추우면'과 같이 말하는 현상이 일어났다면 이 새 현상이 곧 개신이다.

이러한 개신(改新)이 차츰 세력이 커지면 '춥어서, 춥으면' 대신 '추워서, 추우면'이라고 말하는 지역이 점차 넓어질 것이다. 즉 개신의 물결이 주위로 점점 퍼져나가는 것이다. 이 세력의 확장을 마치 호수에 돌을 던졌을 때 물결이 주위로 원을 그리며 퍼져나가는 것과 같다고 하여 개신파(改新波 ondes d'innovation)라 한다. 그리고 그 개신이 시작된 곳을 방사(放射)의 중심지(中心地 centre de rayonnement)라 부른다. 물결의 중심지라고 하여도 좋을 것인데 햇살의 중심지라는 뜻으로 통상 이렇게 부르고 있다. 그리고 이 중심지 일대를 초점지역(焦點地域 focal area)이라 한다.

개신이 세력을 얻으면 이 방사(放射)의 중심지로부터 점점 멀리 개신파(改新波)를 밀어내보내게 될 것인데 앞에서 본 전이지대는 이 개신파의 최전방(最前方)과 그것을 저지하는 저항선이 뒤엉킨 지대라 할 수 있으며, 방언경계(方言境界)가 강줄기처럼 뚜렷한 경우는 두 세력이 각자의 영토를 엄격히 구분한 경우일 것이다. 전이지대이든 등어선(等語線)이든 기존의 세력과 새 세력이 서로 영토 확장을 위해 싸워 얻은 전과(戰果)의 현재의 모습이라 할 수 있을 것이다.

잔재지역 그런데 이렇게 두 세력이 싸우는 와중(渦中)에 휩쓸리지 않는 지역이 생기는 수도 있다. 언어는 끝없이 변한다고 하는데 이것은 개신(改新)이 끝없이 일어난다는 말이나 마찬가지일 것이다. 때를 같이 하든 달리 하든 여기저기에서 개신이 일어나면 각자 자기 세력을 넓혀 가려 할 터인데 그 한 모습을 위의 그림 7-6

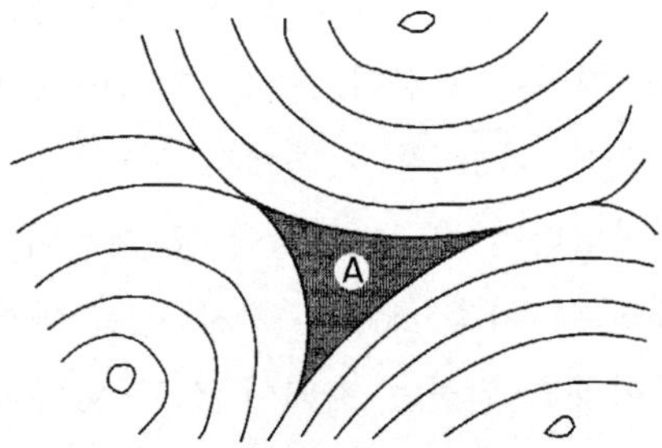

그림 7-6 잔재지역

처럼 상정(想定)할 수 있을 것이다. 즉 세 방사(放射)의 중심지로부터 세 개신파(改新波)가 퍼지면서 어디에서든가 서로 부딪치게 되는데 아래 그림의 A처럼 이 세 물결의 침해를 전혀 받지 않는 지역이 생길 수 있다. 깊은 산중(山中)이거나 외로운 섬 등은 실제로 이처럼 개신의 물결을 벗어날 수 있는데 이처럼 이쪽 저쪽의 개신파의 영향을 피하여 고도(孤島)처럼 남은 지역을 잔재지역(殘滓地域 relic area)이라 한다.

잔재지역(殘滓地域)은 개신파(改新波)의 영향을 받지 않았으므로 자연히 고형(古形)을 많이 간직하고 있기가 쉽다. 그래서 고형을 중시(重視)하는 전통방언학에서는 이 잔재지역이 많은 주목을 받아 왔다. 우리나라의 제주도는 위의 그림에서의 모습과는 좀 다르지만 육지로부터의 개신파(改新波)를 가장 적게 받은 잔재지역의 하나라 할 수 있는데, 육지에서는 자취를 감춘 중세국어의 모음 'ㆍ'를 아직도 유지하고 있는 등 많은 고형(古形)을 간직하고 있어 방언(方言)의 보고(寶庫)라고까지 일컬어지고 있다. 관점에 따라서는 잔재지역은 오염이 덜되고 아직 순수성을 지닌 지역이라 할 수 있을 것이다.

7.5 국어 방언의 주요 특징

우리나라의 방언구획 앞 절(節)에서 우리나라 방언구획의 몇 가지 가능성에 대해 지나가는 말로 언급한 바 있다. 거기에서도 시사(示唆)하였듯이 아직까지 우리나라의 방언구획 문제는 그리 치밀하게 논의된 바 없고, 따라서 우리나라가 몇 개의 방언권(方言圈)으로 구획되어야 할지에 대해서는 아직 이렇다 할 정설(定說)이 없는 형편이다. 가장 널리 쓰이는 방언구획은 小倉進平의 것이다. 이는 서울, 경기도, 강원도, 황해도, 충청남북도의 대부분 지역을 한데 묶어 경기도방언(京畿道方言)으로 묶고, 나머지는 대체로 남북도(南北道)를 합친 각 도(道)를 각각 한 방언권(方言圈)으로 삼은 다음 제주도(濟州島)를 별개의 한 방언권(方言圈)으로 한 것이었다. 요즈음은 경기도방언(京畿道方言) 대신 중부방언(中部方言)이라는 명칭을 쓰고, 또 학자에 따라서는 도(道) 이름에서 따 온 명칭 대신 동남방언(東南方言), 서남방언(西南方言), 동북방언(東北方言), 서북방언(西北方言) 등의 명칭으로 바꾸어 부르기는 하지만 이 방언구획이 아직까지는 가장 널리 쓰이고 있는 편이다. 이를 다시 정리하여 보면 다음과 같다.

慶尚道方言(嶺南方言, 東南方言)
全羅道方言(湖南方言, 西南方言)
咸鏡道方言(關北方言, 東北方言)
平安道方言(關西方言, 西北方言)
京畿道方言(中部方言)
濟州島方言(濟州道方言)

여기에서는 방언권을 이처럼 도(道) 단위로 나누었을 때의 각 방언들의 특징을 방언 특징이 강한 방언을 중심으로 몇 가지 살펴보고자 한다. 그런데 도(道) 단위로 나누든 어떤 다른 방언구획 체계에 따르든, 동일(同一) 방언권에 속하는 전 지역에 빠짐없이 적용되는 특징이란 드물며, 또 그 방언권에만 있고 다른 방언권에서는 전혀 나타나지 않는 방언 특징도 드물다. 따라서 여기에서 제시되는 특징은 대부분 주로 그 지역에서 두드러지게 나타나는 특징들이라고 보면 좋을 것이다.

경상도방언 경상도방언은 성조(聲調)를 가지고 있는 것을 큰 특징으로 한다. 남도(南道)와 북도(北道)가 얼마간 다르지만

〈高調〉	〈低調〉
배(梨)	배(腹, 舟)
삼(蔘)	삼(痲)
손(客)	손(手)
새끼(稚)	새끼(紋)
모래(沙)	모래(明後日)

등의 대립(對立)에서 보듯 성조가 단어의 의미를 분화(分化)시키는 변별력(辨別力)을 가지고 있다. 경상도방언의 큰 특징인 거센 억양도 이 성조와 관계가 있다. 이 방언에서는 이러한 성조의 대립이 있는 대신 다른 방언에서 널리 보이는 음장(音長)의 대립은 대체로 보이지 않는다.

경상도 대부분 지역에서는 단모음(單母音) 'ㅐ'와 'ㅔ'의 대립과 'ㅓ'와 'ㅡ'의 대립을 찾아보기 어렵다. 특히 'ㅓ'와 'ㅡ'가 별개(別個)의 음운 노릇을 하지 못하는 현상, 한 예로 '글'과 '걸'이 이

곳 주민들에게 같은 소리로 인식되는 현상은 이 방언이 다른 도(道)의 방언과 크게 구별되는 점이다.

전체적으로 경상도방언은 모음의 수(數)가 전국적으로 가장 적은 방언으로 특징지을 수 있다. 'ㅓ~ㅡ' 및 'ㅐ~ㅔ'의 대립(對立)을 잃은 데에서 이미 두 개가 줄어든 데다가 단모음(單母音) 'ㅚ, ㅟ'도 없고 이중모음(二重母音)의 'ㅢ, ㅙ, ㅞ' 등도 없기 때문이다. 예를 들면 '외국, 궤짝'은 '에국, 게짝'으로, '위장, 쥐'는 '이장, 지'로, '의리, 의논'은 '으리, 으논'으로, '왜, 횃불'은 '와, 핫불'로 발음한다. 그나마 'ㅘ, ㅝ'들조차 자음 뒤에서는 '가자(←과자), 꽁(←꿩), 구카(←국화)'에서 보듯이 단모음으로 실현되며, 'ㅑ, ㅕ, ㅛ, ㅠ'들도 '벵(←병), 포(←표), 멘/민(←면)' 등에서 보듯 역시 단모음으로 실현된다.

자음 중 'ㅆ'을 된소리로 발음하지 못하고 'ㅅ'으로 발음하여 '쌀, 싸우다'를 '살, 사우다'로 발음하는 것도 경상도방언의 큰 특징 중의 하나다. 또 '필요, 절약, 활용'을 '피료, 저략, 화룡'처럼 발음하지 않고, 즉 받침 'ㄹ'을 다음 음절의 초두음(初頭音)으로 발음하지 않고 '필+요, 절+약, 활+용'처럼 앞 음절의 받침으로 발음하는 것도 특이하다.

다른 방언에서도 그렇듯이 이 방언에도 어미(語尾)에 특징적인 것이 많다. '합니다, 합시다'의 '다'를 '더'로 발음하고, '합니까'의 '까'를 '꺼'로 발음하는 것이 그 예의 하나다. '머 잡십니껴?'의 '-니껴'나 '이기 우리 집이제'의 '-제', '보이소'나 '이리 오시이소'의 '-이소'나 '-시이소', '그기 좋은 기라'의 '-라' 등도 마찬가지다. 특히 의문법어미(疑問法語尾)가 '-나'와 '-노', '-가'와 '-고'로 교체(交替)되는 현상도 경상도방언의 대표적 특징으로 지적된다. '예, 아니요'를 요구하는 단순한 물음일 때는 '비 오나?'

나 '이거 집이가?'처럼 'ㅏ'계(系) 어미를 취하다가 '누구, 무엇, 어디, 언제, 왜' 등의 의문사(疑問詞)가 이끄는 문장에서는 '어데 가노?'나 '이거 누 책이고?'(이것 누구의 책이냐?)처럼 'ㅗ'계(系) 어미를 취하는 것이다. 이러한 교체는 중세국어에 있던 현상으로서 경상도방언의 이 현상은 그 옛날의 자취가 아직 남아 있는 것으로 해석된다.

'-고 하-'를 '카'로 줄여 '뭐라고 하느냐, 너라고 하는 사람'을 '머라카노, 니라카는 사람' 따위로 발음하는 것도 이 방언을 다른 방언과 구분짓는 대표적 특징의 하나다. '-려고 하-'가 '락카'로 되어 '갈락칸다'(가려고 한다)로 말하는 현상도 마찬가지다.

경상도방언에는 이 이외에도 많은 특징이 있다. '안 좋다, 안 걱정스럽다'처럼 부정법(否定法) 중 '좋지 않다, 걱정스럽지 않다'의 이른바 장형(長型)을 기피하고 거의 단형(短型)만을 취하는 일이나 보통 서술형(敍述型)으로 말할 것을 '그기 책 아이가?'식의 의문문 형식으로 표현하는 것도 지나치기 아까운 특징들이다.

어휘(語彙)에도 타도(他道)에서는 나타나지 않는 특이한 예들이 물론 많다. 대개 어휘는 경상도 안에서도 얼마간씩 갈리는 경향이 있기는 하나 다 열거하기 어려운 특징적인 어휘가 많다.

(1) 할배(할아버지), 괭내기/앵구(고양이), 가분다리(진드기), 정구지(부추), 조포(두부), 시껍했다(놀랐다), 머라쿤다(꾸짖는다), 하모(암, 물론)

결론적으로 경상도방언은 개성이 가장 강한, 그리하여 몇 마디만 들어도 곧 경상도방언임을 알아낼 수 있는, 그만큼 표준어에서 가장 먼 방언 중 하나라 할 수 있다.

전라도방언 전라도방언을 河野六郎은 경상도방언과 묶어 남선방언(南鮮方言)이라 하였다. 오늘날 남부방언(南部方言)으로 바꾸어 부를 수 있을 것이다. 그만큼 전라도방언과 경상도방언은 공통적인 면이 많이 있다. 우선 그 중 대표적인 것들 몇 가지를(이들 중 어떤 것은 어느 한 방언에만 해당한다. 가령 예문 (3)에서 전라도방언에도 쓰이는 것은 '새비'뿐이다) 봄으로써 이 방언의 특징을 살펴보고자 한다. 먼저 중세국어에서 'ㅿ, ㅸ'으로 표기되던 것들이 이 지방에서는 각각 'ㅅ'과 'ㅂ'으로 살아남은 것을 들 수 있다.

(2) 가실(가을), 모시(모이), 여시/야시(여우), 무수(무우), 부석(부엌), 나숭개(냉이), 잇어라(이어라), 젓으니(저으니), 낫았다(나았다)

(3) 새비(새우), 누베(누에), 호박(확), 추비(추위), 더버서(더워서), 달버요(달라요), 고바서(고와서)

등이 그 예다. 'ㅅ'유지형(維持形)은 중부에서도 꽤 넓게 발견되나 'ㅂ'유지형(維持形)은 경기도 중심의 중부나 그 이북에서는 찾아보기 어려운 음들이다. 그만큼 고형(古形)이 남부에 많이 유지되어 있는 것이다.

또 중세국어의 'ㆍ'가 'ㅗ'로 변한 특이한 단어들이 있는 것도 전라도방언과 경상도방언에서 공통적으로 발견되는 현상이다.

(4) 포리(←ᄑᆞ리), 폿/포치(←ᄑᆞᆾ), 폴(←ᄑᆞᆯ), 모실(←ᄆᆞᅀᆞᆯ), 몰(←ᄆᆞᆯ), 놈(←ᄂᆞᆷ), 노물(←ᄂᆞᄆᆞᆯ), 볽다(←ᄇᆞᆰ다), 몰르다(←ᄆᆞᄅᆞ다), 폴다(←ᄑᆞᆯ다)

등이 그 예인데, 이들의 'ㅗ'는 중부에서는 'ㅏ'로 되어 있어 'ㆍ'의 음가(音價)를 추정하는 데 중요한 의미를 가지면서 이 방언들의 특징을 이루고 있다.

어두(語頭)의 평음(平音)이 경음화(硬音化)한 현상도 두 방언에서 두드러지게 많이 발견되는 현상이다.

(5) 뚜부(두부), 삐들기(비둘기), 까지(가지), 깡냉이(옥수수), 까락지(가락지), 똘배(돌배)

등 중부에서 평음으로 발음되는 어두(語頭) 자음이 된소리로 발음되는 예들이 대단히 많다. 이러한 현상은 충청도에도 많고, 나머지 지방에서도 특히 현대로 올수록 많아지는 현상이지만 이 남부에서 그 정도가 가장 심하다.

ㅣ역행동화가 유난히 심한 것도 이들 방언의 특징이다. '잽히다'(잡히다)나 '괴기/게기'(고기) 등의 ㅣ역행동화의 분포는 전국적으로 상당히 넓으며, '뱁이다, 맴이다'처럼 명사가 뒤에 조사(助詞)를 만나 ㅣ역행동화를 일으키는 현상은, 충청도 일부 지방에서도 발견되지만 이 남부방언에서 두드러지게 나타나는 특징이라 할 만하다.

(6) 뱁이(밥이), 맴이(마음이), 떽이(떡이), 해기 싫다(하기 싫다), 헤리(허리)

이상으로 비록 전라도방언만의 특징은 아니지만 전라도방언의 중요한 특징의 일부인 현상들을 살펴보았다. 이 외에 그야말로 전라도방언을 특징짓는, 이 방언 고유의 것이라고 할 만한 특징들도 많다.

전라도방언의 특징도 어미(語尾)에서 많이 나타난다. '-는데'의 뜻을 나타내는 '했는디, 그란디'의 '-는디', '-니까'의 뜻을 나타내는 '비쌍깨, 그랑깨, 간당깨로'의 '-ㅇ깨' 및 '-ㅇ깨로'는 특히 이 방언을 특징짓는 어미들이라 할 만하다. 표준어의 '-요'에 해당하는 '입었어라우'(입었어요), '좋구만이라우'(좋구만요)의 '-라우'나 '-래요'에 해당하는 '나 갈라요'의 '-라요', 또 '잘 크지야?', '응, 잘 커야'의 '-야'도 특징적이다.

선어말어미(先語末語尾) '-겠-'이 '좋것나, 오것다'처럼 '-것-'으로 나타나는 현상이나, 존대를 나타내는 선어말어미로 '-시-' 이외에 '가겨라우'(가셔요), '할마니가 외게서'(할머니가 오셔서)에서처럼 '-게/겨-'가 쓰이는 현상도 특기할 만하다. '처럼'이나 '만큼'에 해당할 조사(助詞) '맹키'나, '듯이'에 해당할 '데끼'도 이 방언을 특징짓는 형태들이다.

문말(文末)에 덧붙는 '그래라우 잉', '좋지 잉' 등의 '잉'도 일반인에게까지 널리 알려진 전라도방언의 하나다. 표준어 '응'에 해당하는 단어이긴 하나 그 쓰임의 범위가 훨씬 넓다.

어휘(語彙)에서 특징적인 것 몇 개를 들면 다음과 같다.

(7) 괴비(호주머니), 빼도리(팽이), 냉갈(연기), 지(김치), 당각(성냥), 깨벗다(발가벗다), 디끼다(뒤집다), 시피보다(업신여기다), 방구다(겨누다), 이청스럽다(심심하다), 애서롭다(부끄럽다), 호숩다/호상지다(흔들거려 재미있다), 쬐깨(조금), 꼬꼬비(찬찬히), 뚱금없이(예고없이, 갑자기), 포도시(겨우), 싸게(速히), 무담시/맬갑시(괜히), 땜시/땀시/땀새/난시(때문에)

전라도방언의 음운 체계는 표준어와 가깝다. 일부 지방에서는 'ㅐ'와 'ㅔ'가 변별(辨別)되지 않지만 되는 지역도 많으며 'ㅚ'와 'ㅟ'의 단모음으로서의 발음도 잘 지켜지는 편이다. 특히 'ㅓ'와 'ㅡ'의 대립이 뚜렷하여, 전체적으로 경상도방언보다는 훨씬 표준어에 가까운 방언이라 할 수 있다.

평안도방언 평안도방언에서 가장 먼저 지적해야 할 것은

'ㄷ' 구개음화를 겪지 않고 있는 현상일 것이다. 다른 지역에서는 'ㅣ'나 'j' 앞에서 'ㅈ'이나 'ㅊ'으로 구개음화된 것들을 이 방언에서는 'ㄷ'과 'ㅌ'을 그대로 유지하고 있는 것이다.

(8) 딈심(점심), 뎡거댱(정거장), 댱개(장가), 뎔(절 寺), 뎨켠(저쪽), 됴티요(좋지요), 뎍다(적다 記), 티다(치다), 띠르다(찌르다), 구티다(굳히다), 허디만(하지만)

또 다른 방언에서는 'ㅣ'나 'j' 앞의 'ㄴ'과 'ㄹ'이 어두(語頭)에서 탈락하는데 평안도방언만은 여기에서도 예외적이다. 'ㄴ'은 그대로 유지되고 'ㄹ'은 'ㄴ'으로 바뀔 뿐 탈락하지는 않는다.

(9) 니마(이마), 니파구(잎사귀), 닐굽(일곱), 녀자/너자(여자)
(10) 니발(이발), 니론(이론), 냥심(양심), 뇨리(요리), 뉴월(유월)

평안도방언은 'ㄷ'변칙활용이 없다는 점에서도 특이한 면모를 보인다. 'ㄷ'변칙동사의 어간말음 'ㄷ'이 모음 앞에서도 'ㄹ'로 바뀌지 않고 그대로 'ㄷ'을 유지하는 것이다.

(11) a. 아무리 듣어도 모르가시오.
b. 그 말 듣으니 그럴 듯함메.

이 이외에 문법형태소에서도 특징적인 것이 많다. 먼저 이러한 형태들이 쓰인 예문을 몇 보기로 하자.

(12) a. 내레 가드랬디오.
b. 어드메 가십네까?
c. 어서 가시라요.
d. 남자넨 마니 받앗수다레.

(12 a)에서 보듯이 주격조사로 '레'가, 표준어 '-었었-'에 해당하는 어미로 '-드랫-'과 같은 특이한 형태가 쓰임을 볼 수 있다. 또 (12 b, c)에서처럼 명령형어미로 '-라요'가 쓰이고 있다. (12 d)의 '받앗수다'나 '갓다 오갓수다'의 '-수다'도 특징적이며, 문말의 '-레'는 표준어의 '-그려'쯤에 해당하는 것인데 이 방언의 간판과 같은 존재라 할 만하다.

어휘에서 특징적인 것을 몇 보이면 다음과 같다. 특히 다른 방언의 한 단어로 표현할 수 없는 것도 있어 흥미를 일으킨다.

(13) 무루(우박), 얼커니(먼 일가), 분투(옥수수 껍질로 엮어 만든 겨울용 어린이 신발), 오마니(어머니), 에미네(아내, 여자), 벌차다(활발하다), 우덩(일부러)

함경도방언 함경도방언은 경상도방언과 마찬가지로 성조(聲調)를 가지고 있어 이것을 이 방언의 첫번째 특징으로 꼽을 수 있다. 그런데 함경도방언의 성조는 경상도의 그것과 차이가 있다. 대표적인 예로 다음 예문 (14)에서 보듯 단어에 따라 경상도방언에서 고조이던 것이 함경도방언에서는 저조로, 또는 그 반대로 나타나며, 경상도방언에서는 저저조(低低調) 단어가 없는데 반해 함경도방언에서는 고고조(高高調) 단어가 없다.

(14)

경상도방언	함경도방언
말(言)/·말(馬, 斗)	말(馬)/·말(斗, 言)
배(腹)/·배(梨)	배(梨)/·배(腹)

함경도방언의 발음 중 특징적인 것은 성대폐쇄음 [ʔ]다. 이 음

은 부정사(否定詞) '아니'에서 나타나는데 '아니'는 'ㄴ'이 탈락하고 '아'가 비모음이 되는데 그 '아'가 [ʔ]를 동반하고 발음되는 것이다.

문법 형태에도 특징적인 것이 많다. 대격조사 '을/를'을 '으/르'라 하고 특수조사 '은/는'을 '으느/느'라 하는 것이 그 중 대표적인 현상이다. 그 외에 문말에 쓰이는 어미에 특징적인 것이 많은데 다른 예문을 통해 몇 가지 보기로 한다.

(15) a. 보리밥보구사 낫지비.
b. 옥수꿀 쎄우 먹엇슴.
c. 날래 갑세.
d. 함홍 사램이우다.

(15 a)에서는 먼저 '-지비'가 주목된다. 문말에 쓰이는 이 어미는 표준어 '-지'에 해당하는데 이 한마디만 들어도 함경도방언임을 알 수 있을 정도로 이 방언의 징표라 할 만하다. 이 밖의 '-슴, -슴메'는 '-습니다', '-ㅂ세'는 '-세', '-우다'는 (15 d)에서는 '-ㅂ니다', '그러지 마우다'의 경우에는 명령형 '-시오'에 해당하는 어미들인데 역시 이 방언을 특징짓는 대표적 어미들이다. (15 a)의 조사 '보구사'(보다야)나 (15 b)의 '옥수꿀'(옥수수를)이나 '쎄우'(매우), (15 c)의 '날래'(어서)도 흥미있는 방언들이다.

어휘에서 특징적인 예를 몇 보이면 다음과 같다. 함경도방언 중에서도 육진방언(六鎭方言)은 또 특이하여 방언구획을 할 때 이 방언을 따로 분립(分立)하기까지 하는데 여기에서는 그곳의 특징적인 어휘만 몇 개 (16 b)에 따로 제시해 둔다.

(16) a. 비지깨(성냥), 어무집(친정), 안깐(아내), 뻴쭈꺼(활발한 여자), 지내(질게 깔린 안개), 이밥다/이바부다(아쉽다, 필

요하다), 얼빤하다(띵하고 멍하다)

b. 모시낀(외양깐), 고수재기(곱절되는 수확), 간분(감자가루나 메밀가루), 쾌마디(톱), 사냥하다(나무하다), 볼디(아주)

제주도방언 제주도방언은 우리나라 방언 중에서 가장 동떨어진, 표준어나 다른 방언에 없는 특징을 많이 가진 방언이다. 순수히 제주도방언을 쓰는 사람의 말은 육지 사람들이 알아듣기 어려운 정도인 것이다.

제주도방언의 가장 큰 특징의 하나는 중세국어(中世國語)의 문헌에 ‘ㆍ’로 표기되던 모음(母音)을 독립된 음운(音韻)으로 가지고 있는 현상이다. ‘ㅏ’음(音)보다 더 뒤쪽, 그리고 더 위쪽에서 발음되는 이 모음은 다음 (8)의 단어를 비롯하여 여러 단어에 나타나는데 모두 과거 문헌에 ‘ㆍ’를 가졌던 단어들이다.

(17) ᄃᆞ리(橋), ᄆᆞ슬(村), ᄉᆞᆯ(膚), ᄒᆞᆨ(土), ᄆᆞᆫ지다, ᄒᆞ다

제주도방언에서 더욱 특이한 음은 ‘ㆍ’와 ‘j’가 결합된 이중모음이다. [jʌ]에 가까운 음인데 『훈민정음』에서 아이들의 말이나 ‘변야지어(邊野之語)’에 있는 음이라 하여 만들었던 ‘ᆝ’(‘·’ 앞에 ‘ㅣ’가 결합된 음)에 해당하는 음으로 해석된다. 예비로 만들어 놓기는 하였어도 한번도 쓰이지 않았던 ‘ᆝ’가 제주도방언에서 소용이 된다는 것이 흥미를 일으킨다. ‘ᆝ’ 대신 ‘‥’를 써서 몇 예를 보이면 다음과 같다.

(18) ᄋᆢ름(여름), ᄋᆢᄃᆞᆸ(여덟), ᄋᆢᇁ(옆), ᄋᆢ라이(여럿이), ᄋᆢ끄다(이끌다)

제주도방언은 특히 그 어휘(語彙)가 특징적이다. 그 의미를 짐작

조차 할 수 없는, 육지의 어휘들과는 너무나 색다른 어휘가 많다. '비바리'(처녀), '독새기'(달걀), '구덕'(바구니)은 이제 널리 소개된 단어이지만 몇 예를 더 보이면 다음과 같다.

(19) 게염지(개미), 밥주리/밤버리(잠자리), 가우리/게우리(지렁이), 강버리/간비역/멘주리(올챙이), 반주리생이/좁생이/생이(참새), 남초(담배), ᄂᆞᆷ뻬(무우), 대사니/곱대사니(마늘), 꽝(뼈), 바릇(海產物), 황고지(무지개), 돗괭이(회오리바람)

표준어의 '때, 뛰다, 짝, 짜다'의 된소리는 중세국어(中世國語)의 'ᄣᅢ, ᄠᅱ다, ᄧᅡᆨ, ᄧᅡ다'의 'ㅳ, ㅶ'이 변한 것인데 제주도방언에서는 이것들이 거센소리 'ㅌ, ㅊ'으로 변하여 위의 단어들을 '태, 튀다, 착, 차다'고 말한다. 특이한 음운변화(音韻變化)를 겪은 것이다.

제주도방언에도 역시 어미(語尾)에 특이한 것이 많다. '나 놀암쩌'(나 놀고 있어), '밧테레 감저'(밭에 가고 있다), '어두엄쩌'(어두워지고 있다)의 어미 '-쩌/저'나 진행(進行)을 나타내는 그 앞의 선어말어미(先語末語尾) '-암/엄-', '가당 물엉 가쿠다'(가다가 물어서 가겠습니다)의 '-앙/엉'(-'아서'의 의미) 등이 그 한 예다. 그리고 '나 해서마씀'(내가 했단 말입니까)의 '마씀'은 반문(反問)하는 경어(敬語)로서 역시 특이하며 '어드레 감수가?'(어디로 가십니까)나 '나도 가쿠다'(나도 가겠습니다)의 선어말어미(先語末語尾) '-수-'와 '-쿠-'는 경어에 쓰이는 형태들로서 제주도방언을 특징짓는 어미들이다. 조사(助詞)에도 특이한 것이 많다. '집 안테레 걸라'(집 안으로 걸어라)의 '테레'나 '아방ᄀᆞ라'(아버지에게)의 'ᄀᆞ라' 등이 그 한 예다.

제주도방언은 몽고어와 일본어의 영향을 많이 받은 것으로 알려져 있다. 말(馬)에 대한 명칭이 '가라ᄆᆞᆯ'(黑馬), '적다ᄆᆞᆯ'(赤馬),

'고라몰'(회색말), '월라몰'(班點馬) 등으로 세분(細分)되어 있는데 이는 몽고어의 영향으로 해석된다. 그리고 다음 단어들은 일본말의 영향으로 풀이된다. '쟈왕'(밥공기), '간대기'(풍로), '후로'(목욕탕), '이까리'(돛).

이상으로 특이한 방언 특징이 많은 방언들의 대표적인 특징들을 간추려 보았다. 이로써 국어 방언의 특징들로 어떤 것들이 있을 수 있는가를 대강 짐작할 수 있으리라 믿는다. 여기에서 다루지 않은 나머지 방언들도 다 독자적인 특징들을 가지고 있다. 중부방언에도 정밀히 찾으면 찾을수록 값진 현상들을 많이 발견할 수 있는 것이다. 그리고 표준어와 가깝다면 그 가까운 현상 자체도 그 방언의 특징이다. 과거의 방언학자들은 'ㅸ, ㅿ, ㆍ' 및 구개음화(口蓋音化) 등 몇몇 고어(古語)의 일부 음운 현상에 대한 것만 방언에서 찾으려 하고 그것들만으로 그 방언의 성격을 특징지으려 했는데 한 방언을 바로 파악하려면 전체적인 체계(體系)로서 파악하도록 하여야 한다. 음운, 문법, 어휘 전반에 걸쳐 각 고장 방언의 특징이 좀 더 체계적으로 밝혀져야 우리나라 방언이 제 모습을 다 드러내게 되는 것이다.

7.6 방언조사 방법

방언 연구에서는 방언자료(方言資料)가 생명이라고 할 만큼 그 비중이 높다. 현지(現地)에 가서 적절한 자료를 바로 모아 오지 않으면 방언 연구는 출발조차 할 수 없다고 하여도 과언이 아니다. 여기에서는 지역방언(地域方言)을 연구하기 위한 자료를 어떻게 하면 효율적으로 수집하는가 하는 방법을 간추려 보고자 한다.

방언 자료를 수집하는 작업을 방언조사(方言調査)라 하는데 여기에는 크게 두 가지 방법이 있다. 조사자가 현지에 가서 직접 방언 자료를 모으는 현지조사(現地調査 fieldwork) 방법이 그 하나다. 이를 직접방법(直接方法 direct method)이라고도 한다. 다른 하나는 우편으로 질문지를 보내 자료를 모으는 방법으로서 흔히 통신질문지(通信質問紙 postal questionnaire) 방법, 또는 통신조사(通信調査) 방법이라 한다. 이를 간접방법(間接方法 indirect method)이라 하기도 한다. 여기에서는 현지조사(現地調査) 방법을 중심으로 그 기본적인 개념과 방법을 알아보고자 한다.

조사항목 방언조사를 하려면 현지에 가서 무엇을 조사할 것인가를 미리 정하여야 한다. 단어 50개 정도를 추려 조사할 것인지, 'ㅘ, ㅝ, ㅙ, ㅞ, ㅢ' 등의 이중모음(二重母音)의 발음 실태만 조사할 것인지, 아니면 언어 전반에 걸쳐 광범위하게 조사할 것인지를 먼저 정한 다음, 그에 맞추어 현지에 가서 조사할 구체적 항목(項目)을 정하여야 한다. 즉 조사항목(調査項目 item)을 미리 정하여야 하는 것이다.

조사항목을 몇 개로 하며 어떤 종류로 할 것이냐는 조사 목적과 여러 여건(與件)에 따라 결정된다. 한 예로 2~3일의 시간 여유를 가지고 한 지역의 언어 특징을 얼마간 전반적으로 알아보고 싶다면 어휘, 음운, 문법에 걸친 1,000개 내외의 조사항목이 필요할 것이다.

전국적인 규모의 언어지도(言語地圖)를 만들 목적으로 실시된 외국의 경우를 보면 『프랑스 언어지도』 때에는 1,920개, 『이탈리아 -

남부스위스 언어민속지도』 때에는 2,000개, 『미국 뉴잉글랜드 언어지도』 때에는 814개, 『영국 언어지도』 때에는 1,260개의 조사항목을 정하여 썼다. 영국의 경우를 보면 1,260개의 항목 중 가장 많은 수의 항목은 어휘에 관련된 항목으로서 730개에 이르고, 그 다음은 음운 항목으로서 365개, 그 다음은 형태 항목과 통사 항목이 각각 62개와 41개(결국 문법 항목이 103개)로 되어 있다. 특별한 목적이 있지 않다면 대개 이러한 비율이 정상적일 것이며 또 어휘, 음운, 문법에 걸쳐 이만큼의 조사항목을 마련하면 한 지역의 전반적인 언어 특징을 꽤 충족스럽게 파악할 수 있을 것이다. 우리나라에서 한국정신문화연구원에서 전국 방언조사를 할 때에는 1,000여 개의 조사항목을 사용하였다.

질문지 조사항목이 결정되면 그것을 현지에 가서 조사하기 편리하도록 잘 배열(配列)하여 놓아야 하는데 이처럼 배열을 마친 조사항목집(調査項目集)이 질문지(質問紙 questionnaire)다. 질문지의 배열은 대체로 관련되는 의미를 가지는 항목을 같은 곳으로 모으는 방식을 취한다. 농산물(農産物)에 속하는 항목은 그것들끼리 모으고 인체(人體)에 관련되는 항목은 그것들끼리 한데 모으는 방식이 그것이다. 우리나라에서는 대개 다음과 같은 부문(部門)으로 나누어 항목들을 묶어 왔다.

> 천문(天文), 지리(地理), 시후(時候), 방위(方位), 인륜(人倫),
> 신체(身體), 가옥(家屋), 복식(服飾), 음식(飮食)

그러나 현지에서 조사할 때 '하늘, 별' 등 주변적이지 않은 것부터 조사하기가 자연스럽지 않아 그보다는 농촌에서 가장 친숙한 농사(農事)에 관련된 항목부터 조사를 시작할 수 있도록 질문지를 구성하는 것이 좋다고 생각한다. 참고로 저자(著者)가 개인적으로 만들어 써오고 있는 질문지의 구성을 보면 다음과 같다. 이 중 마지막의 어촌 어휘는 방언조사를 어촌(漁村)에서 실시할 때에만 필요한 부분이다.

Ⅰ 농사
Ⅱ 집안 살림
Ⅲ 가옥과 마을
Ⅳ 자연 · 시간 및 수
Ⅴ 식물과 동물
Ⅵ 인체
Ⅶ 사회생활
Ⅷ 상태와 동작
Ⅸ 부속어 및 음운
Ⅹ 어촌 어휘

이 질문지는 이원적(二元的)인 구성을 가진 것이 특색인데 우선 10개의 큰 부문(部門)으로 나누고 이들 각각을 다시 중간 부문으로 나눈 것이다. 일례로 V의 '식물과 동물'을 예로 보면

봄나물, 풀, 화초, 딸기, 과수(果樹), 나무, 짐승, 날짐승, 가금(家禽), 가축(家畜), 벌레, 곤충, 수족(水族)

으로 나뉘어 있고 또 Ⅱ의 '집안 살림'을 예로 보면 다음과 같은 중간 부문으로 나뉘어 있다. 그리고 이 중간 부문들 속에 각각 10개 내외의 조사항목을 질문하기 좋은 순서로 배열하고 있다.

가구(家具), 목기(木器), 질그릇, 시루와 떡, 별식, 반찬, 밥, 화로, 세탁, 바느질, 솜, 베틀, 누에치기, 자리짜기

질문지는 그냥 조사항목만 나열하여 만들 수도 있고, 각 항목을

현지에 가서 어떻게 질문할 것인지를 미리 문장으로 만든 질문문(質問文)까지를 적어 넣어 만들 수도 있다. 전자를 약식질문지(略式質問紙 informal questionnaire)라 하고 후자를 격식질문지(格式質問紙 formal questionnaire)라 하는데, 보통은 약식질문지(略式質問紙)가 많이 쓰인다.

조사원이 직접 현지에 나가 사용할 질문지가 아니고 우편으로 현지에 있는 사람에게 부탁하여 자료를 모을 목적으로 만들어진 질문지는 특별히 통신질문지(通信質問紙 postal questionnaire)라 한다. 이 질문지의 방식도 약식(略式), 격식(格式) 중 어떤 방식이나 다 가능하다. 그리고 경우에 따라서는 이들 중 어떤 방식과도 달리 예상되는 방언형(方言形)을 몇 개 미리 제시하고 그 중에서 그 고장의 방언형을 선택하도록 하는 선다형(選多型)의 방식을 취할 수도 있다.

질문법 격식질문지(格式質問紙)를 만들 때에는 그 질문문(質問文)을 어떤 방식으로 만드는 것이 제보자(提報者)로부터 가장 정확한 반응을 가장 효율적으로 얻어낼 수 있는가를 생각해야 한다. 그리고 약식질문지(略式質問紙)의 경우에도 마찬가지로 각 조사 항목에 가장 적절한 질문 방식을 미리 준비해 두어야 한다.

가장 손쉬운 방법은 현물(現物)을 직접 가리키며 그 이름을 묻는 방식이다. 처마를 가리키며 "저기는 뭐라 합니까?", 아궁이를 가리키며 "여기는 뭐라 합니까?", 젓가락을 짚으며 "이것은 뭐라 합니까?" 등으로 묻는 방식이 그것이다. 현물 대신 준비해 가지고 간 사진이나 그림을 가리키며 이름을 묻는 방식도 역시 가장 손쉬운 방식이다. 시늉을 하며 그 이름을 묻는 방식도 거의 같은 방식이다. 하품이나 재채기를 해보이며, 또는 죄암죄암이나 곤지곤지 등 아가들이 하는 재롱을 흉내내 보이며 "이러는 걸 뭐라 하나요?"로 묻는 방식이 그것이다.

이상의 것 대신 진술(陳述)을 해야 하는 경우도 있다. 가령 남편의 형 뻘되는 사람, 즉 시아주버니의 방언형을 묻고자 할 때는 "시집을 간 여자가 그 남편의 형이 있다면 그 사람을 보고 뭐라 부릅니까?"처럼 묻는 도리밖에 없다. '홀아비'나 '귀머거리' 등을 조사할 때도 이처럼 그 특징을 진술해 주고 그 방언형을 물어야 할 것이다. 아궁이를 부엌까지 나가지 않고 물으려면 "부엌에서 불 때는 곳을 뭐라 하나요?"처럼 이 진술 방식으로 묻게 될 것이다.

이상에서처럼 이름을 직접 캐는 방식, 즉 "뭐라 합니까?"의 질문 방식 대신 좀 돌려서 간접적으로 묻는 방식도 있다. 가령 "밥 먹을 때 반찬은 무엇으로 집어 먹나요?"라고 하여 젓가락의 방언형을 간접적으로 캐는 방식이 그것이다. "감자나 콩은 어디에다 심습니까?"라고 물어 조사항목 '밭'을 조사하는 방식도 마찬가지다. "뭐라 합니까?"의 방식보다 좀 더 세련되고 고급스러운 방식이라 할 만하다.

한꺼번에 여러 개를 대답하도록 묻는 방식도 있다. "봄에 밭둑이나 들판에서 캐 먹는 나물로는 뭐뭐가 있습니까?"나 "냇물에서 잡히는 고기에는 어떤 것들이 있지요?" 등의 질문 방식이 그것이다. 여러 조사항목을 한꺼번에 처리하여 시간도 절약하고 지루함도 더는 이점(利點)이 있어 조사항목들에 따라서는 적절히 이용될 수 있는 질문법이다.

어떻든 조사항목의 성격에 따라, 또는 조사지점이나 조사 현장의 사정에 따라 분명히 더 효율적인 질문 방식이 있기 마련이다. 유능한 조사원이려면 그 효율적인 질문법을 바로 찾아 구사할 수 있어야 한다. 그리고 그러기 위해서는, 이 조사항목은 어떻게 물으니 쉽게 알아듣고 대답도 잘 했는데 어떻게 물으니 그렇지 않더라는, 방언조사 때마다의 경험을 잘 살려 조금이라도 더 효율적인 질문법을 계속 스스로 개발해 가는 자세를 가져야 한다.

조사지점 방언조사를 하려면 마련된 질문지를 가지고 어디론가 현지(現地)로 떠나야 한다. 그런데 어디로 떠날 것인지 그 지역을 정하여야 한다. 만일 충청북도 일원을 조사할 계획을 세웠다면 이번에는 그 충청북도의 몇 곳을 조사하고 그 몇 곳의 조사를 구체적으로 어느 마을에서 조사할 것인가를 정하여야 할 것이다. 이처럼 방언조사를 실제로 실시하는 지점(地點)을 조사지점(調査地點)이라 한다.

조사지점의 수(數)는 그 조사의 목적에 따라 결정된다. 가령 충청북도 안에서 지역에 따라 어떤 방언차(方言差)가 있는가를 알아볼 목적이라면 적어도 한 군(郡)에서 한 지점(地點)씩은 조사해 보아야 할 것이며 필요에 따라서는 더 촘촘히 조사지점을 정하여야 할 것이다. 앞의 지도 7-1의 강원도 언어지도는 통신조사(通信調査)를 통하여 한 면(面)에 한두 지점씩 조사하여 만든 지도인데 이것은 조사지점의 밀도(密度)가 매우 높은 경우다. 현지조사(現地調査)는 시간과 인력(人力)이 많이 들어 그처럼 촘촘한 조사를 행하는 일이 드물고 대개 한 군(郡)에 한두 지점씩 정하여 행하는 일이 일반적이다.

그러면 어떤 곳이 이상적(理想的)인 조사지점일까? 이것도 그 조사목적에 따라 달라질 수 있다. 서로 이질적(異質的)인 방언을 쓰던 사람이 섞여 살면 어떤 언어 변화가 생길까를 조사해 보고 싶다면 피난민들이 많이 내려와 사는 마을 따위가 좋은 조사지점이 될 것이다. 그러나 가령 충청북도 고유(固有)의 전래적(傳來的)인 언어모습을 조사 대상으로 한다면 외부의 오염을 되도록 덜 받은 고풍스러운 마을이어야 할 것이다. 전통방언학에서는 이른바 '순수한'

방언형(方言形), 즉 그 고장 고유의 전래적인 고형(古形)을 찾으려는 것을 주된 목표로 삼았기 때문에 오랫동안 전통이 잘 보존된, 토속성(土俗性)이 짙은 마을을 조사지점으로 택하는 것을 원칙으로 삼아 왔다. 어떻든 조사지점이 바로 정해지지 않고서는 성공적인 방언조사를 기대할 수 없으므로 조사지점의 선정(選定)에는 신중을 기해야 한다.

제보자 조사원에게 조사를 받으면서 방언 자료를 제공해 주는 현지 주민을 제보자(提報者 informant)라 한다. 정보 제공자라는 뜻이다. 우리가 어떤 지역의 언어 특징을 철저히 파악하려면 그곳 주민 모두의 말을 조사해야 할지 모른다. 그러나 현실적으로 그러는 일은 불가능하므로 우리는 보통 그 주민들 중 한두 사람을 대표로 뽑아 그 사람들의 말로써 그 고장의 언어 특징을 파악하는 방법을 쓰고 있다. 즉 몇몇 제보자의 말로써 그 지역의 언어의 대표로 삼는 것이다. 그런 만큼 제보자를 바로 선별(選別)하는 일은 방언조사에서 매우 중요하다. 좋은 조사지점이란 바꾸어 말하면 좋은 제보자가 있는 곳이다. 좋은 제보자를 확보하는 것이 방언조사의 첫 관문(關門)이라 할 수 있다.

어떤 제보자를 선정(選定)할 것인가도 그 조사의 목적에 따라 달라질 수 있다. 그러나 그 고장 특유의 전래적(傳來的)인 고형(古形)을 찾는 것을 주된 목표로 하는 전통적인 방언조사에서는 다음과 같은 기본적인 조건을 몇 가지 지킨다.

가장 먼저 토박이어야 한다. 그 고장에서 태어나서 그 고장에서 자란 사람이어야 하는 것이다. 그 부모가 모두 그 고장에서 태어났으면 더욱 좋다. 어머니 고향이 너무 먼 곳이거나 본인이 외지생활(外地生活)을 너무 오래 하였다면 이상적(理想的)인 제보자라고 하기가 어렵다.

나이도 중요하다. 60세가 넘은 노년층(老年層)을 선호(選好)하는 것이 일반적이다. 그러나 한 지역에서 세대차(世代差)에 따라 말이 차이나는가를 알아보려면 60대와 30대, 또는 50대와 20대 등으로 나누어 제보자를 선정(選定)하여야 한다. 어떻든 한 지역에서는 노년층, 다른 한 지역에서는 청년층의 제보자로부터 자료를 모아 두 지역의 방언차를 논(論)하려는 일은 없어야 한다.

귀가 멀거나 치아 상태가 몹시 나쁜 사람은 물론 좋은 제보자일 수 없다. 너무 과묵한 사람도 좋지 않다. 너무 수다스럽지만 않다면 말하기를 즐겨하는 사람이 좋을 것이다.

직업도 엄격히 제한하는 수가 있다. 특히 직접 농사에 종사하는 사람만을 제보자로 하는 경향이 많다. 학력이 너무 높거나 공직생활(公職生活)을 오래 한 사람은 기피하는 것이 일반적이며 천민(賤民) 역시 제보자로 쓰지 않는 것이 일반적이다.

남자와 여자를 가리는 경우도 있으나 우리나라에서는 여자가 동일한 방언권에서 출가 온 사람이면 굳이 가리지 않아도 좋다고 생각한다. 남자는 남자대로 장점을 가지고 있고 여자는 여자대로 장점을 가지고 있기 때문이다. 다른 조건만 만족하면 남자든 여자든 다 좋은 제보자가 될 수 있다고 생각한다.

한 조사지점에서 몇 명의 제보자를 쓰는 것이 좋으냐도 논의의 대상이 되는 수가 많다. 방언 자료의 균질성(均質性)을 위해 꼭 1명으로 국한하여야 한다는 견해도 있으나 그럴 만한 근거가 없다고 생각한다. 비슷한 조건의 그곳 주민이면 동일한 방언을 쓴다는 전제(前提) 위에서 방언조사를 하는 것이므로 2~3명의 제보자를 동시에 쓰는 것이 1명만을 썼을 때보다 방언 자료의 균질성(均質性)을 깬다는 이론은 성립하지 않는 것이다. 복수(複數) 제보자가 오히려 상호보완하는 이점(利點)이 있어 더 낫다고 생각한다.

전사 귀로 들은 방언형(方言形)을 음성기호(音聲記號) 등으로 노트에 기록하는 일을 전사(轉寫 transcription)라 한다. 대개 IPA 등 널리 쓰이는 음성기호로 하지만 한글로 하는 수도 많다.

한글로 하는 경우는 미세한 음성차(音聲差)는 문제삼지 않고 음운(音韻) 수준 이상의 특징만을 문제삼으려 할 때이며, 변별적이지 않은 미세한 변이음(變異音)의 음성차까지 기록하려 할 때에는 한글로는 불가능하므로 정밀한 음성기호를 동원하지 않을 수 없을 것이다. 한글로 하든 음성기호로 하든 음운 수준까지만 구별하여 적는 전사를 간이전사(簡易轉寫 broad transcription)라 하고 변이음들의 음성차까지 구별해 적는 전사를 정밀전사(精密轉寫 narrow transcription)라 부른다.

정밀전사(精密轉寫)를 하려면 조사원이 미리 전문적인 훈련을 받아 미묘한 음성차까지도 구별해 내는 귀를 갖추어야 한다. 그러나 만일 지역간의 음성차까지를 밝혀 내려는 것을 목적으로 하는 방언조사가 아니라면 정밀전사(精密轉寫)는 괜히 지나친 노력을 들이는 일이 될 수도 있으므로 굳이 정밀전사를 하려고 애쓸 필요가 없을 것이다. 중요한 방언차는 오히려 음운, 어휘, 문법에서의 차이이므로 대부분의 방언조사에서는 간이전사(簡易轉寫)만으로도 충분한 성과를 얻을 수 있는 것이다.

요즈음은 고성능(高性能) 녹음기가 발달되어 있어 방언조사 때 녹음기를 유용(有用)하게 활용할 수 있다. 때에 따라서는 현지에서 전적으로 녹음기에만 의존하는 수도 있다. 그러나 대개 녹음기는 현지에서 마친 전사(轉寫)를 정정하고 보충하는 데 이용하고 있다.

조사원 현지에 나가 방언 자료를 모으는 사람을 현지조사원(現地調査員 field worker)이라 한다. 질문지(質問紙), 제보자(提報者) 등의 나머지 조건이 아무리 잘 갖추어져도 조사원이 능력이 모자란다면 방언조사를 성공적으로 이끌 수 없을 것이므로 조사원은 기본적인 자질(資質)을 잘 갖추어야 한다.

조사원은 언어학, 특히 음성학에 대한 지식을 얼마간 갖추고 있으면 좋다. 프랑스의 Gilliéron은 Edmont과 같은 전혀 비전문가를 썼지만 언어학의 지식은 방언조사에 여러가지로 유용(有用)하다. 또 Edmont이 그랬듯이 무엇보다 귀가 밝아야 한다.

조사원은 사물(事物)에 대한 지식도 많아야 한다. 시골에 가서 농작물(農作物)에 관계되는 방언들을 조사하면서 그 방면에 대한 지식이 부족하다면 효율적인 조사가 어려울 것은 너무도 당연하다. 방언조사란 주로 낯선 시골 어른들을 상대하는 직업이므로 조사원은 기본적인 예의범절도 알아야 한다. 그리고 얼마간 사교적(社交的)이어야 한다. 임기응변력도 필요할 때가 많다. 조사가 진행되는 중 엉뚱한 대답이 나오는 등 예상하지 않은 상황이 벌어지면 그때 그때 적절히 대처하여 조사를 원만히 진행해야 하기도 하고, 또 좋은 제보자가 쉽게 구해지지 않을 때에도 그때마다 적절한 방법을 강구해야 할 때가 많기 때문이다.

조사원은 늘 배운다는 태도로 제보자를 대하여야 한다. 조사를 하는 입장이기 때문에 자칫 이쪽이 심문(審問)이라도 하는 입장이 되기 쉽고, 미처 기대하는 대답이 안 나오면 짜증을 내게 되기도 쉬운데 그래서는 안 된다. 늘 제보자가 선생이라는 입장을 견지하여야 한다. 어떤 일에나 그렇지만 참을성과 성실성이 방언조사에도 이모저모로 큰 미덕(美德)이 된다.

이는 오랜 경험에 의해서 얻어지는 것이지만 조사원은 현지에 가서 어떤 곳이 좋은 조사지점인지, 어떤 사람이 좋은 제보자인지를 빨리 분별(分別)할 줄 아는 능력도 갖추어야 한다. 그리고 어떤 종류의 조사항목은 어떤 방식으로 질문하여야 정확한 반응을 쉽게 얻어낼 수 있는지도 체득하고 있어야 한다. 유능한 조사원은 스스로 끝없는 실험정신으로 계속 새 경험을 쌓음으로써 만들어진다고 할 수 있다.

7. 7 사회방언

이 장(章) 첫머리에서 우리는 방언이 크게 지역방언(地域方言)과 사회방언(社會方言)으로 갈림을 공부한 바 있다. 그리고 지금까지는 주로 지역방언에 관해서만 살펴보았다. 여기에서는 사회방언은 구체적으로 어떠한 요인(要因)들에 의해서 형성되는지를 간추려 보고자 한다.

지역방언이 지리적인 거리(距離) 때문에 생긴 방언이라면 사회방언은 사회적인 거리(距離) 때문에 생긴 방언이다. 지리적으로 멀리 떨어져 있거나, 산맥이나 바다나 숲 등의 지리적 장애가 가로놓여 있다면 왕래가 힘들어지고 그만큼 접촉하는 빈도가 낮아질 것이며 이는 언어분화(言語分化)를 일으킬 훌륭한 원인이 될 수 있다. 마찬가지로 비록 지리적으로는 그러한 거리가 없더라도, 즉 같은 지역 안에 살고 있더라도 어떤 다른 요인(要因)에 의해 쉽게 접촉하지 못할 거리가 생긴다면 이에 의해서도 언어분화가 생길 것을 짐작하기는 어렵지 않다. 세대(世代)가 다르다면 동년배(同年輩)들의 친구들만큼 자주 어울릴 수 없을 것이며, 한 쪽은 상류층이고 한 쪽은 하류층이라면 그 사이에도 거리가 생길 것이 틀림없다. 따라서 노년층(老年層)과 젊은이들 사이, 또는 상류층과 하류층 사이에서 언어분화가 일어날 가능성은 높다. 이처럼 지리적 거리가 아닌 사회적 거리에 의해 생긴 방언이 곧 사회방언(社會方言)이거니와 이제부터 이러한 사회적 거리를 만드는, 즉 사회방언을 만드는 대표적인 요인들을 몇 가지 살펴보기로 하겠다.

사회계층 사회방언 성립의 가장 보편적인 요인으로 손꼽히는 것은 사회계층(社會階層) 또는 사회계급(社會階級)이다. 사회방언을 계급방언(階級方言 class dialect)이라 부르는 수도 있는데 그것은 사회방언 중 어느 사회에서나 가장 널리 발견되는 사회방언은 사회계층(사회계급)에 의한 방언이기 때문이다.

정상적인 사회라면 어느 사회에나 상류계급, 중류계급, 하류계급 등의 사회계층이 있다. 어느 정도를 상류계층이라 해야 하고 어느 정도를 하류계층이라 해야 할지는 사회에 따라 다르고 더구나 우리나라는 아직 그 분류 기준이 정립(定立)된 바가 없다. 그러나 어떤 계층이 있는 것만은 틀림없고 그 계층간에 방언차가 있는 것도 사실이다. '그렇습니다요'나 '어서 옵쇼'라는 말이 확실히 어느 계층에 한정되어 있는 것이 그 일례다. 물건을 사고 팔며 '깎는다'는 말 대신 '디스카운트'라는 단어를 쓰는 층도 분명히 한정되어 있고, '텔레비'와 '티비(TV)'도 쓰는 층이 나뉘는 것으로 보인다.

우리나라의 농촌과 어촌 사이에는 상당히 뚜렷한 방언차가 있다. 한 예로 강원도의 양양군 손양면의 농촌(학포리)과 어촌(오산리)의 경우를 보면 '뜨럭' 대 '뜰방', '숨박질/숨바꼭질' 대 '빼꿈마다', '귀젓' 대 '귀부랄', '재롱' 대 '예슬', '가첩다' 대 '가깝다' 등의 현격한 방언차를 보인다. 이러한 농촌과 어촌간의 언어분화(言語分

化)는 직업의 차이에 의한 것으로 이해될 면도 있으나 그보다는 어떤 사회계층적인 측면이 더 강하게 작용하는 것으로 풀이된다. 우리나라의 전통적인 풍습으로는 농촌과 어촌 사이에서 통혼(通婚)이 성립되는 일이 드문데, 이것은 단순히 직업의 차이만으로는 설명되지 않으며 서로 스스로 다른 사회계층에 속해 있다는 강한 의식 때문인 것으로 풀이된다. 따라서 이들의 방언차도 사회 방언으로의 차이라고 풀이되는 것이다.

안동(安東) 지방의 방언조사에서 보고된 것을 보면 한 마을 안에서도 그 선조(先祖)가 양반층이었느냐 서민층이었느냐에 따라 서로 다른 말을 쓰는 일이 있다. 친족명칭에서 특히 그 차이가 두드러지는데 할아버지를 '큰아베'(양반층)와 '할베'(서민층)로 달리 말하는 것 등이 그 일례다. 역시 사회계층에 의한 언어 분화의 좋은 예의 하나일 것이다.

사회계층이 가장 철저한 나라로 흔히 인도(印度)를 든다. 인도는 어디에서부터 상류계층이고 어디에서부터 하류계층인지가 뚜렷한 사회로서 이에 걸맞게 그 계층간의 방언차도 매우 심하여, 가령 Brahman 계층의 사람이면 몇백 리 밖의 Brahman 계층 사람과는 같은 말을 쓰면서 바로 이웃의 다른 계층들과는 다른 방언을 쓰는 일이 흔하다고 한다.

미국에서는 흑인영어(黑人英語 Black English)가 백인(白人)들의 영어와 다르다는 연구가 많이 이루어졌다. 흑인영어의 특징으로 th 음을 [d]음으로 발음한다든가 ng음을 [n]음으로 발음한다든가, 'She is nice' 등의 be 동사를 빼먹는 따위를 들고 있다. 이러한 흑인과 백인간의 방언차도 종족(種族)의 다름에 기인하는 것으로 풀이할 수도 있으나 일반적으로 계층에 의한 것으로 풀이하고 있다. 흑인 중에서도 위 특징은 노동자층에서 나타나는 특징으로서 그것이 단순히 종족의 다름에서 온 것이 아니고 사회계층의 다름에서 말미암은 것으로 보는 것이다.

흔히 우리나라는 사회계층이 엄격한 보수적인 사회로 인식하는 경향이 있다. 그러나 현재의 우리나라는 사회계층의 전통이라는 점에서 보면 가장 혼란스러운 사회인 면이 있다. 언어적으로도 우리나라의 현재는 계급방언이 잘 구분되지 않는 시대라고 보아 좋지 않을까 한다.

성 별 남녀유별(男女有別)의 정도는 사회마다 차이가 있지만 성(性 sex)이 다르면 동성(同性)끼리보다 그 사이에 장벽이 있기 마련이다. 따라서 성(性)이 다름으로써 말도 달라지는 일도 상당히 일반적인 현상이다.

성별(性別)에 따라 나뉜 말을 성별방언(性別方言 sex dialect)이라 하는데 일본에서 '물'을 남자들은 mizu, 여자들은 ohiya라고 하고, '나'를 watakusi라는 공용어(共用語) 외에 남자들은 boku, 여자들은 atasi라 하는가 하면 '맛있다'를 남자들은 umai, 여자들은 oisii라고 하는 경우가 그 한 좋은 예다. 우리가 brother를 남자들은 '형', 여자들은 '오빠'라 하고 sister를 남자들은 '누나', 여자들은 '언니'라고 하는 것도 성별방언의 일종일 것이다. 언어에 따라서는 남성형과 여성형이 상당히 규칙적으로 대응되는 경우도 있는데 한 예로 북미 인디언어의 하나인 Yana어에는 여성형에 '-na'를 첨가하면 남성형이 되어 '사슴'을 여자들은 ba라 하는 것을 남자들은 bana라 하고 '불'을 여자들은 ʔau, 남자들은 ʔauna라 한다고 한다. 극히 심한 경우지만 남아프리카의 한 종족에서는 여자는 [z]음이 들어간 단어는 아예 쓸 수 없어 가령 물이라는 단어 amanzi를 여자들은 amandabi라고 말한다고 한다.

이처럼 별개 어휘로 분화된 경우 외에도 남녀간에 다양한 언어차가 있다는 것이 여러모로 관찰되고 있다. 한 예로 어떤 사회에서는 개신(改新)이 여자 쪽에서 먼저 일어난다고 보고되는가 하면 어떤 사회에서는 여자들이 더 보수적(保守的)이어서 여자들의 말이 한 단계 앞 시대의 고형(古形)인 수가 많다고 보고되기도 한다. 그리고 표준어 지향(指向)이라고 하는 점에서도 남녀간에 차이를 보이는데 영어 사용권(使用圈)의 여러 지역에서는 여자들이 대체로 표준어를 더 적극적으로 받아들이는 편이라고 한다.

언어사용(言語使用 language use) 면에서의 차이도 여러가지가 관찰되었다. 일례로 한 미국 만화의 분석 결과는 남자들이 여자들보다 말을 두 배로 많이 하는 것으로 나타났다고 한다. 이때 그 주제(主題)에서도 남자들은 주로 사업, 정치, 세금, 스포츠에 관한 것이었는 데 반해 여자들은 사회생활, 책, 음식 등에 관한 것이었다고 한다.

대화(對話)에서도 여자들은 대개 주도권(主導權)을 잡기보다는 보좌적(補佐的)인 위치를 지키는 쪽이라는 관찰도 여러가지 보고되고 있다. 한 예로 서로 아는 비슷한 수의 남녀들이 모여 대화하는 자리에서 남의 말을 가로채는 횟수를 조사한 결과 남자가 46회인 것에 비해 여자는 2회에 불과하였다는 것이다. '맞아요', '그래서요?', '네, 네'와 같은, 남의 말에 장단을 맞추면서 그 말을 이어가도록 돕는 보조어를 여자들이 더 많이 쓴다는 것도 같은 맥락에서 지적되고 있다.

이런 현상을 두고 그것이 사회적 지위의 차이에서 오는 것으로 해석하기도 하고 여성이 더 예의바르기 때문이라고 해석하기도 하는데 남자와 여자는 천성적(天性的)으로 말을 달리 하도록 되어 있는지도 모른다. 우리는 남자에게 '계집애처럼 말한다'고 하는 수도 있고, 반대로 여자에게 '사내처럼 말한다'고 말하는 수도 있다. 여자스러운 말과 남자스러운 말이 따로 있음이 분명하다. 우리나라에서는 아직 이 방면에 대한 연구가 거의 안 되어 있는 상태지만 세밀히 관찰하면 여러가지 흥미 있는 차이가 발견될 것으로 기대된다.

연 령 언어가 끊임없이 변한다는 말은 무엇을 뜻하는가? 젊은 세대의 말은 이미 그 앞 세대의 말과 다르다는 것을 뜻한다고 보아 좋을 것이다. 세대차(世代差)에 따라 말이 달라지는 현상 역시 어느 사회에서나 발견되는 매우 보편적인 현상이다. 젊은 세대란 무엇인가 변화를 일으키지 않으면 안 되는 생리(生理)가 있어 끊임없이 언어의 개신(改新)을 만들어내기 때문일 것이다.

이희승(李熙昇 1896-1989) 같은 분은 '나 이희승이요'라고 할 때 '희'를 [히]로 발음하지 않고 [흐이]에 가까운 이중모음으로 발음하였다. 이분은 또 '문법'의 '법'도 [뻡]으로 발음하지 않고 [법]으로 발음하였다. 이러한 발음은 이제 들어 보기 어렵게 되었다. 반면 요즈음 학생들은 '과(科) 사무실'이나 '과 대표'의 '과'를 [꽈]라 발음한다. 심지어 더 무식하게 [까]라고 발음하는 학생들도 있다. 1950년대 대학생들에게는 전혀 없던 현상이다. 요즈음은 '장모'를 '어머니'라 부르는 일도 많다. 이 역시 앞 세대에는 없던 일이다. '도련님', '형님'이라고 지칭하던 것을 각각 '삼촌', '고모(큰고모)'라고 하기도 한다. '여보, 당신' 대신 '자기'가 자리잡아 가는가 하면, '자네 나 좀 보세'와 같은 하게체는 점점 들어 보기 어려워지고 있다. 신입생들이 남녀 사이에 바로 반말을 하고, 남학생 선배에게 '오빠'라는, 더욱이 '형'이라는 호칭을 쓰는 일은 예전에는 상상도 할 수 없었던 일이다. 모두 세대(世代)의 다름에서 비롯되는 말의 분화(分化)인 것이다.

제1장에서 국어의 모음체계를 논하면서 'ㅐ'와 'ㅔ'의 대립이 젊은 세대에서는 무너지고 있다는 이야기를 한 바 있다. 음장(音長) 대립도 마찬가지다. 음운체계가 바뀐다는 것은 큰 변화인데 그러한 변화가 한 지붕 밑에서 사는 가족 사이에서 일어나고 있는 것이다. 세대간의 언어분화가 얼마나 큰가를 새삼 놀라워하지 않을 수 없다 할 것이다.

사회계층이나 성별에 의한 사회방언의 예보다 연령의 차이에 의한 사회방언의 예가 우리 주변에서 훨씬 쉽게 발견된다. 그만큼 연령의 차이, 즉 세대차(世代差)에 의한 언어의 분화가 더 보편적이라는 뜻일 것이다. 지금 대학생들은 스스로 초등학교 동생들이 쓰는 말을 들으며 세대차를 느낄지도 모른다. 그만큼 세대차에 의한 언어의 분화는 보편적이며 또 그 속도도 빠르다고 할 수 있다.

말 투 앞에서 본 사회적 요인 이외의 요인에 의해서 일어나는 언어의 분화로서 말투(style)를 들 수 있다. 말투는 달리 상황방언(狀況方言 situation dialect)이라 하기도 한다. 어떤 말을 할 당시의 상황에 따라 거기에 맞추어 달라지는 말이라는 뜻이다. 가까운 친구끼리 할 때의 말투와 상점에 가서 점원과 이야기할 때의 말투는 같지 않다. 시험관 앞에서 면접을 받을 때의 말투는 또 다를 것이다. 이처럼 상황에 따라 달리 쓰이는 것이 곧 말투이다.

말투는 크게 격식말투(formal style)와 일상말투(casual style)로 갈린다. 이 둘의 차이는 여러 면에서 나타날 수 있다. 우리 국어의 경우에는 무엇보다 경어법(敬語法)에서 큰 차이가 나타날 것이다. 종결어미를 '해요'를 쓰다가 '합니다'로 바꾸면 그만큼 격식적(格式的)인 말투가 되고, '아이들, 아우'라고 하던 것을 '자제분, 계씨(季氏)'라고 하면 역시 그만큼 더 격식적인 말투가 되는 것이 그 일례다. 일상적(日常的)으로 '겐찮어'라고 말하던 것을 격식을 차리는 자리에서는 '괜찮아'처럼 발음을 더 정확히 함으로써 말투를 바꿀 수도 있을 것이다.

속 어 사회방언의 한 특수한 종류로서 속어(俗語 slang)를 들 수 있다. 속어는 딱 한 마디로 정의하기 어렵도록 그 용법이 다양하지만, 대체로 한 사회에서 꽤 넓게 쓰이고 있지만 점잖고 정상적(正常的)인 말로 인정되어 있지 않은 단어나 표현을 일컫는다. 말투로 따지면 비격식(非格式) 말투이며 그 중에서도 최하급(最下級)에 속하는 특수한 말투인 셈이다.

속어는 정상적인 단어보다 생명이 짧은 것이 일반적이다. 속어는 대개 유머와 신선미(新鮮美)를 위해 쓰이기 때문에 일반 유행(流行)과 비슷하게 자주 새 말로 바뀌는 것이다. 가령 동작이나 머리 회전이 늦은 사람을 가리키는 속어인 '형광등'이 유행하다가 이것이 신선미(新鮮美)를 잃으면서 처음만큼 자주 쓰이지 않게 되고 그 자리를 '텔레비' 등의 새 속어로 대체하게 되는 것이라든지, 영화 ET가 한창 인기일 때에는 ET가 English teacher, '이쁘지도 않은 것이 티를 낸다' 등 갖가지를 가리키는 속어로 위력을 떨치다가 곧 자취를 감추게 된 것 등이 그 한 예다.

속어는 '형광등'처럼 일상적인 기존(旣存)의 단어를 의미만 바꾸어 쓰는 수도 있고 '몰래바이트'니 '고팅'이니 '아더메치'처럼 약어(略語)를 만들어 쓰는 수도 있다.

특수어 속어(俗語)와 관련되는 개념으로 특수어(特殊語 jargon)도 주목을 요한다. 특수어는 어떤 특수한 집단, 특수한 분야에서 쓰이는 단어나 표현을 가리킨다. 이 책에서 써 온 '형태소(形

態素)'니 '기본모음(基本母音)'이니 '어족(語族)'이니 하는 용어도 국어학(언어학)에서 쓰이는 특수어의 일종이며, 바둑에서 쓰이는 '호구(虎口), 고목(高目), 단수, 패, 회돌이' 따위도 특수어의 좋은 예다.

특수어는 따라서 전문어(專門語)라고 불러도 좋을 경우가 많다. 국어학, 바둑 이외에 씨름, 등산, 낚시, 꽃꽂이, 의학(醫學), 법률, 무역, 건축, 컴퓨터 등 각 분야의 전문적(專門的)인 용어가 특수어의 주종(主宗)을 이루기 때문이다. 그러나 특수어 모두를 그대로 전문어로 바꾸어 부를 수는 없다. 앞에서 속어로 예시(例示)했던 '고팅, 몰래바이트, 아더메치' 등은 학생 집단에서 쓰이는 특수어이지만 전문어라고는 할 수 없기 때문이다. 깡패 사회에서만 쓰이는 특수어나 달러 암거래상(暗去來商)들이 쓰는 특수어도 마찬가지다. 이들 특수어는 모두 속어라고 할 수는 있어도 전문어라고 부르지는 않는다. 그러니까 특수어는 그 사용자들의 사회계층이 무엇이며 그 특수어가 정상적인 국어로 인정되는 것들인지 아닌지에 따라 전문어가 되기도 하고 속어가 되기도 하는 것이다.

그러면 속어는 모두 특수어인가? 그렇지 않다. 속어 중에는 어떤 특수집단에서 쓰는 것도 있지만 일반 대중이 상당히 보편적으로 쓰는 것도 있기 때문이다. 앞의 '형광등'이 대체로 이 계열에 속할 것이다. '바가지 긁다'는 사전에도 올라 있어 정의를 내리기에 따라서는 속어의 범주에 들지 않을지 몰라도 역시 속어의 일종일 것이며 그렇다면 역시 특수어가 아닌 속어의 예가 될 것이다. 그러니까 속어와 특수어는 서로 일부가 겹치는 관계에 있는 것이다.

은 어 속어 및 특수어와 관련되는 개념으로 은어(隱語 argot 또는 cant)도 있다. 특수어이되 자기들 집단 밖의 사람들은 알아듣지 못하게 할 목적으로 만들어진 단어나 표현을 은어라 한다. 특히 범죄 조직에서 쓰이는 특수어를 전형적인 은어로 간주한다. 가령 소설 「어둠의 자식들」에 보면 '뚜룩'(좀도둑질), '뭉치'(어머니), '학삐리'(공부벌레), '빠방'(극장), '폭사'(폭행치사), '짜가'(가짜) 등 수많은 은어가 등장하는데 독자들을 위해 괄호 안에 그것들의 표준어를 넣어 주고 있음을 볼 수 있다. 속어이되 자기들끼리만 통용(通用)되고 외부인에게는 생소한 점이 은어의 대표적 특성인 것이다.

그러나 은어를 특수어와 거의 같은 뜻으로 쓰는 수도 없지는 않다. '의사 은어, 변호사 은어, 심마니 은어'라고 할 때의 은어가 그러한 용법으로 쓰이는 은어다. 이 경우에는 속어라는 속성은 없고 특수어이되 다만 외부인이 알아듣지 못하게 하려는 의도가 깔려 있다는 특성을 가진다. 특수어는 대개 비전문가는 모르는 단어이기가 쉽다. 그러나 그 대부분은 굳이 비전문가를 그 특수어 사용권에서 제거하려는 의도는 없다. 가령 바둑에서 '호구'니 '회돌이'니 하는 특수어를 만들어 쓸 때 자기들끼리 이 단어들을 비밀로 쓰려는 의도는 없다. 그러니까 은어는 특수어 중 어떤 집단의 성원(成員)들이 자기들끼리 외부인 모르게 쓰기 위해 만들어 쓰는 특수어만을 가리킨다. 거기에 더하여 앞에서 지적한 대로 은어는 대개 속어라는 속성도 아울러 가지는 것이 일반적이다.

사회방언학 지역방언을 연구 대상으로 연구하는 분야를 언어지리학(言語地理學)이라 하는 데 반해 사회방언을 연구 대상으로 하는 분야를 사회방언학(社會方言學 social dialectology)이라 한다. 도시방언학(都市方言學 urban dialectology)이라 하기도 한다. 언어지리학이 농촌의 전래적(傳來的)인 마을의 말을 주된 대상으로 삼았던 것과는 달리 사회방언학은 사회계층이 다양하게 섞여 있는 도시를 중심무대로 삼는 데서 붙여진 이름일 것이다.

언어지리학은 전통방언학(傳統方言學 traditional dialectology)이라고도 불리듯이 방언학은 오랫동안 이 전통적인 방법론 위에서 행해져 왔다. 그에 비해 사회방언학은 근래에 와서야 본격화되기 시작하여 아직도 그 초창기(草創期)에 있는 새 방법론의 새 분야다.

사회방언에 관한 연구는 사회방언학의 이름 밑에서보다는 사회언어학(社會言語學 sociolinguistics)이라는 이름 밑에서 행해지고 있다. 그런데 사회언어학은 그 분야가 워낙 넓고 그 방법론도 다양하여 이제 사회방언학이라는 독자적인 분야는 없어지다시피 하였다. 따라서 사회방언에 대한 이야기는 이제 방언론의 이름 밑에서보다는 사회언어학의 이름 밑에서 사회언어학적인 안목으로 다루어야 옳을 것이다.

다만 여기서 하나는 지적해 두는 것이 좋겠다. Labov를 비롯한 일군(一群)의 사회언어학자들의 방법론은 전통방언학에서의 방법론과 판연히 구분되는 점이 있다. 그 하나는 앞에서 지적한 대로 그 관찰의 대상을 농촌이 아닌 도시로 한다는 것이다. 그리고 다른 큰 특징의 하나는 제보자(提報者)를 한두 명으로 하지 않고 수십 명 내지 수백 명으로 한다는 것이다. 그리하여 20대의 노동자층의 말에 가령 th를 [d]로 발음하는 특징이 있다면 20대 노동자층 모두가 그런다는 식이 아니라 그 중의 얼마만한 다수(정확히 몇 %)가 그렇다는 식으로 기술(記述)하는 태도를 취한다. 이른바 계량분석(計量分析 quantitative analysis)의 방법을 취하는 것이다. 이는 한 지점(地點)에서 한두 명만의 제보자를 선정하여 그들의 말로써 그 지역의 말을 대표하고, 일단 그 지역 사람들은 모두 그렇게 말한다고 전제하는 전통방언학과는 사뭇 다른 접근방법이다.

어떤 언어 사회나 완전히 동질적(同質的)일 수 없다는 점을 그 출발점으로 삼는 사회언어학에서 계량분석(計量分析)의 방법을 쓰는 일은 당연한 일이기도 하다. 어떻든 사회방언에 대한 연구는 그 관찰의 대상뿐만 아니라 그 연구 방법도 지역방언을 연구 대상으로 할 때와 현격히 구분되는 특징을 가짐으로써 독자적인 길을 걷게 되고, 그로써 방언학의 한 종류로보다는 사회언어학이라는 신천지(新天地)에 둥지를 틀게 되었다.

참고

方言에 관한 종합적인 참고서로는 李翊燮의 『方言學』(1984)이 국내의 것으로는 거의 유일한 것이다. 本章의 내용은 대부분 이 책의 내용을 요약하고 간추린 것이다. 외국의 입문서로서 추천할 만한 것은 Chambers와 Trudgill의 *Dialectology*(1980), Petyt의 *The Study of Dialect*(1980), Davis의 *English Dialectology* (1983), Francis의 *Dialectology*(1983) 등이다. 모두 社會方言까지 포함하여 방언 전반에 관해, 그리고 최근의 연구 결과까지 간결하고 쉽게 다루고 있다. 이 이외에도 Kurath의 *Studies in Area Linguistics*(1972)도 좋은 참고서다. 社會方言만을 따로 다룬 입문서는 여러 종류가 있는데 Trudgill의 *Sociolinguistics*(1996), Wolfram과 Fasold의 *The Study of social Dialects in American English*(1974), Fasold의 *The Sociolinguistics of Society*(1984)와 *The Sociolinguistics of Language*(1990), Holmes의 *An Introduction to Sociolinguistics*(1992), Wardhaugh의 *An Introduction to Sociolinguistics*(1998)가 그 중 읽을 만하다.

아울러 性別과 언어의 관계에 대한 것으로서 Lakoff의 *Language and Women's Place*(1975), Coates의 *Women, Men and Language*(1993), Holmes의 *Women, Men and Politeness*(1995)는 사회언어학에 흥미를 일깨워 줄 정도로 흥미있는 관찰이 많은 좋은 책들이다. Tannen의 *You Just Don't Understand: Women and Men in Conversation*(1991)도 남자와 여자는 말하는 방식이 근본적으로 다르다는 것을 논한 저술로 언어학 책으로서는 예외적으로 베스트 셀러까지 되었던 만큼 흥미있게 읽을 수 있을 것이다.

국어 방언에 대한 그간의 업적이 한 권으로 집약된 것은 아직 없다. 古典的인 것으로 小倉進平의 『朝鮮語方言の研究』(1944) 두 권과 河野六郎의 『朝鮮方言學試考』(1945)가 있으나 日語로 되어 있어 불편하며, 각 道別로 방언 특징을 요약하여 놓은 것이지만 小倉進平의 *The Outline of the Korean Dialects*(1940)는 이 점에서 편리하다. 전국 방언의 자료집으로는 金亨奎의 『韓國方言研究』(1974)와 崔鶴根의 『韓國方言辭典』(1978) 및 근래 아홉 권으로 集大成된 한국정신문화연구원의 『韓國方言資料集』(1995)이 있다. 지역별로 지도 7-2와 지도 7-5는 이 자료집을 바탕으로 著者가 그린 것이다.

지역별로 제주도의 것으로 玄平孝의 『濟州島方言研究』(1985), 전라남도의 것으로 이기갑(외 4인)의 『전남방언사전』(1997)이 있다. 한편 비전문가들 손으로 이룩된 金履浹의 『平北方言辭典』(1973), 金泰均의 『咸北方言辭典』(1986), 金仁起의 『江陵方言叢覽』(1998) 등이 충실한 자료를 제공해 준다. 그리고 북한 방언 자료는 김병제의 『조선어 방언학 개요』(1959, 1965, 1975)와 김영황의 『조선어방언학』(1982) 등에서 볼 수 있다. 평안도방언과 함경도방언의 자료는 주로 여기서 뽑은 것이다. 한편, 만주쪽에 사는 동포들의 방언을 모은 宣德五 · 趙習 · 金淳培의 『朝鮮語方言調査報告』(1990)와 李允奎 · 沈希燮 · 安云의 『朝鮮語方言詞典』(1992)은 외국 이주민들의 언어에 보존되어 있는 우리 방언의 모습을 보여 준다는 점에서 주목할 만하다.

本章에서 언급한 경상도, 전라도, 제주도의 방언 특징은 뿌리깊은나무社에서 간행한 『한국의 발견』(1982)에 실린 田光鉉, 徐正洙, 崔明玉, 康貞姬, 李翊燮의 글에 著者가 그간의 연구에서 보충한 것이다. 서태룡(외 5인)의 『문법연구와 자료』(1998)에 실린 박경래, 배주채, 정인상, 정승철, 곽충구의 글에서 좀더 충실한 내용을 읽을 수 있다. 특히 面 단위로 이루어진 道別 방언연구들은 정밀한 방언분포를 보여 주는데 李翊燮의 『嶺東 嶺西의 言語分化』(1981), 玄平孝의 앞의 책, 李敦柱의 『全南方言』(1978), 이기갑의 『전라남도의 언어지리』(1986), 金永泰의 『慶尙南道方言研究』(1975)와 金德鎬의 「경북방언의 지리언어학적 연구」(1997), 金忠會의 『忠淸北道의 言語地理學』(1992)이 그 대표적인 것들이다. 그리고 辛基相의 『동부경남방언의 고저장단 연구』(1999)는 경상도 동해안 지역의 성조와 음장에 대한 많은 자료를 제공해 준다. 황대화의 『동해안 방언 연구』(1986)와 정용호의 『함경도방언연구』(1988), 전학석의 「함경도방언의 음조에 대한 연구」(1991)는 분단 이후의 함경도방언 자료를 볼 수 있어 유익하다. 이 책에 사용된 강원도방언의 자료와 지도는 李翊燮의 앞의 책(1981)에서 가져온 것이다. 앞에서 일부를 제시하였던 質問紙의 全貌도 거기에서 볼 수 있다.

漁村方言에 대한 자료는 李翊燮의 앞의 책(1981)에서 더 많은 것을 볼 수 있으며, 崔明玉의 『慶北東海岸方言研究』(1980)에서도 많은 자료를 볼 수 있다. 安東 지방의 방언 자료는 성균관대학교 국어국문학과에서 낸 『安東文化圈 學術調查報告書』(1967, 1971)를 참조할 수 있다.

俗語, 特殊語, 隱語는 일종의 사회방언이기는 하지만 따로 사회언어학의 과제로 다루어지는 일은 드물다. 그래서이겠지만 사회언어학이나 방언론을 다루는 책에서 이에 대한 해설을 찾아보기는 어렵다. 비교적 자세한 설명은 개설서이지만 Fromkin과 Rodman의 *An Introduction to Language*(1998)의 제 10 장(Language in Society)와 Akmajian(외 3人)의 *Linguistics*(1995)의 제 7 장(Language Variation)에서 참조할 수 있다.

그동안 국어 방언에 대한 연구 업적들의 목록은 한국정신문화연구원에서 年刊으로 낸 『方言』에 실려 있다. 『方言』은 1979년에 제 1 집을 낸 이래 1985년에 제 8 집까지 나왔다. 이 잡지는 방언 연구에 관한 여러가지 기초적인 이론과 방법론을 소개하고 있어 매우 유익하게 활용할 수 있을 것이다.

제 8 장 국어학과 인접과학

인지(人智)가 발달하면서 학문은 점차 세분화(細分化)의 길을 걸어 왔다. 언어학도 초기에는 철학자들이 철학의 일부로서, 또는 문헌학자들이 문헌학(文獻學 philology)이라는 이름 밑에서 하던 학문이었으며 또 한때는 인류학자들이 인류학의 일부로서 연구하던 분야이던 것이 차츰 독립된 분야로서 정립(定立)되어 온 것이다.

학문의 분야가 세분화되어 온 것은 학문의 깊이가 점차 깊어지면서 처리하여야 할 정보(情報 information)의 양(量)이 늘어나고 복잡해짐에 따라 우리의 능력이 여러 분야를 감당하기 어렵게 됨으로써 결과된 어쩔 수 없는 현상이었을 것이다. 그러나 그것이 각 분야가 이웃 분야와 관련 없이 고립되어야 한다든가, 또는 고립될 수 있다는 뜻일 수는 없다. 오히려 너무 세분(細分)된 나머지 독자적으로 이룩할 수 있는 수준에 한계가 있음이 드러나기 시작하였고, 그리하여 근래에 와서는 학문간의 제휴(提携)의 필요성, 즉 이른바 학제적(學際的 interdisciplinary) 연구의 중요성이 점차 강조되기에 이르렀다.

국어학(내지 언어학)도 예외가 아니다. 이쪽이 도움을 받아야 할 분야도 많고 또 이쪽의 성과(成果)로부터 도움을 받아 갈 분야도 많다. 그리고 두 분야가 결합하여 새로 탄생된 언어심리학(言語心理學 psycholinguistics), 사회언어학(社會言語學 sociolinguistics), 또는 인류언어학(人類言語學 anthropological linguistics), 수리언어학(數理言語學 mathematical linguistics) 등의 여러 분야가 등장하였고 최근에는 신경언어학(神經言語學 neurolinguistics)이라는 첨단 분야까지 등장하기에 이르렀다. 이 마지막 장(章)에서는 이러한 두 분야의 접경(接境) 분야이기도 하고 합성(合成) 분야이기도 한 분야들의 내용도 개관(概觀)하면서 우리 국어학이 좀더 탄탄한 기반 위에 서기 위해서는, 또 좀더 높은 경지의 성과를 얻기 위해서는 어떤 학문 분야의 지식이 필요한가를 아주 개략적으로 몇 가지 간추려 보고자 한다.

국어학과 국사학 우리나라의 역사(歷史)는 국어사(國語史)를 이해하는 데 없지 못할 지식이다. 고대(古代) 우리 민족이 어디에서 이동(移動)하여 와서 어떠한 과정으로 형성(形成)되었는지를 안다면 국어의 계통(系統)과 국어 형성사(形成史)를 파악하는 데에 결정적인 단서가 될 것이다. 이 점에서 우리 고대사(古代史)의 많은 부분이 어둠에 갇혀 있는 일은 안타까운 일이다. 고대(古代)에 있었을 일본과 우리나라의 관계가 잘 밝혀질 수 있다면 두 언어의 친족관계(親族關係)가 좀더 잘 구명(究明)될 수 있을 터인데 이도 많은 부분이 베일 속에 갇혀 있다. 물론 국어학 쪽에서의 성과가 우리 고대사(古代史)의 베일을 벗기는 단서가 될 수도 있다. 그러나 우리로서는 국사학(國史學)에서의 연구 성과를 늘 지켜보고 있어야 한다는 자세가 중요하다.

제7장에서도 언급하였지만 방언경계(方言境界)는 어떤 역사적 배경과 연관되어 있을 가능성이 높다. 한 지역의 과거 행정권(行政圈)

에 대한 지식이나 그 지역 주민의 이주사(移住史) 등이 그 지역 방언(方言)의 특성을 바로 이해하는 데 결정적인 도움을 주는 수가 많다. 제주도방언에 일본어적인 색채가 많다든가 몽고어 계열의 어휘가 많은 현상이 지적되고 있는데 만일 이것이 제주도의 과거 역사, 즉 제주도의 일본 및 몽고와의 교섭사(交涉史)와 관련되어 설명된다면 이상적(理想的)일 것임은 너무도 자명(自明)하다. 함경도방언에 경상도방언 및 전라도방언의 요소가 많은 현상에 대한 설명의 경우도 마찬가지다. 아직까지 이들 지역의 타지역과의 교섭사(交涉史)에 대한 연구가 미흡한 상태에 있지만 우리가 그러한 역사적 배경을 조금도 소홀히 할 수 없다는 것만은 의문의 여지가 없다.

문화사(文化史)에 대한 지식도 중요한 때가 많을 것이다. 복식사(服飾史)에 대한 지식, 고제도(古制度)에 대한 지식 등이 없이 이 방면의 어휘사(語彙史)를 바로 엮기는 어려울 것이다. 국어사(國語史)의 많은 부분이 우리 문화사(文化史)가 새겨진 무늬일 수 있으므로 그 무늬의 본체를 바로 알아야 할 필요성은 때로는 절대적이라고까지 할 수 있을 것이다. 서지학(書誌學)에 대한 지식도 특히 옛 문헌을 다루어야 하는 국어사 전공자에게는 필수적일 것이다. 전체적으로 국사(國史)에 대한 지식은 국어학도의 한 필수품이라 하여 좋을 것이다.

국어학과 인류학 인간의 언어 활동은 인간의 나머지 문화 활동과 얽히면서 그 문화 활동의 일부로서 행해진다. 이 때문에 어떤 언어 현상을 좀더 깊게 파악하기 위해서는 그 전체적인 문화 활동의 문맥 속에서 파악하여야 할 경우가 많다. 이 점에서 인간의 문화 현상 전반을 총체적으로 다루는 인류학(人類學), 그 중에서도 문화인류학(文化人類學 cultural anthropology)은 국어학도가 멀리할 수 없는 학문이다.

사실 인류학은 일찍부터 언어학과 밀접한 관계에 있었다. 인류학의 주요 과제 중의 하나가 어떤 특정(特定) 사회 집단, 특히 아직 잘 알려져 있지 않은, 또 문자(文字)로 그 역사가 기록되어 있지 않은 미개사회(未開社會)의 생활 양식을 조사(調査), 기록(記錄)하여 민족지(民族誌 ethnography)를 만들고 이를 바탕으로 문화 이론을 수립하는 일이었는데, 그 민족지(民族誌)의 주요 내용의 일부가 바로 언어에 관한 것이었다. 즉 어떤 사회 집단의 특성을 파악하려면 그 언어를 모르고서는 힘들기 때문에 인류학자의 연구에는 대체로 언어의 문제가 포함되어 있었다. 이는 미국의 아메리카 인디언들을 연구하는 인류학자들에게서 두드러지게 나타났다. 그 사회와 문화를 파악하기 위해 우선 아메리카 인디언의 말을 배우지 않으면 안 되었던 것이다. 이 언어 연구에 심취한 나머지 Boas나 Sapir와 같은 인류학자는 언어학자가 되어 버리기까지 하였다.

인류학의 한 분야로 언어인류학(言語人類學 linguistic anthropology)이 발달한 것은 이런 점에서 당연한 현상이었다. 언어인류학은 더 흔히는 인류언어학(人類言語學 anthropological linguistics)이라 부르고 드물게는 민족언어학(民族言語學 ethnolinguistics)이라 부르는데 그 이름과는 관계 없이 언어학자들이 하는 분야이기보다는 주로 인류학자들이 하는 분야다. 언어를 그 문화의 일부로서 그 문화의 문맥 속에서 관찰하는 분야인데, 인류언어학이라는 이름이 함축해 주듯이 이는 언어학(즉 국어학)의 인접과학이라기보다 언어학의 한 하위 분야라 볼 수도 있다. 그만큼 인류언어학은 국어학도가 가장 친숙히 해야 할 인접 분야의 하나라 할 만하다.

인류학에서의 성과가 국어학에 유용(有用)한 예는 한두 가지가 아니다. 한두 예만 들어보기로 하자. 인류학에는 전파(傳播 diffusion)

의 개념과 함께 문화권(文化圈 Kulturkreise) 내지 문화영역(文化領域 cultural area)이라는 개념이 있다. 어떤 문화 양식이 문화중심지(文化中心地)에서 발생하여 전파해 나간 범위를 가리키는 개념으로서 지역간의 문화(文化)의 차이를 설명하는 방편으로 쓰인다. 저자(著者)는 이 개념이 방언권(方言圈)의 해석에 매우 유용(有用)하다고 생각해 오고 있다. 우리나라에서 아직 조사가 잘 이루어지지 않고 있지만, 가령 가옥구조를 조사하여 일자형(一字型) 구조를 가지는 일자형 가옥구조권(家屋構造圈)과 겹집형(型) 가옥구조를 가지는 겹집형(型) 가옥구조권을 설정하고, 출산(出産) 후 태(胎)를 처리하는 풍습을 조사하여 물에 띄우는 지역, 불에 태우는 지역, 단지에 넣어 땅에 묻는 지역의 세 문화권을 설정하고, 또 음식을 조사하여 '갓김치'라는 것을 해 먹는 갓김치권(圈)을 설정하는 식으로 하여 문화권 지도(文化圈地圖), 또는 민속지도(民俗地圖)를 만든다면 언어지도(言語地圖)의 해석에 얼마나 큰 도움을 받겠는가를 상상해 보라. 이 방면에 대한 인류학, 또는 그 일부인 민속학(民俗學) 쪽에서의 성과가 기다려지지만 문화권의 개념을 국어학자가 도입하여 직접 이 연구에 뛰어들 수도 있을 것이다.

제 4 장에서 우리는 친족명칭(親族名稱)에 관해 진술한 바 있지만 전통적으로 각 민족의 친족체계(親族體系)를 비교 · 분류하고 친족명칭을 본격적으로 연구하여 온 학자들은 인류학자들이었다. 이러한 연구 성과에 대한 지식이 의미론(意味論) 연구에 필요하다는 것도 두말 할 필요가 없을 것이다.

그 고장 사람들과 함께 어울려 살면서 언어와 풍습을 익히고 조사하는 이른바 참여관찰(參與觀察 participant observation)의 방법을 통해 자료를 모으는 것이 인류학의 전통이다. 따라서 현지조사방법이 매우 발달되어 있는데, 이 방법론 또한 방언조사를 필요로 하는 국어학도들에게 매우 유익하다. 전체적으로 국어를 언어외적(言語外的)인 현상과 관련시켜 넓은 시야(視野)에서 파악해야 할 경우가 많은데 이때 인류학의 지식은 필수적이라 해야 할 것이다.

국어학과 사회학 국어학과 사회학(社會學)의 밀접한 유대는 사회언어학(社會言語學 sociolinguistics)의 탄생으로 꽃피었다. 언어를 그 사회문맥(social context)과 관련하여 관찰 분석하는 분야가 사회언어학이다. 어떤 언어 특징을 결정하는 데 영향을 미친 사회적 요인을 분석해 내고 그들 상호간의 관계를 캐는 작업이 사회언어학의 주된 임무인데 이 때 사회학의 지식은 필수적일 수밖에 없다.

가령 사회계층(社會階層 social class)이 어떻게 조직되며 그것을 몇 계층으로 분류할 것인가에 대한 지식이 필요한데 이는 순전히 사회학의 소관이다. 상류층(上流層)이니, 중상층(中上層)이니 하는 등급을 사회학에서는 일반적으로 직업, 학력, 수입 등을 기준으로 이른바 지위특징지표(地位特徵指標 Index of Status Characteristics)라는 것을 만들어 정한다. 사회계층이 언어에 어떻게 반영되는가, 즉 사회계층의 다름에 따라 사회방언(社會方言)이 어떠한 양상으로 나타나는가를 연구하려면 이러한 계층 분류 방법에 대한 지식을 사회학에서부터 들여오지 않으면 안 된다.

사회언어학은 제보자(提報者)를 아주 여러 명을 쓰는 것을 특징으로 한다. 이때 제보자를 선정(選定)하는 방법은 대개 무작위추출(無作爲抽出 random sampling)의 방법을 쓰는데 이 방법도 사회학에서 개발된 방법이다. 또 그처럼 많은 제보자로부터의 자료를 통계적으로 분석하고 해석하는 방법을 계량분석(計量分析 quantitative analysis)이라 하는데 이 방법론도 바로 사회학에서 오랫동안 이어져 온 전통적인 방법론이다.

언어는 사회를 성립시키는 중요한 매개체다. 따라서 언어가 사회 조직에 어떠한 구실을 하는가를 과학적으로 밝히는 일은 사회학자의 과제이기도 하다. 즉 언어와 사회를 연관시켜 연구하되 그것을 언어학적 입장에서 하는 사회언어학과 달리 이를 사회학적인 시각(視角)에서 하는 언어사회학(言語社會學 Sociology of language)의 분야가 따로 있다. 그러나 국어학도인 우리의 관심은 언어가 사회에 어떤 영향을 미치는가 하는 쪽보다는 언어가 그 사회구조의 특징으로부터 어떤 영향을 받는가 하는 쪽일 것이다.

반드시 사회언어학의 테두리에서의 연구가 아니라 하더라도 우리의 언어 활동이 사회 활동의 일환으로 행해지는 만큼 언어 연구에 사회학적인 지식이 유용(有用)할 일은 한두 가지가 아닐 것이다. 변형생성이론은 언어의 규칙을 사회와 무관하게, 오히려 의식적으로 사회와의 관련을 배제하면서 수립하는 입장이지만, 언어에서 사회현상으로부터 입은 흔적을 완전히 떨쳐버린 이론이란 한계(限界)가 있게 마련이다.

가령 언어의 변화는 사회 변동(變動)이 그 원인이 되는 경우가 많고 따라서 언어에 그 흔적이 남게 마련이다. 국어에 경어법(敬語法)이 유난히 발달되어 있는 것부터가 우리 사회의 특징과 무관하지 않겠지만, 후세로 오면서 경어법이 점차 단순화되는 것도 우리 사회 구조의 변동과 관련시켜 해석해야 할 문제일 것이다. 단어의 역사는 곧 사회의 역사라고도 말한다. 어떤 단어나 표현이 새로운 의미를 가지게 되는 일이 사회 현상을 반영하는 경우도 한두 가지가 아닐 것이다. 근래의 화용론(話用論 pragmatics)이나 화행(話行 speech act) 이론도 사회 속에서의 언어 사용(使用)을 중시(重視)하는 이론이다.

인류학과 사회학은 많은 부분이 겹치는 분야다. 우리가 국어학에 인류학의 지식이 필요하다고 할 때엔 이미 사회학의 지식이 필요하다는 말이 포함되고 그 역(逆)도 마찬가지인 면이 있다. 인류학이든 사회학이든 언어를 포함한 인간 활동을 연구하는 분야이므로 언어를 좀더 넓은 세계(世界)를 배경으로 파악하려 할 때 이들 분야의 지식과 이론이 필요하게 됨은 오히려 당연하다고 해야 할 것이다.

국어학과 심리학 언어는 오래 전부터 심리학자의 관찰 대상이기도 하였다. 언어학 이외의 분야로서는 아마 심리학이 언어를 가장 본격적으로 다루어 왔을 것이다. 언어심리학(言語心理學 psycholinguistics)이 일찍부터 독자적인 영역으로 발전되어 온 것도 이를 입증한다.

사회언어학은 아직 초창기(草創期) 단계에 있고 또 언어학자들이 하는 분야임에 비해 언어심리학은 그 뿌리가 깊고 또 심리학자들이 그 전통을 이어온 분야다. sociolinguistics는 사회언어학이라 하면서 psycholinguistics를 흔히 심리언어학이라 하기보다 언어심리학이라고 번역해 쓰는 일은 흥미롭다. 물론 psycholinguistics를 달리 psychology of language나 linguistic psychology라고 하는 것과도 관련되겠으나 그보다는 사회언어학은 언어학자들이 하는 언어학의 한 분야임에 비해 언어심리학은 현실적으로 심리학자들이 하는 심리학의 한 분야라는 심리(心理)가 우리들 마음에 깔려 있는 것이 아닌가 한다. 어떻든 심리학자들에 의해 언어의 많은 문제가 관찰되고 실험되어 왔는데 이것이 언어학의 발전에 크게 이바지한 바 있어 국어학도가 관심을 가져야 할 분야로 심리학을 꼽지 않을 수 없다.

언어는 사회(社會)를 성립시키는 끈이며 사회적 약속이며 사회 활동의 일부이지만, 그 이전에 심리작용(心理作用)의 산물(産物)이다. 말을 하려면 그 말의 내용이 먼저 머리에 떠올라야 하고 그 내용을 표현할 말이 뒤따라 떠올라야 할 것이다. 또 남의 말을 들으면 그 내용을 우리 머리 속에서 형상화(形象化)시키는 과정이 있을 것이다. 이러한 머리 속에서의 언어의 산출(産出) 과정과 수용(受容) 과정이 우선 심리학의 한 과제가 되었다. 앞(제7장)의 의미론에서 지시물(指示物)을 개념화(概念化)하는 문제를 다루었는데 그 때의 기호삼각형(記號三角形)도 바로 심리학자의 연구 결과였거니와 연상(聯想 association)작용과 관련시켜 개념화(概念化)에 대한 여러가지 실험도 심리학자들에 의해 행해져 왔다.

동물은 배우지 못하는 언어를 인간은 힘도 들이지 않고 배우게 되는 신비(神秘)는 오랜 기간 여러 분야의 사람들, 특히 심리학자들의 관심사가 되었다. 그리하여 어린아이들의 언어습득(language acquisition)에 대한 연구는 심리학의 한 주류(主流)를 이루어 왔다. 옹알이기(babbling stage), 단단어기(單單語期 one-word stage), 이단어기(二單語期 two-word stage) 등으로 구분하며 어린아이들이 말을 배워 가는 과정에 대한 연구는 여러가지 각도에서 수행되어 왔다. 언어의 보편적(普遍的)인 특성을 여기에서 찾을 수 있고 또 언어의 신비(神秘)의 실마리도 여기에서 찾아낼 수 있으리라는 기대 때문에 아동 언어에 대한 연구는 변형생성문법이 등장하면서 한때 더욱 큰 붐을 일으켰었다.

이와 병행하여 동물 언어에 대한 실험도 활발히 이루어져 왔다. 특히 침팬지나 고릴라에게 말이나 손짓언어(sign language)를 가르치며 실험을 하는 일은 심리학의 한 전통이 되었다. Koko니 Washoe니 Sarah니 Nim Chimpsky니 등 이들이 데려다 키우면서 말을 가르쳤던 원숭이들의 이름이 심리학자들 이름보다 더 유명하게 되었을 정도다.

언어에 관련된 갖가지 실험도 심리학에서 이루어져 왔다. 가령

go처럼 두 자로 된 단어와 cry처럼 세 글자로 된 단어, look처럼 네 글자로 된 단어를 스크린에 잠깐씩 비추어 보이면서 철자수(綴字數)와 독해(讀解) 속도를 측정하는 실험 따위가 그 하나다. 이 실험으로써 우리가 글을 읽을 때 글자 하나씩을 따로 읽는 것이 아니라 여섯 자까지는 한눈에 읽는다는 사실 등을 밝혀 내고 있다. 한글에 대해서도 최근 고딕체와 명조체의 효능이나 ㅏ와 ㅓ, 또는 ㅗ, ㅜ 등에서 어느 쪽의 획이 더 변별적(辨別的)인가에 대한 실험이 행해졌다. 아라비아 숫자 3을 큰 글씨와 작은 글씨로 보이면 큰 글씨가 더 많은 숫자를 나타낸다고 착각하는 일이 많은데, three의 두 가지 다른 크기의 글자를 보였을 때에는 별로 그렇지 않았다는 실험도 행해진 바 있다. 이 실험으로 표의문자(表意文字)가 표음문자(表音文字)에 비하여 우리에게 주는 시각성(視覺性)이 특이하며 크다는 흥미 있는 사실을 밝혀 낸 것이다.

형태소(形態素)의 분석 능력을 측정하는 실험도 다각도로 이루어져 왔다. 우리는 흔히 일반 언중(言衆)은 '먹어라, 먹고'에서 '먹-'을 따로 분석할 능력이 없다고 생각하고 있다. 그래서 우리 맞춤법에 '먹어라'처럼 어간과 어미를 분리해 표기하도록 한 것은 학자 위주의 지나치게 학리적(學理的)인 처리라고 비판하며 '머거라'로 고쳐야 한다는 주장까지 한다. 그러나 근래 언중들의 형태소 분석 능력이 대단히 높다는 실험 결과가 속속 나오고 있다.

이상 몇 가지 심리학 방면에서 행해져 온 언어 연구의 성과와 경향을 보았다. 이들의 연구에서는 실험이 큰 비중을 차지한다. 인위적으로 어떤 조건을 만들어 그 반응을 관찰하는 방법은, 주로 있는 그대로를 관찰하는 일반 언어학이나 사회언어학의 방법과 구별되는 점이다. 이것이 언어심리학을 계속 심리학자들의 손에 있게 하는 이유인지도 모르지만, 어떻든 국어학자가 직접 하기는 어려운 실험을 통해 많은 사실을 심리학자들이 밝혀 준다. 그리고 그들에 의해 밝혀지는 사실들은 우리에게 여간 귀중한 것들이 아니다. 스스로 언어심리학 방면의 연구에 뛰어들어도 좋겠지만 늘 이 방면에서의 성과에 주목을 하고 있어야 할 이유가 여기에 있다.

국어학과 철학 언어에 대한 최초의 학문적 관심을 가졌던 사람들은 아마 철학자들이었을 것이다. 그리스 시대 Plato와 Aristotle 및 Stoa 학파 철학자들이 품사(品詞)를 분류하고 또 사물과 명칭간의 관계에 대해 자연론(自然論 naturalism)과 약정론(約定論 conventionalism)으로 갈려 논의하기 시작한 것을 흔히 언어학의 시초로 삼기 때문이다. 그 후에도 철학자들의 언어에 대한 관심은 줄기차게 이어져 왔고, 그들의 연구가 언어학에 미치는 영향도 컸다. 특히 근래 Wittgenstein의 사용론(使用論 use theory)이라든가 Morris의 기호론(記號論 semiotics)이나 Montague의 Montague grammar가 언어학에 미친 영향은 지대한 바 있다. 화행(話行 speech act) 이론으로 유명한 Austin도 옥스포드대학 철학교수였다.

언어를 관찰의 대상으로 삼는 철학을 언어철학(言語哲學 philosophy of language)이라고 하는데, 특히 분석철학(分析哲學 analytic philosophy)에서 그 중심 과제의 하나로서 언어를 다루어 왔다. 분석철학(分析哲學)을 일명(一名) linguistic philosophy(philosophy of language보다 넓은 의미인데 이들을 구별하여 번역하기가 어렵다)라고 하는 것에서도 분석철학(分析哲學)의 중심 과제가 바로 언어임을 엿볼 수 있다.

철학자들의 언어에 대한 관심은 그야말로 철학적이다. 즉 철학자들은 언어 구조 자체의 규칙을 찾으려 하기보다 언어와 실재세계(實在世界)의 관계를 구명(究明)하려는 데 목표를 두고 언어의 본질에 접근하려 하였다. 특히 논리실증주의자(論理實證主義者)들은 인간의 언어, 즉 자연언어는 논리적이지 못하며 과학언어로서 적합하지 못하다 하여 최대한 논리적이며 추상적인 언어인 인공언어(人工言語 artificial language)를 만들면서까지 언어의 구조가 실재세계(實在世界)의 구조를 거울처럼 반영함을 입증하려 하였다. 물론 이들과 대립되는 관점에 선 일상언어학파(日常言語學派 ordinary language school)에서는 앞에서 말한 언어사용(言語使用 speech use)이나 화행 등 일상언어, 즉 자연언어의 다원적(多元的)인 특성이 강조되었지만 역시 언어의 본질적 성격의 구명(究明)에 목표가 있었던 것에는 다름이 없었다. 그리하여 철학자들의 언어 연구는 언어학의 입장에서 보면 한 마디로 의미론(意味論)에만 관련되는 것들이었다고 할 수 있다. 이 점 근래 각광을 받았던 Montague grammar의 경우도 마찬가지다.

그만큼 국어학도가 철학자들의 연구 성과에서 얻어 올 수 있는 내용은 한정되어 있는 면이 있다. 그리고 제4장의 의미론에서도 지적하였듯이 그 내용은 대개 언어학자들이 접근하기 꺼리는 사변적(思辨的)이고 추상적인 내용인 수가 많다. 그러나 가령 양태(樣態 modality)만 하여도 철학자들이 세운 틀을 바탕으로 언어학적 논의가 전개된다. 시제(時制)와 시간(時間), 부정(否定 negation) 등 철학쪽의 성과를 직접 가져오는 부분도 여간 많지 않다. 어느쪽이든 언어에 대한 철학적인 사고(思考)가 우리에게 새로운 시각(視角)을 열어 주고 그로써 국어학의 폭(幅)을 넓게 해 주리라는 점에는 의문의 여지가 있을 수 없을 것이다.

그리고 반드시 직접 언어를 다루지 않는 철학적 이론도, 철학, 그 중에서도 논리학(論理學)이 모든 학문의 기초가 된다는 점을 감안하면 국어학도에게 필요불가결하다고 하지 않을 수 없다. 삼단논법이나 기호논리(記號論理) 등으로 잘 무장하여 논리적으로 사고(思考)하는 힘을 길러 놓는다면 국어학뿐만 아니라 모든 학문을 하는 데 매우 유용(有用)한 무기가 될 것이다. 어쩌면 철학적인 인간이 되는 것이 전문적인 국어학도가 되는 첫걸음인지도 모른다.

국어학과 자연과학 국어학은 인문과학에 속하므로 자연과학과는 정반대 쪽에 있는 분야라고 할 수 있다. 그러나 국어학은 자연과학과도 무관하지 않다. 음성학(音聲學)에서 발음기관이나 청각기관의 구조와 작용을 정밀히 밝혀 주는 일은 생리학(生理學)의 분야다. 발음을 하나 하기 위해서는 적어도 100개의 근육이 동시에 협동하여야 한다는데 이러한 지식을 우리는 자연과학에서 얻어 올 수밖에 없다. 음성학 중 음파(音波)를 분석하는 분야를 음향음성학(音響音聲學 acoustic phonetics)이라 하는데 이 분야는 또 물리학(物理學)의 기초를 절대로 필요로 한다.

뇌(腦)의 구조를 연구하여 뇌의 어떤 부분이 언어를 관장(管掌)하는가를 연구하는 신경언어학(神經言語學 neurolinguistics)도 자연과학과 언어학이 접합한 분야다. 이 분야는 주로 실어증(失語症 aphasia) 환자들을 실험 대상으로 하여 뇌의 기능을 밝혀 내고 있다. 뇌의 좌반구(左半球)가 언어에 관여하며, 그중에서도 어느 부위(가령 Broca라는 학자가 발견하였다고 하여 Broca's area라 하는 곳)를 다치면 말하기 능력에 손상을 입어 말 한마디 하기도 무척 힘들어 하며 발음이 제대로 안 되고 특히 기능어(function word)나 문법형태소를 빠뜨리는 증상을 일으키는데, 그러면서도 어떻게든 단어는 바로 골라 쓰고 어순도 맞게 하여 사람들이 알아들을 수는 있는 말을 하고 또 남의 말도 바로 알아듣는 데 반해, 어느 부위(역시 발견자 Wernicke의 이름을 따라 Wernicke's area라 하는 곳)를 다치면 무엇보다 듣기와 읽기 능력에 손상을 입어 남의 말을, 또 글을 바로 이해하지 못하고, 또 말은 유창하게 하는데도 엉뚱한 단어를 쓰기도 하고 어순을 엉망으로 만들기도 하여 전체적으로 말이 안되는 말을 하는 증세를 일으킨다는 등 관찰하기 매우 어려운 현상들이 이 분야에서 밝혀졌다. 한편 일본에서의 사례(事例)지만 어떤 쪽 뇌를 다치면 일본 글자(假名)는 깡그리 잊어 먹으면서 한자(漢字)는 고스란히 기억한다는 것도 이 분야에서 보고되면서 여기에서도 표음문자(表音文字)를 관장하는 뇌와 표의문자(表意文字)를 관장하는 뇌가 따로 있으리라는 가설이 제기되었다. 이러한 결과들이 언어에 대한 우리의 사고(思考)를 정밀히 하여 주고 넓혀 주는 데 기여(寄與)하는 만큼 신경언어학(神經言語學)이 실어증(失語症) 환자들을 위한 분야라고만 할 수는 없을 것이다.

컴퓨터가 등장하면서 기계번역(machine translation)의 분야가 탄생하고, 체계적으로 수집된 대량의 텍스트 집성체(集成體)인 말뭉치(corpus)로 운영되는 말뭉치언어학(corpus linguistics)이 출현하는가 하면 이들을 포괄하는 전산언어학(電算言語學 computational linguistics)이란 분야까지 생기게 되었다. 또 변형생성이론에 집합론(集合論) 등 수학(數學)의 이론이 적용되었음은 널리 알려진 사실이지만, 언어 이론이 추상적(抽象的)이 될수록 수학(數學)과 가까워지게 되고 이것이 발전하여 드디어는 수리언어학(數理言語學 mathematical linguistics)이라는 분야도 생기게 되었다.

어떻게 보면 생각지도 않은 곳에서 언어가 관찰이나 이용의 대상으로 동원되고 있다. 언어가 그만큼 우리 인간 생활의 중추를 이루고 있기 때문일 것이지만, 어떻든 국어학이 자연과학과도 무관하지 않음을 바로 인식하고 우리의 무장을 단단히 하지 않으면 안 될 것이다.

이상으로 우리는 국어학과 관련 있는 학문 분야를 여러가지 살펴보았다. 언어는 워낙 그 본질이 쉽게 파악되지 않는 복잡미묘한 존재인 만큼 그것을 바라보는 측면(側面)을 아주 여러가지로 할 수 있음을 보았거니와 여기에서는 국어학이 그쪽의 성과에서 도움을 받는 면을 위주로 살펴보았다. 이와는 각도를 달리하여 국어학이 그쪽으로 도움을 주는 면도 여러가지 지적할 수 있을 것이다. 그리고 바로 이러한 각도에서는 국어학이 문학 작품의 이해와 분석에 기여하는 면을 따로 지적할 수 있을 것이며 국어학과 문학이 만나는 문체론(文體論 stylistics)을 또한 따로 논의할 수 있을 것이다.

결론삼아 끝으로 덧붙일 것이 있다면 너무 편협한 국어학도가 되어서도 안 되고, 그렇다고 너무 산만하게 인접과학으로 헤매다가 국어학에 대해서는 오히려 교양인(教養人)밖에 되지 못하는 일도 있어서는 안 되겠다는 점이다. 국어학도들이 늘 중심에 국어학을 확고히 세워 두면서도 인접과학에 눈이 어둡지 않을 때 우리 국어학의 앞날도 밝을 것이다.

참고

국어학 내지 언어학의 인접과학에 관한 좀더 자세한 내용은 여러 곳에서 볼 수 있다. 우선 金芳漢의 『언어학의 이해』(1992) 제 3 부(언어학과 인접과학)에서 전반적인 내용을 볼 수 있고, 李廷玟의 『言語理論과 現代科學思想』(1986) 제 III 부(언어 이론과 인접과학), 김진우의 『언어』(1985) 제 13 장(언어와 사회)과 제 14 장(언어와 심리) 등에서도 유익한 내용을 볼 수 있다. Carroll의 *The Study of Language* (1953)의 제 3 장(Linguistics and Psychology), 제 4 장(Linguistics and Social Siences), 제 5 장(Linguistics and Philosophy) 및 Lyons의 *Language and Linguistics*(1981)의 제 8 장(Language and Mind), 제 9 장(Language and Society), 제 10 장(Language and Culture)이 아마 개설서에서 다룬 언어학과 인접과학과의 관계에 대한 해설로는 가

장 자세한 편에 속할 것이다. 좀더 간략한 해설은 Hall의 *Introductory Linguistics*(1964)의 제5부(Linguistics and Related Fields) 및 Robins의 *General Linguistics*(1979)의 제9장(Wider Perspectives)에서 볼 수 있다. 그리고 좀더 본격적인 것으로는 Collinge의 *An Encyclopaedia of Language*(1990)에 각계 권위자가 집필한 긴 글들이 있다. Jakobson의 *Main Trends in the Science of Language*(1974)는 소책자이나 바로 이 방면을 다룬 무게 있는 책이다. 그리고 Hymes의 *Language in Culture and Society*(1964), Minnis의 *Linguistics at Large*(1971) 및 Hill의 *Linguistics Today*(1969)에 많다. 그리고 Crystal의 *The Cambridge Encyclopedia of Language*(1997)에서도 이것저것 유익한 내용을 많이 볼 수 있다.

인류학에 대한 전반적인 概觀은 韓相福(외 2人)의 『文化人類學槪論』(1985)을 참조하고 文化와 언어의 밀접한 관계에 대한 좀더 구체적인 예는 李翊燮의 『嶺東 嶺西의 言語分化』(1981) 제6장(言語分化와 社會文化的 背景)을 참조할 것. 사회언어학의 구체적인 성과를 개관한 것으로는 李翊燮의 『方言學』(1984)의 제5장(社會方言) 및 이익섭의 『사회언어학』(1994)을 참조할 것. 언어심리학의 전반적인 윤곽은 趙明翰의 『言語心理學』(1979)과 『언어심리학』(1986)을 참조할 것. 아이들의 언어습득에 관해서는 조명한의 『한국 아동의 언어획득 연구』(1982), 李仁燮의 『兒童의 言語發達』을 참고하면 좋을 것이며, 좀더 간명하면서도 원론적인 것은 Fromkin and Rodman의 *An Introduction to Language*(1998)의 제8장(Language Acquisition)에서 볼 수 있을 것이다.

한글 字母의 視覺性에 대한 실험 결과도 근래 심리학 쪽에서 활발히 나오고 있다. 金正午의 「視覺的 情報처리에 영향하는 要因과 글자의 知覺的 집단화 및 知覺 학습」(1982), 이광오의 「한글단어 인지과정에서 표기법이 심성 어휘집의 구조와 검색에 미치는 영향」(1993), 이양의 「한글단어 인식에서 표음심도가설의 검증」(1995) 등. 모아쓰기에 대한 Taylor의 "The Korean Writing System"(1980)도 이 방면의 귀한 논문이다. 3과 three에 대한 실험 내용 및 일본에서의 失語症 환자에 대한 내용은 심리학자 Henderson의 *Orthography and Word Recognition in Reading*(1982)의 제3장(Reference and Efficiency in Scripts)에서 인용하였다. 이 책에는 文字에 대한 심리학자들의 갖가지 실험이 논의되고 있어 이 방면의 중요한 참고문헌이기도 하다. 철학에서 하는 언어 연구의 범위와 특징을 역사적으로 개관한 것으로는 李廷玫(외 2人) 編의 『言語科學이란 무엇인가』(1977)에 실린 李明賢의 "言語와 哲

學"을 참조하고 아울러 정대현의 『한국어와 철학적 분석』(1985)을 참조할 것. 蘇興烈의 『論理와 思考』(1979)도 철학 및 논리학이 언어를 어떻게 다루고 있는가를 아는 데 좋은 길잡이가 될 것이다.

神經言語學에 관한 本章의 내용은 Akmajian(외 3人)의 *Linguistics*(1995) 제12장(Language and the Brain), Fromkin과 Rodman의 앞의 책(1998)의 제2장(Brain and Language), Crystal의 앞의 책(1997) 제8장(Language, Brain and Handicap) 및 Collinge의 앞의 책(1990)에 실린 Ruth Lesser의 "Language in the Brain: neurolinguistics"를 참조한 것이다. 言衆들의 형태소 분석 능력에 대한 심리학자 및 신경언어학자들의 연구 성과는 바로 신경언어학자가 쓴 언어학개론서인 Caplan의 *Language: Structure, Processing, and Disorders*(1992)에 소상히 소개되어 있다. 數理言語學과 기계번역에 대해서는 本章에서 설명을 하지 못하였는데 이에 대해서는 李廷玟의 앞의 책(1986) 및 Hill의 앞의 책(1969) 제17장(Machine Translation)과 제18장(Computer Linguistics) 등을 볼 수 있는데 Fromkin and Rodman의 앞의 책(1998) 제9장(Language Processing: Humans and Computer)에는 듣고 말하는 컴퓨터 등 최신의 연구 성과까지 소개되어 있어 좋은 참고가 될 것이다.

참고문헌

여기에는 원칙적으로 單行本으로 된 참고문헌만을 싣되 本書에서 직접 참조한 논문은 국어학 入門에 필요한 논문 몇 편과 함께 예외적으로 실었다. 본문과 각 章 끝의 〈참고〉란에서는 단행본은 『 』, 논문과 박사학위논문 및 문건(文件) 등은 「 」로 구별하였으나 이 참고문헌란에서는 그러한 부호를 쓰지 않았다. 본문에서 괄호 안의 내용은 '음(sound)은'처럼 뛰어넘어 읽도록 되어 있으나 다만 '저자(연대)'의 경우는 '이희승(1959)는'처럼 괄호 안의 연대를 읽도록 하였다. 이 경우의 연대는 책 이름을 대표하기 때문이다. 번역서는 번역자 쪽과 원저자 쪽에 모두 싣고 그 관계도 [ ]에 넣어 밝혀 두었다. 다만 그 原典을 찾아 읽기 어렵다고 생각되는 경우는 번역서만 보였다. 국내 문헌의 出版地는 거의 서울에만 편중되어 있어 특수한 경우가 아니면 생략하고 出版社名만 밝혔고, 서양의 경우 대학출판사에서 간행된 문헌은 역시 몇 곳을 제외하고는 出版地名을 생략하고 대학출판사 이름만 밝혔다. 참고문헌의 著者名과 冊名이 漢字로 된 것과 한글로 된 것을 구별하여 원형을 살려 제시하였다. 出版年代가 두 개 竝記된 것은 版은 같으나 책의 형식을 달리했거나 얼마간의 수정을 한 경우다. 새 판이 나온 것은 가능한 한 최신판을 보였으며, 필요하다고 판단되는 경우에는 초판을 비롯한 앞 판의 사항을 밝혀 두었다.

강동일 역(1995). 문자의 역사. 새날. [Gaur 1984]

강명윤(1992). 한국어통사론의 제문제. 한신문화사.

姜信沆(1974). 譯註 訓民正音. 新丘文化社.

———(1979). 國語學史. 普成文化社.

———(1980). 鷄林類事 '高麗方言' 硏究. 成均館大學校 出版部.

———(1990). 訓民正音 硏究, 개정판. 成均館大學校 出版部.

———(1991). 현대국어 어휘 사용의 양상. 太學社.
———(1995). 朝鮮館譯語 硏究. 成均館大學校 出版部.
姜袒錫(1992). 15世紀 音韻理論의 硏究. 서울대학교 박사학위논문.
康貞姬(1988). 제주방언 연구. 한남대학교 출판부.
高麗大學校 民族文化硏究所(1967). 韓國文化史大系 제5권: 言語文學史.
———(1980). 韓國民俗大觀. 전6권.
高永根(1974). 國語接尾辭의 硏究. 백합출판사.
———(1981). 中世國語의 時相과 敍法. 塔出版社.
———(1983). 國語文法의 硏究. 塔出版社.
———(1997). 표준 중세국어문법론, 개정판. 집문당.
———(1999). 國語形態論 硏究. 增補版. 서울大學校 出版部.
——— · 남기심 편(1983). 국어의 통사의미론. 탑출판사.
高正儀(1992). 大明律直解의 吏讀 硏究. 단국대학교 박사학위논문.
郭忠求(1994). 咸北 六鎭方言의 音韻論. 太學社.
口訣學會(1997). 아시아 諸民族의 文字. 太學社.
구본관(1998). 15세기 국어 파생법에 대한 연구. 太學社.
具鍾南(1992). 국어 부정문 연구. 전북대학교 박사학위논문.
국립국어연구원(1995). 한국 어문규정집.
———(1996). 국어의 시대별 변천 연구 1: 중세국어.
———(1997). 국어의 시대별 변천 연구 2: 근대국어.
———(1998). 국어의 시대별 변천 연구 3: 고대국어.
———(1999). 국어의 시대별 변천 연구 4: 개화기 국어.
國語硏究會(1990). 國語硏究 어디까지 왔나. 東亞出版社.
權仁瀚(1998). 朝鮮館譯語의 音韻論的 硏究. 太學社.
권재일(1985). 국어의 복합문구성 연구. 집문당.
———(1992). 한국어통사론. 民音社.
———(1998). 한국어문법사. 박이정.
奇周衍(1994). 近代國語 造語論 硏究 Ⅰ: 派生語篇. 太學社.
김경아(1996). 국어 음운표시와 음운과정. 서울대학교 박사학위논문.
김계곤(1996). 현대국어의 조어법 연구. 박이정.

金光海(1987). 類意語 · 反義語辭典. 한샘.
———(1990). 반대말사전. 국학자료원.
———(1993). 국어어휘론 개설. 집문당.
김광희(1997). 국어 변항범주 연구. 한국문화사.
김기혁(1995). 국어문법 연구. 박이정.
金德鎬(1997). 경북방언의 지리언어학적 연구. 경북대학교 박사학위논문.
김동식(1993). 현대국어 동사의 통사적 특성에 관한 연구. 서울대학교 박사학위논문.
金文昌(1984). 국어 문자표기론. 文學世界社.
김미형(1995). 한국어 대명사. 한신문화사.
金敏洙(1957). 注解 訓民正音. 通文館.
———(1960). 國語文法論 研究. 通文館.
———(1980). 新國語學史. 一潮閣.
———(1984). 國語政策論, 재판. 塔出版社.
——— · 高永根 · 李翊燮 · 沈在箕 編(1984). 國語와 民族文化: 國語學入門. 集文堂.
金芳漢(1970). 言語學論攷. 서울대학교 출판부.
———(1983). 韓國語의 系統. 民音社.
———(1988). 소쉬르. 민음사.
———(1992). 언어학의 이해. 민음사.
——— 역(1963). 言語學原論. 一潮閣. [Martinet 1960]
김병제(1959, 65, 75). 조선어방언학 개요(상, 중, 하). 평양: 사회과학원 출판사.
———(1980). 방언사전. 평양: 과학백과사전출판사.
———(1988). 조선언어지리학 시고. 평양: 과학백과사전종합출판사.
金相大(1985). 中世國語 口訣文의 國語學的 研究. 翰信文化社.
———(1993). 口訣文의 研究. 한신문화사.
金錫得(1975). 韓國語研究史(上 · 下). 연세대학교 출판부.
金星奎(1994). 中世國語의 聲調 變化에 관한 研究. 서울대학교 박사학위논문.

김선희(1999). 한국의 색채범주 구분법에 대한 민족지적 연구. 서울대학교 인류학과 석사학위논문.

김승곤(1978). 韓國語 助詞의 通時的 硏究. 大提閣.

———(1992). 음성학, 개정판. 과학사. (초판, 정음사, 1983)

———(1994). 한국어의 토씨와 씨끝. 서광학술자료사.

金英培(1984). 平安方言硏究. 東國大學校 出版部.

———(1997). 平安方言硏究: 資料篇. 太學社.

김영송(1981). 우리 말소리의 연구, 개정판. 샘문화사. (초판, 과학사, 1975).

金永泰(1975). 慶尙南道方言의 硏究(I): 자료편. 進明出版社.

———(1998). 경남방언과 지명 연구. 경남대학교 출판부.

김영황(1982). 조선어방언학. 평양: 김일성종합대학 출판부.

김영희(1984). 한국어 셈숱화 구문의 통사론. 탑출판사.

———(1988). 한국어통사론의 모색. 탑출판사.

金完鎭(1971). 國語 音韻體系의 硏究. 一潮閣.

———(1977). 中世國語 聲調 硏究. 塔出版社.

———(1979). 文學과 言語. 塔出版社.

———(1980). 鄕歌解讀法 硏究. 서울大學校 出版部.

———(1996). 음운과 문자. 신구문화사.

——— · 安秉禧 · 李秉根(1985). 국어연구의 발자취(I). 서울대학교 출판부.

김웅배(1991). 전라남도방언 연구. 학고방.

金允經(1954). 韓國文字及語學史, 제4판. 東國出版社. (초판, 1938).

金履浹(1973). 平北方言辭典. 韓國精神文化硏究院.

金仁起(1997). 江陵方言叢覽. 한림출판사.

金政大(1993). 한국어 비교구문의 통사론. 계명대학교 박사학위논문.

김정아(1998). 중세국어의 비교구문 연구. 태학사.

김정오(1982). 視覺的 情報처리에 영향하는 要因과 글자의 知覺的 집단화 및 知覺학습. 語學硏究 18-2.

——— · 김재갑(1992). 한글단어재인에 있어서 글자처리와 낱자의 지각.

한국인지과학지: 실험 및 인지 4.
김정수(1984). 17세기 한국말의 높임법과 그 15세기로부터의 변천. 정음사.
김정은(1995). 국어 단어형성법 연구. 박이정.
김주원(1993). 모음조화의 연구. 영남대학교 출판부.
김주필(1994). 17·8세기 국어의 구개음화와 관련 음운현상에 대한 통시론적 연구. 서울대학교 박사학위논문.
金重鎭(1998). 國語表記史 硏究. 太學社.
김진우(1985). 언어. 탑출판사.
金次均(1983). 음운론의 원리. 창학사.
김창섭(1996). 국어의 단어형성과 단어구조 연구. 태학사.
金忠會(1992). 忠淸北道의 言語地理學. 仁荷大學校 出版部.
金泰均(1986). 咸北方言辭典. 京畿大學校 出版部.
金韓坤 · 李相億(1989). 言語學新論. 開文社.
김한영 · 문미선 · 신효식 역(1998). 언어 본능. 그린비. [Pinker 1995]
김현권 역(1988). 일반언어학의 제문제. 한불문화출판. [Benveniste 1966]
金亨奎(1962). 國語史硏究. 一潮閣.
———(1974). 韓國方言硏究. 서울大學校 出版部.
김홍규 · 강범모(1997). 한글 사용빈도의 분석. 고려대학교 민족문화연구소.
金興洙(1988). 현대국어 심리동사구문 연구. 塔出版社.
나진석(1972). 우리말의 때매김 연구. 과학사.
南廣祐(1962). 國語學論文集. 一宇社.
———(1970). 現代國語國字의 諸問題. 一潮閣.
———(1971). 古語辭典. 一潮閣.
南基心(1973). 國語 完形補文法 硏究. 啓明大學校 出版部.
———(1978). 國語文法의 時制問題에 관한 硏究. 塔出版社.
———(1993). 국어 조사의 용법. 서광학술자료사.
———(1996). 국어문법의 탐구 Ⅰ, Ⅱ. 태학사.

——— · 이정민 · 이홍배(1979). 언어학개론, 개정판. 탑출판사. (초판, 1977)

——— · 고영근(1993). 표준국어문법론, 개정판. 탑출판사.

南星祐(1985). 國語意味論. 永言文化社.

——— 역(1987). 의미론: 의미과학 입문. 탑출판사. [Ullman 1962]

南豐鉉(1968). 15세기 諺解文獻에 나타난 正音表記의 中國系 借用語辭 考察. 국어국문학 39-40.

———(1981). 借字表記法 硏究. 檀國大學校 出版部.

———(1999). 國語史를 위한 口訣 硏究. 太學社.

노대규(1983). 국어의 감탄문 문법. 보성문화사.

———(1988). 국어의미론 연구. 국학자료원.

노명희(1998). 현대국어 한자어의 단어구조 연구. 서울대학교 박사학위 논문.

대한민국 학술원(1993). 한국 언어지도집. 성지문화사.

都守熙(1977). 百濟語硏究. 亞細亞文化社.

문금현(1999). 국어의 관용표현 연구. 太學社.

文洋秀(외 9人)(1977). 現代言語學. 翰信文化社.

문양수 역(1994). 생성 · 비단선 음운론. 한신문화사. [Durand 1990]

閔賢植(1991). 國語의 時相과 時間副詞. 開文社.

———(1999a). 국어문법 연구. 태학사.

———(1999b). 국어정서법 연구. 태학사.

朴慶來(1993). 忠州方言의 音韻에 대한 社會言語學的 硏究. 서울대학교 박사학위논문.

朴炳采(1976). 譯解 訓民正音. 博英社.

박선자(1996). 한국어 어찌말의 통어의미론. 부산: 세종출판사.

朴盛鍾(1996). 朝鮮初期 吏讀資料와 그 國語學的 硏究. 서울대학교 박사학위논문.

朴勝彬(1935). 朝鮮語學. 朝鮮語學硏究會.

朴良圭(1972). 國語 處格에 대한 硏究. 國語硏究(서울대) 27.

박영순(1993). 현대한국어 통사론. 집문당.

———(1994). 한국어의미론. 고려대학교 출판부.
박용후(1960). 제주방언 연구. 동원사.
———(1988). 제주방언 연구: 고찰편. 과학사.
박종국(1976). 주해 훈민정음. 정음사.
박지홍(1984). 풀이한 訓民正音. 科學社.
박창원(1996). 중세국어 자음 연구. 한국문화사.
박태권(1976). 국어학사 논고. 샘문화사.
朴喜淑(1984). 大明律直解의 吏讀 硏究. 명지대학교 박사학위논문.
배주채(1996). 국어음운론 개설. 신구문화사.
배희임(1988). 국어 피동 연구. 고려대학교 민족문화연구소.
方鍾鉉(1946). 訓民正音通史. 一成堂書店.
———(1963). 國語學論集. 民衆書館.
뿌리깊은나무사(1982). 한국의 발견.
서정목(1987). 국어 의문문 연구. 탑출판사.
———(1994). 국어 통사구조 연구 Ⅰ. 서강대학교 출판부.
———(1998). 문법의 모형과 핵 계층 이론. 태학사.
——— · 이광호 · 임홍빈 역(1990). 변형문법. 乙酉文化社. [Radford 1988]
서정섭(1991). 국어 양보문 연구. 한신문화사.
서정수(1975). 국어 '하-'의 문법. 형설출판사.
———(1984). 존대법의 연구. 한신문화사.
———(1996). 국어문법, 개정판. 한양대학교 출판원.
徐鍾學(1995). 吏讀의 歷史的 硏究. 영남대학교 출판부.
徐州烈(1981). 全南 · 慶南方言의 等語地帶 硏究. 正和出版文化社.
徐泰龍(1988). 國語 活用語尾의 形態와 意味. 塔出版社.
——— · 민현식 · 안명철 · 김창섭 · 이지양 · 임동훈 편(1998). 문법 연구와 자료: 이익섭선생 회갑기념논총. 태학사.
成光秀(1979). 國語 助詞의 硏究. 螢雪出版社.
———(1999). 한국어 문장 표현의 양상. 月印.
成均館大 국어국문학과(1967, 1971). 安東文化圈 學術調査報告書.

成耆徹(1985). 現代國語 待遇法 硏究. 開文社.
성낙수(1992). 제주도방언의 통사적 연구. 계명문화사.
성백인(1981). 만주어 음운론 연구. 명지대학교 출판부.
―――(1999). 만주어와 알타이어학. 태학사.
소강춘(1989). 방언분화의 음운론적 연구. 한신문화사.
蘇興烈(1979). 論理와 思考. 이화여자대학교 출판부.
손남익(1995). 국어 부사 연구. 박이정.
손세모돌(1996). 국어 보조용언 연구. 한국문화사.
宋基中(1996). 세계의 여러 문자와 한글. 새국어생활 6.2.
―――(1997). 東北亞 歷史上의 諸文字와 한글의 起源. 震檀學報 84.
宋 敏(1977). 日本語의 構造. 關東出版社.
―――(1986). 前期近代國語 音韻論 硏究. 塔出版社.
송석중(1993). 한국어문법의 새 조명. 지식산업사.
宋喆儀(1992). 國語의 派生語 形成 硏究. 太學社.
시정곤(1998). 국어의 단어형성 원리. 한국문화사.
辛基相(1999). 동부경남방언의 고저장단 연구. 月印.
신지연(1998). 국어 지시용언 연구. 태학사.
申昌淳(1984). 國語文法 硏究. 博英社.
신현숙(1986). 의미분석의 방법과 실제. 한신문화사.
沈慶昊 역(1996). 『說文解字』의 세계. 이회문화사.
沈在箕(1982). 國語語彙論. 集文堂.
――― · 李基用 · 李廷玟(1984). 意味論序說. 集文堂.
安明哲(1992). 현대국어의 보문 연구. 서울대학교 박사학위논문.
安秉禧(1959). 十五世紀 國語의 活用語幹에 對한 形態論的 考察. 國語硏究(서울大) 7. (塔出版社, 1978)
―――(1977). 中世國語 口訣의 硏究. 一志社.
―――(1992). 國語史 硏究. 文學과 知性社.
――― · 李珖鎬(1990). 中世國語 文法論. 學硏社.
안상철(1998). 형태론. 민음사.
양동휘(1994). 문법론. 한국문화사.

양명희(1998). 현대국어 대용어에 대한 연구. 태학사.
梁柱東(1942). 古歌硏究. 博文書館.
연규동(1996). 近代國語 語彙集 硏究. 서울대학교 박사학위논문.
왕문용 · 민현식(1993). 국어문법론의 이해. 개문사.
우인혜(1993). 국어의 피동법과 피동표현의 연구. 한국문화사.
우형식(1996). 국어 타동구문 연구. 박이정.
유동석(1995). 국어의 매개변인 문법. 신구문화사.
兪昌均(1969). 新稿 國語學史. 螢雪出版社.
——— · 姜信沆(1961). 國語學史. 民衆書館.
劉昌惇(1961). 國語變遷史. 通文館.
———(1964). 李朝語辭典. 연세대학교 출판부.
———(1971). 語彙史 硏究. 宣明文化社.
유현경(1998). 국어 형용사 연구. 한국문화사.
윤석민(1995). 현대국어 문장종결법 연구. 서울대학교 박사학위논문.
윤평현(1988). 국어의 접속어미 연구. 한신문화사.
이광오(1993). 한글단어 인지과정에서 표기법이 심성어휘집의 구조와 검색에 미치는 영향. 한국심리학회지: 실험과 인지 5.
李珖鎬(1988). 國語 格助詞 '을/를' 硏究. 塔出版社.
이기갑(1986). 전라남도의 언어지리. 탑출판사.
李基文(1963). 國語表記法의 歷史的 硏究. 韓國硏究院.
———(1970). 開化期의 國文硏究. 一潮閣.
———(1973). 國語音韻史 硏究. 韓國文化硏究所(서울대).
——— 편(1977a). 國語學論文選 7: 文字. 民衆書館.
——— 편(1977b). 國語學論文選 10: 比較硏究. 民衆書館.
———(1991). 國語語彙史 硏究. 東亞出版社.
———(1996). 현대적 관점에서 본 한글. 새국어생활 6. 2.
———(1998). 國語史槪說, 개정판. 太學社. (초판, 民衆書館, 1961)
——— · 李翊燮 · 李秉根 編(1977). 國語學論文選 6: 方言硏究. 民衆書館.
———(외 6人)(1983). 韓國語文의 諸問題. 一志社.
——— · 金鎭宇 · 李相億(1984). 國語音韻論. 學硏社.

이기용(1998a). 언어와 세계: 형식의미론. 태학사.
———(1998b). 시제와 양상: 가능세계의미론. 태학사.
———(1998c). 상황과 정보: 상황의미론. 태학사.
——— · 이환묵 · 전병쾌(1990). 현대문법이론 강의. 한신문화사. [Sells 1985]
李南淳(1988). 國語의 不定格과 格標識 省略. 塔出版社.
———(1998a). 格과 格標識. 月印.
———(1998b). 時制 · 相 · 敍法. 月印.
李敦柱(1978). 全南方言. 螢雪出版社.
李秉建(1976). 현대한국어의 생성음운론. 일지사.
———(1995). 음운론 논문집. 한신문화사.
李秉根(1979). 音韻現象에 있어서의 制約. 塔出版社.
——— · 崔明玉(1997). 國語音韻論. 한국방송대학교 출판부.
李相揆(1994). 方言學. 學研社.
——— · 서보월 · 백두현 역(1986). 방언학개설. 경북대학교 출판부. [Chambers and Trudgill 1980]
李相億(1994). 국어표기 4법 논의. 서울대학교 출판부.
李奭周(1989). 國語形態論. 한샘.
李成九(1985). 訓民正音 研究. 東文社.
李崇寧(1949). 國語音韻論 第一輯 '·'音攷. 乙酉文化社.
———(1955). 新羅時代의 表記法 體系에 관한 試論. 서울대학교 論文集 2. (塔出版社, 1978)
———(1981). 中世國語文法, 개정판. 乙酉文化社. (초판, 1961)
李承旭(1973). 國語文法體系의 史的研究. 一潮閣.
———(1997). 國語形態史 研究. 太學社.
李丞宰(1992). 高麗時代의 吏讀. 太學社.
이 양(1995). 한글단어 인식에서 표음심도가설의 검증. 서울대학교 심리학과 박사학위논문.
李玉連(1991). 國語의 夫婦稱語에 대한 社會言語學的 考察. 서울여자대학교 박사학위논문.

李庸周(1974). 韓國 漢字語에 관한 硏究. 三英社.

———(1975). 國語意味論, 개정판. 玄文社. (초판, 서울대학교 출판부, 1972)

———(1993). 韓國語의 意味와 文法 I. 三知社.

이윤하(1999). 현대국어의 대우법 연구. 서울대학교 박사학위논문.

이은경(1996). 국어의 연결어미 연구. 서울대학교 박사학위논문.

李翊燮(1965). 國語複合名詞의 IC分析. 국어국문학 30.

———(1968). 漢字語 造語法의 類型. 李崇寧博士 頌壽紀念論叢.

———(1971). 文字의 機能과 表記法의 理想. 金亨奎博士 頌壽紀念論叢.

———(1980). 方言에 있어서의 意味分化. 方言 3.

———(1981). 嶺東 嶺西의 言語分化. 서울大學校 出版部.

———(1984). 方言學. 民音社.

———(1985a). 한글의 모아쓰기 방식의 表意性에 대하여. 국어생활 3.

———(1985b). 近代韓國語 文獻의 表記法 硏究. 朝鮮學報 114.

———(1992). 國語表記法 硏究. 서울大學校 出版部.

———(1994a). 모아쓰기와 한글맞춤법. 도수희선생 회갑기념논총.

———(1994b). 사회언어학. 민음사.

———(1998). 국어 사랑은 나라 사랑. 문학사상사.

——— · 任洪彬(1983). 國語文法論. 學硏社.

——— · 이상억 · 채 완(1997). 한국의 언어. 신구문화사.

——— · 채 완(1999). 국어문법론 강의. 學硏社.

李益煥(1984). 現代意味論. 民音社.

———(1985). 意味論槪論. 翰信文化社.

李仁燮(1987). 兒童의 言語發達. 開文社.

이재인(1994). 국어 파생접미사에 대한 연구. 서강대학교 박사학위논문.

李廷玫(1986). 言語理論과 現代科學思想. 서울大學校 出版部.

——— · 李秉根 · 李明賢 編(1977). 言語科學이란 무엇인가. 文學과 知性社.

이정복(1998). 국어 경어법 사용의 전략적 특성. 서울대학교 박사학위논문.

李鍾徹(1983). 鄕歌와 萬葉集歌의 表記法 比較硏究. 集文堂.
李周行(1988). 韓國語 依存名詞의 通時的 硏究. 한샘.
이지양(1998). 국어의 융합 현상. 태학사.
이필영(1993). 국어의 인용구문 연구. 탑출판사.
이태영(1996). 국어 동사의 문법화 연구. 翰信文化社.
이해영(1996). 현대한국어 활용어미의 의미와 부담줄이기의 상관성. 이화여자대학교 박사학위논문.
이현규(1995). 국어 형태변화의 원리. 영남대학교 출판부.
李賢熙(1994). 中世國語 構文 硏究. 新丘文化社.
이호영(1996). 국어음성학. 태학사.
이홍배 역(1984). 확대표준 통사론. 한신문화사. [Radford 1981]
이홍식(1997). 국어 문장의 주성분 연구. 서울대학교 박사학위논문.
李熙昇(1947). 國語學論攷. 乙酉文化社.
———(1955). 國語學概說. 民衆書館.
———(1959). 한글맞춤법통일안 강의. 신구문화사.
——— · 안병희(1989). 한글맞춤법 강의. 신구문화사.
임동훈(1996). 현대국어 경어법어미 '-시-'에 대한 연구. 서울대학교 박사학위논문.
임지룡(1989). 국어 대립어의 의미상관체계. 형설출판사.
———(1992). 국어의미론. 탑출판사.
———(1997). 인지의미론. 탑출판사.
——— · 윤희수 역(1989). 어휘의미론. 경북대학교 출판부 [Cruse 1986]
任洪彬(1987). 國語의 再歸詞 硏究. 新丘文化社.
———(1998). 국어문법의 심층, 전3권. 태학사.
——— · 張素媛(1995). 國語文法論 Ⅰ. 한국방송대학교 출판부.
張京姬(1985). 現代國語의 樣態範疇 硏究. 塔出版社.
張奭鎭(1985). 話用論 硏究. 塔出版社.
———(1994a). 綜合文法論: 談話와 話用. 서울大學校 出版部.
——— 편(1994b). 현대언어학 지금 어디로. 한신문화사.
장지영 · 장세경(1976). 이두사전. 정음사.

田光鉉(1967). 十七世紀 國語의 研究. 國語研究(서울대) 19.
———(1971). 十八世紀 後期 國語의 一考察. 全北大 論文集 13.
田相範 역(1987). 生成形態論. 翰信文化社. [Scalise 1984]
——— 역(1993). 영어의 음성체계. 한신문화사. [Chomsky & Halle 1968]
——— · 김영석 · 김진형 역(1994). 형태론. 한신문화사.
田秀泰(1997). 國語 反義語의 意味構造. 박이정.
전학석(1991). 함경도방언의 음조에 대한 연구. 연변대학교(중국) 박사학위논문.
전혜영(1989). 현대 한국어 접속어미의 화용론적 연구. 이화여자대학교 박사학위논문.
정 국(1994). 생성음운론의 이해. 한신문화사.
정대현(1985). 한국어와 철학적 분석. 이화여자대학교 출판부.
鄭承喆(1995). 濟州島方言의 通時音韻論. 太學社.
鄭然粲(1976). 國語 聲調에 관한 研究. 一潮閣.
———(1997). 개정 한국어음운론. 한국문화사.
정원수(1992). 국어의 단어형성론. 한신문화사.
정 철(1991). 경북중부지역어 연구. 경북대학교 출판부.
趙明翰(1979). 言語心理學. 正音社.
———(1982). 한국 아동의 언어획득 연구. 서울대학교 출판부.
———(1986). 언어심리학: 言語와 思考의 認知心理學. 民音社.
趙成植 편(1990). 英語學辭典. 新雅社.
趙恒範(1996). 國語 親族語彙의 通時的 研究. 태학사.
——— 역(1990). 의미분석론. 탑출판사. [Nida 1975]
죠이선교회 역(1994). 세계 기도 정보. 죠이선교회 출판부.
陳泰夏(1975). 鷄林類事 研究. 塔出版社.
차현실(1982). 중세국어의 응축보문 연구. 이화여자대학교 박사학위논문.
蔡 琬(1977). 現代國語 特殊助詞의 研究. 國語研究(서울대) 39.
———(1986). 國語 語順의 研究. 塔出版社.
千時權(1979). 國語 意味構造의 分析的 研究. 一心社.
——— · 金宗澤(1971). 國語意味論. 螢雪出版社.

崔圭 (1989). 韓國語 語彙形成에 관한 研究. 성균관대학교 박사학위논문.
최동주(인쇄중). 국어 시상체계의 통시적 변화. 太學社.
崔明玉(1980). 慶北 東海岸方言 研究. 嶺南大學校 民族文化研究所.
———(1982). 月城地域語의 音韻論. 嶺南大學校 出版部.
———(1998a). 한국어 方言研究의 실제. 태학사.
———(1998b). 國語音韻論과 資料. 태학사.
崔世和(1977). 十五世紀 國語의 重母音研究. 亞細亞文化社.
崔林植(1994). 國語方言의 音韻史的 研究. 文昌社.
崔在錫(1988). 韓國의 親族用語. 民音社.
崔銓承(1986). 19세기 후기 全羅方言의 음운현상과 그 역사성. 翰信文化社.
———(1995). 한국어 方言史 연구. 太學社.
崔泰榮(1983). 方言音韻論: 全州地域語를 中心으로. 螢雪出版社.
崔鶴根(1962). 全羅南道方言 研究. 韓國研究院.
———(1968). 國語方言 研究. 서울大學校 出版部.
———(1978). 韓國方言辭典. 玄文社.
최현배(1957). 우리말본, 개정판. 正音社. (초판, 1937)
———(1961). 고친 한글갈. 正音社. (초판, 1940)
최호철(1993). 현대국어 서술어의 의미 연구. 고려대학교 박사학위논문.
韓國精神文化研究院(1986-1994). 韓國方言資料集 Ⅰ - Ⅸ.
한 길(1991). 국어 종결어미 연구. 강원대학교 출판부.
韓東完(1996). 國語의 時制 研究. 太學社.
韓相福 · 李文雄 · 金光億(1985). 文化人類學概論. 서울大學校 出版部.
한영균(1994). 후기중세국어의 모음조화 연구. 서울대학교 박사학위논문.
한영순(1967). 조선어 방언학. 평양: 김일성종합대학출판사.
韓在永(1996). 十六世紀 國語構文의 研究. 신구문화사.
허 발(1979). 낱말밭의 이론. 고려대학교 출판부.
許 雄(1963). 中世國語研究. 正音社.
———(1965). 國語音韻學. 正音社.
———(1975). 우리옛말본. 샘문화사.

———(1981). 언어학. 샘문화사.

———(1983). 국어학. 샘문화사.

———(1985). 국어음운학. 샘문화사.

———(1995). 20세기 우리말의 형태론. 샘문화사.

許喆九(1997). 國語의 合成動詞 形成과 語基分離. 서강대학교 박사학위논문.

玄平孝(1985a). 濟州島方言 研究: 資料篇, 개정판. 二友出版社. (초판, 精研社, 1962)

———(1985 b). 濟州島方言 研究: 論攷篇. 二友出版社.

洪思滿(1983). 國語 特殊助詞論. 學文社.

———(1985). 國語 語彙意味 研究. 學文社.

洪允杓(1993). 國語史 文獻資料 研究. 太學社.

———(1994). 근대국어 연구 Ⅰ. 태학사.

——— · 송기중 · 정광 · 송철의(1995). 17세기국어사전. 전2권. 태학사.

洪在星(1985). *Syntaxe des verbes de mouvement en coréen contemporain.* Amsterdam: John Benjamins.

———(1987). 현대한국어 동사구문의 연구. 塔出版社.

——— 외 9인(1997). 현대한국어 동사구문 사전. 두산동아.

홍종림(1993). 제주방언의 양태와 상. 한신문화사.

홍종선 편(1998). 근대국어 문법의 이해. 박이정.

황경자 역(1992). 일반언어학의 제문제, 전2권. 民音社. [Benveniste 1996]

黃文煥(1996). 16, 17世紀 諺簡의 相對敬語法 研究. 한국정신문화연구원 박사학위논문.

宣德五 · 趙習 · 金淳培(1990). 朝鮮語方言調查報告. 延吉(중국): 延邊人民出版社.

小倉進平(1929). 鄕歌及吏讀の研究. 京城大學.

———(1940). *The Outline of the Korean Dialects.* 東京: 東洋文庫.

———(1944). 朝鮮方言の研究(上 · 下). 東京: 岩波文庫.

李允奎 · 沈希燮 · 安云 편(1992). 朝鮮語方言詞典. 延吉(중국): 延邊人民

出版社.

중국조선어 실태조사보고 집필조(1993). 중국조선어 실태조사보고. 민족출판사. 료녕민족출판사.

河野六郎(1945). 朝鮮方言學試考: '鋏'語攷. 서울: 東都書籍.

Aalto, P. (ed.) (1951). "Aufsätze und Vorträge von G. J. Ramstedt." *Journal de la Société Finno-Ougrienne* 55.

Abercrombie, D. (1967). *Elements of General Phonetics.* Edinburgh University Press.

Aitchison, J. (1991). *Language Change: Progress or Decay?*, 2nd ed. Cambridge University Press.

———(1992/1993). *Teach Yourself Linguistics*, 4th ed. Lincolnwood(Chicago): NTC.

———(1994). *Words in the Mind: An Introduction to the Mental Lexicon*, 2nd ed. Oxford: Blackwell.

Akmajian, A., R. A. Demers, A. K. Farmer and R. M. Harnish (1995). *Linguistics: An Introduction to Language and Communication*, 4th ed. MIT Press. (초판, 1979)

Anderson, J. M. (1973). *Structural Aspects of Language Change.* London: Longman.

Aronoff, M. (1976). *Word Formation in Generative Grammar.* MIT Press.

Asher, R. E. (ed.) (1994). *The Encyclopedia of Language and Linguistics*, 10 vols. Oxford: Pergamon Press.

Atkinson, M., D. Kilby and I. Roca (1988). *Foundations of General Linguistics*, 2nd ed. London: Allen and Unwin.

Bauer, L. (1983). *English Word-formation.* Cambridge University Press.

———(1988 / 1992). *Introducing Liguistic Morphology.* Edinburgh University Press.

Benveniste, E. (1966). *Problèmes de linguistique générale.* Paris: Gallimard. (英譯版: *Problems in General Linguistics.* University of Miami Press, 1971)

[김현권 1988] [황경자 1992]

Berlin, B. and P. Kay (1969). *Basic Color Terms: Their Universality and Evolution*. Berkeley: University of California Press.

Blake, B. J. (1994). *Case*. Cambridge University Press.

Bloch, B. and G. L. Trager (1942). *Outline of Linguistic Analysis*. Baltimore: Linguistic Society of America.

Bloomfield, L. (1933). *Language*. New York: Holt, Rinehart & Winston.

Bolinger, D. L. (1975). *Aspects of Language*, 2nd ed. New York: Harcourt Brace Jovanovich. (초판, 1968)

Bright, W. (1992). *International Encyclopedia of Linguistics*, 4 vols. Oxford University Press.

Brown, G. and G. Yule (1983). *Discourse Analysis*. Cambridge University Press.

Brown, K. and J. E. Miller (1991). *Syntax: A Linguistic Introduction to Sentence Structure*, 2nd ed. London: Routledge.

Brown, P. and S. C. Levinson (1987). *Politeness: Some Universals in Language Usage*. Cambridge University Press.

Brown, R. (1958). *Words and Things*. Glencoe, Ill.: Free Press.

——— (1973). *A First Language: The Early Stages*. Harvard University Press.

Burling, R. (1992). *Patterns of Language Structure, Variation and Change*. New York: Academic Press.

Bybee, J. (1985). *Morphology*. Amsterdam: John Benjamins.

Bynon, T. (1977). *Historical Linguistics*. Cambridge University Press.

Caplan, D. (1987). *Neurolinguistics and Linguistic Aphasiology*. Cambridge University Press.

——— (1992). *Language: Structure, Processing, and Disorder*. MIT Press.

Catford, J. C. (1988 / 1994). *A Practical Introduction to Phonetics*. Oxford: Clarendon Press.

Carroll, J. B. (1953). *The Study of Language*. Harvard University Press.

Chambers, J. K. and P. Trudgill (1980). *Dialectology*. Cambridge University Press. [이상규 · 서보월 · 백두현 1986]

Chao, Y. R. (1968a). *Language and Symbolic Systems*. Cambridge University Press.

——— (1968b). *A Grammar of Spoken Chinese*. University of California Press.

——— (1976). *Aspects of Chinese Sociolinguistics*. Stanford University Press.

Chomsky, N. (1965). *Aspects of the Theory of Syntax*. MIT Press.

——— (1982). *Some Concepts and Consequences of the Theory of the Government and Binding*. MIT Press.

——— (1985). *Knowledge of Language: Its Nature, Origin and Use*. New York: Praeger.

——— and Halle, M. (1968). *The Sound Pattern of English*. New York: Harper and Row. [전상범 역 1993]

Clark J. and C. Yallop (1995). *An Introduction to Ponetics and Phonology*, 2nd ed. Oxford: Blackwell.

Coates, J. (1993). *Women, Men and Language*, 2nd ed. London: Longman.

Collinge, N. E. (1990). *An Encyclopaedia of Language*. London: Routledge.

Comrie, B. (1981). *Language Universals and Linguistic Typology*. University of Chicago Press.

——— (1990). *The World's Major Languages*. Oxford University Press.

———, S. Matthews, and M. Polinsky (1996). *The Atlas of Language*. New York: Facts on File.

Cook, V. and M. Newson (1996). *Chomsky's Universal Grammar: An Introduction*. Oxford: Blackwell.

Coulmas, F. (1989). *The Writing Systems of the World*. Oxford: Blackwell.

Croft, W. (1990). *Typology and Universals*. Cambridge University Press.

Crowley, T. (1993). *An Introduction to Historical Linguistics*, 2nd ed. Oxford University Press.

Cruse, D. A. (1986). *Lexical Semantics*. Cambridge University Press. [임지룡 ·

윤희수 1989]

Crystal, D. (1992). *An Encyclopedic Dictionary of Language and Languages.* Oxford: Blackwell.

———(1995). *The Cambridge Encyclopedia of English Language.* Cambridge University Press.

———(1997a). *The Cambridge Encyclopedia of Language*, 2nd ed. Cambridge University Press. (초판, 1987)

———(1997b). *A Dictionary of Linguistics and Phonetics*, 4th ed. Oxford: Blackwell.

Davis, L. M. (1983). *English Dialectology: An Introduction.* The University of Alabama Press.

DeFrancis, J. (1989). *Visible Speech: The Diverse Oneness of Writing System.* University of Hawaii Press.

Ducrot, O. and T. Todorov (1979/1994). *Encyclopedic Dictionary of the Sciences of Languages.* Baltimore: The Johns Hopkins University Press. (프랑스어판, 1972)

Durand, J. (1990). *Generative and Non-linear Phonology.* London: Longman. [문양수 1994]

Fasold, R. W. (1984). *The Sociolinguistics of Society.* Oxford: Blackwell.

———(1990). *The Sociolinguistics of Language.* Oxford: Blackwell.

Fodor, J. A. and J. J. Katz (1956). *The Structure of Language: Readings in the Philosophy of Language.* New Jersey: Prentice-Hall.

Francis, W. N. (1983). *Dialectology: An Introduction.* London: Longman.

Fromkin, V. and R. Rodman (1998). *An Introduction to Language*, 6th ed. New York: Holt, Rinehart & Winston. (초판, 1974)

Gaur, A. (1984). *A History of Writing.* London: The British Library. [강동일 1995]

Gelb, I. J. (1963). *A Study of Writing*, 2nd ed. University of Chicago Press.

Gleason, H. A. (1961). *An Introduction to Descriptive Linguistics,* 2nd ed. New York: Holt, Rinehart & Winston.

Greenbaum, S. (1991). *An Introduction to English Grammar.* London: Longman.

Gumperz, J. J. (1971). *Language in Social Groups.* Stanford University Press.

——— and D. H. Hymes (eds) (1972). *Directions in Sociolinguistics: The Ethnography of Communication.* New York: Holt, Rinehart & Winston.

Hall, R. A. (1964). *Introductory Linguistics.* Philadelphia: Chilton Books.

Hamp, E. P., F. W. Householder and R. Austerlitz (1966). *Readings in Linguistics* II. University of Chicago Press.

Heffner, R-M. S. (1950/1952). *General Phonetics.* Madison: The University of Wisconsin Press.

Henderson, I. (1982). *Orthography and Word Recognition in Reading.* London: Academic Press.

Hill, A. A. (1958). *Introduction to Linguistic Structures.* New York: Harcourt, Brace & Company.

——— (ed.) (1969). *Linguistics Today.* New York: Basic Books.

Hjelmslev, L. (1961). *Prolegomena to a Theory of Language.* Madison: The University of Wisconsin Press. (덴마크어판 1943)

Hockett, C. F. (1958). *A Course in Modern Linguistics.* New York: Macmillan.

Holenstein, E. (1976). *Roman Jakobson's Approach to Language.* Indiana University Press.

Holmes, J. (1992). *An Introduction to Sociolinguistics.* London: Longman.

——— (1995). *Women, Men and Politeness.* London: Longman.

Hooker, J. T. (ed.) (1990). *Reading the Past: Ancient Writing from Cuneiform to the Alphabet.* Berkeley: University of California Press.

Huddleston, R. (1994). *English Grammar: An Outline.* Cambridge University Press.

Hudson, R. A. (1995). *Word Meaning.* London: Routledge.

Hurford, J. R. (1994). *Grammar: A Student's Guide.* Cambridge University Press.

——— and B. Heasley (1983). *Semantics: A Coursebook.* Tübingen: Niemeyer.

Hyman, L. M. (1975). *Phonology: Theory and Analysis.* New York: Holt, Rinehart and Winston.

Hymes, D. H.(ed.) (1964). *Language in Culture and Society.* New York: Harper & Row.

International Phonetic Association (1999). *Handbook of International Phonetic Alphabet.* London.

Jakobson, R. (1971). *Studies on Child Language and Aphasia.* The Hague: Mouton.

——— (1974). *Main Trends in the Science of Language.* New York: Harper & Row.

——— and M. Halle (1956). *Fundamentals of Language.* The Hague: Mouton.

Jean, G. (1992). *Writing. The Story of Alphabets and Scripts.* New York: Harry N. Hudson. (프랑스어판 1943) [강동일 1995]

Jensen, J. (1990). *Morphology: Word Structure in Generative Grammar.* Amsterdam: John Benjamins.

Jones, D. (1956/1957). *An Outline of English Phonetics,* 8th ed. Cambridge: W. Heffer & Sons. (초판, 1918)

Katamba, F. (1989). *Introduction to Phonology.* New York: St. Martin's.

——— (1993). *Morphology.* New York: St. Martin's.

Katzner, K. (1995). *The Language of the World.* London: Routledge.

Kenstowicz, M. (1993). *Phonology in Generative Grammar.* Oxford: Blackwell.

Kurath, H. (1972). *Studies in Area Linguistics.* Indiana University Press.

Labov, W. (1972). *Sociolinguistic Patterns.* University of Philadelphia Press.

Ladefoged, P. (1993). *A Course in Phonetics,* 3rd ed. New York: Harcourt Brace Jovanovich. (초판, 1975)

——— and I. Maddieson (1996). *The Sounds of the World's Language.* Oxford: Blackwell.

Lakoff. R. (1975). *Language and Women's Place*. New York: Harper and Row.

Langacker, R. W. (1968). *Language and Its Structure*, 2nd ed. New York: Harcourt, Brace & World.

———(1972). *Fundamentals of Linguistic Analysis*. New York: Harcourt, Brace & World.

Lass, R. (1984). *Phonology: An Introduction to Basic Concepts*. Cambridge University Press.

Laver, J. (1994). *Principles of Phonetics*. Cambridge University Press.

Leech, Geoffrey N. (1981). *Semantics*, 2nd ed. Harmondsworth: Penguin.

———(1983). *Principles of Pragmatics*. London: Longman.

Lehmann, W. P. (1992). *Historical Linguistics: An Introduction*, 3rd ed. London: Routledge. (재판, New York: Holt, Rinehart & Winston. 1973)

Lehrer, A. (1974). *Semantic Fields and Lexical Structure*. Amsterdam: North Holland.

Lenneberg, E. H. (1967). *Biological Foundations of Language*. New York: Wiley.

Levinson, S. C. (1983). *Pragmatics*. Cambridge University Press.

Lyons, J. (1968). *Introduction to Theoretical Linguistics*. Cambridge University Press.

———(ed.) (1970/1987). *New Horizons in Linguistics*. Harmondsworth: Penguin.

———(1977). *Semantics*, 2 vols. Cambridge University Press.

———(1981). *Language and Linguistics*. Cambridge University Press.

———(1995). *Linguistic Semantics: An Introduction*. Cambridge University Press.

MacKay, Ian R. A. (1987). *Phonetics: The Science of Speech Production*, 2nd ed. Boston: Little Brown.

Margaret, S. (1967). *Language and the Study of Language Today*. Oxford University Press.

Malmkjaer, K. (1991). *The Linguistics Encyclopedia*. London: Routledge.

Martin, S. E. (1954). *Korean Morphophonemics.* Linguistic Society of America.

——— (1993). *A Reference of Korean.* Tokyo: Charlse E. Tuttle.

Martinet, A. (1960). *Eléments de linguistique générale.* Paris: Colin. [金芳漢 1963]

Matthews, P. H. (1981). *Syntax.* Cambridge University Press.

——— (1991). *Morphology*, 2nd ed. Cambridge University Press.

McIntosh, A. (1952). *An Introduction to a Survey of Scottish Dialect.* Edinburgh: Nelson.

McMahon, A. (1994). *Understanding Language Change.* Cambridge University Press.

Mercer, S. A. B. (1993). *The Handbook of Egyptian Hieroglyphs.* New York: Hippocrene Books.

Mey, J. (1993). *Pragmatics: An Introduction.* Oxford: Blackwell.

Miller, G. A. (1996). *The Science of Words.* New York: Scientific American Library.

Minnis, N. (ed.) (1971). *Linguistics at Large.* New York: The Viking Press.

Morenberg, M. (1997). *Doing Grammar*, 2nd ed. Oxford University Press.

Newmeyer, F. J. (ed.) (1988). *Linguistics: The Cambridge Survey*, 4 vols. Cambridge University Press.

Nida, E. A. (1949). *Morphology: The Descriptive Analysis of Words*, 2nd ed. University of Michigan Press.

——— (1975). *Componential Analysis of Meaning.* The Hague: Mouton. [趙恒範 1990]

Ogden, C. K. and I. A. Richards (1946). *The Meaning of Meaning*, 8th ed. London: Routledge and Kegan Paul. (초판, 1923)

Orton, H. (1962). *Survey of English Dialects: Introduction.* Leeds: E. J. Arnold.

Palmer, F. R. (1976). *Semantics: A New Outline.* Cambridge University Press.

——— (1984). *Grammar*, 2nd ed. Harmondsworth: Penguin.

———(1994). *Grammatical Roles and Relations*. Cambridge University Press.

Petyt, K. M. (1980). *The Study of Dialect. London*: Anndré Deutsch.

Pike, K. L. (1947). *Phonemics A Technique for Reducing Languages to Writing*. University of Michigan Press.

———(1948). *Tone Languages*. University of Michigan Press.

Pinker, S. (1994/1995). *The Language Instinct*. New York: Harper Perennial.

Poppe, N. (1960). *Vergleichende Grammatik der Altaischen Sprachen I: Vergleichende Lautlehre*. Wiesbaden: Otto Harrassowitz.

———(1965). *Introduction to Altaic Linguistics*. Wiesbaden: Otto Harrassowitz.

Pullum, G. K. and W. A. Ladusaw (1996). *Phonetic Symbol Guide*, 2nd ed. University of Chicago Press. (초판, 1986)

Quirk, R., S. Greenbaum, G. Leech and J. Svartvik (1985). *A Comprehensive Grammar of the English Language*. London: Longman.

Radford, A. (1981). *Transformational Syntax*. Cambridge University Press. [이홍배 1984].

———(1988). *Transformational Grammar*. Cambridge University Press. [서정목 · 이광호 · 임홍빈 1990].

Ramsey, S. R. (1978). *Accent and Morphology in Korean Dialects*. 塔出版社.

———(1989). *The Languages of China*. Princeton University Press.

Ramstedt, G. J. (1928). "Remarks on the Korean Language". *Memoires de la Société Finno-Ougrienne* 58.

———(1939a /1997). *A Korean Grammar*. Helsinki: Suomalais-Ugrilainen Seura.

———(1939b). "Über die Stellung des Koreanischen." *Journal de la Société Finno-Ougrienne* 55 (1951) 및 李基文 (1977b) 에 수록.

———(1957). *Einführung in die Altaische Sprachwissenschaft I: Lautlehre*. Helsinki: Suomalais-Ugrilainen Seura.

Robins, R. H. (1979a). *General Linguistics: An Introductory Survey*, 3rd ed.

London: Longman. (초판, 1964)

———(1979b). *A Short History of Linguistics*, 2nd ed. London: Longman. (초판, 1967)

Romaine, S. (1994). *Language in Society: An Introduction to Sociolinguistics.* Oxford University Press.

Ruhlen, M. (1987/1991). *A Guide to the World's Languages* 1. Stanford University Press.

Sampson, G. (1985). *Writing Systems: A Linguistic Introduction*. Stanford University Press.

Sapir, E. (1921). *Language*. New York: Harcourt Brace.

———(1947). *Selected Writings in Language, Culture and Personality*. University of California Press.

Saporta, S. (ed.) (1961). *Psycholinguistics: A Book of Reading*. New York: Holt, Rinehart & Winston.

Saussure, F. de (1916). *Cours de linguistique générale*. Paris: Payot. (英譯版 : Course in General Linguistics. New York: McGraw-Hill, 1959)

Scalise, S. (1984). *Generative Morphology*. Dordrecht, Holland: Foris. [田相範 1987]

Sebeok, T. A. (ed.) (1974). *Current Trends in Linguistics*, Vol. 12. The Hague: Mouton.

Sells, P. (1985). *Lectures on Contemporary Syntactic Theories*. Center for the Study of Language and Information, Stanford University.

Senner, W. M. (ed.) (1990). *The Origin of Writing*. University of Nebraska Press.

Shibatani, M. (1990). *The Languages of Japan*. Cambridge University Press.

Shopen, T. (ed.) (1985). *Language Typology and Syntactic Description*, Vol. 3. Cambridge University Press.

Sloat, C., S. H. Taylor and J. E. Hoard (1978). *Introduction to Phonology*. Englewood Cliffs, NJ: Prentice-Hall.

Spencer, A. (1991). *Morphological Theory: An Introduction to Word Structure in Generative Grammar.* Blackwell. [전상범 · 김영석 · 김진형 1994]

Sperber, D. and D. Wilson (1995). *Relevance: Communication and Cognition*, 2nd ed. Blackwell.

Steinberg, D. D. and L. A. Jakobovits (eds) (1971). *Semantics: An Interdisciplinary Reader in Philosophy, Linguistics and Psychology.* Cambridge University press.

Tannen, D. (1990). *You Just Don't Understand: Women and Men in Conversation.* New York: Ballantine.

Taylor, I. (1980). "The Korean Writing System: An Alphabet? A Syllabary? A Logography?" Kolerrs, P. A., M. E. Wrolstad and H. Bouma eds. *Processing of Visible Language* 2. New York: Plenum Press.

Taylor, J. R. (1989). *Linguistic Categorization: Prototypes in Linguistic Theory.* Oxford: Clarendon Press.

Thomas, L. (1993). *Beginning Syntax.* Oxford: Blackwell.

Trask, L. (1993). *A Dictionary of Grammatical Terms in Linguistics.* London: Routledge.

Trudgill, P. (1994). *Dialects.* London: Routledge.

——— (1996). *Sociolinguistics: An Introduction to Language and Society,* rev. ed. New York: Penguin. (초판, 1974)

Ullman, S. (1962). *Semantics: An Introduction to the Science of Meaning.* Oxford: Basil Blackwell. [남성우 1987]

Vachek, J. (1973). *Written Language: General Problems and Problems of English.* The Hague: Mouton.

——— (1976). *Selected Writings in English and General Linguistics.* The Hague: Mouton.

Wardaugh, R. (1993). *Investigating Language: Central Problems in Linguistics.* Oxford: Blackwell.

——— (1998). *An Introduction to Sociolinguistics*, 3rd ed. Oxford: Blackwell.

Weinreich, U. (1953). *Language in Contact.* The Hague: Mouton.

Whorf. B. L. (1956). *Language, Thought and Reality: Selected Writings of Benjamin Lee Whorf,* edited by J. B. Carroll. MIT Press.

Wolfram, W. and R. W. Fasold (1974). *The Study of Social Dialects in American English.* New York: Prentice-Hall.

색 인

ㄱ

ㄹ

ㅁ

ㅂ

ㅇ

ㅎ

A

B

C

L

M

N

O

P

Q

R

S

T

U

저자 소개

이익섭(李翊燮)

1938년 강릉 출생

서울대학교 문리과대학 국어국문학과 및 동 대학원(문학박사)

전북대학교 조교수, 하버드대학 Harvard-Yenching Institute 초빙교수,

메릴랜드대학 초빙교수, 국어학회 회장, 국립국어연구원 원장 역임

현 서울대학교 인문대학 국어국문학과 명예교수

저 서 『嶺東 嶺西의 言語分化』(1984), 『國語文法論』(공저, 1983),
『국어문법론 강의』(공저, 1999), 『國語表記法 硏究』(1992),
『方言學』(1984), 『사회언어학』(1994),
『국어 사랑은 나라 사랑: 국어학 논설집』(1998)

국어학개설

1986년 8월 5일 초판 발행
2000년 2월 25일 재판 발행
2011년 8월 25일 3판 발행
2025년 3월 05일 3판 13쇄

저 자 이 익 섭
발행인 한 점 덕
발행처 **학 연 사**

서울특별시 영등포구 경인로 82길 3-4
센터플러스 814호
TEL. (代)2164-3311
FAX. 2164-3314

저자와의 협의에 의하여 인지를 생략함

〈등록: 1976년 12월 23일 제12-6호〉 **값 22,000 원**

ISBN 89-8060-056-9 93710